여러분의 합격을 응원하는
해커스공무원 특별 혜택

FREE 공무원 보건행정 **동영상강의**

해커스공무원(gosi.Hackers.com) 접속 후 로그인 ▶ 상단의 [무료강좌] 클릭 ▶ 좌측의 [교재 무료특강] 클릭

📄 무료 **OMR 답안지**(PDF)

해커스공무원(gosi.Hackers.com) 접속 후 로그인 ▶
상단의 [교재·서점 → 무료 학습 자료] 클릭 ▶ 본 교재의 [자료받기] 클릭

▲ 바로가기

🎫 해커스공무원 온라인 단과강의 **20% 할인쿠폰**

CF942FE888C22C5Y

해커스공무원(gosi.Hackers.com) 접속 후 로그인 ▶ 상단의 [나의 강의실] 클릭 ▶
좌측의 [쿠폰등록] 클릭 ▶ 위 쿠폰번호 입력 후 이용

* 쿠폰 이용 기한: 2024년 12월 31일까지(등록 후 7일간 사용 가능)
* ID당 1회에 한해 등록 가능

🎫 해커스 회독증강 콘텐츠 **5만원 할인쿠폰**

74F94FA672A8W3VF

해커스공무원(gosi.Hackers.com) 접속 후 로그인 ▶ 상단의 [나의 강의실] 클릭 ▶
좌측의 [쿠폰등록] 클릭 ▶ 위 쿠폰번호 입력 후 이용

* 쿠폰 이용 기한: 2024년 12월 31일까지(등록 후 7일간 사용 가능)
* ID당 1회에 한해 등록 가능(특별 할인상품 적용 불가)
* 월간 학습지 회독증강 행정학/행정법총론 개별상품은 할인쿠폰 할인대상에서 제외

🎫 합격예측 **모의고사 응시권 + 해설강의 수강권**

5D2C6F2DDD26BA7D

해커스공무원(gosi.Hackers.com) 접속 후 로그인 ▶ 상단의 [나의 강의실] 클릭 ▶
좌측의 [쿠폰등록] 클릭 ▶ 위 쿠폰번호 입력 후 이용

* 쿠폰 이용 기한: 2024년 12월 31일까지(ID당 1회에 한해 등록 가능)

 무료 모바일 자동 채점 + 성적 분석 서비스

교재 내 수록되어 있는 문제의 채점 및 성적 분석 서비스를 제공합니다.

* 세부적인 내용은 해커스공무원(gosi.Hackers.com)에서 확인 가능합니다.

바로 이용하기 ▶

쿠폰 이용 관련 문의 **1588-4055**

단기 합격을 위한
해커스 커리큘럼

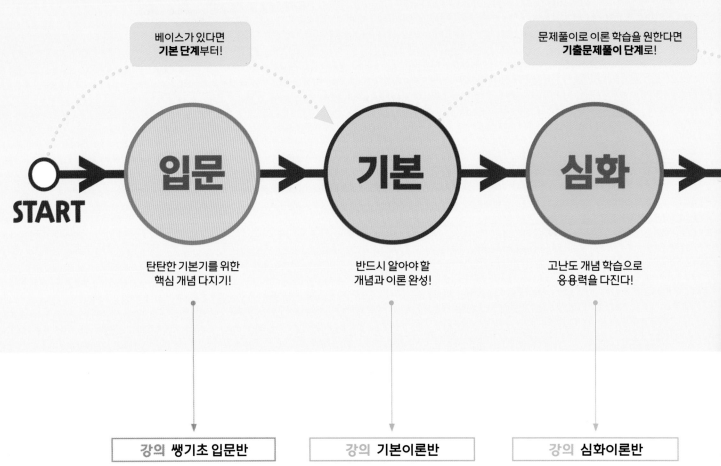

베이스가 있다면
기본 단계부터!

문제풀이로 이론 학습을 원한다면
기출문제풀이 단계로!

START

입문
탄탄한 기본기를 위한
핵심 개념 다지기!

기본
반드시 알아야 할
개념과 이론 완성!

심화
고난도 개념 학습으로
응용력을 다진다!

강의 쌩기초 입문반

이해하기 쉬운 개념 설명과 풍부한
연습문제 풀이로 부담 없이 기초를
다질 수 있는 강의

강의 기본이론반

반드시 알아야 할 기본 개념과 문제풀이
전략을 학습하여 핵심 개념 정리를
완성하는 강의

강의 심화이론반

심화이론과 중·상 난이도의 문제를
함께 학습하여 고득점을 위한 발판을
마련하는 강의

단계별 교재 확인 및
수강신청은 여기서!

gosi.Hackers.com

* 커리큘럼은 과목별·선생님별로 상이할 수 있으며, 자세한 내용은 해커스공무원 사이트에서 확인하세요.

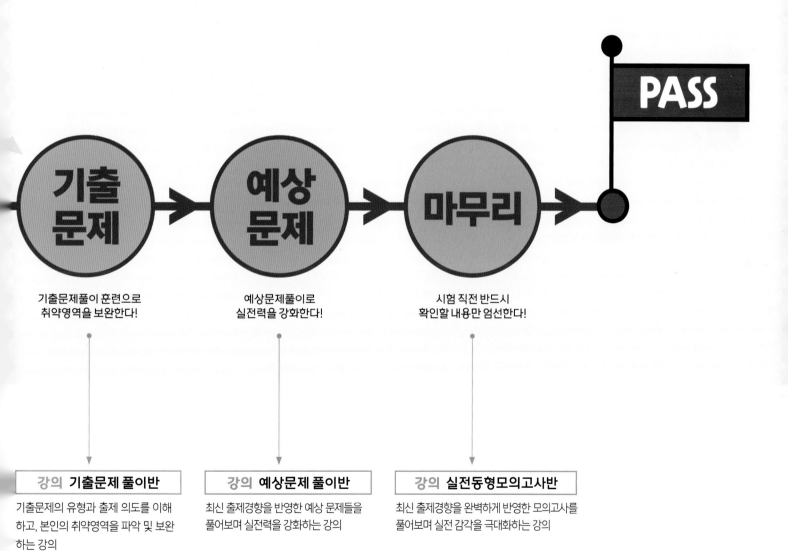

기출문제 → **예상문제** → **마무리** → **PASS**

기출문제풀이 훈련으로
취약영역을 보완한다!

예상문제풀이로
실전력을 강화한다!

시험 직전 반드시
확인할 내용만 엄선한다!

강의 기출문제 풀이반

기출문제의 유형과 출제 의도를 이해
하고, 본인의 취약영역을 파악 및 보완
하는 강의

강의 예상문제 풀이반

최신 출제경향을 반영한 예상 문제들을
풀어보며 실전력을 강화하는 강의

강의 실전동형모의고사반

최신 출제경향을 완벽하게 반영한 모의고사를
풀어보며 실전 감각을 극대화하는 강의

강의 봉투모의고사반

시험 직전에 실제 시험과 동일한 형태의
모의고사를 풀어보며 실전력을 완성하는 강의

해커스공무원

최성희
보건행정

실전동형모의고사

해커스공무원

: 들어가며

공무원 난이도에 딱 맞는 모의고사

해커스가 공무원 보건행정의 난이도·경향을 완벽 반영하여 만들었습니다.

얼마 남지 않은 시험까지 모의고사를 풀며 실전 감각을 유지하고 싶은 수험생 여러분을 위해, 공무원 보건행정 시험의 최신 출제 경향을 완벽 반영한 교재를 만들었습니다.

『해커스공무원 최성희 보건행정 실전동형모의고사』를 통해 13회분 모의고사로 보건행정 실력을 완성할 수 있습니다.

실전 감각은 하루아침에 완성할 수 있는 것이 아닙니다. 실제 시험과 동일한 형태의 모의고사를 여러 번 풀어봄으로써 정해진 시간 안에 문제가 요구하는 바를 정확하게 파악하는 연습을 해야 합니다. 『해커스공무원 최성희 보건행정 실전동형모의고사』 는 9급 지방직 시험 출제 경향을 반영하여, 회차별 20문항으로 구성된 실전동형모의고사 13회를 수록하였습니다. 이를 통해 실제 시험과 가장 유사한 형태로 실전에 철저히 대비할 수 있습니다. 또한 상세한 해설을 통해 공무원 보건행정의 핵심 출제포 인트를 확인할 수 있습니다.

『해커스공무원 최성희 보건행정 실전동형모의고사』는 공무원 보건행정 시험에 최적화된 교재입니다.

제한된 시간 안에 문제 풀이는 물론 답안지까지 작성하는 훈련을 할 수 있도록 OMR 답안지를 수록하였습니다. 시험 직전, 실전 과 같은 훈련 및 최신 출제 경향의 파악을 통해 효율적인 시간 안배를 연습하고 효과적으로 학습을 마무리할 수 있습니다.

공무원 합격을 위한 여정, 해커스공무원이 여러분과 함께 합니다.

실전 감각을 키우는 모의고사

실전동형모의고사

해설집 [책 속의 책]

 OMR 답안지 추가 제공

해커스공무원(gosi.Hackers.com) ▶
사이트 상단의 '교재·서점' ▶ 무료 학습 자료

∶ 이 책의 특별한 구성

문제집 구성

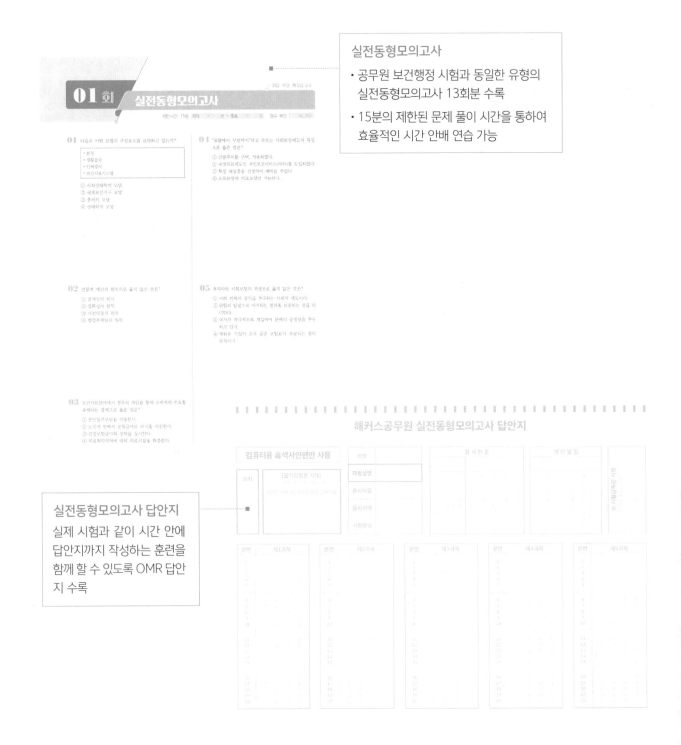

실전동형모의고사
· 공무원 보건행정 시험과 동일한 유형의
  실전동형모의고사 13회분 수록
· 15분의 제한된 문제 풀이 시간을 통하여
  효율적인 시간 안배 연습 가능

실전동형모의고사 답안지
실제 시험과 같이 시간 안에
답안지까지 작성하는 훈련을
함께 할 수 있도록 OMR 답안
지 수록

상세한 해설

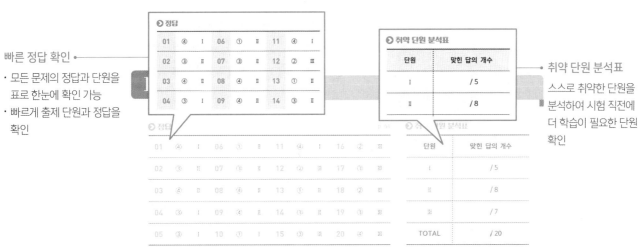

❷ 정답

01	④	Ⅰ	06	①	Ⅱ	11	④	Ⅰ
02	③	Ⅱ	07	③	Ⅱ	12	②	Ⅲ
03	④	Ⅰ	08	④	Ⅱ	13	①	Ⅱ
04	③	Ⅰ	09	④	Ⅱ	14	③	Ⅱ

❷ 취약 단원 분석표

단원	맞힌 답의 개수
Ⅰ	/ 5
Ⅱ	/ 8

빠른 정답 확인
· 모든 문제의 정답과 단원을 표로 한눈에 확인 가능
· 빠르게 출제 단원과 정답을 확인

취약 단원 분석표
스스로 취약한 단원을 분석하여 시험 직전에 더 학습이 필요한 단원 확인

❷ 정답

01	④	Ⅰ	06	③	Ⅱ	11	④	Ⅰ	16	②	Ⅲ
02	③	Ⅱ	07	③	Ⅱ	12	③	Ⅲ	17	③	Ⅲ
03	④	Ⅰ	08	④	Ⅱ	13	①	Ⅱ	18	③	Ⅲ
04	①	Ⅰ	09	④	Ⅱ	14	③	Ⅱ	19	③	Ⅲ
05	③	Ⅰ	10	①	Ⅰ	15	③	Ⅱ	20	④	Ⅲ

❷ 취약 단원 분석표

단원	맞힌 답의 개수
Ⅰ	/ 5
Ⅱ	/ 8
Ⅲ	/ 7
TOTAL	/ 20

Ⅰ 보건행정의 이론적 기초 / Ⅱ 보건행정의 기획과 정책제도 / Ⅲ 보건행정의 과정

01 「농어촌 등 보건의료를 위한 특별조...

① [×] 보건간호사
⇨ 보건간호사는 보건소, 보건지소 등에 보건의료에 관한 업무를 전담할 전문인력으로 「의료법」에 의거하여 간호사 면허를 받은 자를 배치한다.

② [×] 보건교사
⇨ 보건교사는 대통령으로 정하는 바에 의하여 교육부장관이 수여하는 자격증을 받은 자로, 1, 2급 보건교사로 구분한다.

③ [×] 보건관리자
⇨ 보건관리자의 자격기준에는 「의료법」에 근거하여 간호사 면허를 받은 자가 포함된다.

④ [○] 보건진료전담공무원
⇨ 보건진료전담공무원의 자격은 간호사·조산사 면허를 가진 사람으로서 보건복지부장관이 실시하는 26주 이상의 직무교육을 받은 자이다.

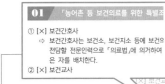

상세한 해설
· 모든 문제의 핵심 출제 키워드 제시
· 해설 학습을 통해 이론 복습의 효과를 기대할 수 있도록 모든 선지의 해설 수록

02 국민건강보험의 특성...

① [○] 정부 일반조세로 운영한다.
⇨ 정부가 일반조세로 재원을 마련하여 모든 국민에게 무상으로 의료를 제공하는 국가의 직접적인 의료관장방식으로, 일명 조세방식 또는 베버리지방식이라고 한다.

② [○] 의료의 국유화이다.
⇨ 의료의 사회화 내지 국유화로 공공의료기관에서 의료서비스를 제공한다.

❸ [×] 치료 중심이다.
⇨ 예방 중심으로 국민의료비의 상승을 억제할 수 있다.

④ [○] 의료보수는 인두제를 사용한다.
⇨ 의료보수는 일반 개원의사는 인두제를, 병원급 의사는 봉급제를 사용한다.

03 ...

「의료법」 제58조의3【의료기관 인증기준 및 방법 등...
인증기준은 다음 각 호의 사항을 포함하여야 ...
1. 환자의 권리와 안전
2. 의료기관의 의료서비스 질 향상 활동
3. 의료서비스의 제공과정 및 성과
4. 의료기관의 조직·인력관리 및 운영
5. 환자 만족도

「의료법」 제58조의3【의료기관 인증기준 및 방법 등
인증기준은 다음 각 호의 사항을 포함하여야 한다.
1. 환자의 권리와 안전
2. 의료기관의 의료서비스 질 향상 활동
3. 의료서비스의 제공과정 및 성과
4. 의료기관의 조직·인력관리 및 운영
5. 환자 만족도

법령
문제 풀이에 참고하면 좋을 관련 법령 수록

04 ...

③ [○] 의사, 한의사 → 시·군·구 보건소 → 시·도보건과 → 질병관리청장

📄 **감염병의 신고 및 보고**

의사, 치과의사 또는 한의사(군대일 경우 소속 군의관)장(군대의 소속부대장) → 보건소장 → 관할 특별자치시장·군수·구청장 → 질병관리청장 및 시·도...(감염병 제외)

📄 **감염병의 신고 및 보고**

의사, 치과의사 또는 한의사(군대일 경우 소...장(군대의 소속부대장) → 보건소장 → 관...장·군수·구청장 → 질병관리청장 및 시·도...감염병 제외)

이론
자주 출제되는 문제를 해결하기 위해 필요한 이론을 요약하여 제시

05 ...

① [○] 지역주민등의 요구도를 반영하기 위하여 2주 이상 공고한다.
⇨ 지역주민의 요구도가 중요하여 2주 이상 공고하고 의견을 수렴한다.

② [○] 매 4년마다 수립한다.
⇨ 지역보건의료계획은 매 4년마다 수립한다.

실전동형
모의고사

잠깐! 실전동형모의고사 전 확인사항

실전동형모의고사도 실전처럼 문제를 푸는 연습이 필요합니다.

✔ 휴대전화는 전원을 꺼주세요.
✔ 연필과 지우개를 준비하세요.
✔ 제한시간 15분 내 최대한 많은 문제를 정확하게 풀어보세요.

매 회 실전동형모의고사 전, 위 사항을 점검하고 시험에 임하세요.

01 회 실전동형모의고사

제한시간: 15분 **시작** 시 분 ~ **종료** 시 분 **점수 확인** 개/ 20개

01 다음은 어떤 모델의 구성요소를 요약하고 있는가?

> • 환경
> • 생활습관
> • 인체생리
> • 보건의료시스템

① 사회생태학적 모델
② 세계보건기구 모델
③ 총체적 모델
④ 생태학적 모델

02 전통적 예산의 원칙으로 옳지 않은 것은?

① 공개성의 원칙
② 정확성의 원칙
③ 사전의결의 원칙
④ 행정부책임의 원칙

03 보건의료분야에서 정부의 개입을 통해 소비자의 수요를 규제하는 정책으로 옳은 것은?

① 본인일부부담을 적용한다.
② 노인에 한해서 보험급여로 의치를 지원한다.
③ 건강보험급여화 정책을 실시한다.
④ 의료취약지역에 대해 의료시설을 확충한다.

04 "요람에서 무덤까지"라고 부르는 사회보장제도의 특징으로 옳은 것은?

① 선별주의를 선택, 적용하였다.
② 국영의료제도인 국민보건서비스(NHS)를 도입하였다.
③ 특정 대상층을 선정하여 혜택을 주었다.
④ 소득보장과 의료보장만 가능하다.

05 우리나라 사회보험의 특징으로 옳지 않은 것은?

① 사회 전체의 공익을 추구하는 사회적 제도이다.
② 위험의 발생으로 야기되는 결과를 보증하는 것을 의미한다.
③ 국가가 적극적으로 개입하여 분배의 공정성을 추구하고 있다.
④ 재원은 가입자 모두 같은 보험료가 조달되는 것이 원칙이다.

06 우리나라 사회보험제도의 국민연금의 주요 특징으로 옳지 않은 것은?

① 장기보험이다.
② 수정적립식 방식이다.
③ 보험료 관장은 국민건강보험공단에서 관리한다.
④ 시행시기는 우리나라 5대 사회보험 중 3번째로 실시되었다.

07 다음에서 설명하고 있는 테리스(Terris)의 보건의료체계 유형으로 옳은 것은?

- 보건의료서비스 재원이 조세에 의존하지만 이것으로는 부족하여 1차 보건의료 중심으로 운영한다.
- 뢰머의 저개발국가형과 유사하다.

① 공적부조형
② 의료보험형
③ 국민보건서비스형
④ 사회주의형

08 국민보건의료서비스(NHS)의 특징으로 옳은 것은?

① 정부의 일반조세로 운영한다.
② 치료 중심적 급여를 적용한다.
③ 국민의료비 억제 기능이 취약하다.
④ 의료의 사유화가 전제적이다.

09 현물급여의 종류로 옳은 것은?

① 고액 진료비 보상금
② 보건의료서비스
③ 장제비
④ 상병수당

10 우리나라 건강보험 급여의 정지 사례로 옳지 않은 것은?

① 국외 여행 중일 때
② 국외 체류하는 경우
③ 현역병, 전환복무된 사람 및 군간부 후보생이 된 경우
④ 교도소에 수용 중일 경우

11 프라이(Fry)의 보건의료전달체계 중 사회보장형의 장점으로 옳지 않은 것은?

① 자유경쟁에 기인한 자원낭비의 방지
② 공급자측의 경쟁에 따른 보건의료서비스 수준의 향상
③ 공공재로서의 보건의료개념의 구현
④ 의료이용과 의료비의 통제가능

12 우리나라 의료전달체계의 문제점으로 옳지 않은 것은?

① 의료기관 간의 기능 분담 결여
② 전문의와 일반의의 기능 미분담
③ 공급의 부적정성 및 의료기관 간 경쟁 심화
④ 일반의 배출 증가로 기능 분담 부재

13 의료이용 증가에 영향을 주는 요인으로 옳지 않은 것은?

① 의료공급자원의 증가
② 공중위생의 진보
③ 노령인구 증가
④ 신약의 개발

14 분배정책의 요인으로 옳지 않은 것은?

① 무의촌에 대한 보건진료
② 영세민 취로사업이나 임대주택의 건설
③ 의료취약지역의 의료기관에 대한 정부보조
④ 지역사회에 공공서비스와 편익 배분

15 사회적인 문제해결을 위해 정책으로 전환시켜 나가는 과정이며, 정책분석이 활용되는 정책과정의 단계로 옳은 것은?

① 정책의제형성단계
② 정책결정단계
③ 정책집행단계
④ 정책평가단계

16 합리적 모형의 한계점에 대한 설명으로 옳지 않은 것은?

① 매몰비용의 함정이 있다.
② 인간의 주관적 합리성이 한계이다.
③ 정책결정과 관련된 모든 정보를 동원하기엔 인간의 능력과 시간적인 한계가 있다.
④ 보수주의에 빠지기 쉬워서 변동과 혁신을 설명하기 곤란하다.

17 다수의 조직이 경쟁력을 확보하고 미래의 성장엔진을 창출하기 위한 기구 및 조직의 통폐합전략의 방법으로 옳은 것은?

① 리스트럭처링
② 리엔지니어링
③ TQM
④ SWOT

18 조정의 원리를 설명한 것으로 옳은 것은?

① 조직의 원리 중 제1의 원리
② 공식적인 의사전달의 경로
③ 한 사람의 상관에게 명령을 받음
④ 업무를 세분화하여 반복적, 기계적, 단순화함

19 MBO의 장점으로 옳지 않은 것은?

① Y이론적 관리방식을 적용한다.
② 관료제의 역기능을 보완한다.
③ 결과측정이 객관적으로 용이하다.
④ 장기적이고 질적인 목표에 치중한다.

20 SWOT의 환경변화에 대한 전략으로 가장 옳은 것은?

① S(내적 강점): 최첨단 의료시설과 장비
② W(내적 약점): 지리적인 접근의 용이
③ O(외적 기회): 낮은 보험수가
④ T(외적 위협): 의료수요의 증가

01회 실전동형모의고사
모바일 자동 채점 + 성적 분석 서비스
바로 가기 (gosi.Hackers.com)

QR코드를 이용하여 해커스공무원의 '모바일 자동 채점 + 성적 분석 서비스'로 바로 접속하세요!
* 해커스공무원 사이트의 가입자에 한해 이용 가능합니다.

02회 실전동형모의고사

제한시간: 15분 **시작** 시 분 ~ **종료** 시 분 점수 확인 개/ 20개

01 조선시대에서 의약과 일반 서민의 치료를 맡아 온 관청으로 옳은 것은?

① 혜민국
② 혜민서
③ 내의원
④ 대비원

02 변혁적 리더십에 대한 설명으로 옳지 않은 것은?

① 다른 사람의 공헌을 존중한다.
② 타인에 대해 긍정적인 기대를 한다.
③ 리더와 부하 사이에 적절한 보상이 있다.
④ 조직의 미래에 대한 비전을 제시한다.

03 엽관주의의 특징으로 옳지 않은 것은?

① 신분불안
② 정당정치 발전
③ 기회균등과 공개경쟁시험
④ 행정의 비능률 초래위험성

04 <보기>에서 나타난 인사고과의 평정방법으로 옳은 것은?

───── <보기> ─────
신규직원은 좋은 대학을 나왔기 때문에 공부도 잘하고 사람들과 잘 어울리고, 성격도 좋을 거야.

① 연쇄효과
② 강제배분법
③ 논리적 착오
④ 대비오차

05 능력에 따라 승급하고 연공에 따라 호봉이 상승하는 보수체계의 장점으로 옳은 것은?

① 직무 중심으로 합리적인 인사관리가 가능하다.
② 인건비 상승 및 보수의 공평한 배분을 달성할 수 있다.
③ 유능한 인재확보가 가능하다.
④ 서열의식이 강한 집단에 적용이 가능하다.

06 다음에서 설명하는 예산의 기능으로 옳은 것은?

> 예산의 수립과 집행은 엄격한 절차와 승인, 결산감사 등의 복잡한 과정을 거쳐 진행된다. 사전에 계획된 목적에 부합되도록 예산이 집행되어야 한다.

① 통제 기능
② 관리 기능
③ 기획 기능
④ 경제적 기능

07 매년 우선순위를 평가하여 사업의 확대, 축소, 폐지를 결정함으로써 예산의 효율성과 탄력성을 확보할 수 있는 예산방법으로 옳은 것은?

① 품목별 예산제도
② 영기준예산제도
③ 점진적 예산제도
④ 기획예산제도

08 한 기업이 환경변화에 대처하기 위하여 <보기>와 같은 전략을 사용했다면, 적용한 전략방법으로 옳은 것은?

> ──── <보기> ────
> • 원가우위 전략
> • 차별화 전략
> • 집중화 전략

① 벤치마킹
② 리스트럭처링
③ 틈새전략
④ 리엔지니어링

09 보건프로그램의 우선순위 결정방법에 대한 설명으로 옳지 않은 것은?

① Bryant는 전염성 질환 관리 사업에 적용한다.
② BPRS는 (A + 2B) × C 우선순위 평정공식이 있다.
③ PATCH의 우선순위 결정기준은 중요성과 변화가능성이다.
④ PEARL은 5가지의 요인을 판단하는 것으로 Bryant의 분석방법 적용 후 최종 평가하는 방식이다.

10 허츠버그의 2요인이론 중 동기요인에 대한 설명으로 옳은 것은?

① 충족되면 조직의 성과와 직접적으로 관련된 요인이다.
② 충족되어도 근무의욕의 상승은 없다.
③ 인간의 동물적·본능적 측면 및 하위욕구와 관련 있다.
④ 조직의 정책과 관리, 임금, 노동조건, 감독자와의 관계, 동료와의 관계가 그 예이다.

11 다음과 같은 건강의 결정요인으로 옳은 것은?

> 흡연, 음주, 영양과잉섭취, 운동부족, 자세, 약물 오남용, 폭력 등

① 유전적 요인
② 환경적 요인
③ 개인행태
④ 보건의료서비스

12 의료기술의 복잡성에 따른 1차 의료서비스로 옳은 것은?

① 건강증진서비스
② 급성 충수돌기염의 수술
③ 제왕절개분만술
④ 전문적인 심장이식수술

13 마이어(Myers)의 의료 질의 구성요소 중 개인적인 차원에서 전인적인 의료를 제공하고 보건의료서비스의 제공이 예방, 진단 및 치료, 재활에 이르기까지 포괄적으로 이루어지는 것은?

① 접근용이성(Accessibility)
② 질(Quality)
③ 지속성(Continuity)
④ 효율성(Efficiency)

14 국민연금 기금운용의 원칙으로 옳지 않은 것은?

① 수익성
② 안정성
③ 공공성
④ 형평성

15 예측할 수 없는 예산 외의 지출 또는 예산초과 지출에 충당하기 위해서 계상된 경비로, 총액으로 국회의 의결을 얻어야 하는 재원으로 옳은 것은?

① 예비비
② 예산의 이월
③ 계속비
④ 예산의 이체

16 체제이론의 4가지 속성으로 옳지 않은 것은?

① 목표지향성
② 환경적응성
③ 계층적 과정
④ 투입 - 전환 - 산출과정

17 다음에서 설명하고 있는 직위분류제의 구성요소로 옳은 것은?

- 직위가 가지는 직무의 종류, 곤란성과 책임도가 상당히 유사한 직위의 군
- 예시: 보건사무관, 행위주사

① 직급
② 직류
③ 직군
④ 등급

18 의사소통 속도가 빠르고 단순문제 해결 시 효율적·효과적이지만 하위자들 간 상호작용이 없고, 모든 의사소통은 한 사람의 감독자를 통해 이루어지는 조직의 의사소통유형은?

① 사슬형
② Y형
③ 수레바퀴형
④ 완전연결형

19 다음을 설명하고 있는 조직구조의 유형으로 옳은 것은?

- 저출산 문제에 대처하기 위하여 저출산고령사회위원회를 운영할 필요가 있다.
- 본 위원회를 운영하기 위해 각 팀에서 해당 부처에서 파견된 공무원 및 민간위원들로 구성하여 운영하고 있는 형태이다.

① 라인조직
② 프로젝트조직
③ 매트릭스조직
④ 팀조직

20 집단연구 활동에 중점을 두는 방법으로 피훈련자를 몇 개의 분반으로 나누고 분반별로 각각 주어진 과제를 연구·토의하며, 그 결과를 전원에게 보고하고 비판·토의하는 방식으로 옳은 것은?

① Panel discussion
② Syndicate
③ Case study
④ Action Learning

02회 실전동형모의고사
모바일 자동 채점 + 성적 분석 서비스
바로 가기 (gosi.Hackers.com)

QR코드를 이용하여 해커스공무원의 '모바일 자동 채점 + 성적 분석 서비스'로 바로 접속하세요!
* 해커스공무원 사이트의 가입자에 한해 이용 가능합니다.

03 회 실전동형모의고사

제한시간: 15분 **시작** 시 분 ~ **종료** 시 분 점수 확인 개 / 20개

---

01 보험자에게 제출하는 진료비 청구명세서나 의무기록 등을 통해 제공된 의료서비스가 진료에 필수적인지, 적정한 수준과 강도, 비용으로 서비스가 제공되었는지를 조사하는 방법은?

① 내부 및 외부평가
② 의료이용도 조사
③ 임상진료지침
④ 보수교육

02 복수의 사람에 의해 다양하게 이루어지는 평가방법으로 주변의 여러 사람이 평가하여, 그 결과를 당사자에게 피드백해 줌으로써 자기반성과 개발의 기회와 동기부여의 역할을 하는 인사고과평가 방법은?

① 자기평가
② 동표평가
③ 다면평가
④ 상위자의 고과평가

03 추가경정예산이 제한적으로 허용되는 경우로 옳지 않은 것은?

① 전쟁이나 대규모 자연재해가 발생한 경우
② 경기침체·대량실업이 발생한 경우
③ 경제협력과 같은 대내외 여건에 중대한 변화가 발생하거나 증가하는 경우
④ 예산심의를 통과하지 않을 경우

04 보건의료서비스 질 평가 구성요소에 따른 주요 변수에 대한 설명으로 옳은 것은?

① 구조평가: 신임제도, 의료이용도 조사
② 과정평가: 의료이용도 조사, 고객만족도 조사
③ 결과평가: 의료서비스 평가, 질병의 이환율
④ 영향평가: 지식, 삶의 질

05 다음에서 설명하고 있는 의료기관 인증등급 및 기간은?

> 해당 의료기관이 모든 의료서비스 제공 과정에서 환자의 안전보장과 적정 수준의 의료 질을 달성하였음을 의미한다.

	인증등급	인증기간
①	인증	4년
②	인증	1년
③	조건부 인증	1년
④	불인증	재인증

06 「의료법」의 설치기준에 따라 병원이 아닌 보건의료시설에 해당하는 것은?

① 종합병원
② 치과의원
③ 요양병원
④ 한방병원

07 조직구성원을 조직의 권위에 복종하는 형태로 분류한 기준으로 옳은 것은?

① 에치오니의 분류
② 블라우와 스콧의 분류
③ 파슨스의 분류
④ 민츠버그의 분류

08 공식적 조직의 특징으로 옳은 것은?

① 인간관계를 중요시한다.
② 자생적인 조직이다.
③ 비영속적이다.
④ 공적 목적을 추구한다.

09 보건진료전담공무원에 대한 설명으로 옳은 것은?

① 간호사·의사 면허증을 가진 자로 보건복지부장관이 실시한 직무교육을 이수해야 한다.
② 직무교육기간은 최소 26시간을 이수해야 한다.
③ 응급을 요하는 자에게 수술적 응급처치를 할 수 있다.
④ 정당한 사유 없이 지정받은 근무지역 밖에서 의료행위를 한 경우, 이는 징계사유가 된다.

10 조직에서 발생할 수 있는 조직상 갈등의 요인으로 옳지 않은 것은?

① 제한된 자원
② 의사소통 결핍
③ 상반된 가치관
④ 산만한 의사결정

11 공무원 조직에서 그 잠재력을 극대화하려고 한다면, 이에 해당하는 매슬로우(Maslow)의 욕구단계는?

① 생리욕구
② 애정욕구
③ 존경욕구
④ 자아실현욕구

12 예산의 단일성 원칙의 예외 항목으로 옳지 않은 것은?

① 추가경정예산
② 특별회계
③ 준예산
④ 기금

13 실업이나 장애, 폐질, 퇴직 등으로 인해 수입이 중단 또는 종료된 경우 근로소득수준에 상관없이 동일한 액수의 보험급여를 지급하는 베버리지의 원칙으로 옳은 것은?

① 정액생계급여의 원칙
② 정액기여의 원칙
③ 급여 적절성의 원칙
④ 포괄성의 원칙

14 질병이나 사고로 인한 치료와 관련하여 지급하는 요양급여로 옳은 것은?

① 상병수당
② 의료급여
③ 장제급여
④ 휴업급여

15 우리나라 국민의료비 증가의 원인으로 옳지 않은 것은?

① 의료수요의 증가
② 사후결제방식 진료비지불제도
③ 지속적이고 포괄적인 1차 보건의료서비스
④ 의료생산비용의 증가 및 의료기술의 발달

16 봉급제인 진료비지불제도에 대한 설명으로 옳지 않은 것은?

① 의료의 관료화 우려
② 후송의뢰의 증가
③ 의료인의 자율성 저하
④ 과소 서비스 공급

17 다음 설명에 따른 인사고과 오류의 유형은?

평가요소에 관계없는 인종, 성별, 출신지역, 출신학교 등 이 인사고과에 영향을 미친다.

① 투사
② 규칙적 오류
③ 평가기준에 의한 오류
④ 개인적 편견에 의한 오류

18 직무충실화에 대한 설명으로 옳은 것은?

① 직무를 확대하여 업무의 지루함을 최소화한다.
② 개인의 다양성을 인정한 접근방법이다.
③ 허츠버그의 위생요인을 중요시하였다.
④ 직무를 스스로 계획하고 통제하도록 하였다.

19 다음에서 설명하는 기획의 원칙으로 가장 옳은 것은?

계획을 수행하는 데 필요한 인력, 장비, 물품, 예산 등 제반요소들을 포함하여 수립한다.

① 필요성의 원칙
② 포괄성의 원칙
③ 경제성의 원칙
④ 안정성의 원칙

20 '인간 없는 조직'이라는 관리이론의 단점을 보완하기 위하여 나타난 신고전적 관리이론의 특징으로 옳은 것은?

① 전문가 양성의 기초가 되었다.
② 호손 효과를 일으켜 비공식적 요소가 생산성에 긍정적인 영향을 미친다고 하였다.
③ 성과급제를 도입하는 배경이 되었다.
④ 업무의 표준화를 유도할 수 있었다.

03회 실전동형모의고사
모바일 자동 채점 + 성적 분석 서비스
바로 가기 (gosi.Hackers.com)

QR코드를 이용하여 해커스공무원의 '모바일 자동 채점 + 성적 분석 서비스'로 바로 접속하세요!
* 해커스공무원 사이트의 가입자에 한해 이용 가능합니다.

04회 실전동형모의고사

제한시간: 15분 **시작** 시 분 ~ **종료** 시 분 점수 확인 개/ 20개

01 다음 사건들이 발생한 연도를 순서대로 옳게 나열한 것은?

> (ㄱ) 정신병원에 수용된 환자가 족쇄(쇠사슬)에서 해방되었다.
> (ㄴ) 우두종두법(우두접종법)을 개발하였다.
> (ㄷ) 세계 최초로 공중보건법이 제정되었다.
> (ㄹ) 세계 최초로 근로자를 위한 질병보험법이 제정되었다.

① (ㄱ) → (ㄴ) → (ㄷ) → (ㄹ)
② (ㄷ) → (ㄹ) → (ㄱ) → (ㄴ)
③ (ㄱ) → (ㄴ) → (ㄹ) → (ㄷ)
④ (ㄴ) → (ㄱ) → (ㄷ) → (ㄹ)

02 결핵을 효과적으로 관리할 수 있는 2차 예방의 대책으로 옳은 것은?

① 결핵의 조기발견
② 결핵 예방을 위한 환경개선
③ 결핵이환 이후 후유증 관리
④ 결핵 예방을 위한 영양교육

03 <보기>에서 설명하고 있는 건강행태이론은?

> ─── <보기> ───
> • 지식, 태도, 실천이 순서대로 진행된다.
> • 생활습관에 대한 지식은 태도의 변화를 유도하고, 태도는 건강실천으로 연결되는 인과관계의 순서로 진행된다.

① KAP 모형
② 건강신념모형
③ 합리적 행위모형
④ 범이론적 모형

04 귤릭(Gulick)의 행정관리 중 3단계 과정의 내용으로 옳은 것은?

① 조직 내 인력을 임용·배치·관리하는 활동
② 목표달성을 위한 지침을 내리는 과정
③ 행동통일을 이룩하도록 집단적 활력을 결집시키는 활동
④ 정해진 목표나 정책의 합리적 운용을 위한 사전준비 활동과 집행전략

05 고전적 조직이론과 신고전적 조직이론의 공통점으로 옳지 않은 것은?

① 외부 환경 무시
② 생산·능률 향상이 궁극적 목적
③ 인간행동의 피동성 및 동기부여의 외재성 중시
④ 사회적 능률성 강조

06 보건행정의 특성으로 옳지 않은 것은?

① 공공성
② 민주성
③ 봉사성
④ 교육성

07 보건의료체계의 하부 구성요소에 대한 설명으로 옳지 않은 것은?

① 보건의료자원으로 의사, 간호사를 채용한다.
② 지방행정조직을 구성한다.
③ 건강증진 및 예방을 위한 보건의료서비스를 제공한다.
④ 보건의료관리를 위해 공공재원을 조달받는다.

08 OECD 국가보건의료체계 중 사회보험형의 특징으로 옳은 것은?

① 고용주와 공동으로 보험료를 납부한다.
② 국민에게 모두 무료로 서비스를 제공한다.
③ 조세로 국민들의 모든 기본적 의료비를 충당한다.
④ 많은 사람들이 보험에 가입하지 않거나 못하는 경우가 발생한다.

09 보건사업 결과평가의 내용으로 옳은 것은?

① 목표 대비 사업의 진행 정도가 원래 의도한대로 실행되고 있는가?
② 사업에 투입된 인력과 물적 자원은 적절한가?
③ 조직과 지역사회의 문제해결역량이 강화되었는가?
④ 제공되고 있는 서비스의 질과 대상자의 만족도는 어떠한가?

10 서치만(Suchman)의 보건평가항목으로 옳지 않은 것은?

① 업무량/노력 평가
② 성과 평가
③ 효율성 평가
④ 사업의 적합성

11 다음에서 설명하고 있는 중앙행정조직으로 옳은 것은?

> • 보건행정의 지도 및 시·군 단위의 조직을 담당한다.
> • 시·도 단위에서는 시·도의 건강 관련 담당국(경상북도에는 복지건강국)이 지방의 보건의료조직을 총괄한다.
> • 인사권과 예산집행권을 가지고 있다.

① 행정안전부
② 보건복지부
③ 고용노동부
④ 교육부

12 WHO의 주요 보건사업의 내용으로 옳지 않은 것은?

① 결핵관리사업
② 정신보건사업
③ 보건교육사업
④ 모자보건사업

13 지속가능발전목표(SDGs)로 옳지 않은 것은?

① 불평등 완화
② 양질의 교육 보장
③ 유아사망률 감소
④ 지속가능한 도시

14 의료기관 인증기준에 포함되어야 할 사항으로 옳지 않은 것은?

① 환자의 권리와 안전
② 의료서비스의 제공과정 및 성과
③ 의료기관의 조직·인력관리 및 운영
④ 의료인의 만족도

15 세계보건기구의 1차 보건의료 내용으로 옳지 않은 것은?

① 희귀병의 치료
② 식량의 공급과 영양의 증진
③ 가족계획을 포함한 모자보건
④ 필수의약품 제공

16 다음에 따른 우선순위 결정방법으로 옳은 것은?

> 미국 메릴랜드(Maryland) 주에서 보건지표의 상대적 크기와 변화의 경향(trend)을 이용하여 우선순위를 결정하는 방법

① 황금다이아몬드
② MATCH
③ PATCH
④ 세계보건기구 모형

17 2차 자료로 옳은 것은?

① 다문화 여성의 한국 정착기 포커스 그룹
② 일지역 체육대회 참여관찰
③ 건강설문지 조사
④ 국민건강영양조사 자료인 고혈압 유병률 확인

18 평가자의 왜곡을 줄이고 중요도에 가중치를 부과하여 점수로 나타내는 평가방법은?

① 점수법
② 서열법
③ 직무분류법
④ 요소비교법

19 의사소통 통로가 분권화되었을 때의 장점으로 옳은 것은?

① 행동통일성 촉진
② 명령의 신속한 전달
③ 높은 통합적 조정
④ 업무의 전문화

20 다음에서 설명하는 미국의 보건의료계체로 옳은 것은?

> • 65세 이상 노인 대상
> • 기부금을 낸 노인
> • 사회보험방식

① 메디케어
② 메디케이드
③ 건강유지기구(HMO)
④ 선호제공자기구(PPD)

04회 실전동형모의고사
모바일 자동 채점 + 성적 분석 서비스
바로 가기 (gosi.Hackers.com)

QR코드를 이용하여 해커스공무원의 '모바일 자동 채점 + 성적 분석 서비스'로 바로 접속하세요!
＊ 해커스공무원 사이트의 가입자에 한해 이용 가능합니다.

05회 실전동형모의고사

제한시간: 15분 **시작** 시 분 ~ **종료** 시 분 **점수 확인** 개/ 20개

01 다음에 제시된 역사적 사건을 시간순으로 옳게 나열한 것은?

> (가) 지역사회 통합건강증진사업이 실시되었다.
> (나) 「보건소법」을 「지역보건법」으로 명칭을 변경하였다.
> (다) 전국민을 위한 의료보험이 시행되었다.
> (라) 노인장기요양보험제도가 전면적으로 실시되었다.

① (가) → (나) → (다) → (라)
② (다) → (나) → (라) → (가)
③ (가) → (라) → (다) → (나)
④ (라) → (나) → (다) → (가)

02 우리나라 건강보험의 특징으로 옳은 것은?

① 제3자 지불의 원칙이다.
② 차등혜택을 적용한다.
③ 장기보험이다.
④ 현금급여의 원칙이다.

03 진료보수지불방식에 대한 설명으로 옳은 것은?

① 행위별 수가제는 질병별, 요양일수별로 보수단가를 설정하는 것이다.
② 신포괄수가제는 7개 질병군으로 한시적으로 적용 중이다.
③ 인두제는 사후결정방식으로 국민의료비 억제에 적합하다.
④ 총액계산제는 매년 진료비 계약을 둘러싼 교섭의 어려움으로 의료 제공의 혼란을 초래할 우려가 있다.

04 제1차 국제건강증진의 5대 활동전략으로 옳지 않은 것은?

① 건강한 공공정책의 수립
② 지지적 환경의 조성
③ 지역사회활동 조성
④ 보건의료서비스의 치료 중심 재정립

05 다음에서 설명하는 국제건강증진회의로 옳은 것은?

> ─── <보기> ───
> • 건강의 중요성 및 형평성 주창
> • 건강을 위한 투자
> • 건강을 위한 파트너십 및 연대 구축
> • 규제 및 법규 제정

① 나이로비 국제회의
② 방콕 국제회의
③ 멕시코시티 국제회의
④ 상하이 국제회의

06 제5차 HP2030 국민건강증진종합계획의 중점과제로 옳지 않은 것은?

① 건강생활실천
② 정신건강관리
③ 비감염성 질환 예방관리
④ 가족건강계획관리

07 전술적 기획, 전략적 기획, 운영적 기획 간의 차이를 설명한 것으로 옳은 것은?

① 운영적 기획은 중간관리자가 기획한다.
② 전략적 기획은 조직 전체의 활동계획이다.
③ 전술적 기획은 장기적인 조직의 목적과 관련이 있다.
④ 전술적·전략적·운영적 기획의 시간은 평균 5년 이상이다.

08 리더십 이론 중 상황이론의 특성으로 옳은 것은?

① 리더의 행동은 개인적 특성, 환경, 다양한 상황들의 상호작용 속에서 결정된다.
② 합법적 권한에 근거한 조직의 권한 체계 확립에 기여한다.
③ 조직은 하나의 연결체로 이해한다.
④ 업무분석을 통한 직무표준화가 마련되었다.

09 효과적인 집단 의사결정기법 중 하나로 어떤 새로운 사실의 발견과 아이디어를 얻고자 할 때 조직구성원들 상호 간의 대화나 토론 없이 각자 서면으로 아이디어를 제출하고 토론 후 표결로 의사결정하는 방법으로 옳은 것은?

① 전자회의
② 델파이 기법
③ 명목집단법
④ 브레인스토밍

10 목표관리(MBO)의 장점으로 옳지 않은 것은?

① 구성원의 참여의욕 증진
② 구성원의 성과평가에 대한 객관성 확보
③ 조직의 동기부여
④ 전략적인 장기목표로 책임소재가 명확함

11 목표설정 시 고려해야 하는 요인으로 옳지 않은 것은?

① 추상적인 용어 사용
② 수용가능성
③ 단순하고 간결하게 진술
④ 양적으로 표현

14 중심화 경향과 관대화 경향을 예방하기 위한 인사고과 기법으로 옳은 것은?

① 대조법
② 중요사건기술법
③ 강제배분법
④ 직접지수고과법

12 개인의사결정의 장점으로 옳은 것은?

① 의사결정에 대한 책임 소재가 명확하다.
② 창의적이고 다양한 견해와 대안을 고려하는 데에 유리하다.
③ 구성원의 수용도가 높다.
④ 의사결정의 질과 정확성이 높다.

15 특성이론에 대한 설명으로 옳은 것은?

① 소수의 사람들만이 선천적으로 리더의 특성을 가지고 태어난다.
② 후천적인 교육을 통해 리더가 양성된다.
③ 위기 발생 시 효과적인 리더십을 발휘한다.
④ 장기적인 생산성을 높일 수 있는 특성이 있다.

13 조직구조의 유형 중 직능조직에 대한 설명으로 옳은 것은?

① 라인과 계선조직이 통합된 조직이다.
② 스태프는 직무유형에 따라 집단화된 부서를 지휘하고 통솔할 수 있다.
③ 조직 내 특별한 과업을 수행하는 조직이다.
④ 환경변화에 효과적인 대처가 가능하다.

16 새로운 대안을 찾기 위한 브레인스토밍이 가능한 의사소통유형은?

① 사슬형
② 완전연결형
③ 수레바퀴형
④ 원형

17 허츠버그의 동기 - 위생이론에 대한 설명으로 옳은 것은?

① 욕구를 충족시키는 위생이론과 욕구를 충족시키지 못한 동기이론으로 구성된 이론이다.
② 위생요인에는 급여, 기술적 감동, 성취감 등이 있다.
③ 동기부여를 위해서는 위생요인을 관리하는 것이 가장 중요하다.
④ 동기요인은 만족도가 높아지면, 성과가 높아지게 하는 요인이다.

18 A씨가 암을 진단받고 스스로 환자임을 인정하고 건강을 되찾기 위해 취하는 행동은 카슬과 콥의 건강 관련 행태의 종류 중 무엇에 해당하는가?

① 건강행태
② 질병행태
③ 환자역할행태
④ 의료이용행태

19 B씨가 1,000만 원을 이자 2.6%에 정기예탁을 하고 그 이상의 높은 금리를 얻으려는 방법을 중단하였을 때 이에 해당하는 정책결정모형으로 옳은 것은?

① 합리모형
② 만족모형
③ 점증모형
④ 혼합모형

20 건강보장에서 지불하는 비용의 총액을 정해두고, 이 총액을 넘는 경우 이용자가 비용을 부담하는 방식으로 옳은 것은?

① 본인부담정액제
② 급여상한제
③ 정률부담제
④ 정액부담제

05회 실전동형모의고사
모바일 자동 채점 + 성적 분석 서비스
바로 가기 (gosi.Hackers.com)

QR코드를 이용하여 해커스공무원의 '모바일 자동 채점 + 성적 분석 서비스'로 바로 접속하세요!
※ 해커스공무원 사이트의 가입자에 한해 이용 가능합니다.

06회 실전동형모의고사

제한시간: 15분 **시작** 시 분 ~ 종료 시 분 점수 확인 개/ 20개

01 통일신라시대에 의료행정을 담당한 기관으로 옳은 것은?

① 약전
② 약점
③ 심약
④ 약부

02 경상의료비를 구성하는 요소로 옳은 것은?

① 개인의료비와 연구비용
② 개인의료비와 집합보건의료비
③ 프로그램개발비용과 보건의료연구비용
④ 집합보건의료비와 정부지출비용

03 언제 발생할지 모르는 건강문제가 개인에게 심각한 경제적 또는 심리적 문제로 발생하는 것을 예방하기 위한 보건의료서비스의 특징으로 옳은 것은?

① 충분한 설명으로 소비자의 무지를 해결한다.
② 위험분산을 위해 강제적인 의료보험을 가입시킨다.
③ 예방접종의 중요성을 설명하고 집단면역을 높이도록 한다.
④ 많은 사람들이 보건의료서비스를 제공할 수 있도록 면허제도를 폐지한다.

04 할론(Halon)의 우선순위 결정방법 중 건강문제로 우선순위가 가장 높은 것은?

	문제의 크기(A)	문제의 심각도(B)	사업의 추정효과(C)
① 근골격계질환	2	2	3
② 정신건강	2	2	5
③ 치아건강	3	2	6
④ 아동의 결식	4	3	8

05 보건프로그램의 경제성 평가 요소에 대한 설명으로 옳지 않은 것은?

① 비용 - 효과분석은 혈압의 변화로 결과를 측정한다.
② 비용 - 효용분석은 화폐단위로 비용측정을 한다.
③ 비용 - 편익분석은 화폐단위로 결과를 측정한다.
④ 비용 - 효용분석은 할인율을 결정할 수 있다.

06 주도집단에 따른 정책의제설정과정에 대한 설명으로 옳지 않은 것은?

① 내부접근형은 최고정책결정자에게 접근하여 문제를 정책의제화하는 유형이다.
② 동원형은 정부의 힘이 강한 선진국형이다.
③ 외부주도형은 민주화가 잘 발달된 선진국에서 나타나는 유형이다.
④ 내부접근형과 동원형의 유사점은 쉽게 정부의제화가 가능하다는 점이다.

07 사회보험과 비교할 때 민간보험의 특징으로 옳지 않은 것은?

① 정액제의 보험료 부담방식이다.
② 보험자 위험 선택이 가능하다.
③ 차등급여를 제공한다.
④ 집단보험이다.

08 직위분류제의 특징으로 옳지 않은 것은?

① 일반행정가보다는 전문행정가를 선호한다.
② 직무의 종류와 곤란성 및 책임성의 정도를 기준으로 공직을 분류하는 제도이다.
③ 개인의 업무수행능력을 중시하여 공무원을 채용한다.
④ 의사소통, 협조, 조정이 원활하다.

09 PRECEDE - PROCEED모형의 성향요인으로 옳은 것은?

① 의료인의 권고
② 보건지식
③ 사회적 유익성
④ 접근성

10 다음에서 설명하고 있는 리더십의 특징으로 옳은 것은?

- 조직에서 가장 가치 있는 자원은 사람이라고 인식한다.
- 늘 학습하는 태도를 보인다.
- 먼저 경청한다.
- 설득과 대화로 업무를 추진한다.
- 커뮤니티 형성을 지원한다.

① 거래적 리더십
② 카리스마리더십
③ 슈퍼리더십
④ 서번트리더십

11 우리나라 의료기관 인증제도의 특징으로 옳은 것은?

① 인증유효기간은 3년이다.
② 인증평가 내용은 「의료법」에 의거하여 사회적으로 공인된 평가제도이다.
③ 인증제도는 상대평가로 매년 신청기관의 40% 안에 들어야 인증마크를 받을 수 있다.
④ 종합병원급 이상은 반드시 신청하여 평가를 받아야 하고, 요양병원은 선택사항이다.

12 심혈관 질환 환자를 위한 프로그램을 개발하기 위하여 몇 명의 심혈관 전문가들의 독립적인 의견을 우편으로 수집하여 의사결정하는 방법은?

① 브레인스토밍
② 명목집단기법
③ 델파이기법
④ 전자회의

13 과학적 관리이론이 업무 현장에 미친 영향으로 옳지 않은 것은?

① 차별성과급제
② 시간동작 - 연구를 통한 인력 산정
③ 기능적 업무 전달체계 도입
④ 직무개선 및 인간관계 증진

14 아담스의 공정성 이론을 적용한 상황으로 적합한 것은?

① 이번 달 친절직원이 되기 위해 목표를 세웠다.
② 근무성적을 높이기 위하여 칭찬이나 금전 등의 보상 방법을 도입하였다.
③ 업무 성적 결과에 대한 보상에 따라 생산성의 차이가 발생하였다.
④ 모든 직원이 동등한 대우를 받는다고 생각될 때 동기가 부여되었다.

15 신규공무원이 선임처럼 훌륭한 공무원이 되고 싶어 하는 것은 프렌치와 레이븐이 제시한 권력 중 어떤 유형인가?

① 보상적 권력
② 합법적 권력
③ 준거적 권력
④ 전문적 권력

16 타 의료기관에서 우수한 의료 질 향상방법을 도입하고 새로운 질 향상방법을 수용 및 내면화하는 레빈의 조직 변화단계로 옳은 것은?

① 해빙단계
② 변화단계
③ 재동결단계
④ 응고단계

17 관리자의 통솔 범위가 좁아지는 경우로 옳은 것은?

① 조직의 방침이 명확할수록
② 부하의 과업이 비전문적일수록
③ 관리자의 경영기능이 많고 복잡할수록
④ 유능한 막료의 지원이 많을수록

18 하향적 의사소통방법으로 옳은 것은?

① 업무지시
② 면담
③ 상담
④ 제안

19 직무평가의 방법에 대한 설명으로 옳은 것은?

① 서열법은 여러 직무를 전체적으로 비교하지 않고 특정한 직무를 선정하여 서열을 매기는 방법이다.
② 점수법은 조직 내의 모든 직무를 확인한 후, 같거나 유사한 직무를 같은 등급으로 묶어서 평가하는 방법이다.
③ 분류법은 대표 직무를 선정하고 이에 대한 중요성, 난이도, 직무환경을 평가한 것을 기준으로 타 직무를 분류하여 등급화하는 것이다.
④ 요소비교법은 직무의 계량화 방법으로 직무의 가치를 점수로 나타내어 평가하는 방법이다.

20 헤크만과 올드햄의 직무설계를 위한 직무특성모형의 중요 심리 상태로 옳지 않은 것은?

① 직무의 의미를 경험한다.
② 직무결과에 대한 책임감을 경험한다.
③ 직무결과에 대한 정보를 얻게 된다.
④ 직무의 다양성이 부여된다.

06회 실전동형모의고사
모바일 자동 채점 + 성적 분석 서비스
바로 가기 (gosi.Hackers.com)

QR코드를 이용하여 해커스공무원의 '모바일 자동 채점 + 성적 분석 서비스'로 바로 접속하세요!
* 해커스공무원 사이트의 가입자에 한해 이용 가능합니다.

07 회 실전동형모의고사

제한시간: 15분 **시작** 시 분 ~ **종료** 시 분 점수 확인 개/ 20개

01 정형적인 의사결정을 할 수 있는 사항으로 가장 옳은 것은?

① 표준화된 사례관리
② 응급환자 발생
③ 재난 발생
④ 장기적인 미래 기획

02 성공적인 보건기획 중 보건기획의 제약요인으로 옳지 않은 것은?

① 기획목표설정상의 갈등과 대립
② 미래예측의 곤란성, 비용과 시간
③ 기획의 그레샴 법칙
④ 기획의 경직성

03 실제 업무진행을 비교하여 시각적인 효과, 업무나 프로젝트를 쉽게 파악하고 일정을 확인하여 평가하는 데 유용한 의사결정 예측기법은?

① 간트 차트(Gantt Chart)
② PERT(Progrm Evaluation and Review Techique)
③ 의사결정나무(Decision tree)
④ 주경로 기법(CPM)

04 승진을 위한 예비 관리자 10명을 대상으로 그룹을 형성한 다음 훈련된 리더의 지휘 아래에 합숙, 훈련, 집단토론 등을 통해 대인관계기술을 향상시키는 조직 개발의 기법으로 옳은 것은?

① 감수성 훈련
② 팀 구축
③ 다운사이징
④ 아웃소싱

05 다음 <보기>에서 설명하고 있는 조직구조의 형태로 옳은 것은?

---<보기>---

• 기능이나 역할에 따른 전문화의 원리에 의해 설계된 조직이다.
• 조직의 효율성을 높이기 위해 구성되며, 표준화된 제품이나 저가의 대량적 서비스 생산에 적절하다.
• 확실성이 높은 환경에 있는 안정된 조직에 유리하며, 의사결정은 상층에서 이루어져 명령이 하달된다.

① 직능조직
② 라인조직
③ 라인-스텝조직
④ 프로젝트조직

06 헤크만과 올드햄이 제시한 작업자에게 동기를 부여할 수 있는 직무의 핵심적인 특성으로 옳지 않은 것은?

① 기술의 다양성
② 과업의 정체성
③ 과업의 중요성
④ 관리자의 권한

09 갈등의 순기능으로 옳은 것은?

① 조직의 생산성이 증가한다.
② 변화와 쇄신에 대한 저항성이 증가한다.
③ 조직의 사기가 저하된다.
④ 조직의 관리통제가 편리하다.

07 구성원들이 스스로를 리드해 나가도록 이끌고, 구성원들이 셀프리더가 될 수 있도록 유도할 수 있는 리더는?

① 셀프리더
② 슈퍼리더
③ 서번트리더
④ 변혁적리더

10 외부 모집으로 옳지 않은 것은?

① 특별행사 모집
② 직업안정기관
③ 교육기관
④ 원내공개 모집

08 A회사에서 상급자는 인사고과 시 행동기준고과 방법을 적용하려 한다. 중요사건 또는 행위 기준에 척도를 적용하여 평가 시 주관성을 줄여주는 평가기법은?

① 중요사건기술법
② 평점척도
③ 에세이 기법
④ 행위기준 평점척도

11 조직의 공식 경로를 통해서 메시지가 하위에서 상위로 전달되는 공식적인 의사결정방법으로 묶인 것은?

① 품의제도, 결재제도
② 업무지시, 규칙
③ 회람, 실무자회의
④ 협동회의, 사전심사

14 면접자의 편견을 제거하기 위한 방법으로 피면접자에 대한 기초자료와 정보 없이 면접하는 방법은?

① 압박면접
② 패널면접
③ 집단면접
④ 블라인드 면접

12 총체적 질 관리(TQM)의 특징으로 옳은 것은?

① 결과 중심이다.
② 환자 진료의 질 향상을 목표로 두고 있다.
③ 특정 범위를 벗어난 결과를 초래한 개인과 특별한 원인을 규명한다.
④ 병원 내의 모든 서비스와 업무개선을 지속적으로 도모하는 경영활동이다.

15 예산수립과정의 순서로 옳은 것은?

① 예산심의 및 확정 → 예산편성 → 예산집행 → 결산 및 보고
② 예산집행 → 예산심의 및 확정 → 예산편성 → 결산 및 보고
③ 예산편성 → 예산심의 및 확정 → 예산집행 → 결산 및 보고
④ 예산편성 → 예산집행 → 예산심의 및 확정 → 결산 및 보고

13 매슬로우는 인간이 가장 최우선적으로 요구되는 욕구로 어떤 욕구단계를 선정하였는가?

① 생리적 욕구
② 존경의 욕구
③ 안전의 욕구
④ 자아실현의 욕구

16 통솔 범위에 영향을 미치는 요인으로 옳지 않은 것은?

① 조직 방침의 명확성
② 감독할 업무의 성질
③ 정보전달능력 및 기법
④ 스태프의 능력

17 직무명세서의 내용으로 옳은 것은?

ㄱ. 신장과 체중
ㄴ. 연령
ㄷ. 교육 수준
ㄹ. 이해력 수준
ㅁ. 직무요건

① ㄱ, ㄴ
② ㄱ, ㄴ, ㄷ,
③ ㄱ, ㄴ, ㄷ, ㄹ
④ ㄱ, ㄴ, ㄷ, ㅁ

18 자료와 그에 따른 보존기간으로 옳지 않은 것은?

① 진료기록부: 5년
② 수술기록: 10년
③ 검사내용 및 검사소견기록: 5년
④ 간호기록부: 5년

19 「의료법」에 따른 간호사의 임무로 옳지 않은 것은?

① 의사, 치과의사, 간호조무사의 지도하에 시행하는 진료의 보조
② 간호요구자에 대한 교육·상담 및 건강증진을 위한 활동의 기획과 수행, 그 밖의 대통령령으로 정하는 보건활동
③ 환자의 간호요구에 대한 관찰, 자료수집, 간호판단 및 요양을 위한 간호
④ 간호조무사가 수행한 업무보조에 대한 지도

20 허츠버그의 2요인 중 동기요인으로 옳은 것은?

① 보수
② 근무조건
③ 대인관계
④ 성취감

07회 실전동형모의고사
모바일 자동 채점 + 성적 분석 서비스
바로 가기 (gosi.Hackers.com)

QR코드를 이용하여 해커스공무원의 '모바일 자동 채점 + 성적 분석 서비스'로 바로 접속하세요!
* 해커스공무원 사이트의 가입자에 한해 이용 가능합니다.

08회 실전동형모의고사

제한시간: 15분 **시작** 시 분 ~ **종료** 시 분 점수 확인 개/ 20개

01 모든 국민의 가치 및 특수 이익을 우선하는 행정의 특성은?

① 공공성
② 공익성
③ 정치성
④ 권력성

02 WHO 보건행정의 범위가 아닌 것은?

① 환경위생
② 모자보건
③ 보건간호
④ 보건통계

03 조직원을 관리하기 위한 관료제 이론의 단점으로 옳은 것은?

① 비공식 집단의 활성화
② 지나친 공식적 체계 유지
③ 상황을 고려한 근로자 관리
④ 직무개선제도 도입

04 조직 외부의 환경이 조직과 그 하위 시스템에 미치는 영향과 조직의 유효성이 높아지는 시스템 간의 관계를 설명하려는 이론은?

① 목표관리이론
② 상황이론
③ 체계이론
④ 과학적 관리이론

05 제5차 HP 건강증진 종합계획의 정신건강관리 지표로 옳은 것은?

① 치매안심센터의 치매환자 등록·관리율
② 손상사망률
③ 주관적 건강인지율
④ 건강정보이해능력 수준

06 WHO가 제시한 건강도시의 필수조건으로 옳지 않은 것은?

① 깨끗하고 안전한 도시환경
② 시민의 높은 참여와 통제
③ 혁신적인 도시 경제
④ 질병치료중심 활동

07 합리적 행위이론의 구성요소로 옳지 않은 것은?

① 행동에 대한 태도
② 주관적 규범
③ 행동에 대한 의도
④ 지각된 행동통제

08 보건의료인력의 의료인으로 옳지 않은 것은?

① 의사
② 약사
③ 한의사
④ 조산사

09 의료기관에 대한 설명으로 옳은 것은?

① 조산원은 조산사가 조산과 임산부 및 신생아를 대상으로 보건활동과 교육·상담을 하는 의료기관을 말한다.
② 병원·치과병원·한방병원 및 요양병원은 100개 이상의 병상을 유지해야 한다.
③ 의사, 치과의사 또는 한의사가 주로 입원환자를 대상으로 의료행위를 하는 의료기관으로는 의원, 치과의원, 한의원이 있다.
④ 종합병원은 50개 이상의 병상을 갖춰야 한다.

10 보건소의 기능 및 업무로 옳지 않은 것은?

① 건강도시 구현
② 건강 친화적인 지역사회 여건의 조성
③ 지역보건의료정책의 기획, 조사·연구 및 평가
④ 보건의료 관련기관·단체, 학교, 직장 등과의 협력 체계 구축

11 소비자의 무지와 지식 부족 현상을 설명할 수 있는 보건의료서비스의 특징은?

① 정보의 비대칭성
② 불확실성
③ 외부효과
④ 공급의 독점성

14 보건의료체계를 구성하는 두 개의 차원인 경제적 요소와 정치적 요소를 가로와 세로로 놓고 교차하는 뢰머(M. Roemer)의 매트릭스(Matrix)형 분류 중 민간의료시장이 매우 강력하고 큰 유형은?

① 자유기업형 보건의료체계
② 복지지향형 보건의료체계
③ 포괄적 보장형 보건의료체계
④ 사회주의 계획형 보건의료체계

12 병원의료기관 평가에 대한 설명으로 옳은 것은?

① 인증유효기간은 5년이다.
② 인증은 절대평가를 통하여 평가여부를 결정한다.
③ 인증조사는 모든 병원이 의무적으로 시행해야 한다.
④ 인증등급은 인증, 불인증이 있다.

15 의료인이 담당하는 등록환자수나 실이용자수를 기준으로 진료보수금액이 결정되는 지불보상제도의 특징으로 옳은 것은?

① 경상의료비가 상승한다.
② 행위에 대한 점수들로 일정비율의 금액을 환산한다.
③ 1차 보건의료에 적합한 제도이며 예방중심 의료를 할 수 있다.
④ 의사의 수입이 일정하지 않아서 직위가 불안하다.

13 다음을 설명하고 있는 국가보건의료체계 하부구조의 구성요소는?

> 인력, 시설, 장비 및 소모품, 지식 및 정보 등

① 보건자원개발
② 자원의 조직 및 배치
③ 보건의료자원 서비스 제공
④ 보건의료관리

16 목표관리(MBO)의 특징으로 옳은 것은?

① 장기목표를 추구한다.
② 신축성이 있다.
③ 구성원들에게 전적으로 목표 설정을 맡긴다.
④ 자아실현을 할 수 있다.

17 다음을 설명하고 있는 정책결정 과정은?

- 정책의 최종단계
- 이해당사자들 간의 갈등 발생

① 문제의 인지
② 정보의 수집 및 분석
③ 대안의 작성 및 평가
④ 대안의 선택

18 합리적인 보건정책결정의 구조적 요인의 제약요인으로 가장 옳은 것은?

① 정책결정자의 경직적, 답습적인 결정의 선호도도 제약요인이 된다.
② 정책결정자가 가지고 있는 감정·동기·가치관 그리고 과거의 경험이나 개인적 판단에 의해서 영향을 받는다.
③ 정책결정자의 전문지식, 시간의 부족 및 인지능력의 한계 등도 제약요인이다.
④ 전근대적 가치관과 병리적 행태 등도 합리적 정책결정을 제약하는 요인이 된다.

19 현실적인 대안이 결정되면, 그 다음 대안의 탐색을 포기하는 정책결정모형은?

① 합리모형
② 만족모형
③ 점증모형
④ 혼합모형

20 우리나라 사회보험인 5대 보험의 도입시기를 순서대로 나열한 것은?

ㄱ. 산재보험
ㄴ. 건강보험
ㄷ. 노인장기요양보험
ㄹ. 국민연금
ㅁ. 고용보험

① ㄱ → ㄴ → ㄹ → ㅁ → ㄷ
② ㄱ → ㄷ → ㄴ → ㄹ → ㅁ
③ ㄱ → ㄹ → ㄷ → ㅁ → ㄴ
④ ㄴ → ㄹ → ㅁ → ㄱ → ㄷ

08회 실전동형모의고사
모바일 자동 채점 + 성적 분석 서비스
바로 가기 (gosi.Hackers.com)

QR코드를 이용하여 해커스공무원의 '모바일 자동 채점 + 성적 분석 서비스'로 바로 접속하세요!
* 해커스공무원 사이트의 가입자에 한해 이용 가능합니다.

09회 실전동형모의고사

제한시간: 15분 시작 시 분 ~ 종료 시 분   점수 확인   개/ 20개

01 국가보건서비스 방식의 특징으로 옳은 것은?

① 의료보수는 인두제를 활용한다.
② 치료중심적이다.
③ 행위별 수가제를 적용한다.
④ 일반의료기관 중심으로 서비스를 제공한다.

02 사회보험으로서 건강에 대한 사회공동의 책임을 강조하여 비용(보험료)부담은 소득과 능력에 따라 부담하고, 소득이 많은 계층에서 적은 계층으로 이전하는 효과를 의미하는 국민건강보험의 기능은?

① 의료보장 기능
② 사회연대 기능
③ 소득재분배 기능
④ 건강형평성 제고 기능

03 조직구조의 유형에서 직능조직에 관한 설명으로 옳은 것은?

① 라인과 계선조직이 통합된 조직이다.
② 스태프는 직무유형에 따라 집단화된 부서를 지휘하고 통솔할 수 있다.
③ 조직 내 특별한 과업을 수행하는 조직이다.
④ 환경변화에 효과적으로 대처가 가능하다.

04 에치오니의 복종의 형태에 의한 조직의 분류로 옳지 않은 것은?

① 강제적 조직
② 봉사조직
③ 공리적 조직
④ 규범적 조직

05 상황이론의 특징으로 옳은 것은?

① 조직 외부의 환경이 조직과 그 하위 시스템에 미치는 영향과 조직의 유효성이 높아지는 시스템 간의 관계를 설명하려는 이론이다.
② 합법적 권한에 근거한 조직의 권한 체계 확립에 기여한다.
③ 조직을 하나의 연결체로 이해한다.
④ 업무분석을 통한 직무표준화가 마련되었다.

06 효과적인 집단 의사결정기법 중 어떤 새로운 사실을 발견하고 아이디어를 얻고자 할 때, 조직구성원들 상호 간의 대화나 토론 없이 각자 서면으로 아이디어를 제출하고 토론 후 표결로 의사결정하는 방법은?

① 전자회의
② 델파이기법
③ 명목집단법
④ 브레인스토밍

07 거래적 리더십의 특징으로 옳은 것은?

① 구성원의 원하는 보상과 성과를 연계해준다.
② 현상유지를 변화시키려는 노력을 한다.
③ 자아실현과 같은 높은 수준의 목표를 성취하도록 격려한다.
④ 구성원이 스스로 문제해결책을 찾도록 격려한다.

08 공식적 의사소통으로 옳지 않은 것은?

① 제안
② 업무지시
③ 회람
④ 산악회

09 갈등 발생 시 양측의 관심사를 존중하며, 통합적인 해결안을 도출하는 가장 효과적인 대처방식으로 옳은 것은?

① 협력
② 수용
③ 강압
④ 타협

10 조직의 목표를 달성하기 위해 구성원들의 역할관계를 의도적으로 체계화한 구조인 공식적 조직의 유형에 대한 설명으로 옳은 것은?

① 라인조직은 수직적 관계로써 조직의 효율성 제고와 생산성 향상을 목표로 하고 있다.
② 직능조직은 의사결정이 하층에서 이루어져 상층으로 명령이 하달된다.
③ 프로젝트조직은 특별한 과업만 이루는 지속적인 팀으로 직장 내 한 부서로 인정받는다.
④ 매트릭스조직은 1명의 상사가 있으며 자원을 효율적으로 이용하기 위한 조직이다.

11 전통적 예산의 원칙으로 옳지 않은 것은?

① 정확성의 원칙
② 행정부 재량의 원칙
③ 한정성의 원칙
④ 단일성의 원칙

12 병원의 가동병상 중 입원환자가 차지하는 비율은?

① 병상이용률
② 병상회전간격
③ 병상회전율
④ 평균 재원일수

13 의료의 남용이나 과용을 억제하여 의료비를 줄이기 위해 도입된 제도는?

① 구상권
② 본인부담금환급금
③ 본인부담금보상금
④ 본인일부부담제

14 계급제의 특징으로 가장 옳지 않은 것은?

① 폐쇄적인 충원방식
② 전문행정가 도입 가능
③ 계급 간의 차별
④ 고급공무원의 엘리트화

15 다음에서 설명하는 예산으로 가장 옳은 것은?

> 예산안이 국회를 통과하여 예산이 성립된 이후 예산에 변경을 가할 필요가 있을 때에 이를 수정·제출하여 국회의 심의를 거쳐 성립되는 예산

① 본예산
② 수정예산
③ 추가경정예산
④ 준예산

16 다음 중 보건기획의 원칙으로 가장 옳은 것은?

> 보건기획은 간단, 명확하여야 하며 가능한 전문적인 용어를 피해야 한다.

① 목적성의 원칙
② 간결성의 원칙
③ 안정성의 원칙
④ 경제성의 원칙

17 고전적 관리이론 중 과학적 관리이론의 특징으로 가장 옳은 것은?

① 시간 - 동작 연구
② 조직 전체의 관점 중시
③ 의사결정의 문서화
④ 비공식 집단 중심

18 누진세, 실업수당, 소득재배분 등 복지정책이나 사회보장정책으로, 고소득층으로부터 저소득층으로의 소득이전을 목적으로 하는 정책은?

① 분배정책
② 재분배정책
③ 규제정책
④ 구성정책

19 보건소에 대한 설명으로 옳지 않은 것은?

① 보건지소는 보건소의 기능을 도와준다.
② 시 · 군 · 구에 설치한다.
③ 행정안전부 장관이 설치한다.
④ 지역보건의료계획을 수립 · 시행 · 평가한다.

20 다음 중 감염병 환자를 담당하는 역할을 한 고려시대 기관은?

① 대비원
② 혜민국
③ 태의감
④ 제위보

09회 실전동형모의고사
모바일 자동 채점 + 성적 분석 서비스
바로 가기 (gosi.Hackers.com)

QR코드를 이용하여 해커스공무원의 '모바일 자동 채점 + 성적 분석 서비스'로 바로 접속하세요!
* 해커스공무원 사이트의 가입자에 한해 이용 가능합니다.

10회 실전동형모의고사

제한시간: 15분 **시작** 시 분 ~ **종료** 시 분 **점수 확인** 개/ 20개

01 「농어촌 등 보건의료를 위한 특별조치법」(1980.12)에 의거하여 간호사·조산사 면허를 가진 사람으로서 보건복지부장관이 실시하는 26주 이상의 직무교육을 받은 지역사회인력으로 가장 옳은 것은?

① 보건간호사
② 보건교사
③ 보건관리자
④ 보건진료전담공무원

02 국가보건서비스 방식의 특징으로 옳지 않은 것은?

① 정부 일반조세로 운영한다.
② 의료의 국유화이다.
③ 치료 중심이다.
④ 의료보수는 인두제를 사용한다.

03 국민건강보험의 주요 특징으로 가장 옳은 것은?

① 장기보험이다.
② 현금급여가 원칙이다.
③ 현금배상제도를 시행 중이다.
④ 정률제로 보험금을 분담한다.

04 감염병의 신고 및 보고의 흐름으로 옳은 것은?

① 의사, 한의사 → 시·군·구 보건소 → 보건복지부 → 질병관리청장
② 의사, 한의사 → 시·군·구청장 → 보건소장 → 보건복지부장관
③ 의사, 한의사 → 시·군·구 보건소 → 시·도보건과 → 질병관리청장
④ 의사, 한의사 → 보건복지부장관 → 시·군·구 보건소 → 시·도보건과

05 지역보건의료계획에 대한 설명으로 옳지 않은 것은?

① 지역주민들의 요구도를 반영하기 위하여 2주 이상 공고한다.
② 매 4년마다 수립한다.
③ 계획한 내용은 변경이 불가능하니 기획단계에서 신중하게 내용을 기술한다.
④ 마지막 보건복지부 장관에게 제출하는 기간은 2월 말까지이다.

06 기업의 내부적인 강점과 기회를 모두 극대화시켜 시장을 확대하는 전략으로 옳은 것은?

① 공격적 전략
② 다각화 전략
③ 국면적 전략
④ 방어적 전략

07 BPRS로 우선순위를 결정한 후 사업의 실현가능성 여부를 판단하기 위한 기준으로 적용할 수 있는 방법은?

① PATCH
② MATCH
③ PEARL
④ BRYANT

08 지역사회건강프로그램을 평가하기 위해 적용한 평가 범주 중 투입된 노력과 관련된 변수로 옳지 않은 것은?

① 가정방문횟수
② 자원동원횟수
③ 대상자에게 제공된 시간
④ 교육 진행 내용의 난이도

09 노인장기요양보험 등급판정기준으로 옳은 것은?

① 인증점수가 95점 이상이면 2등급을 받을 수 있다.
② 치매 환자는 등급을 받을 수 없다.
③ 인지지원등급은 50점 미만이다.
④ 등급판정기준은 총 5등급과 인지지원등급으로 되어 있다.

10 가임기 여성이 평생 동안 낳을 수 있는 자녀의 수는?

① 합계출산율
② 재생산율
③ 일반출산율
④ 순재생산율

11 최신 건강증진프로그램을 적용시켜 대상자의 치료와 임상서비스에 대한 책임을 뛰어넘어 건강증진방향으로 전환되어야 하는 전략은?

① 건강한 공공정책의 수립
② 지지적 환경의 조성
③ 지역사회활동의 강화
④ 보건의료서비스의 재정립

12 효과적인 조직의 관리를 위해서 전체적인 관점에서 효율적인 행정원리를 발견한 조직이론으로 가장 옳은 것은?

① 과학적 관리이론
② 관리과정론
③ 인관관계론
④ 관료제 이론

13 계획을 수행하는 데 필요한 인력, 장비, 물품, 예산 등 제반요소들을 포함하여 수립하는 기획의 원칙으로 옳은 것은?

① 포괄성의 원칙
② 필요성의 원칙
③ 경제성의 원칙
④ 간결성의 원칙

14 전술적 기획의 특징으로 옳은 것은?

① 단기 목표를 달성하기 위해 계획하는 것이다.
② 최고관리자가 수행한다.
③ 전술적 목적의 실행을 통해 전략적 목적이 달라진다.
④ 조직이 지향하는 분명한 목표와 방향을 제시한다.

15 비공식 조직의 장점으로 옳은 것은?

① 구성원에게 충성심을 제공한다.
② 구성원들 사이의 의사소통을 제한한다.
③ 비공식 조직은 질서가 체계적이다.
④ 심리적인 안정감을 제공하여 업무를 능률적으로 수행할 수 있다.

16 보건조직의 능률적인 업무수행, 신속한 의사결정과 강력한 통솔력에 의한 조직의 안정성 확보가 가능하고, 라인은 스텝으로부터 유익한 조언과 권고를 받을 수 있어 추진 업무를 할 수 있는 조직구조로 옳은 것은?

① 라인조직
② 라인 - 스텝조직
③ 직능조직
④ 프로젝트조직

17 상급자가 다른 팀의 상급자보다 하급자를 평가할 때 항상 후한 평가를 하여 정확한 평가가 이루어지지 못하는 인사평가의 오류로 가장 옳은 것은?

① 후광효과
② 혼효과
③ 규칙적 착오
④ 개인적 편견에 의한 오류

18 갈등의 대처방식 중 수용에 대한 설명으로 옳은 것은?

① 토론을 통한 타협을 말한다.
② 자신의 관심사를 양보하도록 한다.
③ 자신의 의견을 지속적으로 주장한다.
④ 합의점을 가장 이상적으로 하기 위해 패자에게 불이익을 준다.

19 직무의 상대적 가치를 분석·평가하여 임금을 결정하는 방법은?

① 연공급
② 성과급
③ 직무급
④ 직능급

20 알더퍼의 ERG이론 중 E에 해당되는 욕구로 옳은 것은?

① 자아실현 욕구
② 존경의 욕구
③ 애정의 욕구
④ 생리적 욕구

10회 실전동형모의고사
모바일 자동 채점 + 성적 분석 서비스
바로 가기 (gosi.Hackers.com)

QR코드를 이용하여 해커스공무원의 '모바일 자동 채점 + 성적 분석 서비스'로 바로 접속하세요!
* 해커스공무원 사이트의 가입자에 한해 이용 가능합니다.

11회 실전동형모의고사

제한시간: 15분 **시작** 시 분 ~ **종료** 시 분 점수 확인 개/ 20개

01 병원 재무제표에 대한 설명으로 옳은 것은?

① 현금흐름표란 경영성과를 주변의 경쟁병원과 비교하여 상대적인 지표로 나타낸 회계보고서를 말한다.
② 대차대조표, 손익계산서, 이자흐름표 등이 있다.
③ 대차대조표는 병원의 재무상태를 보여주는 보고서로 자산, 부채, 타인자본으로 구성되어 있다.
④ 손익계산서는 병원의 경영성과, 수익을 평가하는 데 필요한 정보를 제공한다.

02 다수의 구성원이 압력 없이 자유롭게 의견을 개진하여 대안을 탐색하는 데 효과적인 의사결정기법 중 하나로, 대화나 토론 없이 전문가의 의견을 서면으로 받고 종합된 의견을 전문가에게 제시·반복하여 서면의견을 받는 방법은?

① 유추법
② 델파이법
③ 전자회의
④ 명목집단법

03 환자안전을 위해 보건업무과정을 개선하는 프로젝트의 일정관리를 위한 바(bar)형태의 도구로서, 각 업무별로 일정의 시작과 끝을 그래픽으로 표시하여 전체 일정을 한눈에 볼 수 있는 기획방법은 무엇인가?

① 간트 차트법
② PERT(Program Evaluation and Review Technique)
③ 주경로기법(CPM)
④ 기획예산제도(PPBS)

04 보건소 조직에서 나타날 수 있는 호손(Hawthorn) 효과의 영향으로 옳은 것은?

① 공식적인 조직이 조직의 성과에 영향을 미친다.
② 보건소 규모와 구조에 따라 업무생산성이 크게 좌우된다.
③ 조직의 생산성은 보건소 내 팀워크, 협동 정도와 관련이 있다.
④ 공무원의 업무시간과 직무를 다시 설계하여 생산성을 향상시킬 수 있다.

05 우리나라 진료비지불방식에 대한 설명으로 옳지 않은 것은?

① 우리나라의 주된 진료비지불방식은 행위별 수가제이다.
② 일부 질환에 대해서는 포괄수가제를 시행하고 있다.
③ 의료급여 환자의 정신과 외래 진료는 일당수가제이다.
④ 행위별 수가제는 의료비 절감의 효과가 높다.

06 우리나라 사회보험의 특징으로 옳지 않은 것은?

① 국가가 사회정책을 수행하기 위해 보험의 원리와 방식을 도입하여 만든 사회경제제도이다.
② 국민건강과 소득을 보장하는 제도이다.
③ 사회 연대성과 가입의 강제성을 가진다.
④ 4대 사회보험으로 연금보험, 노인장기요양보험, 건강보험, 산업재해보상보험이 있다.

07 조직화의 기본원리에 대한 설명으로 옳지 않은 것은?

① 계층제의 원리는 구성원들 간의 위계를 설정하여 권한과 책임을 분배하는 것이다.
② 통솔 범위의 원리에서는 통솔 범위가 작을수록 부하직원의 독립적, 창의적 사고가 향상된다.
③ 명령통일의 원리의 장점은 책임소재가 확실해지며, 관리자와 부하직원의 명령계통과 보고대상이 확실하다는 것이다.
④ 분업전문화의 원리는 조직구성원이 갖고 있는 다양한 능력과 기술을 효율적으로 활용하기 위한 것이다.

08 직무분석방법에 대한 설명으로 옳지 않은 것은?

① 설문지법은 광범위한 자료 수집과 정리가 용이하며, 시간과 비용이 절약된다.
② 면접법은 직무의 모든 측면과 직무수행환경을 파악하기 위한 직무분석방법이다.
③ 관찰법은 직무담당자의 편견으로 관찰의 왜곡이 일어날 수 있으며 직무담당자의 업무에 방해를 줄 수 있다.
④ 중요사건방법은 직무성과에 효과적인 행동패턴을 추출하여 분류하는 방법이다.

09 보건 관련 자격증 및 면허번호, 학력 및 경력, 의료장비 사용능력, 컴퓨터활용능력, 외국어활용능력 등을 기록한 직무 관련 문서는 무엇인가?

① 직무분석서
② 직무기술서
③ 직무평가서
④ 직무명세서

10 "무엇이 사람들의 동기를 유발시키는가?"라는 인간 동기의 보편적 특성에 초점을 두는 동기이론은?

① 알더퍼의 ERG이론
② 브룸의 기대이론
③ 아담스의 공정성이론
④ 로크의 목표설정이론

11 공식 조직의 대한 설명으로 옳지 않은 것은?

① 모든 직위, 신분체계가 문서화, 구체화되어 있다.
② 계층 부서 간의 권한의 경로를 분명하게 나타나 있다.
③ 조직수명이 짧다
④ 경직된 분위기가 조성된다.

12 동일한 직급으로 동일한 직류·직렬 내에서 직위만 바꾸어 옮겨가는 내부 임용제도로 가장 옳은 것은?

① 승진
② 전직
③ 전보
④ 파견

13 예산 집행의 신축성 유지 방법으로 가장 옳지 않은 것은?

① 예산의 이체
② 예비비
③ 계속비
④ 수정예산

14 보건소 직원에 대한 근무평가를 할 때, 집중화 경향, 관대화 경향을 방지할 수 있는 방법은?

① 강제배분법
② 행위기준평가법
③ 대조표법
④ 목표관리법

15 인사권자의 혈연·지연·학연·정당관계 등 귀속적인 기준으로 관직임용을 하는 제도는?

① 엽관주의
② 실적주의
③ 계급주의
④ 직업공무원제도

16 하의상달식 의사소통유형의 종류로 옳지 않은 것은?

① 제안제도
② 품의제
③ 상담
④ 명령

17 프라이(Fry)가 제시한 자유방임형 의료전달체계의 장점으로 옳지 않은 것은?

① 의료의 질적 수준이 높다.
② 의약기술의 발달 수준이 높다.
③ 의료인의 재량권이 부여된다.
④ 진료비 심사가 간편하다.

18 도나베디언이 제시한 구조적 접근의 주요 지표로 옳지 않은 것은?

① 신임제도
② 면허제도
③ 의료이용조사
④ 자격증

19 의료기관 인증제도에 대한 설명으로 옳은 것은?

① 의료기관인증에 관한 업무는 위탁할 수 없다.
② 의료기관인증은 인증, 불인증 2가지로 구분한다.
③ 요양병원과 정신병원은 강제 신청하여야 한다.
④ 의료기관 인증기준에 환자만족도 사항이 포함된다.

20 "공급은 그 스스로의 수요를 창출한다."라는 내용을 적용할 수 있는 보건의료서비스의 사회경제적인 특성으로 가장 옳은 것은?

① 소비자의 무지
② 불확실성
③ 외부효과
④ 가치재

11회 실전동형모의고사
모바일 자동 채점 + 성적 분석 서비스
바로 가기 (gosi.Hackers.com)

QR코드를 이용하여 해커스공무원의 '모바일 자동 채점 + 성적 분석 서비스'로 바로 접속하세요!
* 해커스공무원 사이트의 가입자에 한해 이용 가능합니다.

12회 실전동형모의고사

제한시간: 15분 **시작** 시 분 ~ **종료** 시 분 점수 확인 개/ 20개

01 보건행정의 역사적인 사건과 인물에 대한 설명으로 옳지 않은 것은?

① 제너는 산모들이 산욕열로 사망하는 이유가 의사들이 손을 씻지 않기 때문임을 최초로 밝혔다.
② 라스본(Rathborne)은 최초의 보건소제도를 실시하였다.
③ 비스마르크(Bismarck)는 세계 최초로 근로자 질병보호법(1883)을 제정하였다.
④ 채드윅(Edwin Chadwick)이 발표한 보고서는 영국에서 최초의 공중보건법이 제정되는 계기가 되었다

02 최고관리자의 특성으로 가장 옳은 것은?

① 조직 전체뿐만 아니라 외부의 영향까지 살핀다.
② 전술적 기획을 한다.
③ 주로 상향적인 의사소통을 한다.
④ 단위 부서의 매일의 일상적인 요구에 중점을 둔다.

03 상대가치수가제의 설명으로 옳은 것은?

① 포괄수가제의 단점을 보완하기 위하여 도입되었다.
② 상대가치점수의 기본구조에는 업무적 상대가치, 진료비용 상대가치, 위험도 상대가치가 있다.
③ 건강보험수가는 포괄점수와 점당 가격으로 곱하여 결정된다.
④ 환산지수는 국민건강보험공단 이사장이 1년마다 결정한다.

04 라인 - 스텝조직의 장점으로 옳은 것은?

① 스텝의 충고와 조언은 흡수되지 않는다.
② 스텝으로 인해 조직의 발전이 기대된다.
③ 명령계통이 명확하다.
④ 소규모 조직에 적합하다.

05 갈등해결의 승리 - 승리(win - win) 전략으로 옳은 것은?

① 지위권력으로 다수를 제압한다.
② 타협과 중립적 제3집단에 의해 조정된다.
③ 의사결정에 대한 통합적 접근과 합의를 강조한다.
④ 평등하게 나누고 뇌물을 사용한다.

06 평가자가 6개월 내지 1년 동안 피평가자의 업무수행과 관련하여 성공이나 실패한 행동을 발생 즉시 기록해두었다가 이를 중심으로 평가하는 방법은?

① 중요사건기록법
② 목표관리법
③ 에세이평가법
④ 행태중심 평정척도법

09 대부분의 피평가자에게 후한 점수를 주어 업무능력수준이 낮은 구성원의 행동 교정에 도움이 되지 않은 직무수행평가상의 오류로 가장 옳은 것은?

① 후광효과
② 중심화 경향
③ 관대화 경향
④ 규칙적 오류

07 의사소통 속도가 빠르고 단순문제 해결 시 효율적 · 효과적이지만 하위자들 간 상호작용이 없고, 모든 의사소통은 한 사람의 감독자를 통해 이루어지는 조직의 의사소통유형은?

① 사슬형
② Y형
③ 수레바퀴형
④ 완전연결형

10 공식적 조직 내의 하위계층에서 상위계층으로 전달하는 의사소통의 유형은?

① 사전협조제도
② 내부결재
③ 지시
④ 감독

08 복수의 사람에 의해 다양하게 이루어지는 평가방법으로 주변의 여러 사람이 평가해서 그 결과를 당사자에게 피드백 해줌으로써 자기반성과 개발의 기회와 동기부여의 역할을 하는 인사고과평가 방법은?

① 자기평가
② 동료평가
③ 다면평가
④ 상위자의 고과평가

11 다음 중 목표관리(MBO)의 특징으로 옳지 않은 것은?

① 업무의 효율적으로 수행할 수 있다.
② 부하직원을 목표계획에 참여시켜서 자아실현을 도모한다.
③ 명확한 목표는 통제수단 또는 업적평가에 반영된다.
④ 양적과 질적 목표 성과 달성을 모두 반영할 수 있다

12 의료기관 인증제도에 대한 설명으로 옳은 것은?

① 인증등급은 평가결과를 토대로 보건복지부에서 심의한다.
② 인증유효기간은 인증인 경우 5년이고, 조건부인증은 1년이다.
③ 조사방법으로는 추적조사방법을 사용한다.
④ 인증결과의 이의신청은 통보받은 날로부터 10일 이내이다.

13 매슬로우(Maslow)의 욕구단계이론 중 조직에서 존경의 욕구가 강한 구성원에게 적용할 수 있는 방법은?

① 도전적 과업 제공
② 창의성 개발
③ 포상과 승진 유도
④ 생계보장수단 적용

14 구성원의 조직에 대한 현실적인 공헌도, 즉 달성한 성과의 크기에 따라 임금액을 결정하는 보상체계로 옳은 것은?

① 연공급
② 직무급
③ 직능급
④ 성과급

15 다음에서 설명하고 있는 보건기획의 원칙은?

빈번한 보건기획의 수정은 기획 자체를 무의미하게 만들 수 있기 때문에 피해야 한다.

① 안정성의 원칙
② 간결성의 원칙
③ 경제성의 원칙
④ 표준화의 원칙

16 다음 중 우리나라 생애주기별 암 검진 종류와 실시연령으로 옳은 것은?

① 위암 – 만 50세
② 자궁경부암 – 만 30세(여자)
③ 대장암 – 만 50세
④ 유방암 – 만 50세(여자)

17 직무명세서의 내용으로 옳은 것은?

```
ㄱ. 신장과 체중
ㄴ. 연령
ㄷ. 교육 수준
ㄹ. 이해력 수준
ㅁ. 직무요건
```

① ㄱ, ㄴ
② ㄱ, ㄴ, ㄷ
③ ㄱ, ㄴ, ㄷ, ㅁ
④ ㄱ, ㄴ, ㄷ, ㄹ, ㅁ

18 「노인장기요양보험법」에 따른 장기요양등급 판정항목으로 옳지 않은 것은?

① 신체기능영역
② 가족기능영역
③ 간호처치영역
④ 재활영역

19 레빈(K. Lewin)의 3단계 변화모형 중 변화단계에서의 현상으로 옳은 것은?

① 새로운 것에 대한 수용을 유도하고 이를 내면화시키는 단계이다.
② 영향을 받는 사람들과 좋은 관계를 유지한다.
③ 현재의 상황은 비효과적이라는 사실을 인식한다.
④ 변화된 새 제도가 좋은 결과를 내면, 자동적으로 강화된다.

20 직업공무원제의 특징으로 옳지 않은 것은?

① 정치적 중립
② 신분보장과 폐쇄형 계급제 기반
③ 직업의식과 사명감 강조
④ 엽관주의 확립

12회 실전동형모의고사
모바일 자동 채점 + 성적 분석 서비스
바로 가기 (gosi.Hackers.com)

QR코드를 이용하여 해커스공무원의 '모바일 자동 채점 + 성적 분석 서비스'로 바로 접속하세요!
* 해커스공무원 사이트의 가입자에 한해 이용 가능합니다.

13회 실전동형모의고사

제한시간: 15분 **시작** 시 분 ~ **종료** 시 분 **점수 확인** 개/ 20개

01 다음 제정 목적을 갖는 법률로 옳은 것은?

> 보건의료에 관한 국민의 권리·의무와 국가 및 지방자치단체의 책임을 정하고 보건의료의 수요와 공급에 관한 기본적인 사항을 규정함으로써 보건의료의 발전과 국민의 보건 및 복지의 증진에 이바지한다.

① 「보건의료기본법」
② 「지역보건법」
③ 「공공보건의료에 관한 법률」
④ 「농어촌 등 보건의료를 위한 특별조치법」

02 「지역보건법령」상 지역보건의료계획에 대한 설명으로 옳은 것은?

① 시·도와 시·군·구에서 5년마다 계획을 수립한다.
② 보건복지부장관은 계획 시행에 필요한 경우에 보건의료 관련 기관에 인력·기술 및 재정을 지원한다.
③ 보건복지부에서 심의를 받은 뒤 지방자치단체 의회에 보고하고 재심의를 받는다.
④ 시·도지사가 수립하는 계획은 의료기관 병상의 수요·공급에 관한 사항을 포함하여야 한다.

03 「보건의료인력지원법」상 보건의료인력으로 옳지 않은 것은?

① 간호사
② 한약사
③ 응급구조사
④ 체육보건지도사

04 보건의료인력의 면허를 신고해야 하는 것으로 옳은 것은?

> ㄱ. 약사
> ㄴ. 의무기록사
> ㄷ. 영양사
> ㄹ. 간호사
> ㅁ. 수의사

① ㄱ, ㄴ
② ㄱ, ㄴ, ㄷ
③ ㄱ, ㄴ, ㄷ, ㄹ
④ ㄱ, ㄴ, ㄹ, ㅁ

05 「의료법」에 따라 의사, 치과의사 또는 한의사가 주로 입원환자를 대상으로 의료행위를 하는 의료기관으로 옳지 않은 것은?

① 병원
② 의원
③ 요양병원
④ 종합병원

06 의사가 소아과병원을 개설하려고 할 때, 누구의 허가를 받아야 하는가?

① 시·군·구청장에게 신고한다.
② 시·도지사에게 허가를 받아야 한다.
③ 보건복지부장관에게 허가를 받아야 한다.
④ 시 보건소장에게 허가를 받아야 한다.

07 「의료법 시행규칙」에 따른 진료기록부 등의 보존에 대한 설명으로 옳지 않은 것은?

① 환자 명부는 5년 보관한다.
② 진료에 관한 기록은 마이크로필름이나 광디스크 등은 원본대로 유지한다.
③ 진료에 관한 기록을 보존하는 경우에는 필름촬영책임자가 필름의 표지에 촬영 일시와 본인의 성명만 적어서 보관한다.
④ 검사소견서는 5년 보관이다.

08 다음에서 설명하고 있는 보건의료시설로 옳은 것은?

의사가 배치되어 있지 아니하고 계속하여 의사를 배치하기 어려울 것으로 예상되는 의료 취약지역에서 보건진료전담공무원으로 하여금 의료행위를 하게 하기 위하여 시장·군수가 설치·운영하는 보건의료시설을 말한다.

① 보건소
② 보건지소
③ 보건진료소
④ 건강생활지원센터

09 공중보건의사의 배치에 대한 설명으로 옳지 않은 것은?

① 공중보건의사는 보건소에서 근무한다.
② 공중보건의사의 의무복무기간은 2년이다.
③ 공중보건의사는 의무복무기간 동안 공중보건업무에 성실히 종사하여야 하며, 공중보건업무 외의 업무에 종사하여서는 아니 된다.
④ 보건의료정책을 수행할 때에 공중보건의사의 배치가 필요한 기관 또는 시설로 대통령령으로 정하는 기관 또는 시설에서 근무할 수 있다.

10 보건진료전담공무원의 의료행위의 범위로 옳지 않은 것은?

① 응급수술
② 예방접종
③ 정상분만 시의 분만 도움
④ 질병·부상상태를 판별하기 위한 진찰·검사

11 의료기관 인증기준에 대한 내용으로 옳지 않은 것은?

① 모든 의료진의 만족도
② 환자의 권리와 안전
③ 의료기관의 조직·인력관리 및 운영
④ 의료기관의 의료서비스 질 향상 활동

12 다음의 제정 목적을 갖는 법률로 옳은 것은?

> 국민의 질병·부상에 대한 예방·진단·치료·재활과 출산·사망 및 건강증진에 대하여 보험급여를 실시함으로써 국민보건 향상과 사회보장 증진에 이바지함을 목적으로 한다.

① 「보건의료기본법」
② 「지역보건법」
③ 「국민건강보험법」
④ 「국민건강증진법」

13 국민건강보험공단의 업무로 옳지 않은 것은?

① 심사기준 및 평가기준의 개발
② 의료시설의 운영
③ 보험급여 비용의 지급
④ 가입자 및 피부양자의 자격 관리

14 「국민건강보험법」에 따른 보험료의 부담에 대한 설명으로 옳지 않은 것은?

① 직장가입자는 보수월액보험료의 100분의 50을 부담한다.
② 사립학교 교직원은 국가에서 100분의 20을 부담한다.
③ 직장가입자의 소득월액보험료는 사용자가 부담한다.
④ 공무원은 국가 또는 지자체에서 100분의 50을 부담한다.

15 「국민건강보험법」상 건강검진 실시대상 및 종류에 대한 설명으로 옳지 않은 것은?

① 사무직은 1년에 1회 건강검진을 실시한다.
② 일반건강검진은 직장가입자이다.
③ 영·유아건강검진은 6세 미만의 가입자 및 피부양자가 대상이다.
④ 20세 이상인 지역가입자 및 20세 이상인 피부양자가 대상이다.

16 「의료기관 회계기준 규칙」상 재무제표에 들어갈 내용으로 옳지 않은 것은?

① 재무상태표
② 손익계산서
③ 현금흐름표
④ 회계감사표

17 「국가재정법」에서 설명하고 있는 <보기>의 예산의 종류는?

<보기>

정부는 예측할 수 없는 예산 외의 지출 또는 예산초과지출에 충당하기 위하여 일반회계 예산총액의 100분의 1 이내의 금액을 계상할 수 있다.

① 예비비
② 가예산
③ 잠정예산
④ 준예산

18 「국민건강보험법」상 임신·출산 진료비, 장제비, 상병수당 등의 급여가 해당되는 것은?

① 법정급여
② 부가급여
③ 요양급여
④ 현물급여

19 「노인장기요양보험법」상 공단에서 대상자의 조사가 완료가 되면 등급판정위원회에 제출해야 하는 자료로 옳지 않은 것은?

① 신청서
② 의사소견서
③ 조사결과서
④ 가족관계증명서

20 「국가재정법」상 회계구분으로 옳은 것은?

① 일반회계와 특별회계
② 예비비와 기금
③ 일반회계와 기금
④ 준예산과 특별회계

13회 실전동형모의고사
모바일 자동 채점 + 성적 분석 서비스
바로 가기 (gosi.Hackers.com)

QR코드를 이용하여 해커스공무원의 '모바일 자동 채점 + 성적 분석 서비스'로 바로 접속하세요!
* 해커스공무원 사이트의 가입자에 한해 이용 가능합니다.

해커스공무원 실전동형모의고사 답안지

컴퓨터용 흑색사인펜만 사용

성명	
자필성명	본인 성명 기재
응시직렬	
응시지역	
시험장소	

[필적감정용 기재]
*아래 예시문을 옮겨 적으시오
본인은 OOO(응시자성명)임을 확인함

기재란

회차	

응시번호

생년월일

※ 시험감독관 서명
(성명을 정자로 기재할 것)

성명 및 서명

제1과목

문번				
1	①	②	③	④
2	①	②	③	④
3	①	②	③	④
4	①	②	③	④
5	①	②	③	④
6	①	②	③	④
7	①	②	③	④
8	①	②	③	④
9	①	②	③	④
10	①	②	③	④
11	①	②	③	④
12	①	②	③	④
13	①	②	③	④
14	①	②	③	④
15	①	②	③	④
16	①	②	③	④
17	①	②	③	④
18	①	②	③	④
19	①	②	③	④
20	①	②	③	④

제2과목

문번				
1	①	②	③	④
2	①	②	③	④
3	①	②	③	④
4	①	②	③	④
5	①	②	③	④
6	①	②	③	④
7	①	②	③	④
8	①	②	③	④
9	①	②	③	④
10	①	②	③	④
11	①	②	③	④
12	①	②	③	④
13	①	②	③	④
14	①	②	③	④
15	①	②	③	④
16	①	②	③	④
17	①	②	③	④
18	①	②	③	④
19	①	②	③	④
20	①	②	③	④

제3과목

문번				
1	①	②	③	④
2	①	②	③	④
3	①	②	③	④
4	①	②	③	④
5	①	②	③	④
6	①	②	③	④
7	①	②	③	④
8	①	②	③	④
9	①	②	③	④
10	①	②	③	④
11	①	②	③	④
12	①	②	③	④
13	①	②	③	④
14	①	②	③	④
15	①	②	③	④
16	①	②	③	④
17	①	②	③	④
18	①	②	③	④
19	①	②	③	④
20	①	②	③	④

제4과목

문번				
1	①	②	③	④
2	①	②	③	④
3	①	②	③	④
4	①	②	③	④
5	①	②	③	④
6	①	②	③	④
7	①	②	③	④
8	①	②	③	④
9	①	②	③	④
10	①	②	③	④
11	①	②	③	④
12	①	②	③	④
13	①	②	③	④
14	①	②	③	④
15	①	②	③	④
16	①	②	③	④
17	①	②	③	④
18	①	②	③	④
19	①	②	③	④
20	①	②	③	④

제5과목

문번				
1	①	②	③	④
2	①	②	③	④
3	①	②	③	④
4	①	②	③	④
5	①	②	③	④
6	①	②	③	④
7	①	②	③	④
8	①	②	③	④
9	①	②	③	④
10	①	②	③	④
11	①	②	③	④
12	①	②	③	④
13	①	②	③	④
14	①	②	③	④
15	①	②	③	④
16	①	②	③	④
17	①	②	③	④
18	①	②	③	④
19	①	②	③	④
20	①	②	③	④

해커스공무원 실전동형모의고사 답안지

※ 시험감독관 사인
(성명을 정자로 기재할 것)

감독관 확인란

성명	
자필성명	본인 성명 기재
응시직렬	
응시지역	
시험장소	

[필적감정용 기재]
*아래 예시문을 옮겨 적으시오
본인은 OOO(응시자성명)임을 확인함

기재란

회차

생 년 월 일

응 시 번 호

제1과목

문번					
1	①	②	③	④	⑤
2	①	②	③	④	⑤
3	①	②	③	④	⑤
4	①	②	③	④	⑤
5	①	②	③	④	⑤
6	①	②	③	④	⑤
7	①	②	③	④	⑤
8	①	②	③	④	⑤
9	①	②	③	④	⑤
10	①	②	③	④	⑤
11	①	②	③	④	⑤
12	①	②	③	④	⑤
13	①	②	③	④	⑤
14	①	②	③	④	⑤
15	①	②	③	④	⑤
16	①	②	③	④	⑤
17	①	②	③	④	⑤
18	①	②	③	④	⑤
19	①	②	③	④	⑤
20	①	②	③	④	⑤

제2과목

문번					
1	①	②	③	④	⑤
2	①	②	③	④	⑤
3	①	②	③	④	⑤
4	①	②	③	④	⑤
5	①	②	③	④	⑤
6	①	②	③	④	⑤
7	①	②	③	④	⑤
8	①	②	③	④	⑤
9	①	②	③	④	⑤
10	①	②	③	④	⑤
11	①	②	③	④	⑤
12	①	②	③	④	⑤
13	①	②	③	④	⑤
14	①	②	③	④	⑤
15	①	②	③	④	⑤
16	①	②	③	④	⑤
17	①	②	③	④	⑤
18	①	②	③	④	⑤
19	①	②	③	④	⑤
20	①	②	③	④	⑤

제3과목

문번					
1	①	②	③	④	⑤
2	①	②	③	④	⑤
3	①	②	③	④	⑤
4	①	②	③	④	⑤
5	①	②	③	④	⑤
6	①	②	③	④	⑤
7	①	②	③	④	⑤
8	①	②	③	④	⑤
9	①	②	③	④	⑤
10	①	②	③	④	⑤
11	①	②	③	④	⑤
12	①	②	③	④	⑤
13	①	②	③	④	⑤
14	①	②	③	④	⑤
15	①	②	③	④	⑤
16	①	②	③	④	⑤
17	①	②	③	④	⑤
18	①	②	③	④	⑤
19	①	②	③	④	⑤
20	①	②	③	④	⑤

제4과목

문번					
1	①	②	③	④	⑤
2	①	②	③	④	⑤
3	①	②	③	④	⑤
4	①	②	③	④	⑤
5	①	②	③	④	⑤
6	①	②	③	④	⑤
7	①	②	③	④	⑤
8	①	②	③	④	⑤
9	①	②	③	④	⑤
10	①	②	③	④	⑤
11	①	②	③	④	⑤
12	①	②	③	④	⑤
13	①	②	③	④	⑤
14	①	②	③	④	⑤
15	①	②	③	④	⑤
16	①	②	③	④	⑤
17	①	②	③	④	⑤
18	①	②	③	④	⑤
19	①	②	③	④	⑤
20	①	②	③	④	⑤

제5과목

문번					
1	①	②	③	④	⑤
2	①	②	③	④	⑤
3	①	②	③	④	⑤
4	①	②	③	④	⑤
5	①	②	③	④	⑤
6	①	②	③	④	⑤
7	①	②	③	④	⑤
8	①	②	③	④	⑤
9	①	②	③	④	⑤
10	①	②	③	④	⑤
11	①	②	③	④	⑤
12	①	②	③	④	⑤
13	①	②	③	④	⑤
14	①	②	③	④	⑤
15	①	②	③	④	⑤
16	①	②	③	④	⑤
17	①	②	③	④	⑤
18	①	②	③	④	⑤
19	①	②	③	④	⑤
20	①	②	③	④	⑤

컴퓨터용 흑색사인펜만 사용

※ 시험감독관 서명
(성명을 정자로 기재할 것)

성명 |
자필성명 | 본인 성명 기재
응시직렬 |
응시지역 |
시험장소 |

생년월일

응시번호

회차

[필적감정용 기재]
*아래 예시문을 옮겨 적으시오
본인은 OOO(응시자성명)임을 확인함

기재란

제1과목

문번				
1	①	②	③	④
2	①	②	③	④
3	①	②	③	④
4	①	②	③	④
5	①	②	③	④
6	①	②	③	④
7	①	②	③	④
8	①	②	③	④
9	①	②	③	④
10	①	②	③	④
11	①	②	③	④
12	①	②	③	④
13	①	②	③	④
14	①	②	③	④
15	①	②	③	④
16	①	②	③	④
17	①	②	③	④
18	①	②	③	④
19	①	②	③	④
20	①	②	③	④

제2과목

문번				
1	①	②	③	④
2	①	②	③	④
3	①	②	③	④
4	①	②	③	④
5	①	②	③	④
6	①	②	③	④
7	①	②	③	④
8	①	②	③	④
9	①	②	③	④
10	①	②	③	④
11	①	②	③	④
12	①	②	③	④
13	①	②	③	④
14	①	②	③	④
15	①	②	③	④
16	①	②	③	④
17	①	②	③	④
18	①	②	③	④
19	①	②	③	④
20	①	②	③	④

제3과목

문번				
1	①	②	③	④
2	①	②	③	④
3	①	②	③	④
4	①	②	③	④
5	①	②	③	④
6	①	②	③	④
7	①	②	③	④
8	①	②	③	④
9	①	②	③	④
10	①	②	③	④
11	①	②	③	④
12	①	②	③	④
13	①	②	③	④
14	①	②	③	④
15	①	②	③	④
16	①	②	③	④
17	①	②	③	④
18	①	②	③	④
19	①	②	③	④
20	①	②	③	④

제4과목

문번				
1	①	②	③	④
2	①	②	③	④
3	①	②	③	④
4	①	②	③	④
5	①	②	③	④
6	①	②	③	④
7	①	②	③	④
8	①	②	③	④
9	①	②	③	④
10	①	②	③	④
11	①	②	③	④
12	①	②	③	④
13	①	②	③	④
14	①	②	③	④
15	①	②	③	④
16	①	②	③	④
17	①	②	③	④
18	①	②	③	④
19	①	②	③	④
20	①	②	③	④

제5과목

문번				
1	①	②	③	④
2	①	②	③	④
3	①	②	③	④
4	①	②	③	④
5	①	②	③	④
6	①	②	③	④
7	①	②	③	④
8	①	②	③	④
9	①	②	③	④
10	①	②	③	④
11	①	②	③	④
12	①	②	③	④
13	①	②	③	④
14	①	②	③	④
15	①	②	③	④
16	①	②	③	④
17	①	②	③	④
18	①	②	③	④
19	①	②	③	④
20	①	②	③	④

해커스공무원 실전동형모의고사 답안지

성명	
자필성명	본인 성명 기재
응시직렬	
응시지역	
시험장소	

책형	

[필적감정용 기재]
*아래 예시문을 옮겨 적으시오
본인은 OOO(응시자성명)임을 확인함

기 재 란

응시번호

생 년 월 일

※ 시험감독관 서명
(성명을 정자로 기재할 것)

감독관 확인란

문번	제1과목
1	① ② ③ ④
2	① ② ③ ④
3	① ② ③ ④
4	① ② ③ ④
5	① ② ③ ④
6	① ② ③ ④
7	① ② ③ ④
8	① ② ③ ④
9	① ② ③ ④
10	① ② ③ ④
11	① ② ③ ④
12	① ② ③ ④
13	① ② ③ ④
14	① ② ③ ④
15	① ② ③ ④
16	① ② ③ ④
17	① ② ③ ④
18	① ② ③ ④
19	① ② ③ ④
20	① ② ③ ④

문번	제2과목
1	① ② ③ ④
2	① ② ③ ④
3	① ② ③ ④
4	① ② ③ ④
5	① ② ③ ④
6	① ② ③ ④
7	① ② ③ ④
8	① ② ③ ④
9	① ② ③ ④
10	① ② ③ ④
11	① ② ③ ④
12	① ② ③ ④
13	① ② ③ ④
14	① ② ③ ④
15	① ② ③ ④
16	① ② ③ ④
17	① ② ③ ④
18	① ② ③ ④
19	① ② ③ ④
20	① ② ③ ④

문번	제3과목
1	① ② ③ ④
2	① ② ③ ④
3	① ② ③ ④
4	① ② ③ ④
5	① ② ③ ④
6	① ② ③ ④
7	① ② ③ ④
8	① ② ③ ④
9	① ② ③ ④
10	① ② ③ ④
11	① ② ③ ④
12	① ② ③ ④
13	① ② ③ ④
14	① ② ③ ④
15	① ② ③ ④
16	① ② ③ ④
17	① ② ③ ④
18	① ② ③ ④
19	① ② ③ ④
20	① ② ③ ④

문번	제4과목
1	① ② ③ ④
2	① ② ③ ④
3	① ② ③ ④
4	① ② ③ ④
5	① ② ③ ④
6	① ② ③ ④
7	① ② ③ ④
8	① ② ③ ④
9	① ② ③ ④
10	① ② ③ ④
11	① ② ③ ④
12	① ② ③ ④
13	① ② ③ ④
14	① ② ③ ④
15	① ② ③ ④
16	① ② ③ ④
17	① ② ③ ④
18	① ② ③ ④
19	① ② ③ ④
20	① ② ③ ④

문번	제5과목
1	① ② ③ ④
2	① ② ③ ④
3	① ② ③ ④
4	① ② ③ ④
5	① ② ③ ④
6	① ② ③ ④
7	① ② ③ ④
8	① ② ③ ④
9	① ② ③ ④
10	① ② ③ ④
11	① ② ③ ④
12	① ② ③ ④
13	① ② ③ ④
14	① ② ③ ④
15	① ② ③ ④
16	① ② ③ ④
17	① ② ③ ④
18	① ② ③ ④
19	① ② ③ ④
20	① ② ③ ④

최성희

약력
한양대학교 일반대학원 간호학 박사 수료
현 l 해커스공무원 보건직·간호직 강의
현 l 해커스독학사 간호학 강의
현 l 전북과학대학교 간호학과 초빙교수

저서
해커스공무원 최성희 공중보건 기본서
해커스공무원 최성희 공중보건 실전동형모의고사
해커스공무원 최성희 보건행정 실전동형모의고사

2023 최신판

해커스공무원
최성희
보건행정

실전동형모의고사

초판 1쇄 발행 2023년 4월 3일

지은이	최성희 편저
펴낸곳	해커스패스
펴낸이	해커스공무원 출판팀
주소	서울특별시 강남구 강남대로 428 해커스공무원
고객센터	1588-4055
교재 관련 문의	gosi@hackerspass.com
	해커스공무원 사이트(gosi.Hackers.com) 교재 Q&A 게시판
	카카오톡 플러스 친구 [해커스공무원 노량진캠퍼스]
학원 강의 및 동영상강의	gosi.Hackers.com
ISBN	979-11-6999-125-4 (13510)
Serial Number	01-01-01

공무원 교육 1위,
해커스공무원 gosi.Hackers.com

ΠΠ 해커스공무원

· **해커스공무원 학원 및 인강**(교재 내 인강 할인쿠폰 수록)
· 해커스 스타강사의 **공무원 보건행정 무료 동영상강의**
· '회독'의 방법과 공부 습관을 제시하는 **해커스 회독증강 콘텐츠**(교재 내 할인쿠폰 수록)
· 정확한 성적 분석으로 약점 극복이 가능한 **합격예측 모의고사**(교재 내 응시권 및 해설강의 수강권 수록)
· 내 점수와 석차를 확인하는 **모바일 자동 채점 및 성적 분석 서비스**

2023 최신판

해커스공무원

최성희
보건행정

실전동형모의고사

약점 보완 해설집

해커스공무원

해커스공무원

최성희 보건행정

실전동형모의고사

약점 보완 해설집

해커스공무원

최성희

약력

한양대학교 일반대학원 간호학 박사 수료

현 | 해커스공무원 보건직·간호직 강의
현 | 해커스독학사 간호학 강의
현 | 전북과학대학교 간호학과 초빙교수

저서

해커스공무원 최성희 공중보건 기본서
해커스공무원 최성희 공중보건 실전동형모의고사
해커스공무원 최성희 보건행정 실전동형모의고사

: 목차

실전동형모의고사

실전동형 모의고사

◆ 정답   p. 8

◆ 취약 단원 분석표

01	③	I	06	③	II	11	②	I	16	④	II
02	④	III	07	①	I	12	④	I	17	①	III
03	①	I	08	①	I	13	②	II	18	①	III
04	②	II	09	②	II	14	②	II	19	④	III
05	④	II	10	①	II	15	②	II	20	①	II

단원	맞힌 답의 개수
I	/ 6
II	/ 10
III	/ 4
TOTAL	/ 20

I 보건행정의 이론적 기초 / II 보건행정의 기획과 정책제도 / III 보건행정의 과정

---

01 건강과 질병 관련 모형   정답 ③

① [X] 사회생태학적 모델
⇨ 사회생태학적 모델은 개인의 사회적, 심리학적 행태적 요인을 중시하는 모형으로 숙주요인, 외부환경요인, 개인행태요인이 주요 요소이다.

② [X] 세계보건기구 모델
⇨ 세계보건기구 모델은 단순히 질병이나 질환이 없는 상태를 넘어 신체적, 정신적, 사회적 안녕이 완전히 이루어진 상태를 설명한 모델이다.

❸ [O] 총체적 모델
⇨ 총체적 모델은 질병이 다양한 복합요인에 의해 발생하며, 치료의 목적은 단순히 질병을 제거하는 것만이 아니라 개인이 더 나은 건강을 성취할 수 있도록 건강을 증진시키고, 자기관리능력을 향상·확대시키는 것이라고 보는 모형이다. 구성요소로는 환경, 생활습관, 인체생리, 보건의료시스템이 있다.

④ [X] 생태학적 모델
⇨ 생태학적 모델은 질병을 인간을 포함한 생태계 각 구성요소들 간의 상호작용의 결과가 인간에게 나타난 것이라고 보고, 병인(Agent), 숙주요인(Host Factors), 환경요인(Environmental Factors)으로 구성된다.

02 전통적 예산의 원칙   정답 ④

① [O] 공개성의 원칙
⇨ 공개성의 원칙이란 예산의 편성·심의·집행 등에 관한 정보를 공개해야 한다는 것이다.

② [O] 정확성의 원칙
⇨ 정확성의 원칙이란 예산이 정확하고 엄밀하게 표시되어야 한다는 것이다.

③ [O] 사전의결의 원칙
⇨ 사전의결의 원칙이란 예산은 지출이 행해지기 전에 국회에 제출되고 심의·의결되어야 한다는 것이다.

④ [X] 행정부책임의 원칙
⇨ 행정부책임의 원칙이란 행정수반의 지휘와 감독하에 입법부의 의도에 따라 가장 효과적인 방법으로 집행할 책임이 행정부에 있다는 것이다. 이는 현대적 예산의 원칙이다.

03 소비자 수요규제정책   정답 ①

❶ [O] 본인일부부담을 적용한다.
⇨ 수요(소비)규제정책에는 진단과 검사, 처치를 하는 데 있어서 효과적이지 않거나 상대적으로 비싼 의료장비 등의 사용을 억제하는 정책 또는 진료비 중 본인에게 일부 부담시키는 정책이 있다.

② [X] 노인에 한해서 보험급여로 의치를 지원한다.
⇨ 수요(소비)촉진정책이다.

③ [X] 건강보험급여화 정책을 실시한다.
⇨ 수요(소비)촉진정책에는 건강보험급여화 정책을 실시하는 것이 있다.

④ [X] 의료취약지역에 대해 의료시설을 확충한다.
⇨ 공급촉진정책에는 의료취약지역에 대한 의료시설의 확충, 취약지역에 의료기관 개설 시 세금 감면, 금융지원 등의 재정정책 등이 있다.

04 사회보장제도   정답 ②

① [X] 선별주의를 선택, 적용하였다.
⇨ 모든 대상에게 적용하는 사회보장제도이다.

❷ [O] 국영의료제도인 국민보건서비스(NHS)를 도입하였다.
⇨ 모든 국민에게 태어날 때(요람)부터 사망할 때(무덤)까지 무료로 서비스를 제공하는 국영의료제도인 국민보건서비스(NHS)를 도입하였다.

③ [X] 특정 대상층을 선정하여 혜택을 주었다.
⇨ 모든 대상자에게 혜택을 주었다.

④ [×] 소득보장과 의료보장만 가능하다.
⇨ 영국의 베버리지의 사회보장제도는 실업, 질병, 또는 부상으로 인하여 수입이 중단된 경우나 노령에 의한 퇴직이나 부양책임자의 사망으로 인한 부양의 상실에 대비하고 나아가 출생, 사망, 결혼 등에 관련된 특별한 지출을 감당하기 위한 소득보장이다.

---

05 우리나라 사회보험의 특징 정답 ④

① [O] 사회 전체의 공익을 추구하는 사회적 제도이다.
⇨ 사회보험은 사회 전체의 공익을 추구하며 국가가 사회정책을 수행하기 위해 보험의 원리와 방식을 도입하여 만든 사회경제 제도이다.
② [O] 위험의 발생으로 야기되는 결과를 보증하는 것을 의미한다.
⇨ 사회보험은 불확실한 미래의 위험발생으로 인한 결과를 예방하기 위한 수단이다.
③ [O] 국가가 적극적으로 개입하여 분배의 공정성을 추구하고 있다.
⇨ 사회보험은 국가가 적극적으로 개입하여 사회 연대성과 가입의 강제성을 강조하여 분배의 공정성을 추구하고 있다.
❹ [×] 재원은 가입자 모두 같은 보험료가 조달되는 것이 원칙이다.
⇨ 재원은 가입자마다 소득에 따라 차등 부과하여 보험료가 조달되는 것이 원칙이다.

---

06 국민연금 정답 ③

① [O] 장기보험이다.
⇨ 최소 가입기간인 10년(120개월)을 채웠다면 수급 연령의 생일 다음 달부터 받을 수 있다. 만일 가입기간이 10년이 되지 않았다면 추가납부제도를 통해서 10년 이상으로 가입기간을 늘린 후에 연금을 받을 수 있는 장기보험이다.
② [O] 수정적립식 방식이다.
⇨ 물가상승률을 반영하는 수정적립식 방식이다.
❸ [×] 보험료 관장은 국민건강보험공단에서 관리한다.
⇨ 보험료 관장은 국민연금공단에서 관리한다.
④ [O] 시행시기는 우리나라 5대 사회보험 중 3번째로 실시되었다.
⇨ 우리나라 5대 사회보험의 시행시기는 산재보험 → 건강보험 → 연금보험 → 고용보험 → 노인장기요양보험이다. 즉, 국민연금은 우리나라 5대 사회보험 중 3번째로 실시되었다.

---

07 테리스(Terris)의 보건의료체계 유형 정답 ①

❶ [O] 공적부조형
⇨ 공적부조형은 국민들이 보건의료를 조달할 능력이 없기 때문에 제공하는 서비스이며, 1차 보건의료 중심의 서비스에 한정한다.
② [×] 의료보험형
⇨ 의료보험형은 국민들이 스스로 의료비 조달이 가능할 때 제공하며, 전국민의료보험을 실시하는 것이다.

③ [×] 국민보건서비스형
⇨ 국민보건서비스형은 보건의료서비스는 무료로 하고, 보건의료 자원을 국유화로 운영 중이다.
④ [×] 사회주의형
⇨ 사회주의형은 프라이(Fry)의 보건의료전달체계 분류의 하나이며, 의료자원과 의료서비스의 균등한 분포와 균등한 기회를 중시한다. 국가의 중앙집권적인 관리와 배분이 이루어진다.

---

08 국민보건의료서비스(NHS)의 특징 정답 ①

❶ [O] 정부의 일반조세로 운영한다.
⇨ 국민보건의료서비스는 정부가 일반조세로 재원을 마련하여 모든 국민에게 무상으로 의료를 제공하는 국가의 직접적인 의료관장방식으로, 일명 조세방식 또는 베버리지방식이라고 한다.
② [×] 치료 중심적 급여를 적용한다.
⇨ 예방 중심적 급여를 적용한다.
③ [×] 국민의료비 억제 기능이 취약하다.
⇨ 국민의료비 억제가 가능하다.
④ [×] 의료의 사유화가 전제적이다.
⇨ 의료의 국유화가 전제적이다.

---

09 현물급여의 종류 정답 ②

① [×] 고액 진료비 보상금
⇨ 고액 진료비 보상금은 현금급여이다.
❷ [O] 보건의료서비스
⇨ 보건의료서비스는 현물급여이다.
③ [×] 장제비
⇨ 장제비는 현금급여이다.
④ [×] 상병수당
⇨ 상병수당은 현금급여이다.

---

10 우리나라 건강보험 급여의 정지 사례 정답 ①

❶ [×] 국외 여행 중일 때
⇨ 「국민건강보험법」상 국외 여행 중일 때는 건강보험 급여의 정지 사례에서 삭제되어 현재 해당이 없다.
② [O] 국외 체류하는 경우
⇨ 국외 체류하는 경우, 건강보험 급여가 정지된다.
③ [O] 현역병, 전환복무된 사람 및 군간부 후보생이 된 경우
⇨ 「병역법」에 따른 현역병(지원에 의하지 않고 임용된 하사를 포함), 전환복무된 사람 및 군간부 후보생이 된 경우, 건강보험 급여가 정지된다.
④ [O] 교도소에 수용 중일 경우
⇨ 교도소나 그 밖에 이에 준하는 시설에 수용되어 있는 경우, 건강보험 급여가 정지된다.

11 프라이(Fry)의 보건의료전달체계   정답 ②

① [O] 자유경쟁에 기인한 자원낭비의 방지
 ⇨ 의료기관의 국유화로 국가가 간섭하여 자유경쟁에 기인한 자원낭비의 방지할 수 있다.
❷ [X] 공급자측의 경쟁에 따른 보건의료서비스 수준의 향상
 ⇨ 공급자측의 경쟁에 따른 보건의료서비스 수준의 향상은 자유방임형에 대한 설명이다.
③ [O] 공공재로서의 보건의료개념의 구현
 ⇨ 국민 전체가 무료서비스를 받음으로써 공공재로서의 보건의료개념을 구현한다.
④ [O] 의료이용과 의료비의 통제가능
 ⇨ 주로 정부가 주체가 되어 보건기획 및 자원을 효율적으로 활용하므로 의료이용과 의료비가 통제가능하다.

12 우리나라 의료전달체계   정답 ④

① [O] 의료기관 간의 기능 분담 결여
 ⇨ 자유방임형이 적용되기 때문에 의료기관 간의 기능 분담이 결여된다.
② [O] 전문의와 일반의의 기능 미분담
 ⇨ 전문의와 일반의의 기능 미분담으로 전문의도 일반병원을 자유롭게 개업하는 현상이 초래된다.
③ [O] 공급의 부적정성 및 의료기관 간 경쟁 심화
 ⇨ 도시 중심으로 의료기관이 밀집되어 있어 공급의 부적정성 및 의료기관 간 경쟁심화현상이 나타난다.
❹ [X] 일반의 배출 증가로 기능 분담 부재
 ⇨ 대부분 우리나라는 일반의보다 전문의 배출이 높고 그 전문의가 개원하는 비중이 높기 때문에 의료의 발전이 저해되는 현상을 초래한다.

13 의료이용 증가 요인   정답 ②

① [O] 의료공급자원의 증가
 ⇨ 병·의원이 증가하여 의료공급자원이 증가하기 때문에 자연스럽게 병상을 채우기 위한 도덕적 해이가 발생하거나 대상자들의 역선택이 발생하여 의료이용이 증가하게 된다.
❷ [X] 공중위생의 진보
 ⇨ 공중위생의 진보가 되면 예방이 강조되어 대상자들의 건강이 증진되므로 치료 중심의 의료이용은 증가하지 않는다.
③ [O] 노령인구 증가
 ⇨ 노령인구와 만성 질환은 함께 증가하고 있어 의료이용이 증가한다.
④ [O] 신약 개발
 ⇨ 신약 개발로 새로운 치료제가 개발이 되면 그 치료제를 사용하기 위하여 의료이용이 증가한다.

14 분배정책의 요인   정답 ②

① [O] 무의촌에 대한 보건진료
 ⇨ 분배정책은 특정한 개인, 기업체, 조직, 지역사회에 공공서비스와 편익을 분배하는 것으로 무의촌에 대한 보건진료도 이에 해당된다.
❷ [X] 영세민 취로사업이나 임대주택의 건설
 ⇨ 영세민 취로사업이나 임대주택의 건설은 재분배정책 중 하나이다.
③ [O] 의료취약지역의 의료기관에 대한 정부보조
 ⇨ 의료취약지역 의료기관에 대한 정부보조, 수출 특혜, 금융, 농·어업장려금, 지방자치단체에 대한 국가보조금 지급, 주택자금의 대출, 택지 분양 등이 분배정책에 해당된다.
④ [O] 지역사회에 공공서비스와 편익 배분
 ⇨ 분배정책은 국가가 국민에게 이익과 서비스를 분배해주는 정책을 말한다.

15 정책과정의 단계   정답 ②

① [X] 정책의제형성단계
 ⇨ 정책의제형성단계는 많은 사회문제 중 일정한 문제에 정책적 해결이 필요하여 정부정책결정기구의 관심 대상으로 부각되고, 그것이 정책결정체제의 정책결정 대상항목으로 선정 혹은 채택되는 과정이다.
❷ [O] 정책결정단계
 ⇨ 정책결정단계는 의제형성과정에 의해 채택된 정책의제를 그 해결책을 강구한 정책으로 바꾸어 나가는 정책의 작성이나 정책분석이 활용되는 정책수립과정이다.
③ [X] 정책집행단계
 ⇨ 정책집행단계는 정책결정체제가 작성, 산출한 정책을 정책집행기관이 이를 환경에 적용, 실현해 가는 과정이다.
④ [X] 정책평가단계
 ⇨ 정책평가단계는 정책평가를 담당한 개인이나 집단 혹은 정부의 기관이 대상정책의 내용 및 정책의 형성과정과 집행과정은 물론, 집행 결과로 나타난 정책의 성과 등을 탐지하여 일정한 평가 기준에 따라 심사하고 평가하며, 시정조치를 취해가는 과정이다.

16 합리적 모형의 한계점   정답 ④

① [O] 매몰비용의 함정이 있다.
 ⇨ 의사결정이 인간의 이성과 합리성에 근거하여 이루어진다고 가정한 이론이다. 의사결정 중 어느 시기에 어떤 일을 착수하여 경비나 시간·노력을 들인 경우, 장래의 대안을 선택할 수 있는 범위가 제약을 받을 수밖에 없는 것으로 매몰비용의 함정이 있다.
② [O] 인간의 주관적 합리성이 한계이다.
 ⇨ 합리모형은 과학적 분석에만 주력하므로 인간의 주관적 가치판단을 무시하고 있어 주관적 합리성의 한계가 있다.

③ [O] 정책결정과 관련된 모든 정보를 동원하기엔 인간의 능력과 시간적인 한계가 있다.
⇨ 인간은 완벽한 미래예측능력이 없으며 지적능력에도 한계가 있으므로 완전한 대안을 선택 및 발견하는 과정에서 시간과 비용이 많이 소요된다.
❹ [X] 보수주의에 빠지기 쉬워서 변동과 혁신을 설명하기 곤란하다.
⇨ 보수주의에 빠지기 쉬워서 변동과 혁신을 설명하기 곤란한 것은 만족모형에 대한 설명이다.

---

17 리스트럭처링 정답 ①

❶ [O] 리스트럭처링
⇨ 리스트럭처링은 급변하는 환경에 대응하고 생산성과 경쟁력을 확보하기 위해 조직 구조를 혁신적으로 재구축하는 것이다.
② [X] 리엔지니어링
⇨ 리엔지니어링은 현재의 기능이나 부서별로 분화된 과업중심적인 구조에서 고객가치를 증가시키는 프로세스 중심으로 재편성하는 것이다.
③ [X] TQM
⇨ TQM은 병원 내의 모든 서비스와 업무개선을 통해 질 향상을 도모하는 경영기법이다.
④ [X] SWOT
⇨ SWOT은 조직의 내·외적 환경에 대한 강점과 약점, 기회와 위협을 분석하여 핵심과제를 도출하는 전략이다.

---

18 조정의 원리 정답 ①

❶ [O] 조직의 원리 중 제1의 원리
⇨ 조정의 원리는 조직의 원리 중 제1의 원리로, 공동 목표를 수행할 수 있도록 행동의 통일을 기하는 것이다.
② [X] 공식적인 의사전달의 경로
⇨ 공식적인 의사전달의 경로는 계층제의 원리에 대한 설명이다.
③ [X] 한 사람의 상관에게 명령을 받음
⇨ 한 사람의 상관에게 명령을 받는다는 것은 계층제의 원리에 대한 설명이다.
④ [X] 업무를 세분화하여 반복적, 기계적, 단순화함
⇨ 업무를 세분화하여 반복적, 기계적, 단순화하는 것은 분업 – 전문화의 원리에 대한 설명이다.

---

19 MBO 정답 ④

① [O] Y이론적 관리방식을 적용한다.
⇨ 목표설정 시 구성원을 참여시키는 Y이론적 관리방식을 적용하고 있다.

② [O] 관료제의 역기능을 보완한다.
⇨ 관료제의 역기능 보완하여 자신의 업무를 스스로 결정하고 관리자의 지지를 받아 수행함으로써, 근로의욕 향상, 신규직원들의 조직 내 동화가 용이하다.
③ [O] 결과측정이 객관적으로 용이하다.
⇨ 목표의 수량적 성과 달성에만 관심을 두기 때문에 결과측정이 객관적으로 용이하다.
❹ [X] 장기적이고 질적인 목표에 치중한다.
⇨ 단기적이고 질적인 목표에 치중한다.

---

20 SWOT 정답 ①

❶ [O] S(내적 강점): 최첨단 의료시설과 장비
⇨ S(내적 강점)는 조직의 목표 달성을 돕는 조직의 내적인 속성으로 최첨단 의료시설과 장비를 갖고 있는 것은 강점에 속한다.
② [X] W(내적 약점): 지리적인 접근의 용이
⇨ W(내적 약점)는 조직의 목표 달성을 어렵게 하는 조직의 내적인 속성으로 지리적인 접근이 용이한 것은 S(내적 강점)에 해당된다.
③ [X] O(외적 기회): 낮은 보험수가
⇨ O(외적 기회)는 조직의 목표 달성을 돕는 조직의 외적인 조건으로 낮은 보험수가는 T(외적 위협)이다.
④ [X] T(외적 위협): 의료수요의 증가
⇨ T(외적 위협)는 조직의 목표 달성을 어렵게 하거나 위협하는 조직의 외적인 조건이다. 의료수요의 증가는 O(외적 기회)이다.

정답
p. 12

01	②	I	06	①	III	11	③	I	16	③	III
02	③	III	07	②	III	12	①	I	17	①	III
03	③	III	08	③	III	13	③	I	18	③	III
04	①	III	09	④	II	14	④	I	19	②	III
05	③	III	10	①	III	15	①	III	20	②	III

취약 단원 분석표

단원	맞힌 답의 개수
I	/ 5
II	/ 1
III	/ 14
TOTAL	/ 20

I 보건행정의 이론적 기초 / II 보건행정의 기획과 정책제도 / III 보건행정의 과정

---

01 조선시대의 의료시설
정답 ②

① [×] 혜민국
　⇨ 혜민국은 고려시대의 서민의료를 담당했다.
❷ [○] 혜민서
　⇨ 혜민서는 조선시대에 의약의 수납과 일반서민들의 구료사업을 담당했다.
③ [×] 내의원
　⇨ 내의원은 조선시대에 왕실의료를 담당했다.
④ [×] 대비원
　⇨ 대비원은 고려시대에 빈민이나 행려자 의료사업과 구제사업을 수행하고, 의식과 의약의 제공 및 감염병 사망자의 사체처리를 도맡아 담당했다.

02 변혁적 리더십
정답 ③

① [○] 다른 사람의 공헌을 존중한다.
　⇨ 변혁적 리더십은 다른 사람의 공헌을 존중하여 조직 발전을 위한 구성원의 질적인 변화를 추구한다.
② [○] 타인에 대해 긍정적인 기대를 한다.
　⇨ 변혁적 리더십에서는 타인에 대한 긍정적인 기대를 하며 직무만족도, 조직몰입도, 업무성과도가 높다.
❸ [×] 리더와 부하 사이에 적절한 보상이 있다.
　⇨ 리더와 부하 사이의 적절한 보상은 거래적 리더십의 특징이다.
④ [○] 조직의 미래에 대한 비전을 제시한다.
　⇨ 변혁적 리더십은 조직의 미래에 대한 비전을 제시하고, 구성원들이 가능하다고 생각하는 것보다 높은 수준의 동기를 촉진하고 고무한다.

03 엽관주의
정답 ③

① [○] 신분불안
　⇨ 신분불안은 정권교체가 일어나기 때문에 행정의 계속성, 일관성 및 안정성 등에 문제가 발생하는 것이다.
② [○] 정당정치 발전
　⇨ 정당정치 발전은 엽관주의의 특징이다.
❸ [×] 기회균등과 공개경쟁시험
　⇨ 기회균등과 공개경쟁시험은 실적주의의 특징이다.
④ [○] 행정의 비능률 초래위험성
　⇨ 정권창출에 공헌한 사람들을 임용하기 때문에 불필요한 관직이 증설되어 재정의 낭비를 가져오니, 행정의 비능률을 초래한다는 위험성이 있다.

04 인사고과의 평정방법
정답 ①

❶ [○] 연쇄효과
　⇨ 연쇄효과는 후광효과이다. 즉, 피고과자의 긍정적 인상에 기초하여 평가 시 어느 특정 요소의 우수함으로 인해 다른 평가요소에서도 높은 평가를 받는 경향을 의미한다.
② [×] 강제배분법
　⇨ 강제배분법은 고과자의 중심화 경향을 방지하기 위해 사전에 평가의 범위와 수를 결정해 놓고 강제로 할당하는 방법이다.
③ [×] 논리적 착오
　⇨ 논리적 착오는 관련성 있는 고과요소에 동일한 평가를 하거나 유사한 평가를 하는 경향을 말한다.
④ [×] 대비오차
　⇨ 대비오차는 어떤 사람의 고과결과가 다른 사람의 고과결과에 영향을 미치거나, 이전의 고과결과가 현재의 고과결과에 영향을 미치는 경우를 말한다.

05 보수체계 정답 ③

① [×] 직무 중심으로 합리적인 인사관리가 가능하다.
⇨ 직무급은 직무 중심으로 합리적인 인사관리가 가능하다.
② [×] 인건비 상승 및 보수의 공평한 배분을 달성할 수 있다.
⇨ 직무급은 인건비 상승 및 보수에 공평하게 배분을 달성할 수 있다.
❸ [○] 유능한 인재확보가 가능하다.
⇨ 직능급은 능력에 따라 승급하고 연공에 따라 호봉이 상승하는 보수체계로 유능한 인재확보가 가능하다.
④ [×] 서열의식이 강한 집단에 적용이 가능하다.
⇨ 연공급은 서열의식이 강한 집단에 적용이 가능하다.

06 예산의 기능 정답 ①

❶ [○] 통제 기능
⇨ 통제 기능은 계획대로 따르도록 하는 안내서 역할을 한다. 결산과정을 통해 관리자들은 예산의 성공적 수행 여부와 성공과 실패의 이유를 파악하는 평가의 역할을 수행한다.
② [×] 관리 기능
⇨ 중앙예산기관은 각 부처의 사업계획의 검토, 평가와 이에 소요되는 경비의 사정을 통하여 계획과 예산을 일치시킨다는 점에서 관리적 기능을 갖는다.
③ [×] 기획 기능
⇨ 기획 기능은 장기적 계획과 단기적 예산편성을 유기적으로 연계시켜 효율적인 자원배분을 결정하는 데 그 목적이 있다.
④ [×] 경제적 기능
⇨ 경제적 기능으로는 경제안전 기능, 경제성장촉진 기능, 소득재분배 기능, 자원배분 기능이 있다.

07 예산방법 정답 ②

① [×] 품목별 예산제도
⇨ 품목별 예산제도는 조직의 운영을 위한 종합적 계획이자 통제의 수단, 용역이나 물품에 중점을 두거나 지출의 대상·성질을 기준으로 지출예산의 금액을 나타냄으로써 지출을 통제하고 부패를 방지하며 절약과 능률을 향상시키는 예산제도이다.
❷ [○] 영기준예산제도
⇨ 영기준예산제도는 조직체의 모든 사업과 활동에 대해 영기준을 적용하여 각각의 효율성과 효과성, 중요성을 체계적으로 분석하여, 예산의 효율성과 탄력성을 확보할 수 있는 우선순위에 따라 실행 예산을 결정하는 예산제도이다.
③ [×] 점진적 예산제도
⇨ 점진적 예산제도는 전 회계연도에서 총비용이 옳다는 가정 아래, 전년도의 비용에 차기 연도의 물가상승률과 이자율을 곱하여 차기 연도 예산을 세우는 방법이다.
④ [×] 기획예산제도
⇨ 기획예산제도는 장기적인 기획과 단기적인 예산편성을 유기적으로 연결시킴으로써 합리적인 자원 배분을 이루려는 제도이다.

08 전략방법 정답 ③

① [×] 벤치마킹
⇨ 벤치마킹은 제품, 서비스, 작업과정 등의 경쟁력을 갖추기 위하여 선두주자로 인정된 조직의 제품, 업무수행과정, 서비스 등과 비교하여 스스로를 개선시키는 과정이다. 내부적 벤치마킹, 경쟁적 벤치마킹, 선두그룹 벤치마킹으로 세분할 수 있다.
② [×] 리스트럭처링
⇨ 리스트럭처링은 급변하는 환경에 대응하고 생산성과 경쟁력을 확보하기 위해 조직 구조를 혁신적으로 재구축하는 것이다.
❸ [○] 틈새전략
⇨ 틈새전략은 경쟁에서 우위를 점하고, 시장에서의 확고한 위치를 차지하기 위해 조직이 보유하고 있는 기술, 생산, 재무, 마케팅 등 기능적 강점을 어느 주문에 어떻게 활용할 것인가를 결정하는 분석의 틀이다.
④ [×] 리엔지니어링
⇨ 리엔지니어링은 현재의 기능이나 부서별로 분화된 과업중심적인 구조에서 고객가치를 증가시키는 프로세스 중심으로 재편성하는 것을 의미한다.

09 보건프로그램의 우선순위 결정방법 정답 ④

① [○] Bryant는 전염성 질환 관리 사업에 적용한다.
⇨ Bryant는 결핵, 나병, 성병, AIDS, 간염 등의 감염성 질환의 관리 사업에 적용한다.
② [○] BPRS는 (A + 2B) × C 우선순위 평정공식이 있다.
⇨ BPRS는 지역사회의 서로 다른 건강문제의 상대적 중요성을 객관적 방식으로 제시하기 위해 개발된 방법이다. 모델 개발자인 할론과 피켓(Halon & Pickett)의 이름을 따서 Halon - Pickett 방법으로 (A + 2B) × C 우선순위 평정공식이 있다.
③ [○] PATCH의 우선순위 결정기준은 중요성과 변화가능성이다.
⇨ PATCH의 우선순위 결정기준은 중요성과 변화가능성을 건강문제의 우선순위로 결정하는 방법이다.
❹ [×] PEARL은 5가지의 요인을 판단하는 것으로 Bryant의 분석방법 적용 후 최종 평가하는 방식이다.
⇨ PEARL은 BPRS 계산 후 사업의 실현가능성 여부를 판단하는 기준이다.

10 허츠버그의 2요인이론 정답 ①

❶ [○] 충족되면 조직의 성과와 직접적으로 관련된 요인이다.
⇨ 동기요인은 충족되면 조직의 성과와 직접적으로 관련된 요인이다.
② [×] 충족되어도 근무의욕의 상승은 없다.
⇨ 충족되면 근무의욕이 상승작용으로 나타난다.
③ [×] 인간의 동물적·본능적 측면 및 하위욕구와 관련있다.
⇨ 인간의 동물적·본능적 측면 및 상위욕구와 관련있다.
④ [×] 조직의 정책과 관리, 임금, 노동조건, 감독자와의 관계, 동료와의 관계가 그 예이다.
⇨ 조직의 정책과 관리, 임금, 노동조건, 감독자와의 관계, 동료와의 관계는 위생요인의 예시이다.

11 건강의 결정요인   정답 ③

① [×] 유전적 요인
⇨ 유전적 요인은 가족 중에 유전적인 영향을 일으키는 질병을 가진 사람이 있는 경우, 그 영향을 받게 되는 것이다.

② [×] 환경적 요인
⇨ 환경적 요인은 개인의 속한 사회나 직장에서 유발되는 환경이 질병을 일으키는 데 작용한다는 것이다. 공기오염, 수질오염, 식품오염, 직장 내 유해한 작업환경이 건강에 중요한 영향을 미친다.

❸ [○] 개인행태
⇨ 개인행태는 흡연, 음주, 영양과잉섭취, 운동부족, 자세, 약물오남용, 폭력 등의 생활습관이다.

④ [×] 보건의료서비스
⇨ 그 나라의 의료제도가 어떤지에 따라 국민들의 건강수준이 달라진다. 의료정책과 의료수가, 의료서비스 내용과 같은 보건의료적 요인도 건강에 영향을 미치는 요소이다.

12 의료기술의 복잡성에 따른 1차 의료서비스   정답 ①

❶ [○] 건강증진서비스
⇨ 건강증진서비스는 1차 의료서비스이다.

② [×] 급성 충수돌기염의 수술
⇨ 급성 충수돌기염의 수술은 2차 의료서비스이다.

③ [×] 제왕절개분만술
⇨ 제왕절개분만술은 2차 의료서비스이다.

④ [×] 전문적인 심장이식수술
⇨ 전문적인 심장이식수술은 3차 의료서비스이다.

13 마이어(Myers)의 의료 질의 구성요소   정답 ③

① [×] 접근용이성(Accessibility)
⇨ 접근용이성(Accessibility)은 환자가 보건의료를 필요로 할 때 쉽게 서비스를 이용할 수 있어야 한다는 것이다.

② [×] 질(Quality)
⇨ 질(Quality)은 각종 연수 교육, 학술잡지, 각종 학술모임 등을 통해 나날이 발전하는 연구를 통해 의료진들이 능력을 개발하고 적정한 의료서비스를 제공하여야 한다는 것이다.

❸ [○] 지속성(Continuity)
⇨ 지속성(Continuity)은 의료이용자에게 공급되는 보건의료서비스의 제공이 예방, 진단 및 치료, 재활에 이르기까지 포괄적으로 이루어지는 것을 말한다.

④ [×] 효율성(Efficiency)
⇨ 효율성(Efficiency)은 경제적인 합리성이라고도 하며, 한정된 자원을 얼마나 효율적으로 활용할 수 있는지를 의미한다.

14 국민연금 기금운용의 원칙   정답 ④

① [○] 수익성
⇨ 수익성은 가입자의 부담, 특히 미래세대의 부담을 완화하기 위하여, 가능한 한 많은 수익을 추구하여야 한다는 것이다.

② [○] 안정성
⇨ 안정성은 투자하는 자산의 전체 수익률 변동성과 손실위험이 허용되는 범위 안에 있도록 안정적으로 운용하여야 한다는 것이다.

③ [○] 공공성
⇨ 공공성은 국민연금은 전 국민을 대상으로 하는 제도이고, 기금 적립규모가 국가경제에서 차지하는 비중이 크므로 국가경제 및 국내금융시장에 미치는 파급효과를 감안하여 운용하여야 한다는 것이다.

❹ [×] 형평성
⇨ 형평성의 원칙은 없다. 그 밖의 국민연금 기금운용의 원칙 중 유동성의 원칙은 연금급여의 지급이 원활하도록 유동성을 고려하여 운용하여야 하며, 특히 투자한 자산의 처분 시 국내금융시장 충격이 최소화되는 방안을 사전에 강구하여야 한다는 것이다.

참고 지속가능성의 원칙은 투자자산의 지속가능성 제고를 위하여 환경, 사회, 지배구조 등의 요소를 고려하여 신의를 지켜 성실하게 운용하여야 한다는 것이다. 운용독립성은 상기 원칙에 따라 기금을 운용하여야 하며, 다른 목적을 위하여 이러한 원칙이 훼손되어서는 안 된다는 것이다.

15 예비비   정답 ①

❶ [○] 예비비
⇨ 예비비는 예측할 수 없는 예산 외의 지출 또는 예산초과 지출에 충당하기 위해서 계상된 경비로 총액으로 국회의 의결을 얻어야 한다.

② [×] 예산의 이월
⇨ 예산의 이월은 당해 연도 내에 사용하기 못한 예산을 다음 연도의 예산으로 넘겨 사용하는 것을 말한다.

③ [×] 계속비
⇨ 계속비는 완성에 수년간 요하는 공사나 제조 및 연구개발사업에서 경비의 총액과 연부액을 정하여 미리 국회의 의결을 얻은 범위 내에서 수 년에 걸쳐 지출할 수 있는 경비이다.

④ [×] 예산의 이체
⇨ 예산의 이체는 정부조직 등에 관한 법령의 제정·개정 또는 폐지로 인하여 그 직무권한에 변동이 있는 경우, 예산의 집행에 관한 책임소관을 변경시키는 것이다.

16 체제이론의 4가지 속성 　　　　정답 ③

① [○] 목표지향성
⇨ 목표지향성은 목표 달성을 위해 유기적으로 연동하여 활동하는 것이다.
② [○] 환경적응성
⇨ 환경적응성은 개방성을 지닌 외부 환경과 끊임없이 상호작용하고 적응해 가는 것이다.
❸ [×] 계층적 과정
⇨ 계층적 과정이 아니라 이 모델 안에서 관리자는 투입 – 변환 – 산출과정을 위한 촉매작용을 한다.
④ [○] 투입 – 전환 – 산출과정
⇨ 조직은 투입, 변환, 산출이 계속 반복하여 이루어진다.

17 직위분류제의 구성요소 　　　　정답 ①

❶ [○] 직급
⇨ 직급은 직위가 가지는 직무의 종류, 곤란성과 책임도가 상당히 유사한 직위의 군을 말한다.
② [×] 직류
⇨ 직류는 동일한 직렬 내에서의 담당 분야가 유사한 직위의 군을 말한다.
③ [×] 직군
⇨ 직군은 직무의 성질이 유사한 직렬의 군을 말한다
④ [×] 등급
⇨ 등급은 직무의 종류는 상이하지만 직무의 곤란도, 책임도와 자격요건이 유사하여 동일한 보수를 지급할 수 있는 모든 직위를 말한다.

18 조직의 의사소통유형 　　　　정답 ③

① [×] 사슬형
⇨ 사슬형은 공식적이고, 수직적인 명령계통으로 위아래로만 이루어지는 형태이다.
② [×] Y형
⇨ Y형은 특정 리더는 없지만, 비교적 집단을 대표하는 인물 또는 의사소통 조정자가 있다.
❸ [○] 수레바퀴형
⇨ 수레바퀴형은 의사소통의 속도가 빠르고 단순문제 해결 시 효율적이고 효과적이다.
④ [×] 완전연결형
⇨ 완전연결형은 구성원 전체가 서로의 의견이나 정보를 자유의지에 따라 교환한다.

19 조직구조의 유형 　　　　정답 ②

① [×] 라인조직
⇨ 라인조직은 관리자와 부하직원 사이의 수직적 관계로 구성된 조직이다.
❷ [○] 프로젝트조직
⇨ 프로젝트조직은 관리자와 부하직원 사이의 수직적 관계로 구성된 조직이며, 특정 프로젝트를 수행하기 위해 여러 관련부서에서 파견된 사람들로 구성되며, 수평적 접촉 형태를 취한다.
③ [×] 매트릭스조직
⇨ 매트릭스조직은 전통적인 라인조직과 현대적인 프로젝트조직이 통합된 형태로, 직능 부분과 전문 활동을 조정하는 주요한 역할을 하는 구조이다.
④ [×] 팀조직
⇨ 팀조직은 급변하는 외부 환경에 신속하고 효과적으로 대응하기 위해 유연하고 탄력적으로 운영되는 조직이다.

20 교육훈련프로그램 　　　　정답 ②

① [×] Panel discussion
⇨ 어떤 주제에 상반되는 견해를 가진 전문가 4~7명이 사회자의 안내에 따라 토의를 진행하는 방법이다.
❷ [○] Syndicate
⇨ 피훈련자를 몇 개의 반으로 나누고 분반별로 주어진 과제에 대해서 연구나 토의를 하며, 그 결과를 전원에게 보고하고 비판이나 토의하는 방법이다.
③ [×] Case study
⇨ 실제의 사례를 작성하여 배부하고 토론함으로써, 피육자의 판단력과 분석 능력을 키워 경영, 관리문제에 대한 자질을 갖추게 하는 것이다.
④ [×] Action Learning
⇨ 학습자들이 팀을 구성하여 각자 자신의 과제를 러닝코치와 함께 정해진 시점까지 해결하는 동시에 지식 습득, 질문, 피드백 및 성찰을 통하여 과제의 내용 측면과 해결과정을 학습하는 프로세스이다.

정답

p. 16

01	②	I	06	②	I	11	④	III	16	②	I
02	③	III	07	①	III	12	③	III	17	④	III
03	④	III	08	④	III	13	①	II	18	④	III
04	③	I	09	④	I	14	②	II	19	②	II
05	①	I	10	③	III	15	③	I	20	②	III

취약 단원 분석표

단원	맞힌 답의 개수
I	/ 7
II	/ 3
III	/ 10
TOTAL	/ 20

I 보건행정의 이론적 기초 / II 보건행정의 기획과 정책제도 / III 보건행정의 과정

---

01 의료이용도 조사   정답 ②

① [×] 내부 및 외부평가
⇨ 내부평가는 의료기관이 자발적으로 관리하는 활동이다. 외부평가에서는 전문가협회, 교육기관, 법적 기구, 연구 집단 또는 상업화된 기업과 같은 기관 외부에 있는 단체들이 평가자가 된다.

❷ [○] 의료이용도 조사
⇨ 의료이용도 조사는 보험자에게 제출하는 진료비 청구명세서나 의무기록 등을 통해 제공된 의료서비스가 진료에 필수적인지, 적정한 수준과 강도, 비용으로 서비스가 제공되었는지를 조사하는 방법이다

③ [×] 임상진료지침
⇨ 임상진료지침은 질병별 또는 의료서비스별로 시행기준과 과정에 대한 원칙을 표준화하여 지침을 개발하고 진료행위가 설정된 지침에 따라 수행되었는지를 검토하는 과정이다.

④ [×] 보수교육
⇨ 보수교육은 보건의료전문인들이 신의료기술이나 신지식 등을 익혀 시대에 뒤떨어지지 않게 하기 위해서 필요하다. 또한 진료 시 발생하는 문제점을 개선하기 위해 보수교육이 필요하다.

02 인사고과평가 방법   정답 ③

① [×] 자기평가
⇨ 자기평가는 자기 스스로를 평가하는 방법으로 업무수행을 개선하도록 자극하기 위해 관리층의 고과 시 보충적으로 사용한다.

② [×] 동표평가
⇨ 동표평가는 직장의 동일계층의 동료가 서로 평가하는 것이다.

❸ [○] 다면평가
⇨ 다면평가는 복수의 사람(상사, 부하, 동료, 고객 등)에 의해 다양하게 이루어지는 평가이다.

④ [×] 상위자의 고과평가
⇨ 상위자의 고과평가는 인사과에서 흔히 행하는 방법이다.

---

03 추가경정예산이 제한적으로 허용되는 경우   정답 ④

① [○] 전쟁이나 대규모 자연재해가 발생한 경우
⇨ 전쟁이나 대규모 자연재해가 발생한 경우, 추가경정예산이 제한적으로 허용된다.

② [○] 경기침체·대량실업이 발생한 경우
⇨ 경기침체·대량실업, 남북관계의 변화가 발생한 경우, 추가경정예산이 제한적으로 허용된다.

③ [○] 경제협력과 같은 대내외 여건에 중대한 변화가 발생하거나 증가하는 경우
⇨ 경제협력과 같은 대내외 여건에 중대한 변화가 발생하거나 증가하는 경우, 추가경정예산이 제한적으로 허용된다.

❹ [×] 예산심의를 통과하지 않을 경우
⇨ 예산심의를 통과하지 않을 경우는 수정예산에 대한 설명이다.

참고 이외에 법령에 따라 국가가 지급하여야 하는 지출이 발생하거나 증가하는 경우도 있다.

04 보건의료서비스 질 평가 구성요소   정답 ③

① [×] 구조평가: 신임제도, 의료이용도 조사
⇨ 신임제도이며 의료이용도 조사는 과정평가의 구성요소이다.

② [×] 과정평가: 의료이용도 조사, 고객만족도 조사
⇨ 의료이용도 조사는 과정평가의 구성요소이고, 결과평가지표로 고객만족도 조사가 있다.

❸ [○] 결과평가: 의료서비스 평가, 질병의 이환율
⇨ 결과평가의 구성요소로 의료서비스 평가, 질병의 이환율, 사망률, 만족도 조사 등이 있다.

④ [×] 영향평가: 지식, 삶의 질
⇨ 영향평가의 구성요소에 단기적인 평가요소로 지식이 있고, 장기적인 결과평가지표로는 삶의 질이 있다.

05 의료기관 인증등급 및 기간 정답 ①

❶ [○] 인증등급: 인증, 인증기간: 4년
⇨ 의료기관 인증등급은 인증과 4년의 인증기간이 있다. 이는 해당 의료기관이 모든 의료서비스 제공 과정에서 환자의 안전보장과 적정 수준의 의료 질을 달성하였음을 의미한다. 조건부 인증은 인증기간이 1년이다. 조건부인증을 받은 의료기관의 장은 유효기간 내에 보건복지부령으로 정하는 바에 따라 재인증을 받아야 한다.

06 「의료법」의 설치기준 정답 ②

❷ [×] 치과의원
⇨ 치과의원은 병원이 아닌 외래 진료를 볼 수 있는 의원이다.

📄 병원급 의료기관

의사, 치과의사 또는 한의사가 주로 입원환자를 대상으로 의료행위를 하는 의료기관이다. 병원, 치과병원, 한방병원, 요양병원(「장애인복지법」 제58조 제1항 제4호에 따른 의료재활시설로서 제3조의2의 요건을 갖춘 의료기관을 포함한다. 이하 같다), 정신병원, 종합병원 등이다.

07 조직구성원 분류 정답 ①

❶ [○] 에치오니의 분류
⇨ 에치오니의 분류는 복종의 형태에 의한 분류이다.
② [×] 블라우와 스코트의 분류
⇨ 블라우와 스코트의 분류는 조직의 수혜자에 의한 분류이다.
③ [×] 파슨스의 분류
⇨ 파슨스의 분류는 사회적 기능에 의한 분류이다.
④ [×] 민츠버그의 분류
⇨ 민츠버그의 분류는 조직의 규모와 관리 복잡성 정도에 의한 분류이다.

08 공식적 조직 정답 ④

① [×] 인간관계를 중요시한다.
⇨ 비공식 조직은 인간관계를 중요시한다.
② [×] 자생적인 조직이다.
⇨ 비공식 조직은 자생적인 조직이다.
③ [×] 비영속적이다.
⇨ 비공식 조직은 비영속적이다.
❹ [○] 공적 목적을 추구한다.
⇨ 공식적 조직은 공적 목적을 추구한다.

09 보건진료전담공원 정답 ④

① [×] 간호사·의사 면허증을 가진 자로 보건복지부장관이 실시한 직무교육을 이수해야 한다.
⇨ 간호사·조산사 면허증을 가진 자로 보건복지부장관이 실시한 직무교육을 이수해야 한다.
② [×] 직무교육기간은 최소 26시간을 이수해야 한다.
⇨ 직무교육기간은 최소 24시간을 이수해야 한다.
③ [×] 응급을 요하는 자에게 수술적 응급처치를 할 수 있다.
⇨ 응급을 요하는 자는 환자이송을 하고, 외상 등 흔히 볼 수 있는 환자의 치료 및 응급조치가 필요한 환자에 대한 응급처치는 할 수 있다.
❹ [○] 정당한 사유 없이 지정받은 근무지역 밖에서 의료행위를 한 경우, 이는 징계사유가 된다.
⇨ 정당한 사유 없이 지정받은 근무지역 밖에서 의료행위를 한 경우, 범위를 넘어 의료행위를 한 경우, 관할구역 이탈금지 명령을 위반하여 허가 없이 연속하여 7일 이상 관할구역을 이탈한 경우 등은 징계사유가 된다.

10 조직상 갈등의 요인 정답 ③

제한된 자원, 의사소통 결핍, 산만한 의사결정은 조직상 갈등의 요인이다.
❸ [×] 상반된 가치관
⇨ 개인적 가치관의 갈등요인이다.

11 매슬로우(Maslow)의 욕구단계 정답 ④

① [×] 생리욕구
⇨ 생리욕구는 생존을 위한 의식주 욕구와 성욕, 호흡 등의 신체적 욕구이다.
② [×] 애정욕구
⇨ 애정욕구는 사랑, 우정, 집단에의 소속욕구이다.
③ [×] 존경욕구
⇨ 존경욕구는 타인으로부터의 존경, 자아존중, 타인에 대한 지배욕구, 리더가 되고자 하는 욕구이다.
❹ [○] 자아실현욕구
⇨ 자아실현욕구는 자아발전과 이상적 자아를 실현하려는 욕구이다.

12 예산의 단일성 원칙의 예외 항목 정답 ③

① [○] 추가경정예산
⇨ 추가경정예산은 예산안이 국회를 통과하여 예산이 성립된 이후 예산에 변경을 가할 필요가 있을 때에 이를 수정·제출하여 국회의 심의를 거쳐 성립되는 예산이다.
② [○] 특별회계
⇨ 특별회계는 특정한 수입으로 특정한 목적을 위하여 지출되는 회계의 예산을 말한다.

❸ [×] 준예산
⇨ 준예산은 사전의결의 원칙의 예외 항목이다.
④ [O] 기금
⇨ 기금은 정부는 사업운영상 필요할 때에는 법률로서 정하는 경우에 한해 별도의 기금을 설치할 수 있다.

📄 **단일성의 원칙**

예산은 전체적 관련성 파악과 국민의 예산 이해 증진 및 국회의 예산통제권 행사를 위해 단일한 것이어야 하며, 추가경정예산이나 특별회계예산은 가급적 편성하지 않도록 해야 한다는 원칙이다(특별회계, 추가경정예산, 기금 등).

---

13 정액생계급여의 원칙   정답 ①

❶ [O] 정액생계급여의 원칙
⇨ 정액생계급여의 원칙은 실업이나 장애, 질병, 퇴직 등으로 수입이 중단 또는 종료된 경우 근로소득수준에 상관없이 동일한 금액의 보험급여를 지급하는 원칙이다.
② [×] 정액기여의 원칙
⇨ 정액기여의 원칙은 근로자나 고용주가 지불하는 기여금은 소득 수준에 관계없이 동일한 금액을 적용한다는 원칙이다.
③ [×] 급여 적절성의 원칙
⇨ 급여 적절성의 원칙은 급여 수준은 최저생계를 보장하기에 적절해야 하고 지급기간은 국민의 욕구가 존재하는 한 중단되어서는 안 되며 지속적으로 지급되어야 한다는 원칙이다.
④ [×] 포괄성의 원칙
⇨ 포괄성의 원칙은 모든 욕구를 포괄한다(질병, 실업, 장애, 노령, 혼인, 출산, 사망 등의 특별지출도 포함하며 면책범위를 넓히고 면책조항을 엄격하게 제한하면 안 됨).

---

14 요양급여   정답 ②

① [×] 상병수당
⇨ 상병수당은 질병이나 사고로 인한 소득상실을 보상하기 위해 현금으로 지급한다.
❷ [O] 의료급여
⇨ 의료급여는 질병이나 사고로 인한 치료와 관련하여 지급하는 요양급여(우리나라 분만급여 포함, 서비스급여), 요양비(분만비 포함, 현금급여), 건강검진(서비스급여), 본인부담액 보상금(현금급여) 등이다.
③ [×] 장제급여
⇨ 장제급여는 질병이나 사고로 사망하는 경우 현금으로 지급한다.
④ [×] 휴업급여
⇨ 휴업급여는 업무상 사유로 부상을 당하거나 질병에 걸린 근로자에게 요양으로 취업하지 못한 기간에 대하여 지급하되, 1일당 지급액은 평균임금의 100분의 70에 상당하는 금액으로 한다. 다만, 취업하지 못한 기간이 3일 이내이면 지급한다.

---

15 우리나라 국민의료비 증가 원인   정답 ③

① [O] 의료수요의 증가
⇨ 고령화와 만성질환 증가로 의료수요의 증가한다.
② [O] 사후결제방식 진료비지불제도
⇨ 행위별 수가제의 사후결제방식 진료비지불제도는 국민의료비 상승을 초래한다.
❸ [×] 지속적이고 포괄적인 1차 보건의료서비스
⇨ 지속적이고 포괄적인 1차 보건의료서비스를 강조하면 예방중점으로 치료를 요구하는 대상자들이 감소하기 때문에 국민의료비는 감소한다.
④ [O] 의료생산비용의 증가 및 의료기술의 발달
⇨ 의료생산비용의 증가 및 의료기술의 발달은 많은 돈을 주고 도입하는 것으로 국민의료비는 증가한다.

---

16 진료비지불제도   정답 ②

① [O] 의료의 관료화 우려
⇨ 봉급제는 진료의 관료화 및 형식화가 우려된다.
❷ [×] 후송의뢰 증가
⇨ 후송의뢰가 증가하는 것은 인두제이다.
③ [O] 의료인의 자율성 저하
⇨ 봉급제는 사전결정제도이기 때문에 의료인의 자율성이 저하된다.
④ [O] 과소 서비스 공급
⇨ 봉급제는 의사의 직장이 보장적이기 때문에 과소 서비스를 공급하고 의료의 질이 감소한다.

---

17 인사고과 오류의 유형   정답 ④

① [×] 투사
⇨ 투사는 자기 자신의 특성이나 관점을 타인에게 전가하는 주관의 객관화를 말한다.
② [×] 규칙적 오류
⇨ 규칙적 오류는 고과목적에 따라 항상 낮은 점수를 주거나, 높은 점수를 주는 것이다.
③ [×] 평가기준에 의한 오류
⇨ 평가기준에 의한 오류는 부하들을 평가할 때 사용되는 용어들의 의미를 해석하는 데에서의 지각 차이에서 발생한다(탁월함, 적절함, 훌륭함, 만족스러움 등).
❹ [O] 개인적 편견에 의한 오류
⇨ 개인적 편견에 의한 오류는 평가요소에 관계 없이 인종, 성별, 출신지역, 출신학교 등에 대한 평가자의 개인적 편견이 평가에 영향을 미치는 것이다.

18 직무충실화 정답 ④

① [X] 직무를 확대하여 업무의 지루함을 최소화한다.
⇨ 직무의 확대에 대한 설명이다.
② [X] 개인의 다양성을 인정한 접근방법이다.
⇨ 직무특성론에 대한 설명이다.
③ [X] 허츠버그의 위생요인을 중요시하였다.
⇨ 직무충실화는 허츠버그의 동기요인을 중요시하였다.
❹ [O] 직무를 스스로 계획하고 통제하도록 하였다.
⇨ 직무충실화에 대한 설명으로 옳다.

19 기획의 원칙 정답 ②

① [X] 필요성의 원칙
⇨ 필요성의 원칙은 타당한 근거와 필요성을 바탕으로 목표와 계획을 세워야 한다는 것이다.
❷ [O] 포괄성의 원칙
⇨ 포괄성의 원칙은 계획을 수행하는 데 필요한 인력, 장비, 물품, 예산 등 제반요소들을 포함하여 수립해야 한다는 것이다.
③ [X] 경제성의 원칙
⇨ 경제성의 원칙은 최소의 비용으로 최대의 효과를 산출하도록 자원을 경제적으로 활용하는 예산을 수립해야 한다는 것이다.
④ [X] 안정성의 원칙
⇨ 안정성의 원칙은 빈번한 보건기획의 수정이 기획 자체를 무의미하게 만들 수 있기 때문에 피해야 한다는 것이다.

20 신고전적 관리이론 정답 ②

① [X] 전문가 양성의 기초가 되었다.
⇨ 고전적 이론인 과학적 관리이론은 전문가 양성의 기초가 되었다.
❷ [O] 호손 효과를 일으켜 비공식적 요소가 생산성에 긍정적인 영향을 미친다고 하였다.
⇨ 호손 실험을 통해 비공식 집단을 중심으로 사기가 형성되어 업무생산성에 효과가 있음을 알아냈다.
③ [X] 성과급제를 도입하는 배경이 되었다.
⇨ 근로자의 업무생산성에 따른 공정하고 수용가능한 업무수행평가방법을 적용하고 이에 따른 보수체계를 개발하여 성과급제를 도입하는 배경이 되었다.
④ [X] 업무의 표준화를 유도할 수 있었다.
⇨ 업무수행에 필요한 동작을 분석하여 효율적인 업무수행절차와 규칙을 문서화하고, 이 과정에 따라 업무를 수행하도록 근로자를 훈련시킬 수 있는 업무의 표준화를 유도하였다.

▶ 정답

p. 20

01	①	I	06	②	I	11	①	III	16	①	II
02	①	I	07	④	I	12	②	II	17	④	II
03	①	I	08	①	I	13	③	I	18	①	III
04	①	I	09	③	II	14	④	I	19	④	III
05	④	III	10	④	I	15	①	I	20	①	I

▶ 취약 단원 분석표

단원	맞힌 답의 개수
I	/ 12
II	/ 4
III	/ 4
TOTAL	/ 20

I 보건행정의 이론적 기초 / II 보건행정의 기획과 정책제도 / III 보건행정의 과정

---

01 보건행정의 역사적 사건   정답 ①

❶ [O] (ㄱ) → (ㄴ) → (ㄷ) → (ㄹ)
⇨ (ㄱ) 정신병원에 수용된 환자가 족쇄(쇠사슬)에서 해방되었다 (1793).
(ㄴ) 우두종두법(우두접종법)을 개발하였다(1798).
(ㄷ) 세계 최초로 공중보건법이 제정되었다(1848).
(ㄹ) 세계 최초로 근로자를 위한 질병보험법이 제정되었다(1883).

02 결핵의 2차 예방대책   정답 ①

❶ [O] 결핵의 조기발견
⇨ 결핵의 조기발견은 2차 예방이다.
② [X] 결핵 예방을 위한 환경개선
⇨ 결핵 예방을 위한 환경개선은 1차 예방이다.
③ [X] 결핵이환 이후 후유증 관리
⇨ 결핵이환 이후 후유증 관리는 3차 예방이다.
④ [X] 결핵 예방을 위한 영양교육
⇨ 결핵 예방을 위한 영양교육은 1차 예방이다.

03 건강행태이론   정답 ①

❶ [O] KAP 모형
⇨ KAP 모형은 보건교육프로그램을 개발하고 교육내용을 구성하기 위하여 사용된 고전적인 이론으로, 건강행태에 대한 지식의 축적이 태도의 변화를 가져오고 이를 통하여 실천을 가능하게 한다는 모형이다.
② [X] 건강신념모형
⇨ 건강신념모형은 정부에서 제공하는 질병 조기발견 검사과정에서 사람들이 참여하지 않는 이유를 규명하기 위한 목적으로 개발되었다.

③ [X] 합리적 행위모형
⇨ 합리적 행위모형은 인간이 어떤 특정한 행동을 선택하는 것은 그 행동의 결과로 야기될 수 있는 것들 중 좋은 것은 최대로 하고 나쁜 것은 최소로 하기 때문에 선택한다고 본다.
④ [X] 범이론적 모형
⇨ 범이론적 모형은 개인이 어떻게 건강행동을 시작하고, 이를 유지하는가에 대한 행동변화의 원칙과 과정을 설명하는 통합적 모형이다.

04 굴릭의 행정관리   정답 ①

❶ [O] 조직 내 인력을 임용·배치·관리하는 활동
⇨ 인사는 조직 내 인력을 임용·배치·관리하는 활동이다.
② [X] 목표달성을 위한 지침을 내리는 과정
⇨ 지휘는 목표달성을 위한 지침을 내리는 과정이다.
③ [X] 행동통일을 이룩하도록 집단적 활력을 결집시키는 활동
⇨ 조정은 행동통일을 이룩하도록 집단적 활력을 결집시키는 활동이다.
④ [X] 정해진 목표나 정책의 합리적 운용을 위한 사전준비활동과 집행전략
⇨ 기획은 정해진 목표나 정책의 합리적 운용을 위한 사전준비활동과 집행전략이다.

> 📄 **굴릭(Gulick)의 행정관리**
>
> 행정관리자 또는 지도자의 기능에 관한 원리로, 계획 – 조직 – 인사 – 지휘 – 조정 – 보고접수 – 예산의 7종으로 구분한다.

05 고전적 조직이론과 신고전적 조직이론 정답 ④

① [O] 외부 환경 무시
  ⇨ 고전적 조직이론과 신고전적 조직이론은 외부 환경을 무시하는 폐쇄적인 관점을 추구한다.
② [O] 생산·능률 향상이 궁극적 목적
  ⇨ 고전적 조직이론과 신고전적 조직이론은 생산과 능률의 향상을 강조한다.
③ [O] 인간행동의 피동성 및 동기부여의 외재성 중시
  ⇨ 고전적 조직이론과 신고전적 조직이론은 인간행동의 피동성 및 동기부여의 외재성을 중시하고, 직무수행 동기로서의 욕구를 충족한다.
❹ [X] 사회적 능률성 강조
  ⇨ 고전적 조직이론은 기계적 능률성을, 신고전적 조직이론은 사회적 능률성을 강조한다.

06 보건행정의 특성 정답 ②

① [O] 공공성
  ⇨ 보건행정의 공공성은 공공복지와 집단적 건강을 추구함으로써 이윤추구에 몰두하는 사행정과는 다르며, 행정행위가 사회 전체 구성원을 대상으로 한 사회적 건강 향상에 있으므로 사회행정적 성격을 보이는 것이다.
❷ [X] 민주성
  ⇨ 민주성은 보건행정의 목적의 주요 요인이다. 민주성은 일반적으로 과거의 기계적 능률관과 대비되는 개념으로 사회적 능률이란 용어로 자주 사용되고 있다.
③ [O] 봉사성
  ⇨ 보건행정의 봉사성은 공공행정이 소극적인 질서 유지로부터 국민의 행복과 복지를 위해 직접 개입하고 간섭하는 봉사행정으로 바뀌게 된 것에 있다.
④ [O] 교육성
  ⇨ 보건행정의 교육성은 지역사회 또는 집단 및 국가의 책임하에 실시하나 그 해결은 주로 교육과정을 통하여 해결하려는 데에 있다.

07 보건의료체계의 하부 구성요소 정답 ④

① [O] 보건의료자원으로 의사, 간호사를 채용한다.
  ⇨ 보건의료체계 안에서 보건의료를 제공하고 지원기능을 수행하기 위해 인적·물적 보건의료자원의 개발이 필요한 것으로, 보건의료자원으로 의사, 간호사를 채용한다.
② [O] 지방행정조직을 구성한다.
  ⇨ 보건의료자원들이 서로 효과적인 관계를 맺고 개인이나 지역사회가 의료제공기전을 통해 이들 자원과 접촉할 수 있도록 하는 것으로, 지방행정조직을 구성한다.
③ [O] 건강증진 및 예방을 위한 보건의료서비스를 제공한다.
  ⇨ 사업의 목적에 따라 건강증진활동, 예방활동, 진료활동, 재활활동으로 구분이 가능한 보건의료서비스를 제공한다.

❹ [X] 보건의료관리를 위해 공공재원을 조달받는다.
  ⇨ 보건의료관리와 재정관리(공공재원)는 각각 WHO 보건의료체계의 구성요소이며 재정관리에는 세금으로 조달되는 정부의 일반재정, 사회보험, 민간보험, 기부금 및 개인이나 가족의 부담금 등이 있다.

08 OECD 국가보건의료체계 정답 ①

❶ [O] 고용주와 공동으로 보험료를 납부한다.
  ⇨ 사회보험형은 고용주와 공동으로 보험료를 납부한다.
② [X] 모두 무료로 국민에게 서비스를 제공한다.
  ⇨ 국민보건서비스는 모든 국민에게 무료의 서비스를 제공한다.
③ [X] 조세로 국민들의 모든 기본적 의료비를 충당한다.
  ⇨ 국민보건서비스는 조세로 국민들의 모든 기본적 의료비를 충당한다.
④ [X] 많은 사람들이 보험에 가입하지 않거나 못하는 경우가 발생한다.
  ⇨ 소비자주권형은 많은 사람들이 보험에 가입하지 않거나 못하는 경우가 발생한다.

09 보건사업의 결과평가 정답 ③

① [X] 목표 대비 사업의 진행 정도가 원래 의도한대로 실행되고 있는가?
  ⇨ 과정평가의 내용이다.
② [X] 사업에 투입된 인력과 물적 자원은 적절한가?
  ⇨ 구조평가의 내용이다.
❸ [O] 조직과 지역사회의 문제해결역량이 강화되었는가?
  ⇨ 결과평가의 내용이다.
④ [X] 제공되고 있는 서비스의 질과 대상자의 만족도는 어떠한가?
  ⇨ 과정평가의 내용이다.

10 서치만의 보건평가항목 정답 ④

① [O] 업무량/노력 평가
  ⇨ 업무량/노력 평가는 사업 활동량 및 질을 포함하는 투입에너지와 투입량을 의미하는 것이다.
② [O] 성과 평가
  ⇨ 성과 평가는 투입된 노력의 결과로 나타나는 측정된 효과를 의미한다.
③ [O] 효율성 평가
  ⇨ 효율성 평가는 투입된 인력, 비용, 시간 등 여러 가지 측면에서 각 대안들을 비교·검토하는 방법이다.
❹ [X] 사업의 적합성
  ⇨ 사업의 적합성은 수많은 보건문제 중에서 특정 사업을 선정한 정당성을 따지는 것이다. 가치의 타당성을 우선순위 결정에 비추어 본 것으로 미국 공중보건협회의 평가항목이다.

11 중앙행정조직   정답 ①

❶ [O] 행정안전부
  ⇨ 행정안전부는 보건행정의 지도 및 시·군 단위의 조직을 담당한다. 시·도 단위에서는 행정안전부는 시·도의 건강 관련 담당국(경상북도에는 복지건강국)이 지방의 보건의료조직을 총괄한다. 또한 국내에 건강 관련과를 두고, 각종 규제, 감시업무, 병원의 운영, 보건소 및 보건지소의 지원 등을 담당하고, 시·군에서는 시(군)청의 보건소에서 건강 관련 업무를 담당한다.

② [X] 보건복지부
  ⇨ 보건복지부는 생활보호·자활지원·사회보장·아동(영·유아 보육을 포함한다)·노인·장애인·보건위생·의정(醫政) 및 약정(藥政)에 관한 사무를 관장한다.

③ [X] 고용노동부
  ⇨ 고용노동부는 근로자 근로조건 기준, 노사관계 조정, 노동위원회 및 최저 임금 심의위원회의 관리 등 노동에 관한 사무를 관장한다.

④ [X] 교육부
  ⇨ 학교보건과 관련된 사항은 교육부 교육정책실 학생복지안전관의 학생건강안전과에서 담당한다.

12 WHO의 주요 보건사업   정답 ②

❷ [X] 정신보건사업
  ⇨ 정신보건사업은 WHO의 주요 보건사업이 아니다.

📄 WHO의 주요 보건사업
- 결핵관리사업
- 모자보건사업
- 영양개선사업
- 환경위생사업
- 보건교육사업
- 성병, 에이즈사업
- 말라리아근절사업

13 지속가능발전목표(SDGs)   정답 ③

① [O] 불평등 완화
  ⇨ 불평등 완화는 국내 및 국가 간 불평등을 감소시키는 것이다.

② [O] 양질의 교육 보장
  ⇨ 양질의 교육 보장은 모두를 위한 포용적이고 공평한 양질의 교육 보장 및 평생학습 기회 증진에 대한 것이다.

❸ [X] 유아사망률 감소
  ⇨ 새천년개발목표(MDGs)은 절대빈곤 및 기아 퇴치, 보편적 초등교육 실현, 양성평등 및 여성능력 고양, 아동사망률 감소, 모성보건 증진, 에이즈 등 질병 퇴치, 지속가능한 환경 확보, 개발을 위한 글로벌 파트너십 구축 등 8개의 목표이다.

④ [O] 지속가능한 도시
  ⇨ 지속가능한 도시는 포용적이고 안전하며 회복력이 있고 지속가능한 도시와 주거지를 조성하는 것이다.

14 의료기관 인증기준사항   정답 ④

❹ [X] 의료인의 만족도
  ⇨ 의료기관의 평가 내용은 환자의 권리와 안전, 의료기관의 의료서비스 질 향상활동, 의료서비스의 제공과정 및 성과, 의료기관의 조직과 인력관리 및 운영, 환자 만족도이다.

15 세계보건기구의 1차 보건의료내용   정답 ①

❶ [X] 희귀병의 치료
  ⇨ 희귀병의 치료가 아닌 통상질환과 상해의 적절한 치료이다.

📄 세계보건기구의 1차 보건의료내용
- 식량의 공급과 영양의 증진
- 안전한 물의 공급
- 가족계획을 포함한 모자보건
- 그 지역사회의 주된 감염병의 예방접종
- 그 지역의 풍토병 예방 및 관리
- 통상질환과 상해의 적절한 치료
- 정신보건의 증진
- 기본 의약품의 제공
- 널리 퍼져 있는 주요 건강문제에 대한 예방 및 관리방법 교육

16 우선순위 결정방법   정답 ①

❶ [O] 황금다이아몬드
  ⇨ 황금다이아몬드는 미국 메릴랜드(Maryland) 주에서 보건지표의 상대적 크기와 변화의 경향(trend)을 이용하여 우선순위를 결정하는 방법이다. 이 방법은 지방자치단체별 건강지표 자료 및 과거의 경향이 확보되어 있다면 쉽게 우선순위를 정할 수 있으며, 형평성을 추구하는 데 매우 적합한 우선순위 결정방법이다. 우선순위를 결정할 주요 건강문제를 선정하고, "주가 좋음", "같음", "주가 나쁨"으로 구분한다(3점척도).

② [X] MATCH
  ⇨ MATCH는 질병이나 사고에 대한 위험요인과 예방방법이 알려져 있고 우선순위가 정해져 있을 때에 실제 수행을 위한 지역사회보건사업을 개발할 때에 적합한 방법이다.

③ [X] PATCH
  ⇨ PATCH는 지역 단위에서 지역사회 보건사업을 위한 실무팀을 구성하고 이들 지역의 자료수집과 활용, 건강문제의 우선순위 설정, 중재계획, 효과평가 등을 할 수 있도록 한다.

④ [X] 세계보건기구 모형
  ⇨ 세계보건기구 모형은 단순히 질병이나 질환이 없는 상태를 넘어 신체적, 정신적, 사회적 안녕이 완전히 이루어진 상태를 설명한 모델이다.

17 2차 자료 정답 ④

① [×] 다문화 여성의 한국 정착기 포커스 그룹
⇨ 다문화 여성의 한국 정착기 포커스 그룹은 1차 자료이다.
② [×] 일지역 체육대회 참여관찰
⇨ 일지역 체육대회 참여관찰은 1차 자료이다.
③ [×] 건강설문지 조사
⇨ 건강설문지 조사는 1차 자료이다.
❹ [○] 국민건강영양조사 자료인 고혈압 유병률 확인
⇨ 국민건강영양조사 자료인 고혈압 유병률 확인은 2차 자료수집이다.

18 평가방법 정답 ①

❶ [○] 점수법
⇨ 점수법은 평가요소를 선정하고 각 평가요소의 중요도에 따라 가중치를 부여하여 합산하는 방법이다.
② [×] 서열법
⇨ 서열법은 직무의 상대적 가치를 결정하는 요소들이 어떤 것인가를 구체적으로 구분하지 않고 직무의 중요도와 장점에 따라 종합적으로 판단하여 전체적 순위를 정하는 방법이다.
③ [×] 직무분류법
⇨ 직무분류법은 조직 내의 모든 직무를 확인한 뒤 같거나 유사한 직무를 같은 등급으로 묶어 평가한다.
④ [×] 요소비교법
⇨ 요소비교법은 서열법에서 발전된 기법으로 각 직무의 보상요인별로 서열을 정하는 방법이다.

19 의사소통 통로의 분권화 정답 ④

① [×] 행동통일성 촉진
⇨ 행동통일성 촉진은 집권화의 장점이다.
② [×] 명령의 신속한 전달
⇨ 명령의 신속한 전달은 집권화의 장점이다.
③ [×] 높은 통합적 조정
⇨ 높은 통합적 조정은 집권화의 장점이다.
❹ [○] 업무의 전문화
⇨ 업무의 전문화는 분권화의 장점이다.

20 미국의 보건의료계체 정답 ①

❶ [○] 메디케어
⇨ 메디케어는 수입과 상관없이 65세 이상의 노인을 위한 의료보장제도이다.
② [×] 메디케이드
⇨ 메디케이드는 빈민층 의료보호프로그램이다.

③ [×] 건강유지기구(HMO)
⇨ 미국의 건강유지조직(Health Maintenance Organization, HMO)는 보험자와 의료공급자가 합쳐진 보험료 사전지불방식의 회원제이다.
④ [×] 선호제공자기구(PPD)
⇨ 선호제공자기구(PPD)는 HMO네트워크 내의 의원과 병원만 이용해야 하는 단점을 보완하기 위한 것으로, PPD네트워크 내에 계약된 의사와 병원을 이용하고 약정된 금액을 지불하고, PPD에서는 주치의를 거치지 않고 추가부담으로 직접 외부의 전문의를 찾을 수 있다.

▶ 정답   p. 24

01	②	I	06	④	I	11	①	II	16	②	III
02	①	II	07	②	II	12	①	III	17	④	III
03	④	I	08	①	III	13	②	III	18	③	I
04	④	I	09	③	III	14	③	III	19	②	II
05	②	I	10	④	III	15	①	III	20	②	II

▶ 취약 단원 분석표

단원	맞힌 답의 개수
I	/ 6
II	/ 5
III	/ 9
TOTAL	/ 20

I 보건행정의 이론적 기초 / II 보건행정의 기획과 정책제도 / III 보건행정의 과정

---

01   보건행정의 역사적 사건   정답 ②

❷ [○] (다) → (나) → (라) → (가)
  ⇨ (다) 전 국민을 위한 의료보험이 시행되었다(1989).
    (나) 「보건소법」을 「지역보건법」으로 명칭을 변경하였다(1995).
    (라) 노인장기요양보험제도가 전면적으로 실시되었다(2008).
    (가) 지역사회 통합건강증진사업이 실시되었다(2013).

---

02   우리나라 건강보험   정답 ①

❶ [○] 제3자 지불의 원칙이다.
  ⇨ 우리나라는 가입자가 의료기관을 이용할 때 진료비를 일부만을 부담하고 의료기관이 나머지 진료를 보험자에게 청구하는 것으로 제3자 지불의 원칙을 사용 중이다.
② [×] 차등혜택을 적용한다.
  ⇨ 의료서비스는 균등혜택을 적용한다.
③ [×] 장기보험이다.
  ⇨ 1년마다 소득에 따라 변동이 되며, 단기보험이다.
④ [×] 현금급여의 원칙이다.
  ⇨ 현금급여의 원칙으로 하되, 현금급여도 사용 중이다.

---

03   진료보수지불방식   정답 ④

① [×] 행위별 수가제는 질병별, 요양일수별로 보수단가를 설정하는 것이다.
  ⇨ 포괄수가제는 질병별, 요양일수별로 보수단가를 설정하는 것이다.
② [×] 신포괄수가제는 7개 질병군으로 한시적으로 적용 중이다.
  ⇨ 포괄수가제는 7개 질병군으로 한시적으로 적용 중이다.
③ [×] 인두제는 사후결정방식으로 국민의료비 억제에 적합하다.
  ⇨ 행위별 수가제는 사후결정방식으로 국민의료비가 상승한다.

❹ [○] 총액계산제는 매년 진료비 계약을 둘러싼 교섭의 어려움으로 의료 제공의 혼란을 초래할 우려가 있다.
  ⇨ 총액계산제는 보험자 측(지불자)과 의사단체 측(의료공급자) 간에 미리 진료보수총액을 정하는 계약을 체결하고, 그 총액 범위 내에서 진료를 담당하고 의료서비스를 이용하는 제도이다. 매년 진료비 계약을 둘러싼 교섭의 어려움이 있다.

---

04   제1차 국제건강증진의 5대 활동전략   정답 ④

① [○] 건강한 공공정책의 수립
  ⇨ 건강한 공공정책의 수립을 통한 건강증진은 보건의료서비스를 초월하여 모든 부문에서 정책입안자들이 정책결정의 결과가 건강에 미치는 영향을 인식하게 함으로써 국민건강에 대한 책임을 환기시키는 것이다.
② [○] 지지적 환경의 조성
  ⇨ 지지적 환경의 조성은 일과 여가생활은 건강에 좋은 원천이 되므로 안전하고, 건강을 북돋우며, 만족과 즐거움을 줄 수 있는 직장환경과 생활환경을 조성하는 것이다.
③ [○] 지역사회활동 조성
  ⇨ 지역사회활동 조성은 건강증진사업의 목적 달성은 우선순위와 활동범위를 결정하고, 전략적 계획과 실천방법을 모색하는 데에서 구체적이고 효과적인 지역사회활동을 통해 수행하는 것이다.
❹ [×] 보건의료서비스의 치료 중심 재정립
  ⇨ 보건의료서비스의 재정립은 보건의료 부문의 역할이 치료와 임상서비스에 대한 책임을 뛰어넘어 건강증진 방향으로 전환되어야 한다는 것이다.

참고 나머지 하나의 전략은 개인의 기술 개발로 건강증진활동을 통해 개개인은 건강과 환경에 대한 통제능력을 향상시키고, 건강에 유익한 선택을 할 수 있는 능력을 갖는 것이다.

05 국제건강증진회의 정답 ②

① [X] 나이로비 국제회의
⇨ 나이로비 국제회의는 건강증진 수행역량 격차 해소, 지역사회 역량강화(community empowerment), 건강지식과 건강행동(health literacy and health behavior), 보건체계의 강화(strengthening health system), 파트너십과 부문 간 활동(partnerships and intersectoral action), 역량함양(building capacity) 등 5가지를 제시하였다.

❷ [O] 방콕 국제회의
⇨ 방콕 국제회의는 옹호(advocate), 투자(invest), 역량 함양(build capacity), 법규 제정 및 규제(regulate and legislate), 파트너십 형성 및 연대 구축(partner and build alliances) 등 5가지를 기본방향으로 제시하였다.

③ [X] 멕시코시티 국제회의
⇨ 멕시코시티 국제회의는 사회적 형평성 제고를 위한 계층 간 격차 해소에 대해 집중 토의하였다.

④ [X] 상하이 국제회의
⇨ 상하이 국제회의는 지속가능개발목표에 있어서의 "건강증진: 모든 사람에게 건강을, 모든 것은 건강을 위해(Health Promotion in the Sustainable Development Goals: Health for All and All for Health)"에 대해 토의하였다.

06 제5차 HP2030 국민건강증진종합계획 정답 ④

① [O] 건강생활실천
⇨ 건강생활실천은 개인의 금연, 절주 행동 변화 및 위해물질에 대한 규제를 강화하는 것이다.

② [O] 정신건강관리
⇨ 정신건강관리는 자살 고위험군, 치매, 정신질환을 조기에 발견하고 개입체계를 강화하는 것이다.

③ [O] 비감염성 질환 예방관리
⇨ 비감염성 질환 예방관리는 취약계층 대상 조기에 발견하고, 예방 사업을 강화하며 위해요인 개선 환경을 조성하는 것이다.

❹ [X] 가족건강계획관리
⇨ 가족건강계획관리는 해당이 없다.

07 전술적 · 전략적 · 운영적 기획 정답 ②

① [X] 운영적 기획은 중간관리자가 기획한다.
⇨ 운영적 기획은 일선관리자가 기획한다.

❷ [O] 전략적 기획은 조직 전체의 활동계획이다.
⇨ 전략적 기획은 조직 전체의 활동을 계획하고 미래의 문제와 기회를 예측할 수 있는 방법이다.

③ [X] 전술적 기획은 장기적인 조직의 목적과 관련이 있다.
⇨ 전략적 기획은 장기적인 조직의 목적과 관련이 있다.

④ [X] 전술적 · 전략적 · 운영적 기획의 시간은 평균 5년 이상이다.
⇨ 전략적 기획은 평균 5년 이상이다.

08 상황이론 정답 ①

❶ [O] 리더의 행동은 개인적 특성, 환경, 다양한 상황들의 상호작용 속에서 결정된다.
⇨ 리더의 행동은 개인적 특성, 환경, 다양한 상황들의 상호작용 속에서 결정되며, 상황에 따라 리더십 유형에 대한 효과성이 달라진다는 관점이다.

② [X] 합법적 권한에 근거한 조직의 권한 체계 확립에 기여한다.
⇨ 관료제이론은 합법적 권한에 근거한 조직의 권한 체계의 확립에 기여한다.

③ [X] 조직은 하나의 연결체로 이해한다.
⇨ 체제이론은 조직을 하나의 연결체로 이해한다.

④ [X] 업무분석을 통한 직무표준화가 마련되었다.
⇨ 과학적 관리이론의 업무분석을 통한 직무표준화가 마련되었다.

09 의사결정방법 정답 ③

① [X] 전자회의
⇨ 전자회의는 컴퓨터 기술과 명목집단기법을 혼합 형태이다.

② [X] 델파이 기법
⇨ 델파이 기법은 문제에 대해 몇 명의 전문가들이 독립적인 의견을 우편으로 수집 → 의견을 반영하여 설문지 수정 후 다시 의견을 제시하는 절차를 반복 → 최종적인 합의가 이루어질 때까지 논평하는 과정으로 이루어진다.

❸ [O] 명목집단법
⇨ 명목집단법은 언어적 의사소통(대화, 토론) 없이 개인 의견을 제출하고, 구성원 간에 토의를 거쳐 투표로 의사를 결정하는 방법이다.

④ [X] 브레인스토밍
⇨ 브레인스토밍은 자주적인 아이디어를 대면적으로 제시하는 집단토의이다.

10 목표관리(MBO) 정답 ④

① [O] 구성원의 참여의욕 증진
⇨ 자신의 업무를 스스로 결정하고 관리자의 지지를 받아 수행함으로써 근로의욕 향상, 신규직원들의 조직 내 동화가 용이하다.

② [O] 구성원의 성과평가에 대한 객관성 확보
⇨ 구성원의 성과평가에 대한 객관성을 확보하여 업적평가가 쉬워 그 결과의 반영이 용이하다.

③ [O] 조직의 동기부여
⇨ 조직의 동기부여를 도모하고 자신의 직업발전과 자기개발 촉진, 조직구성들의 직업을 통한 자아실현이 가능하다.

❹ [X] 전략적인 장기목표로 책임소재가 명확함
⇨ 목표관리는 목표의 명확한 제시가 어렵고, 단기목표를 강조한다.

11 목표설정 　　　　　　　　정답 ①

❶ [×] 추상적인 용어 사용
⇨ 목표설정에는 구체적인 용어를 사용한다.
② [○] 수용가능성
⇨ 목표설정 시 대상자들이 받아들일 수 있는 수용가능성이 높아야 한다.
③ [○] 단순하고 간결하게 진술
⇨ 목표는 단순하고 간결하게 진술한다.
④ [○] 양적으로 표현
⇨ 목표는 숫자적이고 양적인 내용으로 표현한다.

12 개인의사결정 　　　　　　　정답 ①

❶ [○] 의사결정에 대한 책임 소재가 명확하다.
⇨ 개인이 혼자 의사결정을 내리는 것으로 그 결과에 대한 책임가 소재가 명확하다.
② [×] 창의적이고 다양한 견해와 대안을 고려하는 데에 유리하다.
⇨ 집단의사결정의 장점은 창의적인 다양한 견해와 대안의 고려가 유리하다는 것이다.
③ [×] 구성원의 수용도가 높다.
⇨ 집단의사결정의 장점은 구성원의 수용도가 높다는 것이다.
④ [×] 의사결정의 질과 정확성이 높다.
⇨ 집단의사결정의 장점은 의사결정의 질과 정확성이 높다는 것이다.

13 직능조직 　　　　　　　　　정답 ②

① [×] 라인과 계선조직이 통합된 조직이다.
⇨ 라인과 계선조직이 통합된 조직은 라인 – 계선조직이다.
❷ [○] 스태프는 직무유형에 따라 집단화된 부서를 지휘하고 통솔할 수 있다.
⇨ 직능조직은 기능이나 역할에 따른 전문화의 원리에 의해 설계된 조직으로 스태프는 직무유형에 따라 집단화된 부서를 지휘하고 통솔할 수 있다.
③ [×] 조직 내 특별한 과업을 수행하는 조직이다.
⇨ 프로젝트 조직은 조직 내 특별한 과업을 수행하는 조직이다.
④ [×] 환경변화에 효과적 대처가 가능하다.
⇨ 매트릭스 조직은 환경변화에 효과적 대처가 가능하다.

14 인사고과기법 　　　　　　　정답 ③

① [×] 대조법
⇨ 대조법은 직원의 업적 또는 특성을 특징지을 수 있는 서술문을 배열하고 평가자가 서술문을 체크하여 평가하는 방법이다.

② [×] 중요사건기술법
⇨ 중요사건기술법은 성과에 중요한 매우 효과적이고, 비효과적인 행위들을 기술하는 진술문이다.
❸ [○] 강제배분법
⇨ 강제배분법은 고과자의 중심화 경향을 방지하기 위해 사전에 평가의 범위와 수를 결정해 놓고 강제로 할당하는 방법으로 중심화 경향과 관대화 경향을 예방하는 것이다.
④ [×] 직접지수고과법
⇨ 직접지수고과법은 생산성, 결근율, 이직률과 같은 비인격적 요소를 기준으로 측정하는 방법이다.

15 특성이론 　　　　　　　　　정답 ①

❶ [○] 소수의 사람들만이 선천적으로 리더의 특성을 가지고 태어난다.
⇨ 특성이론은 지도자가 될 수 있는 고유한 자질 내지 그 특성을 찾는 연구로, 리더가 선천적 또는 후천적으로 갖는 일련의 공통된 특성을 규명하려 한다.
② [×] 후천적인 교육을 통해 리더가 양성된다.
⇨ 행동이론은 후천적인 교육을 통해 리더가 양성된다고 본다.
③ [×] 위기 발생 시 효과적인 리더십을 발휘한다.
⇨ 전제형(지시형, 독재형) 이론은 위기 발생 시 효과적인 리더십을 발휘한다고 본다.
④ [×] 장기적인 생산성을 높일 수 있는 특성이 있다.
⇨ 자유방임형 이론은 장기적인 생산성을 높일 수 있는 특성이 있다고 본다.

16 의사소통 유형 　　　　　　　정답 ②

① [×] 사슬형
⇨ 사슬형은 공식적·수직적인 명령계통으로, 위아래로만 의사소통이 이루어지는 형태이다.
❷ [○] 완전연결형
⇨ 완전연결형은 구성원 전체가 서로의 의견이나 정보를 자유의지에 따라 교환하는 형태이다.
③ [×] 수레바퀴형
⇨ 수레바퀴형은 의사소통의 속도가 빠르고 단순문제 해결 시 효율적이고 효과적인 형태이다.
④ [×] 원형
⇨ 원형은 위원회와 대책위원회 같은 공식적 리더가 있으나, 권력의 집중과 지위의 고하가 없는 형태이다.

17 허츠버그의 동기 – 위생이론 　　　정답 ④

① [×] 욕구를 충족시키는 위생이론과 욕구를 충족시키지 못한 동기이론으로 구성된 이론이다.
⇨ 동기 – 위생이론은 욕구를 충족시키는 동기이론과 욕구를 충족시키지 못한 위생이론으로 구성된 이론이다.

② [×] 위생요인에는 급여, 기술적 감동, 성취감 등이 있다.
　⇨ 위생요인에는 급여, 기술적 감동이 있고, 동기요인에는 성취감 등이 있다.
③ [×] 동기부여를 위해서는 위생요인을 관리하는 것이 가장 중요하다.
　⇨ 동기부여를 위해서는 동기요인을 관리하는 것이 가장 중요하다.
❹ [○] 동기요인은 만족도가 높아지면, 성과가 높아지게 하는 요인이다.
　⇨ 동기요인은 만족도가 높아지면, 성과가 높아지게 하는 요인이다. 동기요인은 동기부여에 영향력이 국한되어 있고, 위생요인은 불만족 정도에 영향력이 국한되어 있다고 본다.

18　카슬과 콥의 건강 관련 행태　　정답 ③

① [×] 건강행태
　⇨ 건강행태는 건강한 사람이 건강을 유지하고 질병을 예방하기 위하여 취하는 1차 예방행태이다.
② [×] 질병행태
　⇨ 질병행태는 평소와 다른 이상 증상이나 증후를 느꼈을 때 진단을 받고 치료방안을 찾기 위해 취하는 2차 예방행태이다
❸ [○] 환자역할행태
　⇨ 환자역할행태는 질병의 진행을 막고 합병증을 예방하는 등의 3차 예방행태이다.
④ [×] 의료이용행태
　⇨ 의료이용행태는 실제 소모한 의료, 의료수요와 의료공급이 만나서 이루어지는 것이다.

19　정책결정모형　　정답 ②

① [×] 합리모형
　⇨ 합리모형은 의사결정자의 전지전능성의 가정을 전제로 한다.
❷ [○] 만족모형
　⇨ 만족모형은 사람들의 심리에 현실적으로 입각한 것이라고 할 수 있으나 만족의 정도는 극히 주관적이어서 보편성을 적용하기 어려운 문제점도 있다. 따라서 이 문제에서 B씨는 더 높은 금리를 얻으려는 방법을 포기하고 2.6%에 만족하는 것이다.
③ [×] 점증모형
　⇨ 점증모형은 기존의 정책에서 소폭적인 변화만을 가감한 정책이 채택된다는 모형이다.
④ [×] 혼합모형
　⇨ 혼합모형은 합리모형과 점증모형의 장단점을 절충한 모형이다.

20　급여상한제　　정답 ②

① [×] 본인부담정액제
　⇨ 본인부담정액제는 민간보험에서 많이 사용하는 공제(控除)방식으로, 일정액 이하의 진료비는 이용자가 모두 부담하고 일정액을 넘어서는 비용에 대해서만 보험자가 부담하는 방식이다.
❷ [○] 급여상한제
　⇨ 급여상한제는 건강보장에서 지불하는 비용의 총액을 정해두고, 이 총액을 넘는 경우 이용자가 비용을 부담하는 방식이다.
③ [×] 정률부담제
　⇨ 정률부담제는 보험자가 의료비의 일정 비율만 지불하고 나머지 부분은 본인이 부담하는 방식이다.
④ [×] 정액부담제
　⇨ 정액부담제는 이용자가 의료를 이용하는 시점에 일정한 액수를 부담하고 그 이상의 의료비만 건강보험 급여의 대상으로 하는 방식이다.

정답

p. 28

01	①	I	06	②	II	11	②	III	16	②	III
02	②	I	07	④	II	12	②	III	17	③	III
03	②	I	08	④	III	13	④	III	18	①	III
04	④	II	09	②	I	14	④	III	19	③	III
05	④	II	10	④	III	15	③	III	20	④	III

취약 단원 분석표

단원	맞힌 답의 개수
I	/ 4
II	/ 4
III	/ 12
TOTAL	/ 20

I 보건행정의 이론적 기초 / II 보건행정의 기획과 정책제도 / III 보건행정의 과정

---

01 통일신라시대 의료행정기관　　정답 ①

❶ [O] 약전
　⇨ 약전은 통일신라시대에 의료행정을 담당한 기관으로, 이곳에는 직접 의료에 종사하는 공봉의사가 있었다.
② [X] 약점
　⇨ 약점은 고려시대에 중앙과 지방 각지에 설치되어 백성의 질병 치료를 담당한 기관이다.
③ [X] 심약
　⇨ 심약은 조선시대의 지방의료기관이다.
④ [X] 약부
　⇨ 약부는 백제시대에 질병의 치료와 약재 등의 조달을 관장한 관서이다.

02 경상의료비　　정답 ②

① [X] 개인의료비와 연구비용
　⇨ 개인의료비와 연구비용은 국민의료비에 해당된다.
❷ [O] 개인의료비와 집합보건의료비
　⇨ 개인의료비와 집합보건의료비는 경상의료비를 구성하는 요소에 해당한다.
③ [X] 프로그램개발비용과 보건의료연구비용
　⇨ 프로그램개발비용과 보건의료연구비용은 비용국민의료비에 해당된다.
④ [X] 집합보건의료비와 정부지출비용
　⇨ 집합보건의료비와 정부지출비용은 국민의료비에 해당된다.

03 보건의료서비스　　정답 ②

① [X] 충분한 설명을 해서 소비자의 무지를 해결한다.
　⇨ 충분한 설명을 해서 소비자의 무지를 해결하는 것은 정보의 비대칭성이다.
❷ [O] 위험분산을 위해 강제적인 의료보험을 가입시킨다.
　⇨ 위험분산을 위해 강제적인 의료보험을 가입시켜 건강의 예측 불가능성을 해결한다.
③ [X] 예방접종의 중요성을 설명하고 집단면역을 높이도록 한다.
　⇨ 예방접종의 중요성을 설명하고 집단면역을 높여 외부효과를 해결한다.
④ [X] 많은 사람들이 보건의료서비스를 제공할 수 있도록 면허제도를 폐지한다.
　⇨ 많은 사람들이 보건의료서비스를 제공할 수 있도록 면허제도를 폐지하여 공급의 독점성을 해결한다.

04 할론(Halon)의 우선순위 결정방법　　정답 ④

BPR(Basic Priority Rating) = $(A + 2B) \times C$으로 산정한다.
여기서, A: 문제의 크기, B: 문제의 심각도, C: 사업의 추정 효과이다.
① [X] 근골격계질환 A: 2, B: 2, C: 3
　⇨ 근골격계질환 $(2 + 4) \times 3 = 18$
② [X] 정신건강 A: 2, B: 2, C: 5
　⇨ 정신건강 $(2 + 4) \times 5 = 30$
③ [X] 치아건강 A: 3, B: 2, C: 6
　⇨ 치아건강 $(3 + 4) \times 6 = 48$
❹ [O] 아동의 결식 A: 4, B: 3, C: 8
　⇨ 아동의 결식 $(4 + 6) \times 8 = 80$

05 보건프로그램의 경제성 평가 요소 　　정답 ④

① [O] 비용 – 효과분석은 혈압의 변화로 결과를 측정한다.
　⇨ 비용 – 효과분석은 분석 대상 프로그램에서 같은 방법으로 측정한 하나의 효과에 대해 각각의 관련된 비용을 비교하여 어느 사업이 효과 단위당 비용이 적게 드는지 판단하는 것이며 결과 지표는 건강수준의 변화를 측정한다.
② [O] 비용 – 효용분석은 화폐단위로 비용측정을 한다.
　⇨ 비용 – 효용분석은 화폐단위로 비용측정을 하고 건강에 대한 개인의 선호도를 나타내며, 일반적으로 질보정생존연수(QALYs: Quality Adjusted Life Years)로 측정한다.
③ [O] 비용 – 편익분석은 화폐단위로 결과를 측정한다.
　⇨ 비용 – 편익분석은 비용 – 편익 분석에서 편익은 프로그램의 결과로 얻은 직접적인 편익뿐만 아니라 사회적 편익과 같은 간접적인 편익을 포함하여 측정한 비용 – 편익 분석에서 비용과 편익은 모두 화폐단위로 측정하며 총 편익에서 총 비용을 빼서 구한 순편익으로 어느 프로그램이 더 좋은지를 평가한다.
❹ [X] 비용 – 효용분석은 할인율을 결정할 수 있다.
　⇨ 비용 – 편익분석은 할인율인 미래에 발생하는 비용과 편익을 현재가치로 환산할 때 사용하는 이자율을 결정할 수 있다.

06 주도집단에 따른 정책의제설정과정 　　정답 ②

① [O] 내부접근형은 최고정책결정자에게 접근하여 문제를 정책의제화하는 유형이다.
　⇨ 내부접근형은 정부 내의 관료집단이나 정책결정자에게 쉽게 접근할 수 있는 외부집단에 의해 주도되어 최고정책결정자에게 접근하여 문제를 정책의제화하는 경우이다
❷ [X] 동원형은 정부의 힘이 강한 선진국형이다.
　⇨ 동원형은 정책결정자가 새로운 정책이나 사업계획을 채택하여 발표하면 자동적으로 공식적인 정부정책으로 확정이 되며 이러한 정책이나 사업계획을 효율적으로 집행하는 데 필요한 공중의 관심과 지원을 확보하기 위해서는 공중의 동원이 요청된다고 보는 모형으로 후진국형이다.
③ [O] 외부주도형은 민주화가 잘 발달된 선진국에서 나타나는 유형이다.
　⇨ 외부주도형은 정부 밖에 있는 집단이 압력을 가하여 사회문제를 해결해 줄 것을 요구하는 유형이다.
④ [O] 내부접근형과 동원형의 유사점은 쉽게 정부의제화가 가능하다는 점이다.
　⇨ 내부접근형은 의제형성과정에 일반 국민의 참여가 배제된 가운데 정책담당자들에 의해 일방적으로 정책의제가 채택되어 쉽게 정부의제화된다는 점에서 동원형과 유사하다. 차이점은 동원형의 주도세력은 최고통치자이고, 내부접근형의 주도세력은 고위관료라는 점이다.

07 사회보험과 민간보험 　　정답 ④

① [O] 정액제의 보험료 부담방식이다.
　⇨ 매달 정해진 일정금액과 계약을 하는 것으로 정액제의 보험료 부담방식이다.
② [O] 보험자 위험 선택이 가능하다.
　⇨ 보험자의 직업이나 환경에 따라 위험 선택이 가능하다.
③ [O] 차등급여를 제공한다.
　⇨ 민간보험은 금액을 많이 부담한 대상자에게 많은 보험금이 지급되는 차등급여를 제공한다.
❹ [X] 집단보험이다.
　⇨ 민간보험은 개인이 계약을 하는 임의보험식의 개인보험이고, 사회보험은 집단보험이다.

08 직위분류제의 특징 　　정답 ④

① [O] 일반행정가보다는 전문행정가를 선호한다.
　⇨ 직위분류제는 개방형 인사제도이며, 일반행정가보다는 전문행정가를 선호한다.
② [O] 직무의 종류와 곤란성 및 책임성의 정도를 기준으로 공직을 분류하는 제도이다.
　⇨ 직위분류제는 직급과 등급이 직무의 책임도·곤란도를 기준으로 하여 상·하직 공무원 간의 계급의식이 크지 않다.
③ [O] 개인의 업무수행능력을 중시하여 공무원을 채용한다.
　⇨ 직위분류제는 개인의 업무수행능력과 지식·기술을 중시하여 공무원을 채용한다.
❹ [X] 의사소통, 협조, 조정이 원활하다.
　⇨ 계급제의 장점으로 의사소통, 협조, 조정이 원활하다는 점이 있다.

09 PRECEDE – PROCEED모형 　　정답 ②

① [X] 의료인의 권고
　⇨ 의료인의 권고는 강화요인의 예시이다.
❷ [O] 보건지식
　⇨ 보건지식은 성향요인의 예시이다.
③ [X] 사회적 유익성
　⇨ 사회적 유익성은 강화요인의 예시이다.
④ [X] 접근성
　⇨ 접근성은 촉진요인의 예시이다.

10 리더십의 특징   정답 ④

① [×] 거래적 리더십
⇨ 거래적 리더십은 상황에 따라 리더가 조직구성원에게 제공하는 보상을 기초로 영향력을 발휘하는 리더십이다.
② [×] 카리스마리더십
⇨ 카리스마리더십에서는 리더십이 구성원들의 리더에 대한 지각의 결과로 보고 리더가 남들이 갖지 못한 천부적인 특성이 있다고 느낄 때 발휘된다.
③ [×] 슈퍼리더십
⇨ 슈퍼리더십은 구성원들이 셀프리더가 될 수 있도록 이끄는 과정이며, 슈퍼리더는 구성원을 셀프리더로 육성하는 사람이다
❹ [O] 서번트리더십
⇨ 서번트리더십은 부하에게 목표를 공유하고 부하들의 성장을 도모하면서, 경청하며, 리더와 부하 간의 신뢰를 형성시켜 궁극적으로 조직성과를 달성하게 하고, 리더가 부하를 섬기는 자세로 그들의 성장 및 발전을 돕고 조직목표 달성에 부하 스스로 기여하도록 만드는 리더십이다.

11 우리나라 의료기관 인증제도   정답 ②

① [×] 인증유효기간은 3년이다.
⇨ 인증유효기간은 4년과 조건부 1년이 있다.
❷ [O] 인증평가 내용은 「의료법」에 의거하여 사회적으로 공인된 평가제도이다.
⇨ 우리나라 의료기관 인증제도의 특징으로 옳다.
③ [×] 인증제도는 상대평가로 매년 신청기관의 40% 안에 들어야 인증마크를 받을 수 있다.
⇨ 인증제도는 절대평가로 정해진 점수 이상만 되면 인증마크를 받을 수 있다.
④ [×] 종합병원급 이상은 반드시 신청하여 평가를 받아야 하고, 요양병원은 선택사항이다.
⇨ 요양병원은 반드시 신청하여 평가를 받아야 한다.

12 의사결정방법   정답 ②

① [×] 브레인스토밍
⇨ 브레인스토밍은 자주적인 아이디어를 대면적으로 제시하는 집단토의이다.
❷ [O] 명목집단기법
⇨ 명목집단기법은 언어적 의사소통(대화, 토론) 없이 개인 의견을 제출하고, 구성원 간에 토의를 거쳐 투표로 의사를 결정하는 방법이다.
③ [×] 델파이기법
⇨ 델파이기법은 문제에 대해 몇 명의 전문가들이 독립적인 의견을 우편으로 수집 → 의견을 반영하여 설문지 수정 후 다시 의견을 제시하는 절차를 반복함 → 최종적인 합의가 이루어질 때까지 논평하는 과정으로 이루어진다.
④ [×] 전자회의
⇨ 전자회의는 컴퓨터 기술과 명목집단기법을 혼합한 것이다.

13 과학적 관리이론   정답 ④

① [O] 차별성과급제
⇨ 과학적 관리이론에 따라 근로자의 업무생산성에 따른 공정하고 수용가능한 업무수행 평가방법을 적용하고 이에 따른 보수체계를 개발하여 차별성과급제를 만들었다.
② [O] 시간동작 – 연구를 통한 인력 산정
⇨ 과학적 관리이론에 따라 시간과 동작연구를 통해 근로자의 작업 시간을 측정한다.
③ [O] 기능적 업무 전달체계 도입
⇨ 과학적 관리이론에 따라 효율적 업무성과를 위해 간호부에서는 기능적 업무 전달체계를 도입하였다.
❹ [×] 직무개선 및 인간관계 증진
⇨ 직무개선 및 인간관계 증진은 인간관계론에 대한 설명이다.

14 아담스의 공정성 이론   정답 ④

① [×] 이번 달 친절직원이 되기 위해 목표를 세웠다.
⇨ 목표설정이론에 따라 이번 달 친절직원이 되기 위해 목표를 세웠다.
② [×] 근무성적을 높이기 위하여 칭찬이나 금전 등의 보상방법을 도입하였다.
⇨ 강화이론에 따라 근무성적을 높이기 위하여 칭찬이나 금전 등의 보상방법을 도입하였다.
③ [×] 업무 성적 결과에 대한 보상에 따라 생산성의 차이가 발생하였다.
⇨ 기대이론에 따라 업무 성적 결과에 대한 보상에 따른 생산성의 차이가 발생하였다.
❹ [O] 모든 직원이 동등한 대우를 받는다고 생각될 때 동기가 부여되었다.
⇨ 공정성 이론에 따르면 모든 직원이 동등한 대우를 받는다고 생각될 때 동기가 부여된다.

15 프렌치와 레이븐의 권력의 유형   정답 ③

① [×] 보상적 권력
⇨ 보상적 권력은 다른 사람에게 물질적 또는 정신적 보상을 제공할 수 있는 권력이다.
② [×] 합법적 권력
⇨ 합법적 권력은 조직의 규정, 법규, 제도 등을 근거로 한 공식적 권력으로 조직의 지위나 직무 권한과 관련된 권력이다.
❸ [O] 준거적 권력
⇨ 준거적 권력은 높은 수준의 자질과 덕망을 보임으로써, 그를 존경하고 추종하고자 할 때 갖는 권력이다.
④ [×] 전문적 권력
⇨ 전문적 권력은 특정 분야에 전문 지식이나 기술, 독점적인 정보를 가질 때 발생하는 권력이다.

| 16 | 레빈의 변화단계 | 정답 ② |

① [×] 해빙단계
　⇨ 해빙단계는 구성원이 변화의 필요성과 문제를 인식하고 문제 해결을 통해 변화하고자 하는 동기를 가지는 단계이다.
❷ [○] 변화단계
　⇨ 변화단계는 새로운 것에 대한 수용을 유도하고 이를 내면화시키는 단계이다.
③ [×] 재동결단계
　⇨ 재동결단계는 추진력과 저항력 사이에 새로운 균형이 이룩됨으로써 변화가 바람직한 상태로 정착되는 것이다.
④ [×] 응고단계
　⇨ 응고단계는 해빙의 조직의 변화에 없다.

| 17 | 관리자의 통솔 범위 | 정답 ③ |

① [×] 조직의 방침이 명확할수록
　⇨ 조직의 방침이 명확할수록 통솔 범위는 넓어진다.
② [×] 부하의 과업이 비전문적일수록
　⇨ 부하의 과업이 비전문적일수록 통솔 범위는 넓어진다.
❸ [○] 관리자의 경영기능이 많고 복잡할수록
　⇨ 관리자의 경영기능이 많고 복잡할수록 통솔 범위는 좁아진다.
④ [×] 유능한 막료의 지원이 많을수록
　⇨ 유능한 막료의 지원이 많을수록 통솔 범위는 넓어진다.

| 18 | 하향적 의사소통방법 | 정답 ① |

면담, 상담, 제안은 상향적 의사소통이다.
❶ [○] 업무지시
　⇨ 업무지시는 하향적 의사소통이다.

| 19 | 직무평가의 방법 | 정답 ③ |

① [×] 서열법은 여러 직무를 전체적으로 비교하지 않고 특정한 직무를 선정하여 서열을 매기는 방법이다.
　⇨ 요소비교법은 여러 직무를 전체적으로 비교하지 않고 특정한 직무를 선정하여 서열을 매기는 방법이다.
② [×] 점수법은 조직 내의 모든 직무를 확인한 후, 같거나 유사한 직무를 같은 등급으로 묶어서 평가하는 방법이다.
　⇨ 직무분류법은 조직 내의 모든 직무를 확인한 뒤 같거나 유사한 직무를 같은 등급으로 묶어서 평가하는 방법이다.
❸ [○] 분류법은 대표 직무를 선정하고 이에 대한 중요성, 난이도, 직무환경을 평가한 것을 기준으로 타 직무를 분류하여 등급화하는 것이다.
　⇨ 분류법에 대한 설명으로 옳다.

④ [×] 요소비교법은 직무의 계량화 방법으로 직무의 가치를 점수로 나타내어 평가하는 방법이다.
　⇨ 점수법은 직무의 계량화 방법으로 직무의 가치를 점수로 나타내어 평가하는 방법이다.

| 20 | 헤크만과 올드햄의 직무설계를 위한 직무특성모형 | 정답 ④ |

① [○] 직무의 의미를 경험한다.
　⇨ 과업에 대한 의미, 경험, 보람을 느낀다.
② [○] 직무결과에 대한 책임감을 경험한다.
　⇨ 업무결과에 대한 책임감을 경험한다.
③ [○] 직무결과에 대한 정보를 얻게 된다.
　⇨ 업무결과에 대해 인식하고 정보를 얻는다.
❹ [×] 직무의 다양성이 부여된다.
　⇨ 직무의 다양성은 하나의 직무를 수행하는 데 요구되는 활동의 다양성으로 핵심직무특성 차원 요인이다.

p. 32

정답

01	①	Ⅲ	06	④	Ⅲ	11	①	Ⅲ	16	①	Ⅲ
02	④	Ⅱ	07	②	Ⅲ	12	④	Ⅰ	17	③	Ⅲ
03	①	Ⅱ	08	④	Ⅲ	13	①	Ⅲ	18	①	Ⅰ
04	①	Ⅲ	09	①	Ⅲ	14	④	Ⅲ	19	①	Ⅰ
05	①	Ⅲ	10	④	Ⅲ	15	③	Ⅲ	20	④	Ⅲ

취약 단원 분석표

단원	맞힌 답의 개수
Ⅰ	/ 3
Ⅱ	/ 2
Ⅲ	/ 15
TOTAL	/ 20

Ⅰ 보건행정의 이론적 기초 / Ⅱ 보건행정의 기획과 정책제도 / Ⅲ 보건행정의 과정

01 정형적 의사결정   정답 ①

❶ [O] 표준화된 사례관리
⇨ 표준화된 사례관리는 정형적인 의사결정을 해야 하는 상황이다.
② [X] 응급환자 발생
⇨ 응급환자가 발생한 것은 비정형적인 의사결정을 해야 하는 상황이다.
③ [X] 재난 발생
⇨ 재난 발생은 비정형적인 의사결정을 해야 하는 상황이다.
④ [X] 장기적인 미래 기획
⇨ 장기적인 미래 기획은 비정형적인 의사결정을 해야 하는 상황으로, 최고관리자가 기획한다.

02 보건기획의 제약요인   정답 ④

① [O] 기획목표설정상의 갈등과 대립
⇨ 보건기획의 제약요인 중 기획목표설정상의 갈등과 대립은 기획당사자와 이해당사자 간의 이해 대립, 정치적·경제적 요인 등의 작용으로 명확한 목표설정이 어렵다는 것이다.
② [O] 미래예측의 곤란성, 비용과 시간
⇨ 보건기획의 제약요인 중 미래예측의 곤란성, 비용과 시간은 미래에 대한 정확한 예측이 곤란하고 불확실한 미래에 대한 효과적인 계획을 세울 수 없으며, 기획은 많은 시간이 소요된다는 것이다.
③ [O] 기획의 그레샴 법칙
⇨ 보건기획의 제약요인 중 기획의 그레샴 법칙은 특별한 노력이 요구되지 않는 정형화된 기획에 주력하고 비정형적 기획을 기피하는 경향이다.
❹ [X] 기획의 경직성
⇨ 기획 집행상 제약요인 중 기획의 경직성은 융통성 없는 행정을 초래할 수 있고, 변동하는 사회에 대한 적응력도 약하게 한다.

03 의사결정 예측기법   정답 ①

❶ [O] 간트 차트(Gantt Chart)
⇨ 간트 차트(Gantt Chart)는 실제 업무진행을 비교하여 시각적인 효과, 업무나 프로젝트를 쉽게 파악하고 일정을 확인하여 평가하는 데 유용하다.
② [X] PERT(Progrm Evaluation and Review Techique)
⇨ PERT는 불확실한 상태에서 기획과 통제, 프로젝트의 주요 활동을 순서대로 분석, 진행도표로 나열하여 각 활동의 소요시간을 할당하는 방법이다.
③ [X] 의사결정나무(Decision tree)
⇨ 의사결정나무는 특정한 문제에 대하여 가능한 대안, 결과, 위험, 정보 요구도 등을 나뭇가지 모양을 통해 확인하는 것이다.
④ [X] 주경로 기법(CPM)
⇨ 주경로 기법은 완성시간만을 추정하는 방법이다. 소요시간이 확실한 경우, 최우선 작업과 전체 프로젝트의 최단 소요시간을 추정하기 위해 사용한다.

04 조직 개발의 기법   정답 ①

❶ [O] 감수성 훈련
⇨ 감수성 훈련은 10명 내외의 서로 잘 모르는 사람들로 그룹을 형성한 다음, 훈련된 리더의 지휘 아래에서 합숙, 단체훈련, 집단토론 등을 통해 대인관계기술을 향상시키는 방법이다.
② [X] 팀 구축
⇨ 팀 구축은 조직 내 팀을 통해 조직구성원들을 변화시키는 방법이다.
③ [X] 다운사이징
⇨ 다운사이징은 기구의 축소 또는 감원을 가져오는 것으로 오랫동안 불필요하게 유지되어 온 군살은 없는지, 과도한 조직기구 확장은 없는지, 필요 이상의 인력을 보유하고 있는지 등을 분석하여 기구 축소와 감원을 유도하는 전략이다.

④ [X] 아웃소싱
⇨ 아웃소싱은 자신의 조직이 수행하는 다양한 활동 중 전략적으로 중요하면서도 가장 잘 할 수 있는 분야나 핵심역량에 모든 자원을 집중시키고 나머지 활동의 기획 및 운영 일체를 해당 분야에서 세계적으로 뛰어난 전문기업에 맡김으로써 기업의 경쟁력을 제고시키는 전략이다.

05 조직구조의 형태 정답 ①

❶ [O] 직능조직
⇨ 직능조직은 기능이나 역할에 따른 전문화의 원리에 의해 설계된 조직으로 직능조직의 스태프는 직무유형에 따라 집단화된 부서를 지휘하고 통솔한다.
② [X] 라인조직
⇨ 라인조직은 최고 관리자에서 최하위직에 이르기까지 계층적 구분을 갖고, 지시와 명령이 직선으로 확인된다.
③ [X] 라인 – 스텝조직
⇨ 라인 – 스텝조직은 계선 – 막료조직이라고도 하며, 라인조직을 도와서 전문적 지식과 기술 및 경험을 목표달성의 위해 간접적으로 지원하는 조직이다
④ [X] 프로젝트조직
⇨ 프로젝트조직은 임시조직으로 조직 내에서 특별한 과업을 수행하기 위해 특별한 목적으로 설치된 조직이다.

06 헤크만과 올드햄의 직무특성 정답 ④

① [O] 기술의 다양성
⇨ 기술의 다양성은 하나의 직무를 수행하는 데 요구되는 활동의 다양성이다.
② [O] 과업의 정체성
⇨ 과업의 정체성은 한 직원이 하나의 과업을 완수할 때, 처음부터 끝까지 독자적으로 업무를 처리할 수 있는 정도이다.
③ [O] 과업의 중요성
⇨ 과업의 중요성은 과업이 기업이나 소비자에게 중요하게 인식되는 정도이다.
❹ [X] 관리자의 권한
⇨ 관리자의 권한은 핵심적인 특성요인에 없다.

07 리더 정답 ②

① [X] 셀프리더
⇨ 셀프리더는 구성원 자신의 행동을 통제하고, 영향력을 행사하기 위해 행동전략과 인지전략을 사용하는 리더이다. 자기관리 개념을 확장하여 만츠(Manz, 1986)가 X, Y이론의 관점에서 제안하였다.

❷ [O] 슈퍼리더
⇨ 슈퍼리더는 구성원들이 스스로를 리드해 나가도록 이끄는 사람이고 구성원을 셀프리더로 육성하는 리더이다.
③ [X] 서번트리더
⇨ 서번트리더는 리더가 부하를 섬기는 자세로 그들의 성장 및 발전을 돕고 조직목표 달성에 부하 스스로 기여하도록 만드는 리더이다.
④ [X] 변혁적 리더
⇨ 변혁적 리더는 조직의 미래에 대한 비전을 제시하고, 구성원들이 가능하다고 생각하는 것보다 높은 수준의 동기를 촉진하고 고무하는 사람이다.

08 평가기법 정답 ④

① [X] 중요사건기술법
⇨ 중요사건기술법은 성과에 중요한 매우 효과적이고, 비효과적인 행위들을 기술하는 진술문으로 이례적인 행동을 지나치게 강조하여 평균적인 행동이나 전형적인 행동을 무시하게 되는 위험이 있다.
② [X] 평점척도
⇨ 평점척도는 직원의 자질을 직무수행상 달성한 정도에 따라 사전에 마련된 것으로 가장 오래된 평가기법이다.
③ [X] 에세이 기법
⇨ 에세이 기법은 자유기술법으로 시간의 경과에 따라 구성원들 행위의 강한 면을 기술함으로써 성과를 평가하는 방법이다.
❹ [O] 행위기준 평점척도
⇨ 행위기준 평점척도는 전통적 인사고과 시스템의 한계점 극복, 보완을 위해 개발된 평가기법으로 중요사건 또는 행위 기준의 예들의 척도를 보다 직무에 특이적이게 해주어 평가하는 것으로 평가의 주관성을 줄일 수 있다.

09 갈등의 순기능 정답 ①

❶ [O] 조직의 생산성이 증가한다.
⇨ 갈등의 순기능으로 조직의 문제를 인식하고 활동력이 증가하여 생산성이 증가한다는 점이 있다.
② [X] 변화와 쇄신에 대한 저항성이 증가한다.
⇨ 갈등의 역기능으로 변화와 쇄신에 대한 저항성이 증가한다는 점이 있다.
③ [X] 조직의 사기가 저하된다.
⇨ 갈등의 역기능으로 독재자의 출현, 파벌의식의 조성하여 조직의 사기가 저하된다는 점이 있다.
④ [X] 조직의 관리통제가 편리하다.
⇨ 갈등의 역기능으로 유통성 없는 공식화, 경계의식이 증가하여 조직의 관리와 통제가 어렵다는 점이 있다.

10 외부 모집   정답 ④

특별행사 모집, 직업안정기관, 교육기관은 외부 모집이다.
❹ [X] 원내공개 모집
⇨ 원내공개 모집은 내부 모집이다.

11 의사소통의 유형   정답 ①

❶ [O] 품의제도, 결재제도
⇨ 상향적 의사소통(하의상달식)은 조직의 공식 경로를 통해서 메시지가 하위에서 상위로 전달되는 공식적인 의사결정방법으로 제안, 여론조사, 회의, 면담, 상담, 품의제도, 면접, 보고, 결재제도 등이 있다.
② [X] 업무지시, 규칙
⇨ 하향적 의사소통(상의하달식)은 메시지가 조직의 상위계층에서 하위계층으로 전달되는 것으로 업무지시, 규칙, 편람, 게시판, 구내방송, 직무기술서, 회의, 명령 등이 있다.
③ [X] 회람, 실무자회의
⇨ 수평적 의사소통은 조직 내의 위계수준이 같은 구성원이나 부서 간의 의사소통으로 회람, 실무자회의, 협동회의, 사전심사, 사후통지(통보) 등이 있다.
④ [X] 협동회의, 사전심사
⇨ 협동회의, 사전심사는 수평적 의사소통의 방법이다.

12 총체적 질 관리(TQM)   정답 ④

① [X] 결과 중심이다.
⇨ 전통적 질 관리(QA)는 결과 중심이다.
② [X] 환자 진료의 질 향상의 목표를 두고 있다.
⇨ 전통적 질 관리(QA)는 환자 진료의 질 향상을 목표로 두고 있다.
③ [X] 특정 범위를 벗어난 결과를 초래한 개인과 특별한 원인을 규명한다.
⇨ 전통적 질 관리(QA)는 특정 범위를 벗어난 결과를 초래한 개인과 특별한 원인을 규명한다.
❹ [O] 병원 내의 모든 서비스와 업무 개선을 지속적으로 도모하는 경영활동이다.
⇨ 총체적 질관리(TQM)은 지속적인 개선활동을 한다.

13 매슬로우(Maslow)의 욕구단계이론   정답 ①

❶ [O] 생리적 욕구
⇨ 매슬로우는 인간이 가장 최우선적으로 요구하는 욕구는 가장 첫 번째 단계로 생리적 욕구생존라고 보았다. 생리적 욕구에는 의·식·주 욕구와 성욕, 호흡 등의 신체적 욕구 등이 있다.

② [X] 존경의 욕구
⇨ 존경의 욕구는 매슬로우의 욕구단계이론 중 네 번째 단계이고, 타인으로부터의 존경, 자아존중, 타인에 대한 지배욕구, 리더가 되고자 하는 욕구이다.
③ [X] 안전의 욕구
⇨ 안전의 욕구는 매슬로우의 욕구단계이론 중 두 번째 단계이고, 물질적 안정, 타인의 위협이나 재해로부터의 안전 등이 있다.
④ [X] 자아실현의 욕구
⇨ 자아실현의 욕구는 매슬로우의 욕구단계이론 중 다섯 번째 단계이고, 자아발전과 이상적 자아를 실현하려는 욕구이다.

14 면접방법   정답 ④

① [X] 압박면접
⇨ 압박면접에서 면접자는 공격적이며 피면접자의 좌절을 유도한다. 이를 통해 면접자가 피면접자의 스트레스 상태에서 감정의 안정성 조절에 대한 인내도 등을 관찰하는 방법이다.
② [X] 패널면접
⇨ 패널면접은 다수의 면접자가 하나의 피면접자를 면접하는 방법(면접자들이 서로의 의견을 교환하여 피면접자를 광범위하게 조사함)이다.
③ [X] 집단면접
⇨ 집단면접은 특정 문제에 대해 자유토론을 할 수 있는 기회를 부여하고, 토론과정에서 개별적으로 적격 여부를 심사·판정하는 유형(시간 절약, 다수의 우열비교를 통한 리더십 있는 인재를 발견)이다.
❹ [O] 블라인드 면접
⇨ 블라인드 면접은 면접자의 편견을 제거하기 위한 방법으로 피면접자에 대한 기초자료와 정보 없이 면접하는 방법이다.

15 예산수립과정   정답 ③

❸ [O] 예산편성 → 예산심의 및 확정 → 예산집행 → 결산 및 보고
⇨ 예산의 편성은 예산안 수립에서 예산안 확정에 이르는 과정이다. 예산심의 및 확정단계에서는 예산의 정당성을 대비하여 철저히 준비한다(각 사업의 필요성, 목적, 추가비용 및 재원마련 방안 등). 예산집행은 예산위원회에서 심의하고 확정한 예산을 각 부서에서 사업계획에 따라 집행하는 단계이다. 결산 및 보고는 회계연도 동안 조직에서 발생한 수입과 지출 실적을 사후적으로 정리하는 재정보고의 단계이다.

16 통솔 범위   정답 ①

❶ [X] 조직 방침의 명확성
⇨ 조직 방침의 명확성은 조직의 계획의 명확성, 방침의 정확성, 권한위임의 정도가 분명해야 한다는 것이다.

② [○] 감독할 업무의 성질
⇨ 감독할 업무의 성질은 부하의 과업이 일상적이고, 반복적이며, 비전문적일수록 관리의 폭이 넓어진다.
③ [○] 정보전달능력 및 기법
⇨ 모든 계획, 지시, 명령, 조직의 문제를 구두로 전달 시, 시간부담이 높아 관리 폭이 좁아진다.
④ [○] 스태프의 능력
⇨ 유능하고 경험이 많으며, 훈련이 잘 된 부하직원은 권한위임이 용이하고, 관리 폭이 자연스럽게 넓어진다.

17	직무명세서	정답 ③

직무명세서의 내용으로 옳은 것은 ㄱ, ㄴ, ㄷ, ㄹ이다.
ㄱ. [○] 신장과 체중
ㄴ. [○] 연령
ㄷ. [○] 교육 수준
ㄹ. [○] 이해력 수준
ㅁ. [X] 직무요건
⇨ 직무요건은 직무기술서의 내용이다.

18	자료의 보존기간	정답 ①

❶ [X] 진료기록부: 5년
⇨ 진료기록부의 보존기간은 10년이다.

19	간호사의 임무	정답 ①

❶ [X] 의사, 치과의사, 간호조무사의 지도하에 시행하는 진료의 보조
⇨ 간호사는 의사, 치과의사, 한의사의 지도하에 시행하는 진료의 보조역할을 한다.
② [○] 간호요구자에 대한 교육·상담 및 건강증진을 위한 활동의 기획과 수행, 그 밖의 대통령령으로 정하는 보건활동
⇨ 간호사는 간호요구자에 대한 교육·상담 및 건강증진을 위한 활동의 기획과 수행, 그 밖의 대통령령으로 정하는 보건활동을 한다.
③ [○] 환자의 간호요구에 대한 관찰, 자료수집, 간호판단 및 요양을 위한 간호
⇨ 간호사는 환자의 간호요구에 대한 관찰, 자료수집, 간호판단 및 요양을 위한 간호서비스를 제공한다.
④ [○] 간호조무사가 수행한 업무보조에 대한 지도
⇨ 간호사는 간호조무사가 수행한 업무보조에 대한 지도를 수행한다.

20	허츠버그의 2요인이론	정답 ④

보수, 근무조건, 대인관계는 위생요인이다.
❹ [○] 성취감
⇨ 성취감은 동기요인이다.

정답

p. 36

01	②	I	06	④	I	11	①	I	16	④	Ⅲ
02	④	I	07	④	I	12	②	I	17	④	Ⅱ
03	②	Ⅲ	08	②	I	13	①	I	18	①	Ⅱ
04	②	Ⅲ	09	①	I	14	①	I	19	②	Ⅱ
05	①	I	10	①	I	15	③	I	20	①	Ⅱ

취약 단원 분석표

단원	맞힌 답의 개수
I	/ 13
Ⅱ	/ 4
Ⅲ	/ 3
TOTAL	/ 20

I 보건행정의 이론적 기초 / Ⅱ 보건행정의 기획과 정책제도 / Ⅲ 보건행정의 과정

---

01 행정의 특성 정답 ②

① [×] 공공성
⇨ 공공성은 행정은 공공적 성격을 나타내며, 한 사회의 관습, 제도나 환경요인에 의하여 제약된다.
❷ [O] 공익성
⇨ 공익성은 공익은 모든 국민이 공유하는 가치와 기준이며 특수이익을 우선으로 한다.
③ [×] 정치성
⇨ 정치성은 행정은 본질적으로 정치성을 내포하고 있으며 정부행정은 정치적 환경 속에서 수행된다.
④ [×] 권력성
⇨ 권력성은 행정은 권력성을 보이고 권력수단이나 강제력에 의해 사회체계를 유지하고 통제기능을 수행한다.

02 WHO 보건행정의 범위 정답 ④

환경위생, 모자보건, 보건간호 및 보건 관련 기록의 보존, 대중에 대한 보건교육, 감염병 관리, 의료 등이 WHO 보건행정의 범위이다.
❹ [×] 보건통계
⇨ 보건통계는 에머슨(Emerson)의 보건행정의 범위이다.

03 관료제 이론의 단점 정답 ②

① [×] 비공식 집단의 활성화
⇨ 비공식 집단의 활성화는 인간관계론에 대한 설명이다.
❷ [O] 지나친 공식적 체계 유지
⇨ 지나치게 공식적인 체계를 유지하여 규칙과 절차만 따르는 관리자에 의해 조직이 경직된다.

③ [×] 상황을 고려한 근로자 관리
⇨ 상황을 고려한 근로자 관리는 작업의 적합한 근로자의 선발과 훈련을 하는 과학적 관리이론이다.
④ [×] 직무개선제도 도입
⇨ 직무개선제도 도입은 인간관계론의 설명이다.

04 조직이론 정답 ②

① [×] 목표관리이론
⇨ 목표관리이론은 상관이 목표에 의한 관리를 위해 기본 틀을 개발하고, 부하는 그 목표를 제안하여 상관과 부하 간에 목표가 합의된다.
❷ [O] 상황이론
⇨ 상황이론은 조직 외부의 환경이 조직과 그 하위 시스템에 미치는 영향과 조직의 유효성이 높아지는 시스템 간의 관계를 설명하려는 이론이다.
③ [×] 체계이론
⇨ 체계이론은 조직이 하나의 개방체계인 시스템이며, 하나의 목적을 달성하기 위해 여러 요소가 연결되고 상호작용하는 결합체를 말한다.
④ [×] 과학적 관리이론
⇨ 과학적 관리이론은 업무의 효율성과 생산성을 향상시키는 방법에 대해 과학적 원칙을 적용한다.

05 제5차 HP 건강증진종합계획의 정신건강관리 지표 정답 ①

❶ [O] 치매안심센터의 치매환자 등록·관리율
⇨ 치매안심센터의 치매환자 등록·관리율은 정신건강관리의 지표이다.
② [×] 손상사망률
⇨ 손상사망률은 비감염성질환 예방관리의 지표이다.

③ [×] 주관적 건강인지율
⇨ 주관적 건강인지율은 인구집단별 건강관리 영역 중 노인의 주관적 건강인지율을 의미한다.
④ [×] 건강정보이해능력 수준
⇨ 건강정보이해능력 수준은 건강친화적 환경구축 지표이다.

---

06 건강도시의 필수조건 정답 ④

① [O] 깨끗하고 안전한 도시환경
⇨ 깨끗하고 안전하며, 질(Quality) 높은 도시의 물리적 환경이다.
② [O] 시민의 높은 참여와 통제
⇨ 개개인의 삶, 건강 및 복지에 영향을 미치는 문제에 대한 시민의 높은 참여와 통제이다.
③ [O] 혁신적인 도시 경제
⇨ 다양하고 활기 넘치며, 혁신적인 도시 경제이다.
❹ [×] 질병치료중심 활동
⇨ 모든 시민에 대한 적절한 공중보건 및 치료 서비스를 최적화하는 것이다.

---

07 합리적 행위이론의 구성요소 정답 ④

① [O] 행동에 대한 태도
⇨ 행동에 대한 태도는 개인이 특정 행위에 대해 내리는 긍정적 혹은 부정적 평가의 정도이다.
② [O] 주관적 규범
⇨ 주관적 규범은 행위 수행 여부에 대해 느끼는 사회적 압력을 개인이 인지하는 것이다.
③ [O] 행동에 대한 의도
⇨ 행동에 대한 의도는 특정 행동에 대한 동기유발이나 준비를 의미하는 것으로, 인간이 어떤 행동을 실행할 동기가 얼마나 강한지 알 수 있다.
❹ [×] 지각된 행동통제
⇨ 지각된 행동통제는 계획된 행위이론의 구성요소로 특정 행위를 수행하는 데 어려울 것이라고 착각 또는 쉽게 해낼 수 있을 것이라고 지각하는 것이다.

---

08 의료인 정답 ②

의료인은 의사, 치과의사, 한의사, 조산사, 간호사이다(「의료법」 제2조).
❷ [×] 약사
⇨ 약사 및 한약사(「약사법」 제2조)는 「의료법」상 의료인이 아니다.

---

09 의료기관 정답 ①

❶ [O] 조산원은 조산사가 조산과 임산부 및 신생아를 대상으로 보건활동과 교육·상담을 하는 의료기관을 말한다.
⇨ 조산원에 대한 설명으로 옳다.
② [×] 병원·치과병원·한방병원 및 요양병원은 100개 이상의 병상을 유지해야 한다.
⇨ 병원·치과병원·한방병원 및 요양병원은 30개 이상의 병상(병원·한방병원만 해당) 또는 요양병상(요양병원만 해당하며, 장기입원이 필요한 환자를 대상으로 의료행위를 하기 위하여 설치한 병상을 말함)을 갖추어야 한다.
③ [×] 의사, 치과의사 또는 한의사가 주로 입원환자를 대상으로 의료행위를 하는 의료기관으로는 의원, 치과의원, 한의원이 있다.
⇨ 의사, 치과의사 또는 한의사가 주로 외래환자를 대상으로 의료행위를 하는 의료기관으로는 의원, 치과의원, 한의원이 있다.
④ [×] 종합병원은 50개 이상의 병상을 갖춰야 한다.
⇨ 종합병원은 100개 이상의 병상을 갖춰야 한다.

---

10 보건소의 기능 및 업무 정답 ①

건강 친화적인 지역사회 여건의 조성, 지역보건의료정책의 기획, 조사·연구 및 평가, 보건의료 관련기관·단체, 학교, 직장 등과의 협력체계 구축은 보건소의 기능 및 업무로 옳다.
❶ [×] 건강도시 구현
⇨ 건강도시 구현은 보건소의 기능 및 업무가 아니다.

---

11 보건의료서비스의 특징 정답 ①

❶ [O] 정보의 비대칭성
⇨ 정보의 비대칭성은 소비자의 무지 또는 소비자의 지식 부족이라고도 한다.
② [×] 불확실성
⇨ 건강문제는 개인적으로 볼 때 모두가 경험하는 것이 아니므로 불균등한 것이며 언제 발생할지 모르기 때문에 예측이 불가능하고, 긴급을 요하는 상황이 많이 발생하므로 경제적·심리적으로 준비하기가 어렵다는 것은 불확실성이다.
③ [×] 외부효과
⇨ 외부효과는 각 개인의 건강과 관련된 자의적 행동이 타인에게 파급되는 좋은 혹은 나쁜 효과로서의 결과를 뜻한다.
④ [×] 공급의 독점성
⇨ 공급의 독점성은 보건의료서비스가 면허제도를 통하여 해당 서비스를 제공할 수 있는 자격을 제한하고 있는 것을 말한다.

12 병원의료기관 평가   정답 ②

① [X] 인증 유효기간은 5년이다.
 ⇨ 인증 유효기간은 4년, 조건부 1년이다.
❷ [O] 인증은 절대평가를 통하여 평가여부를 결정한다.
 ⇨ 병원의료기관 평가에 대한 설명으로 옳다.
③ [X] 인증조사는 모든 병원이 의무적으로 시행해야 한다.
 ⇨ 인증조사는 요양병원이 의무적으로 시행해야 한다.
④ [X] 인증등급은 인증, 불인증이 있다.
 ⇨ 인증등급은 인증, 조건부 인증, 불인증이 있다.

13 국가보건의료체계 하부구조의 구성요소   정답 ①

❶ [O] 보건자원개발
 ⇨ 보건자원개발은 보건의료체계 안에서 보건의료를 제공하고 지원기능을 수행하기 위해 인적·물적 보건의료자원의 개발이 필요하다는 것이다.
② [X] 자원의 조직 및 배치
 ⇨ 자원의 조직 및 배치는 보건의료자원들이 서로 효과적인 관계를 맺고 개인이나 지역사회가 의료제공 기전을 통해 이들 자원과 접촉할 수 있도록 하는 것이다.
③ [X] 보건의료자원 서비스 제공
 ⇨ 보건의료자원 서비스 제공은 사업의 목적에 따라 건강증진활동, 예방활동, 진료활동, 재활활동으로 구분이 가능하다.
④ [X] 보건의료관리
 ⇨ 보건의료체계 전체 조직의 운영을 원활하게 하기 위해서는 보건의료관리가 매우 중요하다.

14 보건의료체계의 유형   정답 ①

❶ [O] 자유기업형 보건의료체계
 ⇨ 자유기업형 보건의료체계는 민간의료시장이 매우 강력하고 크다.
② [X] 복지지향형 보건의료체계
 ⇨ 복지지향형 보건의료체계에서는 정부나 제3지불자들이 다양한 방법으로 민간보건의료시장에 개입한다.
③ [X] 포괄적 보장형 보건의료체계
 ⇨ 포괄적 보장형 보건의료체계는 복지지향형보다 시장개입의 정도가 더 심하다. 여기서는 전국민이 완전한 보건의료서비스를 무상으로 받게 된다.
④ [X] 사회주의 계획형 보건의료체계
 ⇨ 사회주의 계획형 보건의료체계는 정부에 의한 시장개입이 가장 심하다.

15 인두제의 특징   정답 ③

① [X] 경상의료비가 상승한다.
 ⇨ 행위별 수가제는 경상의료비가 상승하고 인두제는 경상의료비가 감소한다.
② [X] 행위에 대한 점수들로 일정비율의 금액을 환산한다.
 ⇨ 행위별 수가제는 행위에 대한 점수들로 일정비율의 금액을 환산한다.
❸ [O] 1차 보건의료에 적합한 제도이며 예방중심 의료를 할 수 있다.
 ⇨ 인두제는 영국에서 사용 중이고, 1차 보건의료에 적합한 제도이며 예방중심 의료를 할 수 있다.
④ [X] 의사의 수입이 일정하지 않아서 직위가 불안하다.
 ⇨ 행위별 수가제는 의사의 수입이 일정하지 않아서 불안하고 인두제는 어느 정도 수입이 안정적이다.

16 목표관리(MBO)의 특징   정답 ④

① [X] 장기목표를 추구한다.
 ⇨ 단기목표를 추구한다.
② [X] 신축성이 있다.
 ⇨ 비신축성이 있다.
③ [X] 구성원들에게 전적으로 목표 설정을 맡긴다.
 ⇨ 구성원들과 상급자가 함께 목표를 설정한다.
❹ [O] 자아실현을 할 수 있다.
 ⇨ 목표설정을 구성원들이 할 수 있으므로 자아실현을 할 수 있다.

17 정책결정 과정   정답 ④

① [X] 문제의 인지
 ⇨ 문제의 인지는 정책결정의 첫 번째 단계로서 상황분석을 통해 정책문제가 무엇인지 정확히 인지할 필요가 있다는 것이다.
② [X] 정보의 수집 및 분석
 ⇨ 정보의 수집 및 분석은 문제가 인지되고 나면 그 문제의 해결을 위하여 관련된 정보와 자료를 수립하고 분석하는 단계이다.
③ [X] 대안의 작성 및 평가
 ⇨ 대안의 작성 및 평가는 다양한 과학적 관리기법이 활용되고 작성된 각각의 대안에 대한 비교와 분석이 이루어지는 단계이다.
❹ [O] 대안의 선택
 ⇨ 대안의 선택은 정책결정의 최종단계이다.

18 합리적인 보건정책결정   정답 ①

❶ [O] 정책결정자의 경직적, 답습적인 결정의 선호도도 제약요인이 된다.
 ⇨ 의사전달체계가 왜곡되어 있거나 전문적인 정책결정전담 구성원의 부족, 복잡한 정책결정절차로 인한 문서주의 등도 제약요인이다.

② [×] 정책결정자가 가지고 있는 감정·동기·가치관 그리고 과거의 경험이나 개인적 판단에 의해서 영향을 받는다.
　⇨ 정책결정자가 가지고 있는 감정·동기·가치관 그리고 과거의 경험이나 개인적 판단에 의해서 영향을 받는다는 것은 인간적인 요인이다.
③ [×] 정책결정자의 전문지식, 시간의 부족 및 인지능력의 한계 등도 제약요인이다.
　⇨ 정책결정자의 전문지식, 시간의 부족 및 인지능력의 한계 등도 제약요인이다는 것은 인간적인 요인이다.
④ [×] 전근대적 가치관과 병리적 행태 등도 합리적 정책결정을 제약하는 요인이 된다.
　⇨ 전근대적 가치관과 병리적 행태 등도 합리적 정책결정을 제약하는 요인이 된다는 것은 인간적인 요인이다.

19 　정책결정모형　　　　　　　　　　정답 ②

① [×] 합리모형
　⇨ 합리모형은 의사결정자들은 관련된 모든 대안들을 탐색할 수 있고, 그 대안들에 대한 모든 정보를 고려하고 분석·예측하여 최선의 대안을 선택한다는 것을 전제로 한 이론모형이다.
❷ [○] 만족모형
　⇨ 만족모형은 현실적으로 만족할만한 수준에서 결정된다는 이론이다.
③ [×] 점증모형
　⇨ 점증모형은 기존의 정책에서 소폭적인 변화만을 가감한 정책이 채택된다는 모형이다.
④ [×] 혼합모형
　⇨ 혼합모형은 근본적 결정은 큰 줄기(합리모형)에 해당하는 부분에 대한 결정으로 대안을 고려해서 대안의 결과평가에서 중요한 것만 고려하는 것으로 합리모형을 먼저 적용하고, 세부적 결정에서는 점증모형을 적용하여 조금씩 변화된 대안을 마련해 나가는 것을 설명한 모형이다.

20 　5대 보험의 도입시기　　　　　　　정답 ①

❶ [○] ㄱ → ㄴ → ㄹ → ㅁ → ㄷ
　⇨ 우리나라의 5대 보험은 ㄱ. 산재보험 → ㄴ. 건강보험 → ㄹ. 국민연금 → ㅁ. 고용보험 → ㄷ. 노인장기요양보험 순서로 도입되었다.

> 📋 **우리나라 5대 보험의 도입 시기**
>
> 산재보험(1964.7.1.) → 건강보험(1977.7.1.) → 국민연금(1988.1.1.) → 고용보험(1995.7.1.) → 노인장기요양보험(2008.7.1.)

> 정답   p. 40

01	①	I	06	③	III	11	②	III	16	②	II
02	③	II	07	①	III	12	①	III	17	①	III
03	②	III	08	④	III	13	④	II	18	②	II
04	③	III	09	①	III	14	②	III	19	③	I
05	①	III	10	①	III	15	③	III	20	①	I

> 취약 단원 분석표

단원	맞힌 답의 개수
I	/ 3
II	/ 4
III	/ 13
TOTAL	/ 20

I 보건행정의 이론적 기초 / II 보건행정의 기획과 정책제도 / III 보건행정의 과정

---

01 국가보건서비스 방식의 특징   정답 ①

❶ [O] 의료보수는 인두제를 활용한다.
　⇨ 일반 개원의사는 인두제, 병원급 의사는 봉급제를 적용한다.
② [X] 치료중심적이다.
　⇨ 급여내용은 예방중심적이다.
③ [X] 행위별 수가제를 적용한다.
　⇨ 행위별 수가제는 사회보험 방식이고, 국가보건서비스는 인두
　　 제 또는 봉급제를 적용한다.
④ [X] 일반의료기관중심으로 서비스를 제공한다.
　⇨ 공공의료기관중심으로 서비스를 제공한다.

02 국민건강보험의 기능   정답 ③

① [X] 의료보장 기능
　⇨ 의료보장 기능은 국민의 건강권을 보호하기 위하여 필요한 보
　　 건의료서비스를 국가나 사회가 제도적으로 제공하는 것을 말
　　 한다.
② [X] 사회연대 기능
　⇨ 사회연대 기능은 구성원 간의 불평등을 없애고 위화감을 줄여
　　 사회연대를 실현하며 사회적 지원이 필요한 사람에게 도움을
　　 제공함으로써 국민통합에 기여한다.
❸ [O] 소득재분배 기능
　⇨ 소득재분배 기능은 소득이 많은 계층에서 적은 계층으로 이전
　　 하는 사회적 소득분배로 분류한다.
④ [X] 건강형평성 제고 기능
　⇨ 건강형평성이란 인구집단 간에 불공평한 그리고 피하거나 고칠
　　 수 있는 건강 격차가 존재하지 않는 상태로 이해할 수 있다

03 조직구조의 유형   정답 ②

① [X] 라인과 계선조직이 통합된 조직이다.
　⇨ 라인과 계선조직이 통합된 조직은 라인 – 계선조직이다.
❷ [O] 스태프는 직무유형에 따라 집단화된 부서를 지휘하고 통솔할
　　 수 있다.
　⇨ 직능조직의 스태프는 직무유형에 따라 집단화된 부서를 지휘
　　 하고 통솔한다(업무수행의 평가, 조정, 관리의 책임을 짐).
③ [X] 조직 내 특별한 과업을 수행하는 조직이다.
　⇨ 프로젝트 조직은 조직 내 특별한 과업을 수행하는 조직으로
　　 특정 프로젝트를 수행하기 위해 여러 관련부서에서 파견된 사
　　 람들로 구성되며, 수평적 접촉 형태를 취한다.
④ [X] 환경변화에 효과적으로 대처가 가능하다.
　⇨ 프로젝트 조직은 환경변화에 적응이 높다.

04 에치오니의 복종의 형태에 의한 분류기준   정답 ②

① [O] 강제적 조직
　⇨ 강제적 조직은 조직의 통제수단이 강제적이고 구성원들이 고
　　 도의 소외의식을 가진다.
❷ [X] 봉사조직
　⇨ 블라우와 스코트(Blau & Scott)의 조직의 수혜자에 의한 분
　　 류기준에 따른 봉사조직은 고객을 위한 조직으로 조직은 고객
　　 과 정기적·직접적으로 관계를 가진다.
③ [O] 공리적 조직
　⇨ 공리적 조직은 조직이 구성원에 대하여 임금을 제공하고 구성
　　 원은 조직으로부터 지급되는 보상만큼 일한다는 입장이다.
④ [O] 규범적 조직
　⇨ 규범적 조직은 통제의 원천이 규범적 권한과 도덕적 복종에
　　 부합하는 조직으로, 지도자의 개인적 영향력에 대한 의존과 비
　　 공식적 제재가 강하다.

05 상황이론의 특성 정답 ①

❶ [○] 조직 외부의 환경이 조직과 그 하위 시스템에 미치는 영향과 조직의 유효성이 높아지는 시스템 간의 관계를 설명하려는 이론이다.
⇨ 상황이론은 조직 외부의 환경이 조직과 그 하위 시스템에 미치는 영향과 조직의 유효성이 높아지는 시스템 간의 관계를 설명하려는 이론이다. 모든 상황에 적합한 유일하고 최선의 조직화 방법은 존재하지 않고, 상황에 따라 적용된다는 점을 강조한다.
② [×] 합법적 권한에 근거한 조직의 권한 체계 확립에 기여한다.
⇨ 관료제 이론은 합법적 권한에 근거한 조직의 권한 체계 확립에 기여한다.
③ [×] 조직을 하나의 연결체로 이해한다.
⇨ 조직을 하나의 연결체로 이해하는 것은 체계이론이다.
④ [×] 업무분석을 통한 직무표준화가 마련되었다.
⇨ 과학적 관리이론에서는 업무분석을 통한 직무표준화가 마련되었다.

06 집단 의사결정기법 정답 ③

① [×] 전자회의
⇨ 전자회의는 컴퓨터 기술과 명목집단기법을 혼합한 것이다.
② [×] 델파이기법
⇨ 델파이기법은 한 문제에 대해 몇 명의 전문가들이 독립적인 의견을 우편으로 수집 → 의견을 반영하여 설문지 수정 후 다시 의견을 제시하는 절차를 반복 → 최종적인 합의가 이루어질 때까지 논평하는 것이다.
❸ [○] 명목집단법
⇨ 명목집단법은 언어적 의사소통(대화, 토론) 없이 개인 의견을 제출하고, 구성원 간에 토의를 거쳐 투표로 의사를 결정하는 법이다.
④ [×] 브레인스토밍
⇨ 브레인스토밍은 자주적인 아이디어를 대면적으로 제시하는 집단토의이다.

07 거래적 리더십의 특징 정답 ①

❶ [○] 구성원의 원하는 보상과 성과를 연계해준다.
⇨ 거래적 리더십은 상황에 따라 리더가 조직구성원에게 제공하는 보상을 기초로 영향력을 발휘하는 리더십이다.
② [×] 현상유지를 변화시키려는 노력을 한다.
⇨ 변혁적 리더십은 현상을 변화시키려는 노력을 한다.
③ [×] 자아실현과 같은 높은 수준의 목표를 성취하도록 격려한다.
⇨ 변혁적 리더십은 자아실현과 같은 높은 수준의 목표를 성취하도록 격려한다.
④ [×] 구성원이 스스로 문제해결책을 찾도록 격려한다.
⇨ 변혁적 리더십은 구성원이 스스로 문제해결책을 찾도록 격려한다.

08 공식적 의사소통 정답 ④

① [○] 제안
⇨ 제안은 공식적 의사소통 상향적 의사소통의 예시이다.
② [○] 업무지시
⇨ 업무지시는 공식적 의사소통 중 하향적 의사소통의 예시이다.
③ [○] 회람
⇨ 회람은 공식적 의사소통 중 수평적 의사소통의 예시이다.
❹ [×] 산악회
⇨ 산악회는 비공식적 의사소통의 예시이다.

09 갈등 대처방식 정답 ①

❶ [○] 협력
⇨ 협력은 자신과 상대방의 관심사를 모두 만족시키려는 쌍방승리유형(win-win)이다.
② [×] 수용
⇨ 수용은 상대방의 관심사를 충족시키기 위해 자신의 관심사를 양보하는 것(lose-win)이다.
③ [×] 강압
⇨ 강압은 상대방을 압도함으로써 자신의 관심사를 충족시키는 것(win-lose)이다.
④ [×] 타협
⇨ 타협은 상호 교환과 상호 양보를 통해 자신과 상대방의 관심사를 부분적으로 만족시키는 유형이다.

10 공식적 조직의 유형 정답 ①

❶ [○] 라인조직은 수직적 관계로써 조직의 효율성 제고와 생산성 향상을 목표로 하고 있다.
⇨ 라인조직은 수직적 관계로써 조직의 효율성 제고와 생산성 향상을 목표로 하고 있으며 계층제, 명령통일의 원리에 충실한 조직으로 명령과 지시가 직선으로 부하직원에게 전달된다.
② [×] 직능조직은 의사결정이 하층에서 이루어져 상층으로 명령이 하달된다.
⇨ 직능조직은 기능이나 역할에 따른 전문화의 원리에 의해 설계된 조직이다
③ [×] 프로젝트 조직은 특별한 과업만 이루는 지속적인 팀으로 직장 내 한 부서로 인정받는다.
⇨ 프로젝트 조직은 임시적 집단으로 과제가 해결되면 정상 업무로 돌아가며, 라인조직에 보완적 또는 복합적이게 된다.
④ [×] 매트릭스 조직은 1명의 상사가 있으며 자원을 효율적으로 이용하기 위한 조직이다.
⇨ 매트릭스 조직은 2명의 상사를 가지며, 두 조직 간의 관계 보완과 자원의 효율적 이용을 위해 사용된다.

11 전통적 예산의 원칙   정답 ②

① [O] 정확성의 원칙
⇨ 정확성의 원칙은 예산은 정확하고 엄밀하게 표시되어야 한다는 원칙이다.

❷ [×] 행정부 재량의 원칙
⇨ 행정부 재량의 원칙은 현대적 원칙으로, 입법부가 명세예산을 의결할 경우 상황의 변화에 따른 행정부의 적절한 대처와 효과적·능률적인 예산운영을 어렵게 하기 때문에 의회는 총괄예산으로 통과시켜 행정부에 재량권을 주어야 한다는 원칙이다.

③ [O] 한정성의 원칙
⇨ 한정성의 원칙은 지출기간(회계연도 독립의 원칙), 지출과목, 지출주체 등에 있어서 명확하게 한정된 대로 예산이 집행되어야 한다는 원칙이다.

④ [O] 단일성의 원칙
⇨ 단일성의 원칙은 예산은 전체적 관련성 파악과 국민의 예산 이해 증진 및 국회의 예산통제권 행사를 위해 단일한 것이어야 하며, 추가경정예산이나 특별회계예산은 가급적 편성하지 않도록 해야 한다는 원칙이다.

12 병상이용률   정답 ①

❶ [O] 병상이용률
⇨ 병상이용률은 병원의 가동병상 중 입원환자가 차지하는 비율이다.

② [×] 병상회전간격
⇨ 병상회전간격은 1병상의 환자 입원 후 다음 환자가 입원할 때까지의 평균기간을 의미한다.

③ [×] 병상회전율
⇨ 병상회전율이 높을수록 병원의 수익성이 좋다.

④ [×] 평균 재원일수
⇨ 평균 재원일수는 1명의 환자가 병원에 입원한 평균일수이다.

13 본인일부부담제   정답 ④

① [×] 구상권
⇨ 구상권은 타인에 갈음하여 채무를 변제한 사람이 그 타인에 대하여 가지는 상환청구권을 말한다.

② [×] 본인부담금환급금
⇨ 본인부담금환급금은 요양기관(병원, 약국 등)이 청구한 진료비를 심사한 결과 법령기준을 초과하거나 착오로 더 받은 본인부담금을 공단이 요양기관에 지급할 진료비용에서 해당 금액만큼 공제한 뒤 진료받은 분에게 돌려주는 제도이다.

③ [×] 본인부담금보상금
⇨ 본인부담금보상금은 수급권자의 급여대상 본인부담금이 대통령령에서 정하는 금액을 초과한 경우, 그 초과금액의 100분의 50에 해당하는 금액 보상이다.

④ [O] 본인일부부담제
⇨ 본인일부부담제는 보험자가 의료비의 일정비율만 지불하고 나머지 부분은 본인이 부담하는 방식으로 정률부담제라고도 한다.

14 계급제의 특징   정답 ②

① [O] 폐쇄적인 충원방식
⇨ 폐쇄적인 충원방식에서 신규 임용자는 원칙적으로 당해 계급의 최하위로부터 승진하여 올라가야 하며, 동일계급 내의 중간위치에 외부로부터 뛰어드는 것은 금지한다.

❷ [×] 전문행정가 도입 가능
⇨ 행정의 전문화 및 전문행정가의 양성이 어려울 수 있다.

③ [O] 계급 간의 차별
⇨ 계급제를 채택하고 있는 나라는 각 계급 간 공무원의 사회적 평가, 보수, 교육상의 차이가 크다.

④ [O] 고급공무원의 엘리트화
⇨ 고급공무원의 수를 적게 하고, 교육수준이나 근로환경의 대우 면에서는 특별히 고려하고 있어 고급공무원이 엘리트화되어 간다.

15 예산의 유형   정답 ③

① [×] 본예산
⇨ 본예산은 정상적인 절차를 거쳐 편성·심의·확정된 최초의 예산으로, 당초예산이라고도 한다.

② [×] 수정예산
⇨ 수정예산은 예산안이 국회에 제출된 이후 본예산이 성립되기 이전에 부득이한 사유로 인하여 그 내용의 일부를 변경하고자 할 경우는 국무회의의 심의를 거쳐 대통령의 승인을 얻어 수정예산안을 국회에 제출하고 이를 확정시키는 예산이다.

❸ [O] 추가경정예산
⇨ 추가경정예산은 예산안이 국회를 통과하여 예산이 성립된 이후 예산에 변경을 가할 필요가 있을 때에 이를 수정·제출하여 국회의 심의를 거쳐 성립되는 예산으로, 추가경정예산은 본예산을 심의할 때 삭감된 항목의 부활이 가능하다.

④ [×] 준예산
⇨ 준예산은 새로운 회계연도가 개시될 때까지 예산이 국회에서 의결되지 못하면 정부가 국회에서 예산안이 의결될 때까지 전년도 예산에 준하는 경비를 지출할 수 있게 하는 제도이다.

16 보건기획의 원칙   정답 ②

① [×] 목적성의 원칙
⇨ 목적성의 원칙은 목적을 구체적으로 명확하게 기술하고, 그에 부합된 목표와 계획을 수립해야 한다는 것이다.

❷ [O] 간결성의 원칙
⇨ 간결성의 원칙은 목표와 계획은 이해하기 쉬운 용어를 사용하여 간결하고 명료하게 표현해야 한다는 것이다.
③ [X] 안정성의 원칙
⇨ 안정성의 원칙은 빈번한 보건기획의 수정은 기획 자체를 무의미하게 만들 수 있기 때문에 피해야 한다는 것이다.
④ [X] 경제성의 원칙
⇨ 경제성의 원칙은 최소의 비용으로 최대의 효과를 산출하도록 자원을 경제적으로 활용하는 예산을 수립해야 한다는 것이다.

---

17 고전적 관리이론 정답 ①

❶ [O] 시간 – 동작 연구
⇨ 과학적 관리이론은 시간 – 동작 연구를 통해 업무의 표준화를 유도하고 생산성이 향상될 수 있었다.
② [X] 조직 전체의 관점 중시
⇨ 행정관리론은 조직 전체의 관점을 중시하였다.
③ [X] 의사결정의 문서화
⇨ 관료제 이론은 의사결정을 문서화 중심으로 한다.
④ [X] 비공식 집단 중심
⇨ 인간관계론은 호손공장에서의 실험결과로 비공식 집단의 중요성을 알게 되었다.

---

18 재분배정책 정답 ②

① [X] 분배정책
⇨ 분배정책은 국가가 국민에게 이익과 서비스를 분배해주는 정책을 말한다.
❷ [O] 재분배정책
⇨ 재분배정책은 소득불평등의 시정을 목적으로 하기 때문에 사회적 형평성을 조장하기 위한 정책이다.
③ [X] 규제정책
⇨ 규제정책은 개인이나 집단의 재산권, 권리, 행위 등에 공권력을 적용하여 규제하는 행위이다.
④ [X] 구성정책
⇨ 구성정책은 정부기관의 신설이나 변경, 선거구 조정 등과 관련된 정책을 말한다.

---

19 보건소 정답 ③

① [O] 보건지소는 보건소의 기능을 도와준다.
⇨ 보건지소는 보건소의 기능을 도와주며 만성 질환자 및 노인건강사업 등을 포함한 통합보건사업을 수행한다.
② [O] 시·군·구에 설치한다.
⇨ 지역주민의 건강을 증진하고 질병을 예방·관리하기 위하여 시·군·구에 1개소의 보건소(보건의료원을 포함)를 설치한다.

❸ [X] 행정안전부 장관이 설치한다.
⇨ 지방자치단체의 조례로 설치한다.
④ [O] 지역보건의료계획을 수립·시행·평가한다.
⇨ 보건소는 보건기획과 평가기능으로 지역보건의료계획을 수립·시행·평가한다.

---

20 고려의 감염병 환자 담당 기관 정답 ①

❶ [O] 대비원
⇨ 대비원은 빈민이나 행려자 의료사업과 구제사업을 수행하고, 의식과 의약의 제공 및 감염병 사망자의 사체처리를 도맡아 담당하였다.
② [X] 혜민국
⇨ 혜민국은 서민의료를 담당하였다.
③ [X] 태의감
⇨ 태의감은 의료행정을 담당하는 관서이다.
④ [X] 제위보
⇨ 제위보는 빈민·행려자의 구호와 치료를 담당하였다.

정답

p. 44

01	④	I	06	①	II	11	④	I	16	②	III
02	③	II	07	③	II	12	②	III	17	③	III
03	④	II	08	④	II	13	①	II	18	②	III
04	③	II	09	④	II	14	③	II	19	③	III
05	③	I	10	①	I	15	③	III	20	④	III

취약 단원 분석표

단원	맞힌 답의 개수
I	/ 5
II	/ 8
III	/ 7
TOTAL	/ 20

I 보건행정의 이론적 기초 / II 보건행정의 기획과 정책제도 / III 보건행정의 과정

---

01 「농어촌 등 보건의료를 위한 특별조치법」 정답 ④

① [✕] 보건간호사
   ⇨ 보건간호사는 보건소, 보건지소 등에 보건의료에 관한 업무를 전담할 전문인력으로 「의료법」에 의거하여 간호사 면허를 받은 자를 배치한다.
② [✕] 보건교사
   ⇨ 보건교사는 대통령으로 정하는 바에 의하여 교육부장관이 수여하는 자격증을 받은 자로, 1, 2급 보건교사로 구분한다.
③ [✕] 보건관리자
   ⇨ 보건관리자의 자격기준에는 「의료법」에 근거하여 간호사 면허를 받은 자가 포함한다.
❹ [〇] 보건진료전담공무원
   ⇨ 보건진료전담공무원의 자격은 간호사·조산사 면허를 가진 사람으로서 보건복지부장관이 실시하는 26주 이상의 직무교육을 받은 자이다.

02 국가보건서비스 방식 정답 ③

① [〇] 정부 일반조세로 운영한다.
   ⇨ 정부가 일반조세로 재원을 마련하여 모든 국민에게 무상으로 의료를 제공하는 국가의 직접적인 의료관장방식으로, 일명 조세방식 또는 베버리지방식이라고 한다.
② [〇] 의료의 국유화이다.
   ⇨ 의료의 사회화 내지 국유화로 공공의료기관에서 의료서비스를 제공한다.
❸ [✕] 치료 중심이다.
   ⇨ 예방 중심으로 국민의료비의 상승을 억제할 수 있다.
④ [〇] 의료보수는 인두제를 사용하다.
   ⇨ 의료보수는 일반 개원의사는 인두제를, 병원급 의사는 봉급제를 사용한다.

03 국민건강보험 정답 ④

① [✕] 장기보험이다.
   ⇨ 매년 계약하는 단기보험이다.
② [✕] 현금급여가 원칙이다.
   ⇨ 현물급여를 원칙으로 하고 현금급여도 사용 중이다.
③ [✕] 현금배상제도를 시행 중이다.
   ⇨ 제3자 지불제도를 적용 중이다.
❹ [〇] 정률제로 보험금을 분담한다.
   ⇨ 소득재분배 효과를 위해 정률제로 보험금을 분담한다.

04 감염병의 신고 및 보고 정답 ③

❸ [〇] 의사, 한의사 → 시·군·구 보건소 → 시·도보건과→ 질병관리청장

📋 감염병의 신고 및 보고

의사, 치과의사 또는 한의사(군대일 경우 소속 군의관) → 소속의 기관장(군대의 소속부대장) → 보건소장 → 관할 특별자치도지사 또는 시장·군수·구청장 → 질병관리청장 및 시·도지사에게 각각 보고(제4급 감염병 제외)

05 지역보건의료계획 정답 ③

① [〇] 지역주민들의 요구도를 반영하기 위하여 2주 이상 공고한다.
   ⇨ 지역주민의 요구도가 중요하여 2주 이상 공고하고 의견을 수렴한다.
② [〇] 매 4년마다 수립한다.
   ⇨ 지역보건의료계획은 매 4년마다 수립한다.

❸ [X] 계획한 내용은 변경이 불가능하니 기획단계에서 신중하게 내용을 기술한다.
⇨ 계획한 내용은 변경이 가능하고 계획 내용 변경 시 지체 없이 변경 사실 및 변경 내용을 제출하면 된다.
④ [O] 마지막 보건복지부 장관에게 제출하는 기간은 2월 말까지이다.
⇨ 시장·군수·구청장은 1월 31일까지 시·도지사에게 제출하고, 2월 말일까지 보건복지부장관에게 제출한다.

06   공격적 전략   정답 ①

❶ [O] 공격적 전략
⇨ 공격적 전략은 강점요인을 바탕으로 기회요인을 활용하는 전략으로, 사업구조 또는 시장을 확대하는 전략이다.
② [X] 다각화 전략
⇨ 다각화 전략은 강점요인을 활용하여 위협요인을 대응하는 전략으로 새로운 사업, 새로운 시장, 새로운 기술, 새로운 고객을 개발하는 전략이다.
③ [X] 국면적 전략
⇨ 국면적 전략은 약점요인을 보완하여 기회요인을 활용하려는 전략으로, 구조조정 또는 혁신운동이 있다.
④ [X] 방어적 전략
⇨ 방어적 전략은 약점요인을 극복하며 위협요인을 회피하려는 전략으로, 사업축소 또는 사업폐지가 있다.

07   PEARL   정답 ③

① [X] PATCH
⇨ PATCH는 중요성과 변화가능성을 건강문제의 우선순위로 결정하는 방법이다.
② [X] MATCH
⇨ MATCH는 질병이나 사고에 대한 위험요인과 예방방법이 알려져 있고 우선순위가 정해져 있을 때, 실제 수행을 위한 지역사회보건사업 개발에 적합한 방법이다.
❸ [O] PEARL
⇨ PEARL은 BPRS 계산 후 사업의 실현가능성 여부를 판단하는 기준으로 장기계획이나 우선순위가 쉽게 나타나지 않을 때 사용한다.
④ [X] BRYANT
⇨ BRYANT는 주로 감염성 질환관리사업에서 적용되었던 기준으로 문제의 심각도는 긴급성, 심각성, 경제적 손실, 잠재적 영향 등 세부항목으로 평가하였다.

08   변수   정답 ④

❹ [X] 교육 진행 내용의 난이도
⇨ 교육 진행 내용의 난이도는 업무진행과정 평가(과정평가)의 변수이다.

09   노인장기요양보험 등급판정기준   정답 ④

① [X] 인증점수가 95점 이상이면 2등급을 받을 수 있다.
⇨ 인증점수가 95점 이상이면 일상생활에서 전적으로 다른 사람의 도움이 필요한 상태로 1등급을 받을 수 있다.
② [X] 치매 환자는 등급을 받을 수 없다.
⇨ 치매 환자는 5등급 치매(「노인장기요양보험법 시행령」 제2조에 따른 노인성 질병으로 한정한다) 환자로 45~51점 미만으로 등급을 받을 수 있거나 인지지원등급 치매(「노인장기요양보험법 시행령」 제2조의 노인성 질병에 한정) 환자는 45점 미만으로 등급을 받을 수 있다.
③ [X] 인지지원등급은 50점 미만이다.
⇨ 인지지원등급은 45점 미만이다.
❹ [O] 등급판정기준은 총 5등급과 인지지원등급으로 되어 있다.
⇨ 노인장기요양 등급판정기준은 5등급과 치매(「노인장기요양보호법 시행령」 제2조의 노인성 질병에 한정) 환자인 인지지원 등급이다.

10   합계출산율   정답 ①

❶ [O] 합계출산율
⇨ 합계출산율은 한 여성이 가임기(15~49세) 동안 평균 몇 명의 자녀를 낳는가를 나타내는 지수이다.
② [X] 재생산율
⇨ 재생산율은 한 여성이 일생 동안 몇 명의 여아를 낳는가를 나타내는 지표이다
③ [X] 일반출산율
⇨ 일반출산율은 임신이 가능한 연령의 여자 인구 1,000명당 연간 출생 수이다.
④ [X] 순재생산율
⇨ 순재생산율은 가임기간의 각 연령에서 여자아이를 낳는 연령별 여아 출산율에 태어난 여자아이가 죽지 않고 가임연령에 도달할 때까지 생존하는 생산율을 곱해서 산출한다. 즉, 여아의 연령별 사망률을 고려한 재생산율이다.

11   보건의료서비스의 재정립   정답 ④

① [X] 건강한 공공정책의 수립
⇨ 건강한 공공정책의 수립을 통한 건강증진은 보건의료서비스를 초월하여 모든 부문에서 정책입안자들이 정책결정의 결과가 건강에 미치는 영향을 인식하게 함으로써 국민건강에 대한 책임을 환기시키는 것이다.
② [X] 지지적 환경의 조성
⇨ 지지적 환경의 조성은 일과 여가생활은 건강에 좋은 원천이 되므로 안전하고, 건강을 북돋우며, 만족과 즐거움을 줄 수 있는 직장환경과 생활환경을 조성하는 것이다.

③ [X] 지역사회활동의 강화
　　⇨ 지역사회활동의 강화는 건강증진사업의 목적 달성은 우선순위와 활동범위를 결정하고, 전략적 계획과 실천방법을 모색하는 데에서 구체적이고 효과적인 지역사회활동을 통해 수행하는 것이다.
❹ [O] 보건의료서비스의 재정립
　　⇨ 보건의료서비스의 재정립은 보건의료부문의 역할은 치료와 임상서비스에 대한 책임을 뛰어넘어 건강증진의 방향으로 전환되어야 한다는 것이다.

12 관리과정론　　　정답 ②

① [X] 과학적 관리이론
　　⇨ 과학적 관리이론은 업무의 효율성과 생산성을 향상시키는 방법에 대해 과학적 원칙을 적용한다.
❷ [O] 관리과정론
　　⇨ 관리과정론은 효과적인 관리를 위해서 전체적인 관점에 입각하여 업무의 능력을 극대화한다는 이론이다.
③ [X] 인관관계론
　　⇨ 인관관계론은 과학적 관리론의 생산 중심의 경영관리를 비판하고 인간관계의 중요성을 중시한 이론이다.
④ [X] 관료제 이론
　　⇨ 관료제 이론은 거대한 조직을 합리적이고 능률적으로 운영하기 위한 토대로 막스 베버(Max Weber)가 주창한 이론이다.

13 기획의 원칙　　　정답 ①

❶ [O] 포괄성의 원칙
　　⇨ 포괄성의 원칙은 계획을 수행하는 데 필요한 인력, 장비, 물품, 예산 등 제반요소들을 포함하여 수립해야 한다는 원칙이다.
② [X] 필요성의 원칙
　　⇨ 필요성의 원칙은 타당한 근거와 필요성을 바탕으로 목표와 계획을 세워야 한다는 원칙이다.
③ [X] 경제성의 원칙
　　⇨ 경제성의 원칙은 최소의 비용으로 최대의 효과를 산출하도록 자원을 경제적으로 활용하는 예산을 수립해야 한다는 원칙이다.
④ [X] 간결성의 원칙
　　⇨ 간결성의 원칙은 목표와 계획은 이해하기 쉬운 용어를 사용하여 간결하고 명료하게 표현해야 한다는 원칙이다.

14 전술적 기획　　　정답 ③

① [X] 단기 목표를 달성하기 위해 계획하는 것이다.
　　⇨ 운영적 기획은 단기 목표를 달성하기 위해 계획하는 것이다.
② [X] 최고관리자가 수행한다.
　　⇨ 전술적 기획은 조직의 중간관리자가 수립하는 1~3년 미만의 중기 기획이다.
❸ [O] 전술적 목적의 실행을 통해 전략적 목적이 달라진다.
　　⇨ 전술적 기획은 전략적 기획을 수행하는 데 필요한 세분화된 구체적인 기획이다.
④ [X] 조직이 지향하는 분명한 목표와 방향을 제시한다.
　　⇨ 전략적 기획은 조직이 지향하는 분명한 목표와 방향을 제시한다.

15 비공식 조직　　　정답 ③

① [X] 구성원에게 충성심을 제공한다.
　　⇨ 공식적 조직은 조직구성원을 위한 신중하고 합법적으로 계획된 행동 형태나 구성원 간의 관계를 의미하는 것으로 구성원에게 충성심을 제공한다.
② [X] 구성원들 사이의 의사소통을 제한한다.
　　⇨ 구성원들 사이의 의사소통을 제한하는 것은 공식적 조직이고, 구성원 간 친밀감 유지로 원활한 의사소통을 하는 것은 비공식 조직의 장점이다.
❸ [O] 비공식 조직은 질서가 체계적이다.
　　⇨ 비공식 조직은 자생적인 조직으로 질서가 체계적이지 못하다. 이는 조직 관리의 방해요인으로 작용한다.
④ [X] 심리적인 안정감을 제공하여 업무를 능률적으로 수행할 수 있다.
　　⇨ 구성원에게 욕구불만의 배출구를 제공하여 심리적 안정감과 조직에의 귀속감을 부여하고 업무를 능률적으로 수행할 수 있다.

16 조직의 형태　　　정답 ②

① [X] 라인조직
　　⇨ 라인조직은 관리자와 부하직원 사이의 수직적 관계로 구성된 조직이다.
❷ [O] 라인 - 스텝조직
　　⇨ 라인 - 스텝조직은 계선 - 막료조직이라고도 하며, 라인조직을 도와서 목표달성의 위해 전문적 지식과 기술 및 경험을 간접적으로 지원하는 조직이다.
③ [X] 직능조직
　　⇨ 직능조직은 기능이나 역할에 따른 전문화의 원리에 의해 설계된 조직이다.
④ [X] 프로젝트조직
　　⇨ 프로젝트조직은 조직 내에서 특별한 과업을 수행하기 위해 특별한 목적으로 설치된 조직을 말한다.

17 인사평가의 오류　　　정답 ③

① [X] 후광효과
　　⇨ 후광효과는 피고과자의 긍정적 인상에 기초하여 평가 시 어느 특정 요소의 우수함이 다른 평가요소에서도 높은 평가를 받는 경향을 의미한다.

② [×] 혼효과
  ⇨ 혼효과는 후광효과의 반대로, 어느 특정 요소에서 부족하다는 인상이 다른 특성에서도 부족하다고 평가해 버리는 경향이다.
❸ [○] 규칙적 착오
  ⇨ 규칙적 착오는 고과목적에 따라 항상 낮은 점수를 주거나, 높은 점수를 주는 것이다.
④ [×] 개인적 편견에 의한 오류
  ⇨ 개인적 편견에 의한 오류는 평가요소에 관계 없이 인종, 성별, 출신지역, 출신학교 등에 대한 평가자의 개인적 편견이 평가에 영향을 미치는 것이다.

18	갈등의 대처방식	정답 ②

① [×] 토론을 통한 타협을 말한다.
  ⇨ 타협은 상호 교환과 상호 양보를 통해 자신과 상대방의 관심사를 부분적으로 만족시키는 유형토론을 통한 대처방식이다.
❷ [○] 자신의 관심사를 양보하도록 한다.
  ⇨ 수용은 상대방의 관심사를 충족시키기 위해 자신의 관심사를 양보하는 것(lose - win)이다.
③ [×] 자신의 의견을 지속적으로 주장한다.
  ⇨ 강압은 상대방을 압도함으로써 자신의 관심사를 충족시키는 전략(win - lose)으로, 자신의 의견을 지속적으로 주장하는 것이다.
④ [×] 합의점을 가장 이상적으로 하기 위해 패자에게 불이익을 준다.
  ⇨ 합의점을 찾는 가장 이상적인 방법은 협력으로 자신과 상대방의 관심사를 모두 만족시키는 쌍방승리유형(win - win)이다.

19	임금결정방법	정답 ③

① [×] 연공급
  ⇨ 연공급은 생활유지를 목적으로 정기승급제도를 택하며, 학력, 성별, 연령, 근속연수 등의 요소를 중심으로 구성된 급여체계를 의미한다.
② [×] 성과급
  ⇨ 성과급은 구성원의 조직에 대한 현실적 공헌도를 기준으로 한다.
❸ [○] 직무급
  ⇨ 직무급은 각 직위의 직무가 가지고 있는 책임성과 난이도 등에 따라 직무의 상대적 가치를 분석·평가하여 그에 상응되게 결정하는 기본급 체계이다.
④ [×] 직능급
  ⇨ 직능급은 직무를 전제로 조직구성원의 능력을 평가하여 임금체계를 결정하는 것이므로 연공이 어느 정도 반영될 수 있으며, 직무수행능력에 대한 임금이므로 능력 향상에 따라 임금이 증가한다.

20	알더퍼의 ERG이론	정답 ④

① [×] 자아실현 욕구
  ⇨ 자아실현 욕구는 매슬로우의 존경의 욕구 일부와 자아실현의 욕구에 해당된다.
② [×] 존경의 욕구
  ⇨ 관계의 욕구는 매슬로우의 존경의 욕구에 해당된다.
③ [×] 애정의 욕구
❹ [○] 생리적 욕구
  ⇨ 알더퍼의 ERG이론 중 E는 존재의 욕구를 설명하는 것으로 매슬로우의 생리적, 안전의 욕구에 해당된다.

▶ 정답

p. 48

01	④	Ⅲ	06	④	Ⅱ	11	③	Ⅲ	16	④	Ⅲ
02	②	Ⅱ	07	②	Ⅲ	12	③	Ⅲ	17	④	Ⅰ
03	①	Ⅱ	08	②	Ⅲ	13	④	Ⅲ	18	③	Ⅰ
04	③	Ⅲ	09	④	Ⅲ	14	①	Ⅲ	19	④	Ⅰ
05	④	Ⅰ	10	①	Ⅲ	15	①	Ⅲ	20	①	Ⅰ

▶ 취약 단원 분석표

단원	맞힌 답의 개수
Ⅰ	/ 5
Ⅱ	/ 3
Ⅲ	/ 12
TOTAL	/ 20

Ⅰ 보건행정의 이론적 기초 / Ⅱ 보건행정의 기획과 정책제도 / Ⅲ 보건행정의 과정

01 병원 재무제표   정답 ④

① [×] 현금흐름표란 경영성과를 주변의 경쟁병원과 비교하여 상대적인 지표로 나타낸 회계보고서를 말한다.
⇨ 현금흐름표란 일정기간에 현금이 어떻게 전달되고 사용되었는가를 보여주는 기본적인 재무제표이다.
② [×] 대차대조표, 손익계산서, 이자흐름표 등이 있다.
⇨ 대조표에서 자산의 총계와 부채 및 자본 총계의 합계는 일치해야 한다.
③ [×] 대차대조표는 병원의 재무상태를 보여주는 보고서로 자산, 부채, 타인자본으로 구성되어 있다.
⇨ 대차대조표는 병원의 재무상태를 보여주는 보고서로 자산, 부채, 자본으로 구성되어 있다.
❹ [○] 손익계산서는 병원의 경영성과, 수익을 평가하는 데 필요한 정보를 제공한다.
⇨ 손익계산서는 병원의 경영성과, 수익을 평가하는 데 필요한 정보를 제공하고 기업의 수익력을 판단할 수 있고 미래의 순이익 흐름을 예측한다.

02 델파이법   정답 ②

① [×] 유추법
⇨ 유추법은 과거에 있었던 비슷한 사례를 참조하여 미래를 예측하는 것으로 예측하려는 문제와 유사한 이전의 사례를 비교 검토하여 앞으로도 유사하거나 동일한 결과가 나타날 것으로 전망하는 방법이다.
❷ [○] 델파이법
⇨ 델파이법은 특정 질문에 대한 답변이 판단작용을 크게 요하는 경우 전문가들 사이에 어느 정도의 공감대를 형성하고자 하는 데 목적이 있다. 델파이기법은 미래에 대한 예측을 하기 위해 전문가들로부터 개별적인 의견을 수립하고 이 결과를 요약하여 다시 전문가들에게 피드백함으로써 의견을 수렴할 기회를 주고 마지막으로 다시 종합하여 최종적인 예측을 하는 기법이다.

③ [×] 전자회의
⇨ 전자회의는 컴퓨터 기술과 명목집단기법을 혼합한 것이다.
④ [×] 명목집단법
⇨ 명목집단법은 언어적 의사소통(대화, 토론) 없이 개인 의견을 제출하고, 구성원 간에 토의를 거쳐 투표로 의사를 결정하는 방법이다.

03 기획방법   정답 ①

❶ [○] 간트 차트법
⇨ 간트 차트법은 테일러가 고안하고 간트가 발전시킨 도표로, 실제 업무 진행을 비교하여 시각적으로 보여준다.
② [×] PERT(Program Evaluation and Review Technique)
⇨ PERT는 불확실한 상태에서 기획과 통제를 하기 위한 네트워크 체계모형이다.
③ [×] 주경로기법(CPM)
⇨ 주경로기법은 PERT와 유사하나 프로젝트를 위한 하나의 완성시간만을 추정하는 방법이 다르다.
④ [×] 기획예산제도(PPBS)
⇨ 기획예산제도는 장기적인 계획수립과 단기적인 예산편성을 하나로 통합시킴으로써 자원 분배에 대해 일관성있고 합리적인 의사결정을 하려는 제도이다.

04 호손(Hawthorn) 효과   정답 ③

① [×] 공식적인 조직이 조직의 성과에 영향을 미친다.
⇨ 호손 효과는 비공식적인 조직이 조직의 성과에 영향을 미친다는 것이다.
② [×] 보건소 규모와 구조에 따라 업무생산성이 크게 좌우된다.
⇨ 보건소 규모와 구조에 따라 업무생산성이 크게 좌우된다는 것은 인간관계론보다는 관료제 이론에 대한 설명이다.

❸ [O] 조직의 생산성은 보건소 내 팀워크, 협동 정도와 관련이 있다.
  ⇨ 호손 효과는 조직의 생산성은 병동 내 팀워크, 협동 정도와 관련이 있다는 것이다.
④ [X] 공무원의 업무시간과 직무를 다시 설계하여 생산성을 향상시킬 수 있다.
  ⇨ 과학적 관리론은 공무원의 업무시간과 직무를 다시 설계하여 생산성을 향상시킬 수 있다고 본다.

---

05   우리나라 진료비지불방식   정답 ④

① [O] 우리나라의 주된 진료비지불방식은 행위별 수가제이다.
  ⇨ 우리나라의 주된 진료비지불방식은 행위별 수가제를 사용 중이고, 포괄수가제, 일당수가제, 신포괄수가제도가 현재 실시 중이다.
② [O] 일부 질환에 대해서는 포괄수가제를 시행하고 있다.
  ⇨ 7개 질병을 대상으로 일부 질환에 대해서는 포괄수가제를 시행하였고 현재는 신포괄수가제를 도입하여 600여 개의 질병이 질병군별로 묶여 수가제가 적용되고 있다.
③ [O] 의료급여 환자의 정신과 외래 진료는 일당수가제이다.
  ⇨ 의료급여 환자의 정신과 외래 진료는 일당수가제를 적용 중이다. 「의료급여법」 제10조 제1항에 따라 정신과 전문의료급여기관에서 한국표준질병사인분류항목 중 정신질환에 대한 외래진료 시에는 내원 및 투약 1일당 정액수가 2,770원을 산정한다.
❹ [X] 행위별 수가제는 의료비 절감의 효과가 높다.
  ⇨ 행위별 수가제는 의료비 상승의 원인이 된다.

---

06   우리나라 사회보험의 특징   정답 ④

① [O] 국가가 사회정책을 수행하기 위해 보험의 원리와 방식을 도입하여 만든 사회경제제도이다.
  ⇨ 보험료 부담방식은 정률제를 적용 중이며, 국가가 사회정책을 수행하기 위해 보험의 원리와 방식을 도입하여 만든 사회경제제도이다.
② [O] 국민건강과 소득을 보장하는 제도이다.
  ⇨ 사회보험은 국민들의 최저생계 및 기본의료를 보장하며 국민건강과 소득을 보장하는 제도이다.
③ [O] 사회 연대성과 가입의 강제성을 가진다.
  ⇨ 집단보험으로 사회 연대성과 가입의 강제성을 가진다.
❹ [X] 4대 사회보험으로 연금보험, 노인장기요양보험, 건강보험, 산업재해보상보험이 있다.
  ⇨ 5대 사회보험(건강보험·노인장기요양보험·국민연금·고용보험·산재보험)과 공공부조이다.

---

07   조직화의 기본원리   정답 ②

① [O] 계층제의 원리는 구성원들 간의 위계를 설정하여 권한과 책임을 분배하는 것이다.
  ⇨ 계층제의 원리는 구성원들 간의 위계를 설정하여 조직 내 명령통일과 의사소통의 통로가 되며, 권한과 책임을 분배하는 것이다.
❷ [X] 통솔 범위의 원리에서는 통솔 범위가 작을수록 부하직원의 독립적, 창의적 사고가 향상된다.
  ⇨ 통솔 범위의 원리에서 통솔 범위가 넓을수록 부하직원의 독립적, 창의적 사고가 향상된다.
③ [O] 명령통일의 원리의 장점은 책임소재가 확실해지며, 관리자와 부하직원의 명령계통과 보고대상이 확실하다는 것이다.
  ⇨ 명령통일의 원리의 장점은 한 사람의 상관에게서 명령을 받고 이에 대해 책임을 지는 것으로 책임소재가 확실해지며, 관리자와 부하직원의 명령계통과 보고대상이 확실하다는 것이다.
④ [O] 분업전문화의 원리는 조직구성원이 갖고 있는 다양한 능력과 기술을 효율적으로 활용하기 위한 것이다.
  ⇨ 분업전문화의 원리는 업무를 특성별로 나누어 조직구성원에게 가능한 한 가지 주된 업무를 분업시키는 것으로 조직구성원이 갖고 있는 다양한 능력과 기술을 효율적으로 활용하기 위한 것이다.

---

08   직무분석방법   정답 ②

① [O] 설문지법은 광범위한 자료 수집과 정리가 용이하며, 시간과 비용이 절약된다.
  ⇨ 설문지법은 설문지를 배포하여 직무에 대한 정보를 획득할 수 있고 광범위한 자료 수집과 정리가 용이하며, 시간과 비용이 절약된다.
❷ [X] 면접법은 직무의 모든 측면과 직무수행환경을 파악하기 위한 직무분석방법이다.
  ⇨ 면접법은 해당 직무수행자에게 면접(면담)을 실시하여 직무에 관한 정보를 획득하는 방법으로 면접기술이 필요하다.
③ [O] 관찰법은 직무담당자의 편견으로 관찰의 왜곡이 일어날 수 있으며 직무담당자의 업무에 방해를 줄 수 있다.
  ⇨ 관찰법은 분석담당자가 직무가 수행되는 곳에서 직접 관찰하고 기록하는 것으로 분석담당자의 편견으로 관찰의 왜곡이 일어날 수 있으며 직무담당자의 업무에 방해를 줄 수 있다.
④ [O] 중요사건방법은 직무성과에 효과적인 행동패턴을 추출하여 분류하는 방법이다.
  ⇨ 중요사건방법은 직무성과에 효과적인 행동패턴을 추출하여 분류하는 방법으로 분석가의 주관성으로 측정하는 경향이 있고 시간과 비용이 많이 든다.

09 직무명세서 정답 ④

① [X] 직무분석서
   ⇨ 직무분석서는 특정 직무의 특성과 내용, 직무를 수행하는 데 필요한 지식과 능력, 숙련도, 책임 등과 같은 직무상의 모든 요건을 체계적으로 결정하는 과정이다.
② [X] 직무기술서
   ⇨ 직무기술서는 직무분석을 통해 얻은 자료와 정보를 직무의 특성에 중점을 두고 체계적으로 정리·기록한 문서이다.
③ [X] 직무평가서
   ⇨ 직무평가서는 직무기술서 또는 직무명세서를 기초로 직무의 중요성, 곤란도, 위험도 등을 평가하고 다른 직무와 비교하여 상대적 가치를 정하는 체계적인 방법이다.
❹ [O] 직무명세서
   ⇨ 직무명세서는 직무기술서의 내용에서 직무요건만을 분리하여, 성공적인 직무수행에 필요한 인적 요건들을 명시해 놓은 것이다.

10 동기이론 정답 ①

❶ [O] 알더퍼의 ERG이론
   ⇨ "무엇이 사람들의 동기를 유발시키는가"는 내용이론에 대한 설명으로 알더퍼의 ERG이론이 이에 해당된다.
② [X] 브룸의 기대이론
   ⇨ 과정이론이다.
③ [X] 아담스의 공정성이론
   ⇨ 과정이론이다.
④ [X] 로크의 목표설정이론
   ⇨ 과정이론이다.

11 공식 조직 정답 ③

① [O] 모든 직위, 신분체계가 문서화, 구체화되어 있다.
   ⇨ 계획적인 목적달성의 수단으로 모든 직위, 신분체계가 문서화, 구체화되어 있다.
② [O] 계층 부서 간의 권한의 경로를 분명하게 나타나 있다.
   ⇨ 공식적인 업무 분담으로 계층 부서 간의 권한의 경로가 분명하게 나타나 있다.
❸ [X] 조직수명이 짧다.
   ⇨ 조직수명이 지속적이다.
④ [O] 경직된 분위기가 조성된다.
   ⇨ 의사소통이 부족하고 문서위주이다 보니, 경직된 분위기가 조성된다.

12 내부 임용제도 정답 ③

① [X] 승진
   ⇨ 승진은 하위 계급 혹은 하위 직급에서 상위 계급 혹은 상위 직급으로 상향적으로 이동하는 것이다.
② [X] 전직
   ⇨ 전직은 동일한 직급으로 다른 직렬에 옮겨 가는 횡적·수평적 인사이동이다.
❸ [O] 전보
   ⇨ 전보는 동일한 직급으로 동일한 직류·직렬 내에서 직위만 바꾸어 옮겨 가는 횡적·수평적 인사이동이다.
④ [X] 파견
   ⇨ 파견은 업무수행 또는 그와 관련된 행정지원이나 연수, 기타 능력개발 등을 위하여 공무원을 다른 기관으로 일정 기간 이동시켜 근무하게 하는 것이다.

13 예산 집행의 신축성 유지 방법 정답 ④

① [O] 예산의 이체
   ⇨ 예산의 이체는 정부조직 등에 관한 법령의 제정·개정 또는 폐지로 인하여 그 직무권한에 변동이 있는 경우 예산의 집행에 관한 책임소관을 변경시키는 것이다.
② [O] 예비비
   ⇨ 예비비는 예측할 수 없는 예산 외의 지출 또는 예산초과 지출을 충당하기 위해서 계상된 경비로서 총액으로 국회의 의결을 얻어야 한다.
③ [O] 계속비
   ⇨ 계속비는 완성에 수년간 요하는 공사나 제조 및 연구개발사업에서는 경비의 총액과 연부액을 정하여 미리 국회의 의결을 얻은 범위 내에서 수년도에 걸쳐 지출할 수 있는 경비이다
❹ [X] 수정예산
   ⇨ 예산의 성립시기에 따른 분류로 수정예산과 추가경정예산이 있다.

14 근무평가 정답 ①

❶ [O] 강제배분법
   ⇨ 강제배분법은 고과자의 중심화 경향을 방지하기 위해 사전에 평가의 범위와 수를 결정해 놓고 강제로 할당하는 방법이다.
② [X] 행위기준평가법
   ⇨ 행위기준평가법은 중요 사건 또는 행위기준의 예들이 척도를 보다 직무에 특이적이게 해주어 평가 시 주관성을 줄여 준다.
③ [X] 대조표법
   ⇨ 대조표법은 직원의 업적 또는 특성을 특징짓는 서술문을 배열하고 평가자가 서술문을 체크하여 평가하는 방법이다.
④ [X] 목표관리법
   ⇨ 목표관리법은 평가자(상급자)와 피평가자(하급자)가 함께 목표를 설정한 후 그 목표가 얼마나 잘 달성되었는가를 평가자와 피평가자가 함께 평가하는 방법이다.

15 엽관주의   정답 ①

❶ [○] 엽관주의
  ⇨ 엽관주의는 공직 임용에서 인사기준을 능력·자격·업적이 아니라 정치적 연고와 당파성, 개인적 충성심, 학벌, 지연, 혈연 등에 두는 제도를 의미한다.
② [×] 실적주의
  ⇨ 실적주의는 공직 임용의 기준을 개인의 능력, 자격, 실적에 두는 제도를 의미한다.
③ [×] 계급주의
  ⇨ 계급주의는 사람의 자격·능력을 기본으로 하여 공직을 계급으로 분류하는 제도이다.
④ [×] 직업공무원제도
  ⇨ 직업공무원제도는 젊은 인재를 최하위 직급으로 임용하여 장기간에 걸쳐 근무하도록 하면서 단계적으로 승진시키는 제도이다.

16 하의상달의 의사소통유형   정답 ④

① [○] 제안제도
  ⇨ 제안제도는 상향적 의사소통 또는 하의상달의 의사소통이다.
② [○] 품의제
  ⇨ 상향적 의사소통 또는 하의상달의 의사소통은 제안, 여론조사, 회의, 면담, 상담, 품의제도, 면접, 보고, 결재제도 등이 있다.
③ [○] 상담
  ⇨ 상담은 상향적 의사소통 또는 하의상달의 의사소통이다.
❹ [×] 명령
  ⇨ 하향적 의사소통 또는 상의하달의 의사소통은 업무 지시, 규칙, 편람, 게시판, 구내방송, 직무기술서, 회의, 명령 등이 있다.

17 프라이(Fry)의 자유방임형 의료전달체계   정답 ④

① [×] 의료의 질적 수준이 높다.
  ⇨ 행위별 수가제를 적용하여 서비스에 제약이 없으므로 대상자에게 의료서비스의 질적 수준이 높다.
② [×] 의약기술의 발달 수준이 높다.
  ⇨ 의료의 발전을 위해 의약기술의 발달에 연구 및 의료기계 도입 등 정부의 제약이 적기 때문에 양질의 서비스를 대상자에게 제공할 수 있다.
③ [×] 의료인의 재량권이 부여된다.
  ⇨ 행위마다 처방할 수 있는 자율성이 보장되어 있어 의료인의 재량권을 유지할 수 있다.
❹ [○] 진료비 심사가 간편하다.
  ⇨ 포괄수가제는 진료비 심사가 간편한 장점이 있고, 행위별 수가제는 행위당 수가를 합산해야 하므로 진료비 심사가 복잡하고 시간이 많이 걸린다.

18 구조적 접근의 주요 지표   정답 ③

① [○] 신임제도
  ⇨ 구조적 접근요소이다.
② [○] 면허제도
  ⇨ 구조적 접근요소이다.
❸ [×] 의료이용조사
  ⇨ 과정적 접근요소이다.
④ [○] 자격증
  ⇨ 구조적 접근요소이다.

19 의료기관 인증제도   정답 ④

① [×] 의료기관인증에 관한 업무는 위탁할 수 없다.
  ⇨ 보건복지부장관은 대통령령으로 정하는 바에 따라 의료기관인증에 관한 업무를 의료기관평가인증원에 위탁할 수 있다.
② [×] 의료기관인증은 인증, 불인증 2가지로 구분한다.
  ⇨ 의료기관인증은 인증, 조건부 인증, 불인증 3가지로 구분한다.
③ [×] 요양병원과 정신병원은 강제 신청하여야 한다.
  ⇨ 요양병원만 의무적으로 인증신청을 하여야 한다.
❹ [○] 의료기관 인증기준에 환자만족도 사항이 포함된다.
  ⇨ 의료기관 인증기준은 「의료법」 제58조의3에 의거하여 환자의 권리와 안전, 의료기관의 의료서비스 질 향상활동, 의료서비스의 제공과정 및 성과, 의료기관의 조직과 인력 관리 및 운영, 환자 만족도 사항들이 포함된다.

20 보건의료서비스의 특성   정답 ①

❶ [○] 소비자의 무지
  ⇨ 소비자의 무지는 정보의 비대칭으로 소비자의 지식이 부족한 상태를 의미한다. 세이(Say)의 법칙에 따라 "공급은 그 스스로의 수요를 창출한다."라는 말은 공급은 병원의 병상 수라는 것을 의미한다. 즉, 병원이 세워지기만 하면 병상을 스스로 채워진다는 것인데, 이는 환자들의 가벼운 증상도 입원을 권유한다는 것이다. 환자는 입원을 해야 치료가 될 것으로 받아들이고 가벼운 질병임에도 입원을 하게 된다. 이로 인해 스스로 병상이 채워진다.
② [×] 불확실성
  ⇨ 불확실성이란 건강문제는 개인적으로 볼 때 모두가 경험하는 것이 아니므로 불균등한 것이며 언제 발생할지 모르기 때문에 예측이 불가능하고 긴급을 요하는 상황이 많이 발생하므로 경제적·심리적으로 준비하기가 어렵다는 것이다.
③ [×] 외부효과
  ⇨ 외부효과는 각 개인의 건강과 관련된 자의적 행동이 타인에게 파급되는 좋은 혹은 나쁜 효과로서의 결과를 뜻한다.
④ [×] 가치재
  ⇨ 가치재는 민간 부문에서의 생산량이 이윤 극대화 논리에 따라 사회적인 최적 수준에 미치지 못하여 정부가 직접 공급에 개입하는 재화를 뜻한다.

▶ 정답   p. 52

01	①	I	06	①	III	11	④	III	16	③	II
02	①	II	07	③	III	12	③	I	17	④	III
03	②	I	08	③	III	13	③	III	18	②	II
04	②	III	09	①	III	14	④	III	19	①	III
05	③	III	10	②	III	15	①	II	20	④	III

▶ 취약 단원 분석표

단원	맞힌 답의 개수
I	/ 3
II	/ 4
III	/ 13
TOTAL	/ 20

I 보건행정의 이론적 기초 / II 보건행정의 기획과 정책제도 / III 보건행정의 과정

---

01   보건행정 관련 학자   정답 ①

❶ [X] 제너는 산모들이 산욕열로 사망하는 이유가 의사들이 손을 씻지 않기 때문임을 최초로 밝혔다.
  ⇨ 젬멜바이즈는 산모들이 산욕열로 사망하는 이유가 의사들이 손을 씻지 않기 때문임을 최초로 밝혔다.

02   최고관리자   정답 ①

❶ [O] 조직 전체뿐만 아니라 외부의 영향까지 살핀다.
  ⇨ 최고관리자는 조직 전체뿐만 아니라 외부의 영향까지 살핀다.
② [X] 전술적 기획을 한다.
  ⇨ 중간관리자는 전술적 기획을 한다.
③ [X] 주로 상향적인 의사소통을 한다.
  ⇨ 일선관리자는 주로 상향적인 의사소통을 한다.
④ [X] 단위 부서의 매일의 일상적인 요구에 중점을 둔다.
  ⇨ 일선관리자는 단위 부서의 매일의 일상적인 요구에 중점을 둔다.

03   상대가치수가제   정답 ②

① [X] 포괄수가제의 단점을 보완하기 위하여 도입되었다.
  ⇨ 신포괄수가제는 포괄수가제의 단점을 보완하기 위하여 도입되었다.
❷ [O] 상대가치점수의 기본구조에는 업무적 상대가치, 진료비용 상대가치, 위험도 상대가치가 있다.
③ [X] 건강보험수가는 포괄점수와 점당 가격으로 곱하여 결정된다.
  ⇨ 건강보험수가는 행위별 점수와 점당 가격으로 곱하여 결정된다.
④ [X] 환산지수는 국민건강보험공단 이사장이 1년마다 결정한다.
  ⇨ 환산지수는 국민건강보험공단 이사장과 의료계 대표가 만나서 1년마다 결정한다.

04   라인 - 스텝조직   정답 ②

① [X] 스텝의 충고와 조언은 흡수되지 않는다.
  ⇨ 라인조직에서는 스텝의 충고와 조언은 흡수되지 않는다.
❷ [O] 스텝으로 인해 조직의 발전이 기대된다.
  ⇨ 라인 - 스텝조직은 스텝의 조언으로 인해 조직의 발전이 기대된다.
③ [X] 명령계통이 명확하다.
  ⇨ 라인 - 스텝조직은 명령계통이 불명확하다.
④ [X] 소규모 조직에 적합하다.
  ⇨ 라인조직은 소규모 조직에 적합하다.

05   갈등해결의 전략   정답 ③

① [X] 지위권력으로 다수를 제압한다.
  ⇨ 강압은 상대방을 압도함으로써 자신의 관심사를 충족시키고(win - lose), 지위권력으로 다수를 제압한다.
② [X] 타협과 중립적 제3집단에 의해 조정된다.
  ⇨ 회피는 직면한 문제를 피하여 갈등현장을 떠남으로써 자신과 상대방의 관심사를 모두 무시한다(lose - lose).
❸ [O] 의사결정에 대한 통합적 접근과 합의를 강조한다.
  ⇨ 협력은 자신과 상대방의 관심사를 모두 만족시키려는 쌍방승리유형(win - win)으로 의사결정에 대한 통합적 접근과 합의를 강조한다.
④ [X] 평등하게 나누고 뇌물을 사용한다.
  ⇨ 수용은 상대방의 관심사를 충족시키기 위해 자신의 관심사를 양보하는 것(lose - win)으로 다음 논제에 대해 사회적 신용을 얻을 필요가 있을 때 사용한다.

06　평가방법　　　　정답 ①

❶ [○] 중요사건기록법
⇨ 중요사건기록법은 성과에 중요한 매우 효과적이고, 비효과적인 행위들을 모두 기술하는 진술문이다. 성공은 효율적인 행동이고 실패는 비효율적인 행동을 의미한다.

② [×] 목표관리법
⇨ 목표관리법은 평가자(상급자)와 피평가자(하급자)가 함께 목표를 설정한 후 그 목표가 얼마나 잘 달성되었는가를 평가자와 피평가자가 함께 평가하는 방법이다.

③ [×] 에세이평가법
⇨ 에세이평가법은 자유기술법이라고도 하며 논술 형태로 조직구성원의 성과에 관해 강점과 약점을 기술하는 방법이다.

④ [×] 행태중심 평정척도법
⇨ 행태중심 평정척도법은 중요 사건 또는 행위기준의 예들이 척도를 보다 직무에 특이적이게 해주어 평가 시 주관성을 줄여준다.

07　의사소통유형　　　　정답 ③

① [×] 사슬형
⇨ 사슬형은 공식적·수직적인 명령계통으로, 위아래로만 의사소통이 이루어지는 형태이다. 사슬형에서는 문제를 신속하고 정확하게 전달한다.

② [×] Y형
⇨ Y형에서는 특정 리더는 없지만, 비교적 집단을 대표하는 인물 또는 의사소통 조정자가 있다.

❸ [○] 수레바퀴형
⇨ 수레바퀴형은 의사소통의 속도가 빠르고 단순문제 해결 시 효율적이고 효과적이다.

④ [×] 완전연결형
⇨ 완전연결형은 구성원 전체가 서로의 의견이나 정보를 자유의지에 따라 교환한다.

08　인사고과평가 방법　　　　정답 ③

① [×] 자기평가
⇨ 자기평가는 자기 스스로 평가하는 방법으로 업무수행을 개선하도록 자극하기 위해 관리층의 고과 시 보충적으로 사용한다.

② [×] 동료평가
⇨ 동료평가는 직장의 동일계층의 동료가 서로 평가하는 것이다.

❸ [○] 다면평가
⇨ 다면평가는 복수의 사람(상사, 부하, 동료, 고객 등)에 의해 다양하게 이루어지는 평가이다. 주변의 여러 사람이 평가하여 그 결과를 당사자에게 피드백해 줌으로써 자기반성과 개발의 기회와 동기부여의 역할을 한다.

④ [×] 상위자의 고과평가
⇨ 상위자의 고과평가는 인사과에서 흔히 행하는 방법으로 상위자가 하위자를 평가하는 것이다.

09　직무수행평가상의 오류　　　　정답 ③

① [×] 후광효과
⇨ 후광효과는 피고과자의 긍정적 인상에 기초하여 평가 시 어느 특정 요소의 우수함이 다른 평가요소에서도 높은 평가를 받는 경향을 의미한다.

② [×] 중심화 경향
⇨ 중심화 경향은 평가점수가 모두 중간치에 집중되어 우열의 차이가 나지 않는 경향을 말한다.

❸ [○] 관대화 경향
⇨ 관대화 경향은 피고과자의 대부분의 실제 능력이나 업적보다 더 높게 평가해 버리는 것이다.

④ [×] 규칙적 오류
⇨ 규칙적 오류는 심리적 오류로 항상 오류이고, 고과목적에 따라 항상 낮은 점수를 주거나, 높은 점수를 주는 것이다.

10　의사소통유형　　　　정답 ②

① [×] 사전협조제도
⇨ 수평적 의사소통에는 사전협조제도가 있다.

❷ [○] 내부결재
⇨ 하의상달식 의사소통은 조직의 공식 경로를 통해서 메시지가 하위에서 상위로 전달되는 것으로 제안, 여론조사, 회의, 면담, 상담, 품의제도, 면접, 보고, 결재제도 등이다.

③ [×] 지시
⇨ 상의하달식 의사소통은 메시지가 조직의 상위층에서 하위계층으로 전달되는 것으로 업무 지시, 규칙, 편람, 게시판, 구내방송, 직무기술서, 회의, 명령 등이 있다.

④ [×] 감독
⇨ 감독은 상의하달식 의사소통의 예시이다.

11　목표관리(MBO)　　　　정답 ④

① [○] 업무의 효율적으로 수행할 수 있다.
⇨ 업무의 효율화는 구체적이고 명확한 목표와 수단 방법을 결정해 계획적으로 업무를 수행하게 한다.

② [○] 부하직원을 목표계획에 참여시켜서 자아실현을 도모한다.
⇨ 자신의 직업발전과 자기개발 촉진, 조직구성원들의 직업을 통한 자아실현이 가능하다.

③ [○] 명확한 목표는 통제수단 또는 업적평가에 반영된다.
⇨ 목표달성 결과를 바탕으로 업적평가와 처우개선에 반영이 용이하고, 명확한 목표 제시와 자기통제를 통해 업무를 평가하고 통제할 수 있다.

❹ [×] 양적과 질적 목표 성과 달성을 모두 반영할 수 있다
⇨ 목표관리는 수량적 성과 달성에만 관심을 두고 질적인 측면의 성과를 무시한다.

12 의료기관 인증제도 　　　정답 ③

① [×] 인증등급은 평가결과를 토대로 보건복지부에서 심의한다.
　⇨ 인증등급은 평가결과를 토대로 조사 마지막 날로부터 60일 이내에 인증심의위원회를 개최하여 인증등급을 결정한다.
② [×] 인증 유효기간은 인증인 경우 5년이고, 조건부인증은 1년이다.
　⇨ 인증 유효기간은 인증인 경우 4년과 조건부인증은 1년이다.
❸ [○] 조사방법으로는 추적조사방법을 사용한다.
　⇨ 조사방법은 추적조사방법을 사용하는데, 환자가 재원기간 중 경험하는 진료를 추적하는 방식으로 '복수의 치료를 받아 다양한 부서를 거친 환자'를 선정하여 병원의 진료, 치료, 서비스와 관련된 시스템을 평가하는 방식이다.
④ [×] 인증결과의 이의신청은 통보받은 날로부터 10일 이내이다.
　⇨ 인증결과의 이의신청은 통보받은 날로부터 30일 이내이다

13 매슬로우(Maslow)의 욕구단계이론 　　　정답 ③

① [×] 도전적 과업 제공
　⇨ 자아실현의 욕구를 충족시키기 위해 도전적 과업을 제공할 수 있다.
② [×] 창의성 개발
　⇨ 자아실현의 욕구를 충족시키기 위해 창의성을 개발하도록 할 수 있다.
❸ [○] 포상과 승진 유도
　⇨ 존경의 욕구는 타인으로부터의 존경, 자아존중, 타인에 대한 지배욕구, 리더가 되고자 하는 욕구이다. 이를 충족시키기 위한 방법으로는 포상, 상위직으로의 승진, 타인의 인정, 책임감 부여, 중요한 업무 부여가 있다.
④ [×] 생계보장수단 적용
　⇨ 생리적 욕구에는 생계보장수단을 적용한 생존을 위한 의식주 욕구와 성욕, 호흡 등의 신체적 욕구가 있다.

14 임금체계 　　　정답 ④

① [×] 연공급
　⇨ 연공급은 생활유지 목적으로 정기승급제도를 택하며, 학력, 성별, 연령, 근속연수 등의 요소 중심으로 구성된 급여체계를 말한다.
② [×] 직무급
　⇨ 직무급은 각 직위의 직무가 가지고 있는 책임성과 난이도 등에 따라 직무의 상대적 가치를 분석·평가하여 그에 상응되게 결정하는 기본급 체계이다.
③ [×] 직능급
　⇨ 연공급이 '사람'에 초점을 두고, 직무급이 '일'에 초점을 둔 임금체계라면, 직능급은 조직 구성원의 '직무수행능력'에 초점을 두어 그 가치를 적용한 임금체계이다.
❹ [○] 성과급
　⇨ 성과급은 구성원의 조직에 대한 현실적 공헌도에 따라 적용하는 임금체계이다.

15 보건기획의 원칙 　　　정답 ①

❶ [○] 안정성의 원칙
　⇨ 안정성의 원칙은 안정된 기획일수록 효과적이고 경제적인 보건기획을 할 수 있기 때문에 정확한 예측을 바탕으로 목표와 계획을 수립한다. 빈번한 보건기획의 수정 기획은 기획자체를 불안정하게 하여 무의미한 목표를 달성할 수 있으니 피해야 한다.
② [×] 간결성의 원칙
　⇨ 간결성의 원칙은 목표와 계획은 이해하기 쉬운 용어를 사용하여 간결하고 명료하게 표현한다.
③ [×] 경제성의 원칙
　⇨ 경제성의 원칙은 최소의 비용으로 최대의 효과를 산출하도록 자원을 경제적으로 활용하는 예산을 수립한다.
④ [×] 표준화의 원칙
　⇨ 표준화의 원칙은 대상이 되는 예산, 서비스, 사업방법 등의 표준화를 통해 보건기획을 용이하게 수립해야 한다는 것이다.

16 생애주기별 암 검진 　　　정답 ③

① [×] 위암 – 만 50세
　⇨ 위암 검진은 만 40세에 실시한다.
② [×] 자궁경부암 – 만 30세(여자)
　⇨ 자궁경부암 검진은 만 20세(여자)에 실시한다.
❸ [○] 대장암 – 만 50세
④ [×] 유방암 – 만 50세(여자)
　⇨ 유방암 검진은 만40세(여자)에 실시한다.

17 직무명세서 　　　정답 ④

직무명세서의 내용으로 옳은 것은 ㄱ, ㄴ, ㄷ, ㄹ, ㅁ이다.
ㄱ. [○] 신장과 체중
ㄴ. [○] 연령
ㄷ. [○] 교육 수준
ㄹ. [○] 이해력 수준
ㅁ. [○] 직무요건
　⇨ 직무명세서는 직무기술서 내용에서 직무요건만을 분리하여, 성공적인 직무수행에 필요한 인적요건들을 명시해 놓은 것이다.

18 장기요양등급 판정항목 　　　정답 ②

① [○] 신체기능영역
　⇨ 신체기능영역에는 옷 벗고 입기, 세수하기, 양치질하기, 목욕하기, 식사하기, 체위 변경하기, 일어나 앉기, 옮겨 앉기, 방 밖으로 나오기, 화장실 사용하기, 대변 조절하기, 소변 조절하기로 기본적 일상생활 기능의 12항목이 있다.

❷ [×] 가족기능영역
　⇨ 가족기능영역은 해당이 없다.
③ [○] 간호처치영역
　⇨ 간호처치영역은 기관지 절개관 간호, 흡인, 산소요법, 욕창간호, 경관 영양, 암성통증간호, 도뇨관리, 장루간호, 투석간호로 9개 항목이다.
④ [○] 재활영역
　⇨ 재활영역은 운동장애(4항목), 관절제한(6항목)이다.

19　레빈(K. Lewin)의 3단계 변화모형　　정답 ①

❶ [○] 새로운 것에 대한 수용을 유도하고 이를 내면화시키는 단계이다.
　⇨ 변화단계는 새로운 것에 대한 수용을 유도하고 이를 내면화시키는 단계이다.
② [×] 영향을 받는 사람들과 좋은 관계를 유지한다.
　⇨ 해빙단계에서는 영향을 받는 사람들과 좋은 관계를 유지한다.
③ [×] 현재의 상황은 비효과적이라는 사실을 인식한다.
　⇨ 해빙단계에서는 현재의 상황은 비효과적이라는 사실을 인식한다.
④ [×] 변화된 새 제도가 좋은 결과를 내면 자동적으로 강화된다.
　⇨ 재동결단계에서는 변화된 새 제도가 좋은 결과를 내면 자동적으로 강화된다.

20　직업공무원제　　정답 ④

① [○] 정치적 중립
　⇨ 정치적 중립을 통한 행정의 안정성과 계속성을 유지한다.
② [○] 신분보장과 폐쇄형 계급제 기반
　⇨ 직업공무원제는 신분보장과 폐쇄형 계급제를 기반으로 한다.
③ [○] 직업의식과 사명감 강조
　⇨ 장기적 발전가능성과 잠재력, 직업의식과 사명감을 강조한다.
❹ [×] 엽관주의 확립
　⇨ 공개경쟁시험, 정치적 중립, 신분보장 등으로 실적주의 확립에 도움을 주었다.

정답

p. 56

01	①	I	06	②	I	11	①	I	16	④	III
02	④	I	07	③	I	12	③	II	17	①	III
03	④	I	08	③	I	13	①	II	18	②	II
04	③	I	09	②	I	14	③	II	19	④	II
05	②	I	10	①	I	15	①	II	20	①	III

취약 단원 분석표

단원	맞힌 답의 개수
I	/ 11
II	/ 6
III	/ 3
TOTAL	/ 20

I 보건행정의 이론적 기초 / II 보건행정의 기획과 정책제도 / III 보건행정의 과정

01 　보건행정 관련 법률　　　　　정답 ①

❶ [O] 「보건의료기본법」
  ⇨ 「보건의료기본법」은 보건의료에 관한 국민의 권리·의무와 국가 및 지방자치단체의 책임을 정하고 보건의료의 수요와 공급에 관한 기본적인 사항을 규정함으로써 보건의료의 발전과 국민의 보건 및 복지의 증진에 이바지하는 것을 목적으로 한다. 또한 기본이념으로 보건의료를 통하여 모든 국민이 인간으로서의 존엄과 가치를 가지며 행복을 추구할 수 있도록 하고 국민 개개인이 건강한 삶을 영위할 수 있도록 제도와 여건을 조성하며, 보건의료의 형평과 효율이 조화를 이룰 수 있도록 함으로써 국민의 삶의 질을 향상시키는 것을 기본이념으로 한다.

② [X] 「지역보건법」
  ⇨ 「지역보건법」은 보건소 등 지역보건의료기관의 설치·운영에 관한 사항과 보건의료 관련기관·단체와의 연계·협력을 통하여 지역보건의료기관의 기능을 효과적으로 수행하는 데 필요한 사항을 규정함으로써 지역보건의료정책을 효율적으로 추진하여 지역주민의 건강 증진에 이바지함을 목적으로 한다.

③ [X] 「공공의료에 관한 법률」
  ⇨ 「공공의료에 관한 법률」은 공공보건의료의 기본적인 사항을 정하여 국민에게 양질의 공공보건의료를 효과적으로 제공함으로써 국민보건의 향상에 이바지함을 목적으로 한다

④ [X] 「농어촌 등 보건의료를 위한 특별조치법」
  ⇨ 「농어촌 등 보건의료를 위한 특별조치법」은 농어촌 등 보건의료 취약지역의 주민 등에게 보건의료를 효율적으로 제공함으로써 국민이 고르게 의료혜택을 받게 하고 국민의 보건을 향상시키는 데에 이바지함을 목적으로 한다.

02 　지역보건의료계획　　　　　정답 ④

① [X] 시·도와 시·군·구에서 5년마다 계획을 수립한다.
  ⇨ 지역보건의료계획을 4년마다 수립한다.

② [X] 보건복지부장관은 계획 시행에 필요한 경우 보건의료 관련기관에 인력·기술 및 재정을 지원한다.
  ⇨ 시·도지사 또는 시장·군수·구청장은 지역보건의료계획을 시행하는 데에 필요하다고 인정하는 경우에는 보건의료 관련기관·단체 등에 인력·기술 및 재정 지원을 할 수 있다.

③ [X] 보건복지부에서 심의를 받은 뒤 지방자치단체 의회에 보고하고 재심의를 받는다.
  ⇨ 지역보건의료계획을 시행한 때에는 보건복지부장관은 특별자치시·특별자치도 또는 시·도의 지역보건의료계획의 시행결과를, 시·도지사는 시·군·구(특별자치시·특별자치도는 제외한다)의 지역보건의료계획의 시행 결과를 대통령령으로 정하는 바에 따라 각각 평가할 수 있다.

❹ [O] 시·도지사가 수립하는 계획은 의료기관 병상의 수요·공급에 관한 사항을 포함하여야 한다.
  ⇨ 시·도 지사는 다음과 같은 내용을 계획의 세부내용으로 포함한다.

> 1. 지역보건의료계획의 달성 목표
> 2. 지역현황과 전망
> 3. 지역보건의료기관과 보건의료 관련기관·단체 간의 기능 분담 및 발전 방향
> 4. 법 제11조에 따른 보건소의 기능 및 업무의 추진계획과 추진현황
> 5. 지역보건의료기관의 인력·시설 등 자원 확충 및 정비 계획
> 6. 취약계층의 건강관리 및 지역주민의 건강 상태 격차 해소를 위한 추진계획
> 7. 지역보건의료와 사회복지사업 사이의 연계성 확보 계획
> 8. 의료기관의 병상(病床)의 수요·공급
> 9. 정신질환 등의 치료를 위한 전문치료시설의 수요·공급
> 10. 특별자치시·특별자치도·시·군·구(구는 자치구를 말하며, 이하 "시·군·구"라 한다) 지역보건의료기관의 설치·운영 지원
> 11. 시·군·구 지역보건의료기관 인력의 교육훈련
> 12. 지역보건의료기관과 보건의료 관련기관·단체 간의 협력·연계
> 13. 그 밖에 시·도지사 및 특별자치시장·특별자치도지사가 지역보건의료계획을 수립함에 있어서 필요하다고 인정하는 사항

03 보건의료인력 정답 ④

❹ [✕] 체육보건지도사

> 「보건의료인력지원법」제2조【정의】이 법에서 사용하는 용어의 뜻은 다음과 같다.
> 3. "보건의료인력"이란 다음 각 목의 면허·자격 등을 취득한 사람을 말한다.
> 　가. 「의료법」에 따른 의료인 및 간호조무사
> 　나. 「약사법」에 따른 약사 및 한약사
> 　다. 「의료기사 등에 관한 법률」에 따른 의료기사, 보건의료정보관리사 및 안경사
> 　라. 「응급의료에 관한 법률」에 따른 응급구조사
> 　마. 「국민영양관리법」에 따른 영양사 등 보건의료 관계 법령에서 정하는 바에 따라 면허·자격 등을 취득한 사람으로서 대통령령으로 정하는 사람
> 4. "보건의료기관 종사자"란 제3호의 보건의료인력 외의 사람으로서 보건의료기관에서 보건의료서비스 외의 업무에 종사하는 사람을 말한다.
>
> 「보건의료인력지원법 시행령」제2조【보건의료인력】「보건의료인력지원법」(이하 "법"이라 한다) 제2조 제3호 마목에서 "대통령령으로 정하는 사람"이란 다음 각 호의 면허 또는 자격을 취득한 사람을 말한다.
> 1. 「국민영양관리법」에 따른 영양사
> 2. 「공중위생관리법」에 따른 위생사
> 3. 「국민건강증진법」에 따른 보건교육사

04 보건의료인력의 면허 정답 ③

보건의료인력의 면허를 신고해야 하는 것은 ㄱ, ㄴ, ㄷ, ㄹ이다.
ㄱ. [○] 약사
ㄴ. [○] 의무기록사
ㄷ. [○] 영양사
ㄹ. [○] 간호사
ㅁ. [✕] 수의사

05 「의료법」 정답 ②

❷ [✕] 의원

> 「의료법」제3조【의료기관】① 이 법에서 "의료기관"이란 의료인이 공중(公衆) 또는 특정 다수인을 위하여 의료·조산의 업(이하 "의료업"이라 한다)을 하는 곳을 말한다.
> 1. 의원급 의료기관: 의사, 치과의사 또는 한의사가 주로 외래환자를 대상으로 각각 그 의료행위를 하는 의료기관으로서 그 종류는 다음 각 목과 같다.
> 　가. 의원
> 　나. 치과의원
> 　다. 한의원
> 2. 조산원: 조산사가 조산과 임산부 및 신생아를 대상으로 보건활동과 교육·상담을 하는 의료기관을 말한다.

> 3. 병원급 의료기관: 의사, 치과의사 또는 한의사가 주로 입원환자를 대상으로 의료행위를 하는 의료기관으로서 그 종류는 다음 각 목과 같다.
> 　가. 병원
> 　나. 치과병원
> 　다. 한방병원
> 　라. 요양병원(「장애인복지법」 제58조 제1항 제4호에 따른 의료재활시설로서 제3조의2의 요건을 갖춘 의료기관을 포함한다. 이하 같다)
> 　마. 정신병원
> 　바. 종합병원

06 병원의 개설 정답 ②

❷ [○] 시·도지사에게 허가를 받아야 한다.

> 「의료법」제25조【신고】① 의료인은 대통령령으로 정하는 바에 따라 최초로 면허를 받은 후부터 3년마다 그 실태와 취업상황 등을 보건복지부장관에게 신고하여야 한다.
> ② 보건복지부장관은 제30조 제3항의 보수교육을 이수하지 아니한 의료인에 대하여 제1항에 따른 신고를 반려할 수 있다.
> 제33조【개설 등】③ 제2항에 따라 의원·치과의원·한의원 또는 조산원을 개설하려는 자는 보건복지부령으로 정하는 바에 따라 시장·군수·구청장에게 신고하여야 한다.
> ④ 제2항에 따라 종합병원·병원·치과병원·한방병원·요양병원 또는 정신병원을 개설하려면 제33조의2에 따른 시·도 의료기관개설위원회의 심의를 거쳐 보건복지부령으로 정하는 바에 따라 시·도지사의 허가를 받아야 한다. 이 경우 시·도지사는 개설하려는 의료기관이 다음 각 호의 어느 하나에 해당하는 경우에는 개설허가를 할 수 없다.

07 진료기록부 등의 보존 정답 ③

❸ [✕] 진료에 관한 기록을 보존하는 경우에는 필름촬영책임자가 필름의 표지에 촬영 일시와 본인의 성명만 적어서 보관한다.

> 「의료법 시행규칙」제15조【진료기록부 등의 보존】① 의료인이나 의료기관 개설자는 법 제22조 제2항에 따른 진료기록부 등을 다음 각 호에 정하는 기간 동안 보존하여야 한다. 다만, 계속적인 진료를 위하여 필요한 경우에는 1회에 한정하여 다음 각 호에 정하는 기간의 범위에서 그 기간을 연장하여 보존할 수 있다.
> 1. 환자 명부: 5년
> 2. 진료기록부: 10년
> 3. 처방전: 2년
> 4. 수술기록: 10년
> 5. 검사내용 및 검사소견기록: 5년
> 6. 방사선 사진(영상물을 포함한다) 및 그 소견서: 5년
> 7. 간호기록부: 5년
> 8. 조산기록부: 5년
> 9. 진단서 등의 부본(진단서·사망진단서 및 시체검안서 등을 따로 구분하여 보존할 것): 3년

② 제1항의 진료에 관한 기록은 마이크로필름이나 광디스크 등(이하 이 조에서 "필름"이라 한다)에 원본대로 수록하여 보존할 수 있다.

③ 제2항에 따른 방법으로 진료에 관한 기록을 보존하는 경우에는 필름촬영책임자가 필름의 표지에 촬영 일시와 본인의 성명을 적고, 서명 또는 날인하여야 한다.

---

08 보건의료시설 　　　　　　　　정답 ③

❸ [○] 보건진료소

⇨ 「농어촌 등 보건의료를 위한 특별조치법」 제2조에 따라 "보건진료소"란 의사가 배치되어 있지 아니하고 계속하여 의사를 배치하기 어려울 것으로 예상되는 의료 취약지역에서 보건진료전담공무원으로 하여금 의료행위를 하게 하기 위하여 시장·군수가 설치·운영하는 보건의료시설을 말한다.

---

09 공중보건의사의 배치 　　　　　정답 ②

❷ [×] 공중보건의사의 의무복무기간은 2년이다.

⇨ 2년이 아니라 3년으로 한다.

「농어촌 등 보건의료를 위한 특별조치법」 제5조의2 【공중보건의사의 배치기관 및 배치시설】 ① 제5조 제1항 및 제2항에 따라 보건복지부장관 또는 시·도지사가 공중보건의사를 배치할 수 있는 기관 또는 시설은 다음 각 호와 같다.

1. 보건소 또는 보건지소

2. 국가·지방자치단체 또는 공공단체가 설립·운영하는 병원으로서 보건복지부장관이 정하는 병원(이하 이 조에서 "공공병원"이라 한다)

3. 공공보건의료연구기관

4. 공중보건사업의 위탁사업을 수행하는 기관 또는 단체

5. 보건의료정책을 수행할 때에 공중보건의사의 배치가 필요한 기관 또는 시설로 대통령령으로 정하는 기관 또는 시설

② 제1항에 따른 보건소 및 공공병원은 특별시·광역시(광역시의 관할구역에 있는 군 지역은 제외한다) 외의 지역에 있는 기관 및 시설로 한정한다.

제7조 【의무복무기간】 ① 공중보건의사의 의무복무기간은 「병역법」 제55조에 따라 받는 교육소집기간 외에 3년으로 한다.

② 제1항에 따른 의무복무기간을 마친 공중보건의사에 대하여는 「병역법」 제34조 제2항에 따라 사회복무요원 복무를 마친 것으로 본다.

③ 보건복지부장관은 제1항에 따른 의무복무기간을 마친 공중보건의사의 명단을 병무청장에게 통보하여야 한다.

제9조 【공중보건의사의 복무】 ① 공중보건의사는 의무복무기간 동안 공중보건업무에 성실히 종사하여야 하며, 제5조 제1항에 따라 부여받은 공중보건업무 외의 업무에 종사하여서는 아니 된다.

② 보건복지부장관은 공중보건의사가 제8조 제1항 및 제2항에 따른 명령을 위반하여 의무복무기간 중 통틀어 7일 이내의 기간 동안 직장을 이탈하거나 근무지역을 이탈하였을 때에는 그 이탈일수의 5배의 기간을 연장하여 근무할 것을 명할 수 있다.

③ 보건복지부장관은 공중보건의사가 제1항을 위반하여 공중보건업무 외의 업무에 종사하였을 때에는 그 업무에 종사한 일수의 5배의 기간을 연장하여 근무할 것을 명할 수 있다.

④ 보건복지부장관은 공중보건의사가 장기입원 또는 요양 등 직무 외의 사유로 1개월 이상 근무하지 못한 경우에는 그 기간만큼 연장하여 근무할 것을 명할 수 있다.

⑤ 보건복지부장관은 제2항부터 제4항까지의 규정에 따라 의무복무기간 연장을 명할 때에는 미리 상대방에게 의견을 진술할 기회를 주어야 한다.

⑥ 공중보건의사가 제2항부터 제4항까지의 규정에 따라 보건복지부장관의 근무기간 연장 명령을 받은 경우에는 채용계약 기간이 연장된 것으로 본다.

⑦ 공중보건의사가 「병역법」 제35조 제2항 및 제4항에 따라 편입이 취소되거나 제12조 제1항에 따라 전공의(專攻醫) 수련이 허가된 경우에는 채용계약이 해지된 것으로 본다.

⑧ 공중보건의사의 복무에 관하여는 이 법에서 규정한 사항을 제외하고는 「국가공무원법」에 따른다.

---

10 보건진료전담공무원 　　　　　정답 ①

❶ [×] 응급수술

⇨ 보건진료전담공무원은 응급처치를 할수는 있으나, 응급수술은 할수 없다.

「농어촌 등 보건의료를 위한 특별조치법 시행령」 제14조 【보건진료전담공무원의 업무】 ① 법 제19조에 따른 보건진료전담공무원의 의료행위의 범위는 다음 각 호와 같다.

1. 질병·부상상태를 판별하기 위한 진찰·검사

2. 환자의 이송

3. 외상 등 흔히 볼 수 있는 환자의 치료 및 응급조치가 필요한 환자에 대한 응급처치

4. 질병·부상의 악화 방지를 위한 처치

5. 만성병 환자의 요양지도 및 관리

6. 정상분만 시의 분만 도움

7. 예방접종

8. 제1호부터 제7호까지의 의료행위에 따르는 의약품의 투여

② 보건진료전담공무원은 제1항 각 호의 의료행위 외에 다음 각 호의 업무를 수행한다.

1. 환경위생 및 영양개선에 관한 업무

2. 질병예방에 관한 업무

3. 모자보건에 관한 업무

4. 주민의 건강에 관한 업무를 담당하는 사람에 대한 교육 및 지도에 관한 업무

5. 그 밖에 주민의 건강증진에 관한 업무

③ 보건진료전담공무원은 제1항에 따른 의료행위를 할 때에는 보건복지부장관이 정하는 환자 진료지침에 따라야 한다.

---

11 의료기관 인증기준 　　　　　　정답 ①

❶ [×] 모든 의료진의 만족도

⇨ 의료진이 아니라 환자의 만족도이다.

「의료법」 제58조의3【의료기관 인증기준 및 방법 등】① 의료기관 인증기준은 다음 각 호의 사항을 포함하여야 한다.
  1. 환자의 권리와 안전
  2. 의료기관의 의료서비스 질 향상 활동
  3. 의료서비스의 제공과정 및 성과
  4. 의료기관의 조직·인력관리 및 운영
  5. 환자 만족도
② 인증등급은 인증, 조건부인증 및 불인증으로 구분한다.
③ 인증의 유효기간은 4년으로 한다. 다만, 조건부인증의 경우에는 유효기간을 1년으로 한다.
④ 조건부인증을 받은 의료기관의 장은 유효기간 내에 보건복지부령으로 정하는 바에 따라 재인증을 받아야 한다.
⑤ 제1항에 따른 인증기준의 세부 내용은 보건복지부장관이 정한다.

---

12 보건행정 관련 법 정답 ③

❸ [○]「국민건강보험법」

「국민건강보험법」 제1조【목적】이 법은 국민의 질병·부상에 대한 예방·진단·치료·재활과 출산·사망 및 건강증진에 대하여 보험급여를 실시함으로써 국민보건 향상과 사회보장 증진에 이바지함을 목적으로 한다.

제2조【관장】이 법에 따른 건강보험사업은 보건복지부장관이 맡아 주관한다.

---

13 국민건강보험공단의 업무 정답 ①

❶ [×] 심사기준 및 평가기준의 개발

「국민건강보험법」 제14조【업무 등】① 공단은 다음 각 호의 업무를 관장한다.
  1. 가입자 및 피부양자의 자격 관리
  2. 보험료와 그 밖에 이 법에 따른 징수금의 부과·징수
  3. 보험급여의 관리
  4. 가입자 및 피부양자의 질병의 조기발견·예방 및 건강관리를 위하여 요양급여 실시 현황과 건강검진 결과 등을 활용하여 실시하는 예방사업으로서 대통령령으로 정하는 사업
  5. 보험급여 비용의 지급
  6. 자산의 관리·운영 및 증식사업
  7. 의료시설의 운영
  8. 건강보험에 관한 교육훈련 및 홍보
  9. 건강보험에 관한 조사연구 및 국제협력
  10. 이 법에서 공단의 업무로 정하고 있는 사항
  11.「국민연금법」,「고용보험 및 산업재해보상보험의 보험료징수 등에 관한 법률」,「임금채권보장법」 및「석면피해구제법」(이하 "징수위탁근거법"이라 한다)에 따라 위탁받은 업무
  12. 그 밖에 이 법 또는 다른 법령에 따라 위탁받은 업무
  13. 그 밖에 건강보험과 관련하여 보건복지부장관이 필요하다고 인정한 업무
② 제1항 제6호에 따른 자산의 관리·운영 및 증식사업은 안정성과 수익성을 고려하여 다음 각 호의 방법에 따라야 한다.

---

  1. 체신관서 또는「은행법」에 따른 은행에의 예입 또는 신탁
  2. 국가·지방자치단체 또는「은행법」에 따른 은행이 직접 발행하거나 채무이행을 보증하는 유가증권의 매입
  3. 특별법에 따라 설립된 법인이 발행하는 유가증권의 매입
  4.「자본시장과 금융투자업에 관한 법률」에 따른 신탁업자가 발행하거나 같은 법에 따른 집합투자업자가 발행하는 수익증권의 매입
  5. 공단의 업무에 사용되는 부동산의 취득 및 일부 임대
  6. 그 밖에 공단 자산의 증식을 위하여 대통령령으로 정하는 사업
③ 공단은 특정인을 위하여 업무를 제공하거나 공단 시설을 이용하게 할 경우 공단의 정관으로 정하는 바에 따라 그 업무의 제공 또는 시설의 이용에 대한 수수료와 사용료를 징수할 수 있다.
④ 공단은「공공기관의 정보공개에 관한 법률」에 따라 건강보험과 관련하여 보유·관리하고 있는 정보를 공개한다.

제63조【업무 등】① 심사평가원은 다음 각 호의 업무를 관장한다.
  1. 요양급여비용의 심사
  2. 요양급여의 적정성 평가
  3. 심사기준 및 평가기준의 개발
  4. 제1호부터 제3호까지의 규정에 따른 업무와 관련된 조사연구 및 국제협력
  5. 다른 법률에 따라 지급되는 급여비용의 심사 또는 의료의 적정성 평가에 관하여 위탁받은 업무
  6. 건강보험과 관련하여 보건복지부장관이 필요하다고 인정한 업무
  7. 그 밖에 보험급여 비용의 심사와 보험급여의 적정성 평가와 관련하여 대통령령으로 정하는 업무
② 제1항 제2호 및 제7호에 따른 요양급여 등의 적정성 평가의 기준·절차·방법 등에 필요한 사항은 보건복지부장관이 정하여 고시한다.

---

14 보험료의 부담 정답 ③

❸ [×] 직장가입자의 소득월액보험료는 사용자가 부담한다.
  ⇨ 사용자가 아니라 직장가입자가 부담한다.

「국민건강보험법」 제76조【보험료의 부담】① 직장가입자의 보수월액보험료는 직장가입자와 다음 각 호의 구분에 따른 자가 각각 보험료액의 100분의 50씩 부담한다. 다만, 직장가입자가 교직원으로서 사립학교에 근무하는 교원이면 보험료액은 그 직장가입자가 100분의 50을, 제3조 제2호 다목에 해당하는 사용자가 100분의 30을, 국가가 100분의 20을 각각 부담한다.
  1. 직장가입자가 근로자인 경우에는 제3조제2호가목에 해당하는 사업주
  2. 직장가입자가 공무원인 경우에는 그 공무원이 소속되어 있는 국가 또는 지방자치단체
  3. 직장가입자가 교직원(사립학교에 근무하는 교원은 제외한다)인 경우에는 제3조 제2호다목에 해당하는 사용자
② 직장가입자의 소득월액보험료는 직장가입자가 부담한다.
③ 지역가입자의 보험료는 그 가입자가 속한 세대의 지역가입자 전원이 연대하여 부담한다.
④ 직장가입자가 교직원인 경우 제3조 제2호 다목에 해당하는 사용자가 부담액 전부를 부담할 수 없으면 그 부족액을 학교에 속하는 회계에서 부담하게 할 수 있다.

📄 **보수월액보험료의 부담**

- 근로자 50% + 사업주 50%
- 공무원 50% + 국가·지방자치단체 50%
- 국공립학교 교직원 50% + 국가·지방자치단체 50%
- 사립학교 직원 50% + 학교설립 운영자 50%
- 사립학교 교원 50% + 학교설립 운영자 30% + 국가 20%

---

15 건강검진 실시대상 및 종류 　　　정답 ①

❶ [×] 사무직은 1년에 1회 건강검진을 실시한다.
　　⇨ 2년마다 1회 건강검진을 실시한다.

「국민건강보험법」 제52조【건강검진】① 공단은 가입자와 피부양자에 대하여 질병의 조기 발견과 그에 따른 요양급여를 하기 위하여 건강검진을 실시한다.
② 제1항에 따른 건강검진의 종류 및 대상은 다음 각 호와 같다.
1. 일반건강검진: 직장가입자, 세대주인 지역가입자, 20세 이상인 지역가입자 및 20세 이상인 피부양자
2. 암검진: 「암관리법」 제11조 제2항에 따른 암의 종류별 검진주기와 연령 기준 등에 해당하는 사람
3. 영유아건강검진: 6세 미만의 가입자 및 피부양자
③ 제1항에 따른 건강검진의 검진항목은 성별, 연령 등의 특성 및 생애 주기에 맞게 설계되어야 한다.
④ 제1항에 따른 건강검진의 횟수·절차와 그 밖에 필요한 사항은 대통령령으로 정한다.
「국민건강보험법 시행령」 제25조【건강검진】(이하 "건강검진"이라 한다)은 2년마다 1회 이상 실시하되, 사무직에 종사하지 않는 직장가입자에 대해서는 1년에 1회 실시한다.

---

16 재무제표의 내용 　　　정답 ④

❹ [×] 회계감사표

「의료기관 회계기준 규칙」 제4조【재무제표】① 병원의 재무상태와 운영성과를 나타내기 위하여 작성하여야 하는 재무제표는 다음 각 호와 같다.
1. 재무상태표
2. 손익계산서
3. 기본금변동계산서(병원의 개설자가 개인인 경우를 제외한다)
4. 현금흐름표
② 제1항의 규정에 의한 재무제표의 세부작성방법은 보건복지부장관이 정하여 고시한다.

---

17 예산의 종류 　　　정답 ①

❶ [○] 예비비

「국가재정법」 제22조【예비비】① 정부는 예측할 수 없는 예산 외의 지출 또는 예산초과지출에 충당하기 위하여 일반회계 예산총액의 100분의 1 이내의 금액을 예비비로 세입세출예산에 계상할 수 있다. 다만, 예산총칙 등에 따라 미리 사용목적을 지정해 놓은 예비비는 본문에도 불구하고 별도로 세입세출예산에 계상할 수 있다.
② 제1항 단서에도 불구하고 공무원의 보수 인상을 위한 인건비 충당을 위하여는 예비비의 사용목적을 지정할 수 없다.

---

18 「국민건강보험법」의 급여 　　　정답 ②

❷ [○] 부가급여

「국민건강보험법」 제50조【부가급여】 공단은 이 법에서 정한 요양급여 외에 대통령령으로 정하는 바에 따라 임신·출산 진료비, 장제비, 상병수당, 그 밖의 급여를 실시할 수 있다.

---

19 「노인장기요양보험법」 　　　정답 ④

❹ [×] 가족관계증명서
　　⇨ 등급판정위원회에 제출해야 하는 자료는 조사결과서, 신청서, 의사소견서, 그 밖에 심의에 필요한 자료이다.

「노인장기요양보험법」 제15조【등급판정 등】① 공단은 제14조에 따른 조사가 완료된 때 조사결과서, 신청서, 의사소견서, 그 밖에 심의에 필요한 자료를 등급판정위원회에 제출하여야 한다.
② 등급판정위원회는 신청인이 제12조의 신청자격요건을 충족하고 6개월 이상 동안 혼자서 일상생활을 수행하기 어렵다고 인정하는 경우 심신상태 및 장기요양이 필요한 정도 등 대통령령으로 정하는 등급판정기준에 따라 수급자로 판정한다.
③ 등급판정위원회는 제2항에 따라 심의·판정을 하는 때 신청인과 그 가족, 의사소견서를 발급한 의사 등 관계인의 의견을 들을 수 있다.
④ 공단은 장기요양급여를 받고 있거나 받을 수 있는 자가 다음 각 호의 어느 하나에 해당하는 것으로 의심되는 경우에는 제14조 제1항 각 호의 사항을 조사하여 그 결과를 등급판정위원회에 제출하여야 한다.
1. 거짓이나 그 밖의 부정한 방법으로 장기요양인정을 받은 경우
2. 고의로 사고를 발생하도록 하거나 본인의 위법행위에 기인하여 장기요양인정을 받은 경우
⑤ 등급판정위원회는 제4항에 따라 제출된 조사 결과를 토대로 제2항에 따라 다시 수급자 등급을 조정하고 수급자 여부를 판정할 수 있다.

20 「국가재정법」상 회계구분 정답 ①

❶ [○] 일반회계와 특별회계

「**국가재정법」 제4조【회계구분】** ① 국가의 회계는 일반회계와 특별회계로 구분한다.
② 일반회계는 조세수입 등을 주요 세입으로 하여 국가의 일반적인 세출에 충당하기 위하여 설치한다.
③ 특별회계는 국가에서 특정한 사업을 운영하고자 할 때, 특정한 자금을 보유하여 운용하고자 할 때, 특정한 세입으로 특정한 세출에 충당함으로써 일반회계와 구분하여 회계처리할 필요가 있을 때에 법률로써 설치하되, 별표 1에 규정된 법률에 의하지 아니하고는 이를 설치할 수 없다.

공무원 교육 1위* 해커스공무원
모바일 자동 채점 + 성적 분석 서비스

한눈에 보는 서비스 사용법

Step 1.

교재 구입 후 시간 내 문제 풀어보고
교재 내 수록되어 있는 QR코드 인식!

Step 2.

모바일로 접속 후 '지금 채점하기'
버튼 클릭!

Step 3.

OMR 카드에 적어놓은 답안과 똑같이
모바일 채점 페이지에 입력하기!

Step 4.

채점 후 내 석차, 문제별 점수, 회차별
성적 추이 확인해보기!

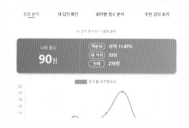

모바일 자동 채점 + 성적 분석 서비스 활용법

- ✓ 모바일로 채점하고 **실시간 나의 위치 확인하기**
- ✓ 문제별 정답률을 통해 **틀린 문제의 난이도 체크**
- ✓ 회차별 점수 그래프로 **한 눈에 내 점수 확인하기**

해커스공무원 **gosi.Hackers.com**

바로 이용하기 ▶

해커스공무원 **단기 합격생**이 말하는

공무원 합격의 비밀!

해커스공무원과 함께라면
다음 합격의 주인공은 바로 여러분입니다.

대학교 재학 중,
7개월 만에 국가직 합격!

김*석 합격생

영어 단어 암기를 하프모의고사로!

하프모의고사의 도움을 많이 얻었습니다. **모의고사의
5일 치 단어를 일주일에 한 번씩 외웠고,** 영어 단어
100개씩은 하루에 외우려고 노력했습니다.

가산점 없이
6개월 만에 지방직 합격!

김*영 합격생

국어 고득점 비법은 기출과 오답노트!

이론 강의를 두 달간 들으면서 **이론을 제대로 잡고 바로
기출문제로** 들어갔습니다. 문제를 풀어보고 기출강의를
들으며 **틀렸던 부분을 필기하며 머리에 새겼습니다.**

직렬 관련학과 전공,
6개월 만에 서울시 합격!

최*숙 합격생

한국사 공부법은 기출문제 통한 복습!

한국사는 휘발성이 큰 과목이기 때문에 **반복 복습이
중요하다고 생각**했습니다. 선생님의 강의를 듣고 나서
바로 **내용에 해당되는 기출문제를 풀면서 복습**
했습니다.

20대 마지막
기회라 생각했던
박*묵님도

적성에 맞지는 않는 전공으로
진로에 고민이 많았던
박*훈님도

여군 전역 후 노베이스로
수험 생활을 시작한
박*란님도

해커스공무원으로 자신의 꿈에 한 걸음 더 가까워졌습니다.

당신의 꿈에 가까워지는 길
해커스공무원이 함께합니다.

해커스공무원 **단기 합격생**이 말하는

공무원 합격의 비밀!

해커스공무원과 함께라면
다음 합격의 주인공은 바로 여러분입니다.

10개월 만에
전산직 1차 합격!
최*석 합격생

언어논리는 결국 '감'과 '기호화'의 체화입니다.

언어논리 조은정 선생님의 강의를 통해 **제시문 구조, 선지
구조 등 문제접근법**에 대해서 배웠고, 그 방식을 토대로
문제 푸는 방식을 체화해가면서 감을 찾아갔습니다.
설명도 깔끔하게 해주셔서 **도식화도 익힐 수 있었습니다.**

단 3주 만에
PSAT 고득점 달성!
김*태 합격생

총 준비기간 3주 만에 PSAT 합격했습니다!

자료해석 김용훈 선생님은 인강으로 뵈었는데도 **정말
친절하셔서 강의 보기 너무 편안했습니다.** 분수비교와
계산방법 등 선생님께서 쉽게 이해를 도와주셔서 많은
도움이 되었습니다.

7개월 만에
외무영사직 1차 합격!
문*원 합격생

상황판단은 무조건 '길규범' 입니다!

수험생이 접하기 어려운 과목임에도 불구하고 **길규범 선생
님께서는 정말 여러가지의 문제풀이 방법**을 알려주십니다.
강의가 거듭될수록 **문제푸는 스킬이 나무처럼 카테고리화
되어서 문제에 쉽게 접근**할 수 있게 되었어요!

공무원 합격을 위한 최고의 선택!
해커스공무원이 중심에 있습니다.

🖥 7급 완벽 대비! 해커스공무원의 7급 전용 콘텐츠 시스템

해커스공무원
7급 전문 선생님

자료해석 **김용훈** 상황판단 **이준** 상황판단 **길규범** 언어이해 **조은정**

최신 시설, 독보적 관리
슈퍼스타 1:1 관리반

7급 전용 부가 콘텐츠
토익/지텔프/제2외국어

베스트셀러 1위

[베스트셀러 1위] 교보문고 외국어 베스트셀러 G-Telp 분야 1위(2021.09.01. 온라인 주간집계 기준)

📖 7급 초시생 필수! 7급 전용 합격패스

PSAT+한능검 심화강좌까지
조건 없는 무제한 수강

상황판단 **길규범** 언어논리 **조은정** 자료해석 **김용훈**

국가직 7급 전용
PSAT 기본서 3종 제공

수강신청
바로가기 ▼

✂ 해커스공무원 온라인 단과강의 **20% 할인쿠폰**

64D29C44C74B6D7L

해커스공무원 사이트(gosi.Hackers.com) 접속 후 로그인 ▶
상단의 [나의 강의실] 클릭 ▶ [쿠폰등록] 클릭 ▶ 위 쿠폰번호 입력 후 이용

* 이용기한: 2023년 12월 31일까지(등록 후 7일간 사용 가능)

📧 PSAT 패스 [교재 포함형] **10% 할인쿠폰**   📧 PSAT 패스 [교재 미포함형] **10% 할인쿠폰**

844K23KB26ED7000   486B23KCBC03D000

해커스PSAT 사이트(psat.Hackers.com) 접속 후 로그인 ▶
우측 퀵배너 내 [쿠폰/수강권등록] 클릭 ▶ 위 쿠폰번호 입력 후 이용

* 이용기한: 2023년 12월 31일까지(등록 후 7일간 사용 가능)

| 쿠폰 이용 안내 | 1. 쿠폰은 사이트 로그인 후 1회에 한해 등록이 가능하며, 최초로 쿠폰을 인증한 후에는 별도의 추가 인증이 필요하지 않습니다.
2. 쿠폰은 현금이나 포인트로 변환 혹은 환불되지 않습니다.
3. 기타 쿠폰 관련 문의는 고객센터(1588-4055)로 연락 주시거나, 1:1 문의 게시판을 이용하시기 바랍니다.

단기 합격을 위한
해커스 커리큘럼

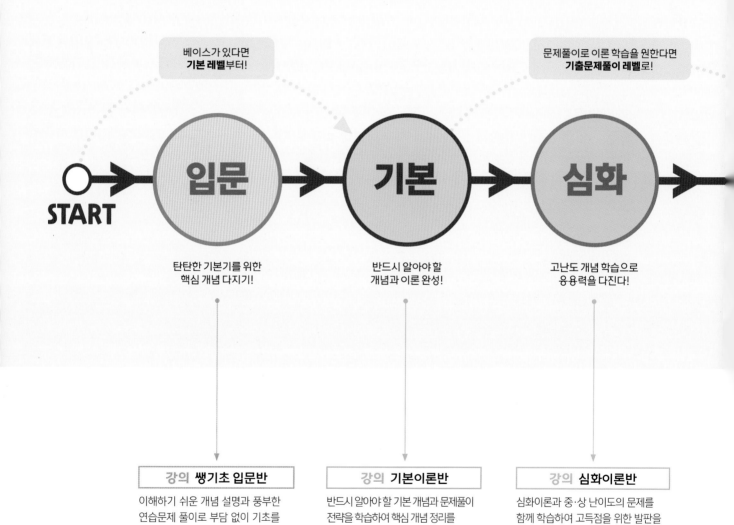

베이스가 있다면
기본 레벨부터!

문제풀이로 이론 학습을 원한다면
기출문제풀이 레벨로!

START

입문

탄탄한 기본기를 위한
핵심 개념 다지기!

기본

반드시 알아야 할
개념과 이론 완성!

심화

고난도 개념 학습으로
응용력을 다진다!

강의 **쌩기초 입문반**

이해하기 쉬운 개념 설명과 풍부한
연습문제 풀이로 부담 없이 기초를
다질 수 있는 강의

강의 **기본이론반**

반드시 알아야 할 기본 개념과 문제풀이
전략을 학습하여 핵심 개념 정리를
완성하는 강의

강의 **심화이론반**

심화이론과 중·상 난이도의 문제를
함께 학습하여 고득점을 위한 발판을
마련하는 강의

레벨별 교재 확인 및
수강신청은 여기서!

gosi.Hackers.com

* 커리큘럼은 과목별·선생님별로 상이할 수 있으며, 자세한 내용은 해커스공무원 사이트에서 확인하세요.

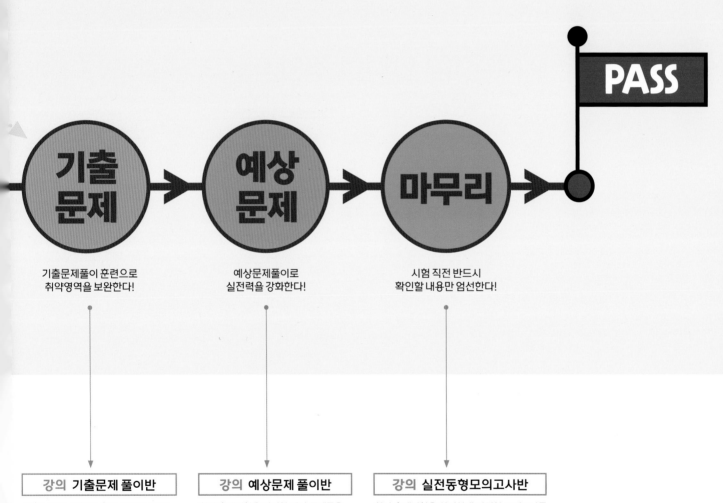

PASS

기출문제

기출문제풀이 훈련으로
취약영역을 보완한다!

예상문제

예상문제풀이로
실전력을 강화한다!

마무리

시험 직전 반드시
확인할 내용만 엄선한다!

강의 기출문제 풀이반

기출문제의 유형과 출제 의도를 이해
하고, 본인의 취약영역을 파악 및 보완
하는 강의

강의 예상문제 풀이반

최신 출제경향을 반영한 예상 문제들을
풀어보며 실전력을 강화하는 강의

강의 실전동형모의고사반

최신 출제경향을 완벽하게 반영한 모의고사를
풀어보며 실전 감각을 극대화하는 강의

강의 봉투모의고사반

시험 직전에 실제 시험과 동일한 형태의
모의고사를 풀어보며 실전력을 완성하는 강의

다음 **합격의 주인공**은
바로, **여러분**입니다.

해커스
단/기/합/격

7급 PSAT
기출+적중
모의고사

자료해석

해커스공무원

난도 높은 7급 PSAT,
단기간에 점수를 향상시킬 수 있는 방법은 없나요?

7급 공채를 준비하는 수험생들 중 많은 분들이 이렇게 이야기합니다.
'7급 PSAT 기출문제는 양이 적어서 그것만 풀기에는 불안해요.'
'다른 유사적성시험 기출문제를 모두 풀기엔 양이 너무 많아 막막해요'
해커스 PSAT연구소는 이러한 7급 공채 수험생들의 고민을 해결할 수 있는,
7급 PSAT 학습에 최적화된 교재가 무엇일지 밤낮없이 고민했습니다.

자료해석 최신 출제 경향을 파악하여 철저히 대비할 수 있도록,
엄선된 다양한 문제를 풀어보며 전략적으로 시험을 준비할 수 있도록
체계적인 시간 관리 연습과 회독 학습을 통해 완벽하게 실전감각을 익힐 수 있도록,

해커스 PSAT연구소는 수많은 고민을 거듭한 끝에
『해커스 단기합격 7급 PSAT 기출+적중 모의고사 자료해석』을 출간하게 되었습니다.

『해커스 단기합격 7급 PSAT 기출+적중 모의고사 자료해석』은

1. 7급 PSAT 모의평가 및 최신 기출문제를 수록하여 출제 경향에 맞춰 시험에 전략적으로 대비할 수 있습니다.

2. 역대 PSAT 기출문제 중 7급 PSAT에 최적화된 문제로 구성된 기출 엄선 모의고사와, 7급 PSAT 출제경향을 반영하여 제작된 적중 예상 모의고사를 통해 문제풀이 능력을 기르고 실전 감각을 극대화할 수 있습니다

3. 취약 유형 분석표와 회독용 답안지를 통해, 본인의 취약점을 분석하고 체계적인 회독 학습을 할 수 있습니다.

이 책을 통해 7급 공채 PSAT를 준비하는 수험생 모두 합격의 기쁨을 누리시기 바랍니다.

해커스 PSAT연구소

목차

기출유형공략

PART 1 | 기출 엄선 모의고사

PART 2 | 적중 예상 모의고사

[부록]
- 기출 출처 인덱스
- 회독용 답안지

[책 속의 책]

약점 보완 해설집

자료해석 고득점을 위한 **이 책의 활용법**

1 **기출유형공략**으로 **출제 경향**과 **유형 특징**을 파악하여 전략적으로 학습한다.

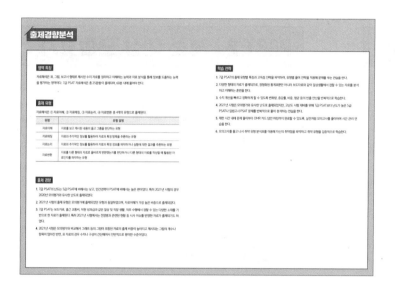

출제경향분석

최신 7급 공채 PSAT 자료해석 출제 유형과 출제 비중, 난이도, 학습 전략 등을 통해 영역에 대한 이해를 높이고 효과적으로 7급 공채 PSAT 자료해석에 대비할 수 있습니다.

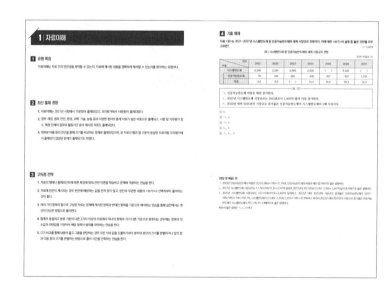

유형 특징 & 고득점 전략

역대 PSAT 기출문제를 통해 유형별 문제 형태와 평가 요소를 분석하고, 이에 따른 고득점 전략을 확인하여 유형에 대한 이해를 높일 수 있습니다.

2 기출 엄선 모의고사와 적중 예상 모의고사를 통해 실전 감각을 끌어올린다.

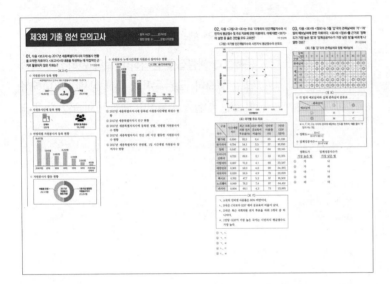

기출 엄선 모의고사

7급 PSAT 학습에 최적화된 문제들로 구성된 기출 엄선 모의고사 5회분을 풀면서 문제풀이의 속도와 정확도를 향상시킬 수 있습니다.

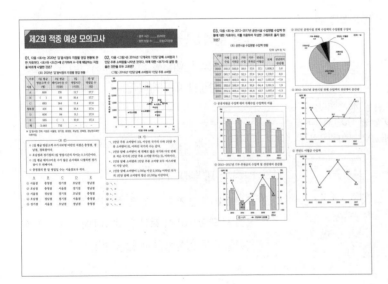

적중 예상 모의고사

적중 예상 모의고사 2회분을 풀면서 7급 PSAT를 실전처럼 연습할 수 있습니다. 기출 문제와 동일한 난이도로 구성된 신작 문제를 제한 시간 내에 풀어봄으로써 실전 감각을 극대화할 수 있습니다.

3 상세한 해설을 통해 **빠르고 정확한 풀이법**을 연습한다.

약점 보완 해설집

문제집과 해설집을 분리하여 보다 편리하게 학습할 수 있으며, 모든 문제에 대해 상세하고 이해하기 쉬운 해설을 수록하여 꼼꼼히 학습할 수 있습니다.

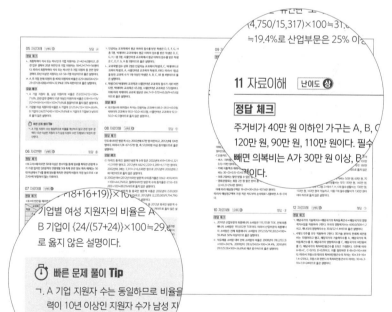

유형 분석 & 난이도

문제 유형과 난이도를 확인하여 자신의 문제 풀이 실력을 점검할 수 있습니다.

빠른 문제 풀이 Tip

문제를 빠르고 정확하게 풀 수 있는 Tip이나, 문제 풀이 시 유의해야 할 점을 정리하여 풀이 속도와 정확성을 더욱 향상시킬 수 있습니다.

4 취약 유형 분석표와 회독용 답안지를 활용해 약점을 극복하고 체계적으로 회독 학습을 한다.

취약 유형 분석표

문제를 푼 뒤 약점 보완 해설집에 수록된 취약 유형 분석표를 활용하여 자신의 실력을 점검하고 부족한 부분을 보완할 수 있습니다.

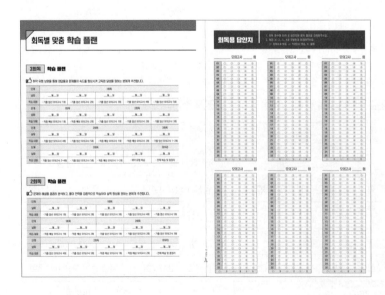

회독별 맞춤 학습 플랜

회독별 맞춤 학습 플랜을 활용하여 전략적으로 다회독 학습을 할 수 있습니다.

회독용 답안지

부록으로 제공되는 총 24회분의 회독용 답안지를 활용하여 실전처럼 마킹을 하며 문제를 풀어봄으로써 체계적인 다회독 학습이 가능합니다.

회독별 맞춤 학습 플랜

3회독 │ 학습 플랜

👍 취약 유형 보완을 통해 정답율과 문제풀이 속도를 향상시켜 고득점 달성을 원하는 분에게 추천합니다.

단계	1회독				
날짜	___월__일	___월__일	___월__일	___월__일	___월__일
학습 내용	·기출 엄선 모의고사 1회	·기출 엄선 모의고사 2회	·기출 엄선 모의고사 3회	·기출 엄선 모의고사 4회	·기출 엄선 모의고사 5회
단계	1회독		2회독		
날짜	___월__일	___월__일	___월__일	___월__일	___월__일
학습 내용	·적중 예상 모의고사 1회	·적중 예상 모의고사 2회	·기출 엄선 모의고사 1회	·기출 엄선 모의고사 2회	·기출 엄선 모의고사 3회
단계	2회독				3회독
날짜	___월__일	___월__일	___월__일	___월__일	___월__일
학습 내용	·기출 엄선 모의고사 4회	·기출 엄선 모의고사 5회	·적중 예상 모의고사 1회	·적중 예상 모의고사 2회	·기출 엄선 모의고사 1~2회
단계	3회독				마무리
날짜	___월__일	___월__일	___월__일	___월__일	___월__일
학습 내용	·기출 엄선 모의고사 3~4회	·기출 엄선 모의고사 5회	·적중 예상 모의고사 1~2회	·취약 유형 복습	·전체 복습 및 총정리

2회독 │ 학습 플랜

👍 문제와 해설을 꼼꼼히 분석하고, 풀이 전략을 집중적으로 학습하여 실력 향상을 원하는 분에게 추천합니다.

단계	1회독				
날짜	___월__일	___월__일	___월__일	___월__일	___월__일
학습 내용	·기출 엄선 모의고사 1회	·기출 엄선 모의고사 2회	·기출 엄선 모의고사 3회	·기출 엄선 모의고사 4회	·기출 엄선 모의고사 5회
단계	1회독		2회독		
날짜	___월__일	___월__일	___월__일	___월__일	___월__일
학습 내용	·적중 예상 모의고사 1회	·적중 예상 모의고사 2회	·기출 엄선 모의고사 1회	·기출 엄선 모의고사 2회	·기출 엄선 모의고사 3회
단계	2회독				마무리
날짜	___월__일	___월__일	___월__일	___월__일	___월__일
학습 내용	·기출 엄선 모의고사 4회	·기출 엄선 모의고사 5회	·적중 예상 모의고사 1회	·적중 예상 모의고사 2회	·전체 복습 및 총정리

1회독 학습 플랜

👍 실제 시험을 보는 것처럼 문제 풀이 학습에 초점을 맞추어 단기간에 실전 대비를 원하는 분에게 추천합니다.

단계	PART1				
날짜	__월__일	__월__일	__월__일	__월__일	__월__일
학습 내용	· 기출 엄선 모의고사 1회	· 기출 엄선 모의고사 2회	· 기출 엄선 모의고사 1~2회 복습 및 정리	· 기출 엄선 모의고사 3회	· 기출 엄선 모의고사 4회

단계	PART1		PART2		
날짜	__월__일	__월__일	__월__일	__월__일	__월__일
학습 내용	· 기출 엄선 모의고사 5회	· 기출 엄선 모의고사 3~5회 복습 및 정리	· 적중 예상 모의고사 1회	· 적중 예상 모의고사 2회	· 적중 예상 모의고사 1~2회 복습 및 정리

📖 회독별 학습 가이드

1회독
"실전 감각 익히기"

· 실전처럼 정해진 시간 내에 회독용 답안지에 마킹하며 한 회분씩 학습한다.
· 틀린 문제와 풀지 못한 문제를 확인하며 취약한 부분을 파악하고, 풀이법을 숙지한다.

2회독
"문제 풀이 전략 심화 학습"

· 틀린 문제와 풀지 못한 문제를 다시 한 번 풀어보고, 취약 유형 분석표를 바탕으로 취약한 부분에 대해 꼼꼼히 복습한다.
· 해설을 꼼꼼히 읽어 정답과 오답의 이유를 분석하고 더 빠르고 정확한 문제 풀이 전략을 정리한다.

3회독
"취약 유형 보완 및 고득점 달성"

· 회독별 점수와 정답률, 풀이 시간 등을 분석하여 반복적으로 틀리는 문제를 파악한다.
· 문제 풀이 전략을 적용하여 취약한 유형의 문제를 중점적으로 풀어보고, 취약점을 극복한다.

7급 공채 및 PSAT 알아보기

7급 공채 알아보기

1. 7급 공채란?

7급 공채는 인사혁신처에서 학력, 경력에 관계없이 7급 행정직 및 기술직 공무원으로 임용되기를 원하는 불특정 다수인을 대상으로 실시하는 공개경쟁채용시험을 말합니다. 신규 7급 공무원 채용을 위한 균등한 기회 보장과 보다 우수한 인력의 공무원을 선발하는 데 목적이 있습니다. 경력경쟁채용이나 지역인재채용과 달리 20세 이상의 연령이면서 국가공무원법 제33조에서 정한 결격사유에 저촉되지 않는 한, 누구나 학력 제한이나 응시상한연령 없이 시험에 응시할 수 있습니다.

- **경력경쟁채용**: 공개경쟁채용시험에 의하여 충원이 곤란한 분야에 대해 채용하는 제도로서 다양한 현장 경험과 전문성을 갖춘 민간전문가를 공직자로 선발한다.
- **지역인재채용**: 자격요건을 갖춘 자를 학교별로 추천받아 채용하는 제도로서 일정 기간의 수습 근무를 마친 후 심사를 거쳐 공직자로 선발한다.

2. 7급 공채 채용 프로세스

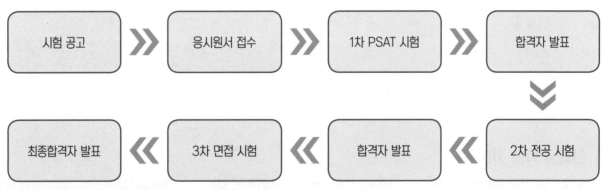

* 최신 시험의 상세 일정은 사이버국가고시센터(www.gosi.kr) 참고

▌7급 공채 PSAT 알아보기

1. PSAT란?

PSAT(Public Service Aptitude Test, 공직적격성평가)는 특정 과목에 대한 전문 지식 보유 수준을 평가하는 대신, 공직자로서 지녀야 할 기본적인 자질과 능력 등을 종합적으로 평가하는 시험입니다. 이에 따라 PSAT는 이해능력, 추론 및 분석능력, 상황판단능력 등을 평가하는 언어논리, 자료해석, 상황판단 세 가지 영역으로 구성됩니다.

2. 시험 구성 및 평가 내용

과목	시험 구성	평가 내용
언어논리	25문항/60분	글의 이해, 표현, 추론, 비판과 논리적 사고 등의 능력을 평가함
자료해석	25문항/60분	표, 그래프, 보고서 형태로 제시된 수치 자료를 이해하고 계산하거나 자료 간의 연관성을 분석하여 정보를 도출하는 능력을 평가함
상황판단	25문항/60분	제시된 글과 표를 이해하여 상황 및 조건에 적용하고, 판단과 의사결정을 통해 문제를 해결하는 능력을 평가함

자료해석 고득점 가이드

▌영역 및 출제 유형 분석

1. 영역 분석

자료해석은 표, 그래프, 보고서 형태로 제시된 통계 자료를 분석하고, 자료 간의 연관성을 파악하여 새로운 정보를 도출하는 능력을 평가하기 위한 영역입니다. 이에 따라 단순히 수학적 공식을 암기하여 풀이하는 문제는 출제되지 않으며, 제시된 자료를 이해하고 분석하는 문제가 출제됩니다.

2. 출제 유형 분석

자료해석은 크게 자료이해, 자료매칭, 자료논리, 자료변환 으로 구분됩니다. 출제되는 유형 모두 수치 자료를 올바르게 분석 또는 계산하여 해석하는 능력을 요구하므로 주어진 시간 내에 자료를 빠르고 정확하게 파악하는 능력이 필요합니다.

구분	유형 설명
자료이해	자료를 보고 제시된 내용의 옳고 그름을 판단하는 유형
자료매칭	자료와 추가적인 정보를 활용하여 자료의 특정 항목을 추론하는 유형
자료논리	자료와 추가적인 정보를 활용하여 자료의 특정 정보를 파악하거나 상황에 대한 결과를 추론하는 유형
자료변환	자료를 다른 형태의 자료로 올바르게 변환했는지를 판단하거나 다른 형태의 자료를 작성할 때 활용된 자료인지를 파악하는 유형

▌출제 경향 및 대비 전략

1. 출제 경향

① 출제 유형

7급 공채 PSAT에 출제된 문제는 5급 공채와 민간경력자 PSAT에 출제되었던 유형과 거의 동일합니다. 7급 PSAT 모의평가에 출제되었던 모든 유형이 출제되었으며, 자료의 수치를 비교하고 분석하는 문제의 출제 비중이 가장 높았습니다.

② 난이도

복잡한 계산을 요구하는 추론 문제의 출제 비중이 모의평가보다 낮았으나 전반적으로 자료의 양이 많고 단순 계산도 많아 모의평가에 비해 난도가 높게 출제되었습니다. 특히 제시되는 자료의 개수가 최대 4개로 모의평가보다 증가하여 해석해야 하는 자료의 양이 많았고, 이에 따라 전반적인 풀이 시간이 부족하여 체감 난도가 높았습니다.

③ 지문의 소재

5급 공채 및 민간경력자 PSAT와 마찬가지로 경제, 사회, 과학 등 다양한 분야의 통계 자료와 함께 실무와 관련된 소재가 출제되었습니다. 또한 인포그래픽 형태의 시각 자료가 모의평가보다 높은 비중으로 출제되어 다양한 자료를 활용하는 추세가 강화되었습니다.

2. 대비 전략

① 자료를 정확하게 이해하고, 분석하는 능력을 길러야 합니다.

자료해석 영역은 다양한 형태의 자료와 수치가 제시되므로 이를 이해하고 분석하는 능력이 필요합니다. 이에 따라 평소에 다양한 자료를 접해보면서 도표 및 그래프를 분석하는 연습을 해야 합니다. 이때 자료의 흐름을 파악하고, 정확하게 이해하기 위해 표나 그래프의 제목, 단위, 항목 등 자료의 특징적인 부분을 먼저 확인하는 것이 중요합니다.

② 자료해석의 문제 유형을 파악하고, 유형에 따른 풀이법을 학습해야 합니다.

자료해석 영역은 다양한 유형으로 구분되어 있고, 유형에 따라 효과적인 풀이법이 있습니다. 그렇기 때문에 유형에 따른 풀이법을 정확히 파악하고 준비하는 것이 중요합니다. 이에 따라 기출문제를 반복적으로 풀면서 정확하게 유형을 분석하는 능력을 연습해야 합니다.

③ 문제 유형별 풀이 전략을 익혀야 합니다.

7급 공채 PSAT는 60분 동안 25문항을 풀어야 하는 시험이므로 시험 시간이 촉박하게 느껴질 수 있습니다. 따라서 독해 연습과 이론적인 부분에 대한 학습뿐만 아니라 제한된 시간 내에 빠르고 정확하게 문제를 풀 수 있는 유형별 문제 풀이 전략을 익혀야 합니다.

기출유형공략

출제경향분석

영역 특징

자료해석은 표, 그림, 보고서 형태로 제시된 수치 자료를 정리하고 이해하는 능력과 자료 분석을 통해 정보를 도출하는 능력을 평가하는 영역이다. 7급 PSAT 자료해석은 총 25문항이 출제되며, 60분 내에 풀어야 한다.

출제 유형

자료해석은 ① 자료이해, ② 자료매칭, ③ 자료논리, ④ 자료변환 총 4개의 유형으로 출제된다.

유형	유형 설명
자료이해	자료를 보고 제시된 내용의 옳고 그름을 판단하는 유형
자료매칭	자료와 추가적인 정보를 활용하여 자료의 특정 항목을 추론하는 유형
자료논리	자료와 추가적인 정보를 활용하여 자료의 특정 정보를 파악하거나 상황에 대한 결과를 추론하는 유형
자료변환	자료를 다른 형태의 자료로 올바르게 변환했는지를 판단하거나 다른 형태의 자료를 작성할 때 활용된 자료인지를 파악하는 유형

출제 경향

1. 7급 PSAT의 난도는 5급 PSAT에 비해서는 낮고, 민간경력자 PSAT에 비해서는 높은 편이었다. 특히 2021년 시험의 경우 2020년 모의평가와 유사한 난도로 출제되었다.

2. 2021년 시험의 출제 유형은 모의평가에 출제되었던 유형과 동일하였으며, 자료이해가 가장 높은 비중으로 출제되었다.

3. 7급 PSAT는 보도자료, 출근 교통비, 직원 성과급과 같은 일상 및 직장 생활, 직무 수행에서 접할 수 있는 다양한 소재를 기반으로 한 자료가 출제된다. 특히 2021년 시험에서는 전염병과 관련된 현황 등 시사 이슈를 반영한 자료가 출제되기도 하였다.

4. 2021년 시험은 모의평가와 비교해서 그래프 등의 그림이 포함된 자료의 출제 비중이 높아지고 제시되는 그림의 개수나 항목이 많아진 반면, 표 자료의 경우 수치나 구성이 간단해져서 전반적으로 평이한 수준이었다.

학습 전략

1. 7급 PSAT의 출세 유형별 특징과 고득점 전략을 파악하여, 유형별 풀이 전략을 적용해 문제를 푸는 연습을 한다.

2. 다양한 형태의 자료가 출제되므로, 정형화된 통계표뿐만 아니라 보도자료와 같이 일상생활에서 접할 수 있는 자료를 분석하고 이해하는 훈련을 한다.

3. 수치 계산을 빠르고 정확하게 할 수 있도록 변화량, 증감률, 비중, 평균 등의 빈출 연산을 반복적으로 학습한다.

4. 2021년 시험은 모의평가와 유사한 난도로 출제되었지만, 고난도 시험 대비를 위해 7급 PSAT보다 난도가 높은 5급 PSAT나 입법고시 PSAT 문제를 반복적으로 풀이·분석하는 연습을 한다.

5. 제한 시간 내에 문제 풀이부터 OMR 카드 답안 마킹까지 완료할 수 있도록, 실전처럼 모의고사를 풀이하며 시간 관리 연습을 한다.

6. 모의고사를 풀고 나서 취약 유형 분석표를 이용해 자신의 취약점을 파악하고 취약 유형을 집중적으로 학습한다.

1 | 자료이해

1 유형 특징

자료이해는 자료 간의 연관성을 파악할 수 있는지, 자료에 제시된 내용을 정확하게 해석할 수 있는지를 평가하는 유형이다.

2 최신 출제 경향

1. 자료이해는 2021년 시험에서 15문항이 출제되었고, 모의평가에서 14문항이 출제되었다.

2. 정부·재정, 범죄·안전, 환경, 과학·기술, 농림 등의 다양한 분야의 통계 자료가 높은 비중으로 출제되고, 시험 및 직무평가 점수, 특정 단체의 임무와 활동기간 등이 제시된 자료도 출제되었다.

3. 대부분 비율 등의 연산을 통해 크기를 비교하는 문제로 출제되었으며, 표 자료의 행과 열 구분이 동일한 자료처럼 모의평가에서 출제되지 않았던 문제가 출제되기도 하였다.

3 고득점 전략

1. 자료의 형태나 출제포인트에 따른 특징에 맞춰 관련 이론을 학습하고 문제에 적용하는 연습을 한다.

2. 자료에 빈칸이 제시되는 경우 빈칸에 해당하는 값을 먼저 찾지 않고, 빈칸과 무관한 내용의 <보기>나 선택지부터 풀이하는 것이 좋다.

3. 여러 가지 항목의 합으로 구성된 자료는 문제에 제시된 항목과 반대인 항목을 기준으로 해석하는 연습을 통해 실전에서는 계산이 단순한 방법으로 풀이한다.

4. 합계가 동일하고 분류 기준이 다른 2가지 이상의 자료에서 하나의 항목이 각기 다른 기준으로 분류되는 경우에는 항목의 최솟값과 최댓값을 가정하여 해당 항목의 범위를 파악하는 연습을 한다.

5. 크기 비교를 통해 내용의 옳고 그름을 판단하는 경우 모든 식의 값을 도출하기보다 분자와 분모의 크기를 판별하거나 앞의 항과 다음 항의 크기를 판별하는 방법으로 풀이 시간을 단축하는 연습을 한다.

4 기출 예제

다음 <표>는 2021~2027년 시스템반도체 중 인공지능반도체의 세계 시장규모 전망이다. 이에 대한 <보기>의 설명 중 옳은 것만을 모두 고르면?

21 7급공채

〈표〉 시스템반도체 중 인공지능반도체의 세계 시장규모 전망

(단위: 억 달러, %)

구분 \ 연도	2021	2022	2023	2024	2025	2026	2027
시스템반도체	2,500	2,310	2,686	2,832	( )	3,525	( )
인공지능반도체	70	185	325	439	657	927	1,179
비중	2.8	8.0	( )	15.5	19.9	26.3	31.3

──〈보 기〉──

ㄱ. 인공지능반도체 비중은 매년 증가한다.

ㄴ. 2027년 시스템반도체 시장규모는 2021년보다 1,000억 달러 이상 증가한다.

ㄷ. 2022년 대비 2025년의 시장규모 증가율은 인공지능반도체가 시스템반도체의 5배 이상이다.

① ㄷ

② ㄱ, ㄴ

③ ㄱ, ㄷ

④ ㄴ, ㄷ

⑤ ㄱ, ㄴ, ㄷ

[정답 및 해설] ⑤

ㄱ. 2023년 인공지능반도체의 비중은 (325/2,686)×100≒12.1%로, 인공지능반도체의 비중은 매년 증가하므로 옳은 설명이다.

ㄴ. 2027년 시스템반도체 시장규모는 1,179×(100/31.3)≒3,767억 달러로 2027년이 2021년보다 3,767-2,500≒1,267억 달러 증가하므로 옳은 설명이다.

ㄷ. 2025년 시스템반도체 시장규모는 657×(100/19.9)≒3,302억 달러이고, 2022년 대비 2025년의 시장규모 증가율은 인공지능반도체가 {(657-185)/185}×100≒255.1%, 시스템반도체가 {(3,302-2,310)/2,310}×100≒42.9%이다. 따라서 2022년 대비 2025년의 시장규모 증가율은 인공지능반도체가 시스템반도체의 255.1/42.9≒5.9배이므로 옳은 설명이다.

따라서 옳은 설명은 ㄱ, ㄴ, ㄷ이다.

2 | 자료매칭

1 유형 특징

자료매칭은 제시된 정보를 근거로 자료에 나타난 임의의 항목에 해당하는 명칭이나 수치를 추론할 수 있는지를 평가하는 유형이다.

2 최신 출제 경향

1. 자료매칭은 2021년 시험에서 3문항이 출제되었고, 모의평가에서 1문항이 출제되었다.

2. 국가별 수자원 현황, 내·외국인 자가격리 현황, 지역발전 지표와 관련된 자료가 출제되었다.

3. 일반적으로 조건을 만족하는 명칭이나 값을 바르게 짝지은 것을 고르도록 출제되지만, 2021년 시험에서는 정보를 통해 파악할 수 없는 항목을 고르는 문제도 1문항 출제되었다.

4. 임의의 항목을 판단하기 위한 정보는 한 문장 형식의 조건으로 제시되거나 대화문 형태로도 출제되었다.

3 고득점 전략

1. 조건에 맞는 항목을 매칭하는 경우, 하나의 항목을 언급하여 해당 조건만으로 특정 항목이 확실히 결정되는 조건부터 검토하는 연습을 한다.

2. 알 수 없는 항목을 고르는 문제는 조건을 순차적으로 적용하여 오답을 소거해 나가면 풀이 시간을 단축할 수 있다.

4 기출 예제

다음 <표>와 <대화>는 4월 4일 기준 지자체별 자가격리자 및 모니터링 요원에 관한 자료이다. <표>와 <대화>를 근거로 C와 D에 해당하는 지자체를 바르게 나열한 것은?

21 7급공채

〈표〉 지자체별 자가격리자 및 모니터링 요원 현황(4월 4일 기준)

(단위: 명)

구분	지자체	A	B	C	D
내국인	자가격리자	9,778	1,287	1,147	9,263
	신규 인원	900	70	20	839
	해제 인원	560	195	7	704
외국인	자가격리자	7,796	508	141	7,626
	신규 인원	646	52	15	741
	해제 인원	600	33	5	666
모니터링 요원		10,142	710	196	8,898

※ 해당일 기준 자가격리자 = 전일 기준 자가격리자 + 신규 인원 - 해제 인원

〈대 화〉

갑: 감염병 확산에 대응하기 위한 회의를 시작합시다. 오늘은 대전, 세종, 충북, 충남의 4월 4일 기준 자가격리자 및 모니터링 요원 현황을 보기로 했는데, 각 지자체의 상황이 어떤가요?

을: 4개 지자체 중 세종을 제외한 3개 지자체에서 4월 4일 기준 자가격리자가 전일 기준 자가격리자보다 늘어났습니다.

갑: 모니터링 요원의 업무 부담과 관련된 통계 자료도 있나요?

을: 4월 4일 기준으로 대전, 세종, 충북은 모니터링 요원 대비 자가격리자의 비율이 1.8 이상입니다.

갑: 지자체에 모니터링 요원을 추가로 배치해야 할 것 같습니다. 자가격리자 중 외국인이 차지하는 비중이 4개 지자체 가운데 대전이 가장 높으니, 외국어 구사가 가능한 모니터링 요원을 대전에 우선 배치하는 방향으로 검토해 봅시다.

   C   D
① 충북   충남
② 충북   대전
③ 충남   충북
④ 세종   대전
⑤ 대전   충북

[정답 및 해설] ②

· '을'의 첫 번째 <대화>에 따르면 4개 지자체 중 세종을 제외한 3개 지자체에서 4월 4일 기준 자가격리자가 전일 기준 자가격리자보다 늘어났으므로 자가격리 신규 인원보다 해제 인원이 더 많은 B가 세종이다.

· '을'의 두 번째 <대화>에 따르면 대전, 세종, 충북은 모니터링 요원 대비 자가격리자의 비율이 1.8 이상이므로 자가격리자 합이 9,778+7,796=17,574명이고 모니터링 요원 대비 자가격리자의 비율이 17,574/10,142≒1.7인 A가 충남이다.

· '갑'의 세 번째 <대화>에 따르면 자가격리자 중 외국인이 차지하는 비중이 4개 지자체 가운데 대전이 가장 높으며, D의 자가격리자 합은 9,263+7,626=16,889명이고, 이 중 외국인이 차지하는 비중은 (7,626/16,889)×100≒45.2%로 4개 지자체 가운데 가장 크므로 D가 대전이다.

따라서 C가 충북, D가 대전이다.

3 | 자료논리

1 유형 특징

자료논리는 자료와 각주, 조건, 규칙 등으로 제시되는 추가적인 정보를 적용해서 특정 값을 도출할 수 있는지, 각 상황에 대한 결과를 추론할 수 있는지를 평가하는 유형이다.

2 최신 출제 경향

1. 자료논리는 2021년 시험에서 4문항이 출제되었고, 모의평가에서 7문항이 출제되었다.

2. 제조공정도 투입 재료, 출근 방법에 따른 교통비, 성과급에 따른 연봉, 폭설피해 예방대책에 관한 수치 자료가 출제되었다.

3. 대체로 평이하게 출제되었으나, 규칙 단계별로 산출되는 중간 결괏값을 적용해서 최종 결과를 도출하는 문제처럼 풀이 시간이 오래 소요되는 문제도 일부 있었다.

3 고득점 전략

1. 다양한 문제를 풀어보면서 여러 형태의 규칙과 계산방식을 빠르게 이해하고 정확하게 적용하는 연습을 한다.

2. 도출 값의 크기를 비교하는 문제는 제시된 계산식에서 공통되는 연산을 생략하고, 차이 나는 나머지 부분에 대해 연산하여 풀이 시간을 단축할 수 있다.

3. 자료가 여러 개 제시된 경우 자료의 제목과 단위에서 자료 간 공통점 또는 차이점을 먼저 확인한 후, 자료를 연계하여 계산식을 도출하는 연습을 한다.

4 기출 예제

다음 <표>는 2018년 '갑'국 A~E지역의 산사태 위험인자 현황에 관한 자료이다. <평가 방법>에 근거하여 산사태 위험점수가 가장 높은 지역과 가장 낮은 지역을 바르게 나열한 것은?

20 7급모의

〈표〉 A~E지역의 산사태 위험인자 현황

위험인자 \ 지역	A	B	C	D	E
경사길이(m)	180	220	150	80	40
모암	화성암	퇴적암	변성암(편마암)	변성암(천매암)	변성암(편마암)
경사위치	중하부	중상부	중하부	상부	중상부
사면형	상승사면	복합사면	하강사면	복합사면	평형사면
토심(cm)	160	120	70	110	80
경사도(°)	30	20	25	35	55

〈평가 방법〉

○ 산사태 위험인자의 평가점수는 다음과 같다.

위험인자 \ 평가점수	0점	10점	20점	30점
경사길이(m)	50 미만	50 이상 100 미만	100 이상 200 미만	200 이상
모암	퇴적암	화성암	변성암(천매암)	변성암(편마암)
경사위치	하부	중하부	중상부	상부
사면형	상승사면	평형사면	하강사면	복합사면
토심(cm)	20 미만	20 이상 100 미만	100 이상 150 미만	150 이상
경사도(°)	40 이상	30 이상 40 미만	25 이상 30 미만	25 미만

○ 개별 지역의 산사태 위험점수는 6개 위험인자에 대한 평가점수의 합임.

	가장 높은 지역	가장 낮은 지역
①	B	A
②	B	E
③	D	A
④	D	C
⑤	D	E

[정답 및 해설] ②

<평가 방법>에 근거하여 산사태 위험점수를 산정하면 다음과 같다.

위험인자 \ 지역	A	B	C	D	E
경사길이	20	30	20	10	0
모암	10	0	30	20	30
경사위치	10	20	10	30	20
사면형	0	30	20	30	10
토심	30	20	10	20	10
경사도	10	30	20	10	0
총점	80	130	110	120	70

따라서 산사태 위험점수가 가장 높은 지역은 B, 가장 낮은 지역은 E이다.

4 | 자료변환

1 유형 특징

자료변환은 특정 형태의 자료를 다른 형태로 올바르게 변환할 수 있는지, 보고서 작성 시 필요한 자료를 파악할 수 있는지를 평가하는 유형이다.

2 최신 출제 경향

1. 자료변환은 2021년 시험에서 모의평가와 동일하게 3문항이 출제되었다.

2. 보고서를 작성할 때 추가로 이용한 자료를 찾는 문제의 경우 자료의 제목뿐만 아니라 표와 그래프가 함께 제시되어 제시된 내용이 올바른지도 확인이 필요했다.

3. 2021년 시험에서는 보도자료의 내용과 부합하는 자료를 찾는 문제가 출제되었으며, 선택지에 제시되는 그래프가 2개인 경우가 있어 확인해야 하는 내용이 모의평가에 비해 많아진 편이었다.

4. 표를 그래프로 변환하는 문제는 증가량을 고려하거나 비율 계산 등 다소 복잡한 계산이 적용된 자료의 출제 비중이 높아 난도가 높았다.

3 고득점 전략

1. 보고서가 제시되는 문제의 경우 각 자료의 제목과 구성을 먼저 확인한 후 보고서의 내용과 관련 있는 항목만 선별적으로 판단하는 연습을 한다.

2. 표 또는 그래프를 다른 형태의 자료로 변환해야 하는 경우, 자료의 수치를 그대로 옮겨놓은 선택지를 먼저 확인하고 계산이 복잡한 선택지는 후순위로 확인하면 풀이 시간을 단축할 수 있다.

4 기출 예제

다음 <표>와 <보고서>는 A시 청년의 희망직업 취업 여부에 관한 조사 결과이다. 제시된 <표> 이외에 <보고서>를 작성하기 위해 추가로 이용한 자료만을 <보기>에서 모두 고르면?

21 민경채

〈표〉 전공계열별 희망직업 취업 현황

(단위: 명, %)

구분 \ 전공계열	전체	인문 사회계열	이공계열	의약/교육/예체능계열
취업자 수	2,988	1,090	1,054	844
희망직업 취업률	52.3	52.4	43.0	63.7
희망직업 외 취입률	47.7	47.6	57.0	36.3

〈보고서〉

A시의 취업한 청년 2,988명을 대상으로 조사한 결과 52.3%가 희망직업에 취업했다고 응답하였다. 전공계열별로 살펴보면 의약/교육/예체능계열, 인문사회계열, 이공계열 순으로 희망직업 취업률이 높게 나타났다.

전공계열별로 희망직업을 선택한 동기를 살펴보면 이공계열과 의약/교육/예체능계열의 경우 '전공분야'라고 응답한 비율이 각각 50.3%와 49.9%였고, 인문사회계열은 그 비율이 33.3%였다. 전공계열별 희망직업의 선호도 분포를 분석한 결과, 인문사회계열은 '경영', 이공계열은 '연구직', 그리고 의약/교육/예체능계열은 '보건 · 의료 · 교육'에 대한 선호도가 가장 높았다.

한편, 전공계열별로 희망직업에 취업한 청년과 희망직업 외에 취업한 청년의 직장만족도를 살펴보면 차이가 가장 큰 계열은 이공계열로 0.41점이었다.

〈보 기〉

ㄱ. 구인 · 구직 추이

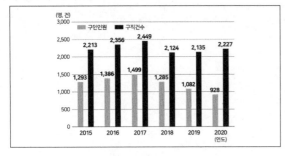

ㄴ. 전공계열별 희망직업 선호도 분포

(단위: %)

전공계열 \ 희망직업	전체	인문 사회계열	이공계열	의약/교육/예체능계열
경영	24.2	47.7	15.4	5.1
연구직	19.8	1.9	52.8	1.8
보건 · 의료 · 교육	33.2	28.6	14.6	62.2
예술 · 스포츠	10.7	8.9	4.2	21.2
여행 · 요식	8.7	12.2	5.5	8.0
생산 · 농림어업	3.4	0.7	7.5	1.7

ㄷ. 전공계열별 희망직업 선택 동기 구성비

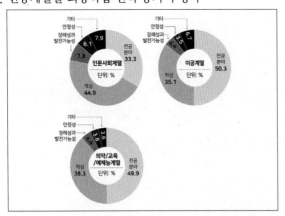

ㄹ. 희망직업 취업여부에 따른 항목별 직장 만족도(5점 만점)

(단위: 점)

희망직업 취업여부 \ 항목	업무내용	소득	고용안정
전체	3.72	3.57	3.28
희망직업 취업	3.83	3.70	3.35
희망직업 외 취업	3.59	3.42	3.21

① ㄱ, ㄷ

② ㄱ, ㄹ

③ ㄴ, ㄷ

④ ㄱ, ㄴ, ㄹ

⑤ ㄴ, ㄷ, ㄹ

[정답 및 해설] ③

ㄱ. 제시된 <보고서>에서 [구인·구직 추이]는 알 수 없으므로 <보고서>를 작성하기 위해 추가로 이용한 자료가 아니다.

ㄴ. <보고서>의 두 번째 단락에서 전공계열별 희망직업의 선호도 분포를 분석한 결과에 대해 언급하고 있으나, <표>에서는 전공계열별 희망직업 취업 현황만을 확인할 수 있으므로 [전공계열별 희망직업 선호도 분포]는 <보고서>를 작성하기 위해 추가로 이용한 자료이다.

ㄷ. <보고서>의 두 번째 단락에서 전공계열별로 희망직업을 선택한 동기를 살펴본다고 했으나, <표>에서는 전공계열별 희망직업 취업 현황만을 확인할 수 있으므로 [전공계열별 희망직업 선택 동기 구성비]는 <보고서>를 작성하기 위해 추가로 이용한 자료이다.

ㄹ. 제시된 <보고서>에서 [희망직업 취업여부에 따른 항목별 직장 만족도]는 알 수 없으므로 <보고서>를 작성하기 위해 추가로 이용한 자료가 아니다.

따라서 추가로 이용한 자료는 ㄴ, ㄷ이다.

PART **1**

기출 엄선 모의고사

01. 다음 <보고서>는 2017년과 2018년 청소년활동 참여 실태에 관한 자료이다. <보고서>의 내용과 부합하는 자료만을 <보기>에서 모두 고르면?

19 5급공채

<보고서>

2018년 청소년활동 9개 영역 중 '건강·보건활동'의 참여경험(93.6%)이 가장 높게 나타났고, 다음으로 '문화예술활동'(85.2%), '모험개척활동'(57.8%) 순으로 높게 나타났다. 반면, 2017년과 2018년 모두 '교류활동'의 참여경험 비율이 가장 낮게 나타났다. 이와 더불어 2018년 향후 가장 참여를 희망하는 청소년활동으로는 '문화예술활동'(22.5%), '진로탐색·직업체험활동'(21.5%)의 순으로 높게 조사되었다.

2018년 청소년활동 참여형태에 대한 9개 항목 중 '학교에서 단체로 참여'라는 응답(46.0%)이 가장 높게 나타났으며, 다음으로 '교내 동아리활동으로 참여', '개인적으로 참여'의 순으로 높게 나타났다. 2018년 청소년활동을 가장 희망하는 시간대는 '학교 수업시간 중'(43.7%)으로 조사되었고, '기타'를 제외하고는 '방과 후'가 가장 낮은 비율로 조사되었다.

2018년 청소년활동에 대한 '전반적 만족도'는 3.37점으로 2017년보다 상승한 것으로 확인되었고, '지도자 만족도'가 '활동내용 만족도'보다 더 높은 것으로 나타났다. 또한, 2018년 청소년활동 정책 인지도 점수는 최소 1.15점에서 최대 1.42점으로 나타났다.

<보기>

ㄱ. 청소년활동 영역별 참여경험 및 향후 참여희망 비율 (2017~2018년)

(단위: %)

구분	연도	건강·보건활동	과학정보활동	교류활동	모험개척활동	문화예술활동	봉사활동	진로·탐색·직업체험활동	환경보존활동	자기계발활동
참여경험	2017	93.7	53.6	26.5	55.7	79.7	55.4	63.8	42.4	41.3
	2018	93.6	61.2	33.9	57.8	85.2	62.9	72.5	48.8	50.8
향후 참여희망	2017	9.7	11.6	3.6	16.4	21.1	5.0	21.0	1.7	4.7
	2018	8.2	11.1	3.0	17.0	22.5	5.4	21.5	1.8	3.5

ㄴ. 청소년활동 희망시간대(2018년)

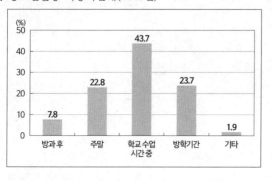

ㄷ. 청소년활동 참여형태(2017~2018년)

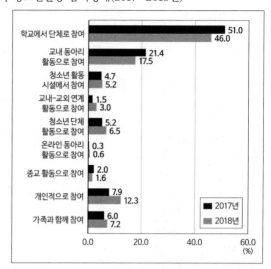

ㄹ. 청소년활동 정책 인지도 점수(2017~2018년)

(단위: 점)

항목 \ 연도	2017	2018
청소년수련활동인증제	1.24	1.27
국제청소년성취포상제	1.14	1.15
청소년어울림마당	1.40	1.42
청소년특별회의	1.28	1.30
청소년참여위원회	1.35	1.37
청소년운영위원회	1.41	1.44
청소년활동정보서비스	1.31	1.32
대한민국청소년박람회	1.29	1.28
청소년수련활동신고제	1.18	1.20

※ 점수가 높을수록 인지도가 높음.

① ㄴ, ㄷ
② ㄴ, ㄹ
③ ㄷ, ㄹ
④ ㄱ, ㄴ, ㄷ
⑤ ㄱ, ㄷ, ㄹ

02. 다음 <표>는 A시 주철 수도관의 파손원인별 파손 건수에 대한 자료이다. 이에 대한 설명으로 옳지 않은 것은? `13 민경채`

〈표〉 A시 주철 수도관의 파손원인별 파손 건수

(단위: 건)

파손원인	주철 수도관 유형		합
	회주철	덕타일주철	
시설노후	105	71	176
부분 부식	1	10	11
수격압	51	98	149
외부충격	83	17	100
자연재해	1	1	2
재질불량	6	3	9
타공사	43	22	65
부실시공	1	4	5
보수과정 실수	43	6	49
계	334	232	566

※ 파손원인의 중복은 없음.

① 덕타일주철 수도관의 파손 건수가 50건 이상인 파손원인은 2가지이다.

② 회주철 수도관의 총 파손 건수가 덕타일주철 수도관의 총 파손 건수보다 많다.

③ 주철 수도관의 파손원인별 파손 건수에서 '자연재해' 파손 건수가 가장 적다.

④ 주철 수도관의 '시설노후' 파손 건수가 주철 수도관의 총 파손 건수에서 차지하는 비율은 30% 이상이다.

⑤ 회주철 수도관의 '보수과정 실수' 파손 건수가 회주철 수도관의 총 파손 건수에서 차지하는 비율은 10% 미만이다.

03. 다음 <그림>은 2014~2020년 연말 기준 '갑'국의 국가채무 및 GDP에 관한 자료이다. 이에 대한 <보기>의 설명 중 옳은 것만을 모두 고르면? `21 7급공채`

〈그림 1〉 GDP 대비 국가채무 및 적자성채무 비율 추이

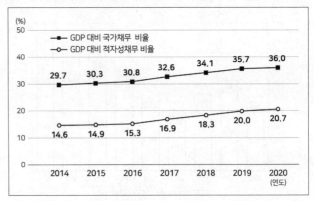

※ 국가채무 = 적자성채무 + 금융성채무

〈그림 2〉 GDP 추이

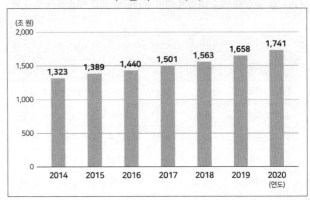

─── 〈보 기〉 ───

ㄱ. 2020년 국가채무는 2014년의 1.5배 이상이다.

ㄴ. GDP 대비 금융성채무 비율은 매년 증가한다.

ㄷ. 적자성채무는 2019년부터 300조 원 이상이다.

ㄹ. 금융성채무는 매년 국가채무의 50% 이상이다.

① ㄱ, ㄴ

② ㄱ, ㄷ

③ ㄴ, ㄹ

④ ㄱ, ㄷ, ㄹ

⑤ ㄴ, ㄷ, ㄹ

04. 다음 <그림>과 <표>는 '갑'국 맥주 소비량 및 매출액 현황에 관한 자료이다. 이에 대한 <보고서>의 설명 중 옳지 않은 것은? 19 5급공채

〈그림〉 2010~2018년 국산맥주 소비량 및 수입맥주 소비량

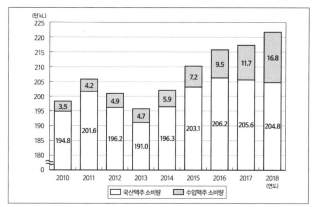

※ 맥주 소비량(만 kL) = 국산맥주 소비량 + 수입맥주 소비량

〈표〉 '갑'국 전체 맥주 매출액 대비 브랜드별 맥주 매출액 비중 순위

(단위: %)

순위	2017년			2018년		
	브랜드명	비중	비고	브랜드명	비중	비고
1	파아스	37.4	국산	파아스	32.3	국산
2	하이프	15.6	국산	하이프	15.4	국산
3	드로이C	7.1	국산	클라우스	8.0	국산
4	막스	6.6	국산	막스	4.7	국산
5	프라이	6.5	국산	프라이	4.3	국산
6	아사리	3.3	수입	드로이C	4.1	국산
7	하이네펜	3.2	수입	R맥주	4.0	수입
8	R맥주	3.0	수입	아사리	3.8	수입
9	호가튼	2.0	수입	하이네펜	3.4	수입
10	갓포로	1.3	수입	파울러나	1.9	수입

〈보고서〉

㉠'갑'국 맥주 소비량은 2014년 이후 매년 꾸준하게 증가되어, 2013년 총 195만 7천 kL였던 맥주 소비량이 2018년에는 221만 6천 kL에 이르렀다. 이는 수입맥주 소비량의 증가가 주요 원인 중 한 가지로 파악된다. ㉡2010년 '갑'국 맥주 소비량 중 2% 미만이었던 수입맥주 소비량 비중이 2018년에는 7% 이상이 되었다. ㉢2014~2018년 '갑'국 수입맥주 소비량의 전년대비 증가율 역시 매년 커지고 있다.

2017년과 2018년 브랜드별 '갑'국 맥주시장 매출액 비중 순위를 살펴보면 국산맥주 브랜드가 1~5위를 차지하여 매출액 비중 순위에서 강세를 나타냈다. 그럼에도 불구하고 ㉣맥주 매출액 상위 10개 브랜드 중 수입맥주 브랜드가 '갑'국 전체 맥주 매출액에서 차지하는 비중은 2017년보다 2018년에 커졌다. 그리고 ㉤'갑'국 전체 맥주 매출액에서 상위 5개 브랜드가 차지하는 비중은 2017년에 비해 2018년에 작아졌다.

① ㄱ
② ㄴ
③ ㄷ
④ ㄹ
⑤ ㅁ

05. 다음 <표>는 2019년 12월 호텔 A~D의 운영실적에 대한 자료이다. 이에 대한 <보기>의 설명 중 옳은 것을 고르면?

20 5급공채

〈표〉 2019년 12월 호텔 A~D의 운영실적

(단위: 개, 만 원)

호텔	판매가능 객실 수	판매 객실 수	평균 객실 요금
A	3,500	1,600	40
B	3,000	2,100	30
C	1,250	1,000	20
D	1,100	990	10

※ 1) 객실 수입=판매 객실 수×평균 객실 요금

2) 객실 판매율(%)= $\dfrac{\text{판매 객실 수}}{\text{판매가능 객실 수}}$ ×100

〈보 기〉

ㄱ. 객실 수입이 가장 많은 호텔은 B이다.

ㄴ. 객실 판매율은 호텔C가 호텔D보다 낮다.

ㄷ. 판매가능 객실당 객실 수입이 가장 적은 호텔은 A이다.

ㄹ. 판매가능 객실 수가 많은 호텔일수록 객실 판매율이 낮다.

① ㄱ, ㄴ
② ㄱ, ㄷ
③ ㄱ, ㄹ
④ ㄴ, ㄷ
⑤ ㄴ, ㄹ

06. 다음 <표>는 인공지능(AI)의 동물식별 능력을 조사한 결과이다. 이에 대한 <보기>의 설명으로 옳은 것만을 모두 고르면?

18 5급공채

〈표〉 AI의 동물식별 능력 조사 결과

(단위: 마리)

AI 식별 결과 / 실제	개	여우	돼지	염소	양	고양이	합계
개	457	10	32	1	0	2	502
여우	12	600	17	3	1	2	635
돼지	22	22	350	2	0	3	399
염소	4	3	3	35	1	2	48
양	0	0	1	1	76	0	78
고양이	3	6	5	2	1	87	104
전체	498	641	408	44	79	96	1,766

〈보 기〉

ㄱ. AI가 돼지로 식별한 동물 중 실제 돼지가 아닌 비율은 10% 이상이다.

ㄴ. 실제 여우 중 AI가 여우로 식별한 비율은 실제 돼지 중 AI가 돼지로 식별한 비율보다 낮다.

ㄷ. 전체 동물 중 AI가 실제와 동일하게 식별한 비율은 85% 이상이다.

ㄹ. 실제 염소를 AI가 고양이로 식별한 수보다 양으로 식별한 수가 많다.

① ㄱ, ㄴ
② ㄱ, ㄷ
③ ㄴ, ㄷ
④ ㄱ, ㄷ, ㄹ
⑤ ㄴ, ㄷ, ㄹ

07. 다음 <표>와 <보고서>는 2019년 전국 안전체험관과 생활안전에 관한 자료이다. 제시된 <표> 이외에 <보고서>를 작성하기 위해 추가로 이용한 자료만을 <보기>에서 모두 고르면?

21 7급공채

〈표〉 2019년 전국 안전체험관 규모별 현황

(단위: 개소)

전체	대형		중형		소형
	일반	특성화	일반	특성화	
473	25	7	5	2	434

───────────── 〈보고서〉 ─────────────

　2019년 생활안전 통계에 따르면 전국 473개소의 안전체험관이 운영 중인 것으로 확인되었다. 전국 안전체험관을 규모별로 살펴보면, 대형이 32개소, 중형이 7개소, 소형이 434개소였다. 이 중 대형 안전체험관은 서울이 가장 많고 경북, 충남이 그 뒤를 이었다.

　전국 안전사고 사망자 수는 2015년 이후 매년 감소하다가 2018년에는 증가하였다. 교통사고 사망자 수는 2015년 이후 매년 줄어들었고, 특히 2018년에 전년대비 11.2% 감소하였다.

　2019년 분야별 지역안전지수 1등급 지역을 살펴보면 교통사고 분야는 서울, 경기, 화재 분야는 광주, 생활안전 분야는 경기, 부산으로 나타났다.

───────────── 〈보 기〉 ─────────────

ㄱ. 연도별 전국 교통사고 사망자 수

(단위: 명)

연도	2015	2016	2017	2018
사망자 수	4,380	4,019	3,973	3,529

ㄴ. 분야별 지역안전지수 4년 연속(2015~2018년) 1등급, 5등급 지역(시·도)

분야 등급	교통사고	화재	범죄	생활안전	자살
1등급	서울, 경기	–	세종	경기	경기
5등급	전남	세종	제주	제주	부산

ㄷ. 연도별 전국 안전사고 사망자 수

(단위: 명)

연도	2015	2016	2017	2018
사망자 수	31,582	30,944	29,545	31,111

ㄹ. 2018년 지역별 안전체험관 수

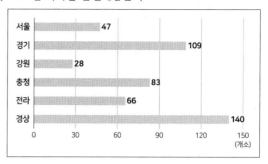

① ㄱ, ㄴ
② ㄱ, ㄷ
③ ㄴ, ㄹ
④ ㄱ, ㄷ, ㄹ
⑤ ㄴ, ㄷ, ㄹ

08. 다음 <그림>은 '갑'국 6개 지방청 전체의 부동산과 자동차 압류건수의 지방청별 구성비에 관한 자료이다. <그림>과 <조건>을 근거로 B와 D에 해당하는 지방청을 바르게 나열한 것은? 20 민경채

〈그림 1〉 부동산 압류건수의 지방청별 구성비

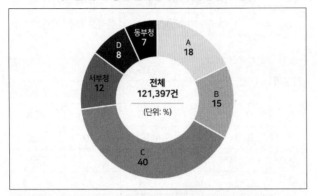

※ 지방청은 동부청, 서부청, 남부청, 북부청, 남동청, 중부청으로만 구성됨.

〈그림 2〉 자동차 압류건수의 지방청별 구성비

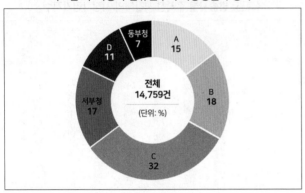

───〈조 건〉───
○ 자동차 압류건수는 중부청이 남동청의 2배 이상이다.
○ 남부청과 북부청의 부동산 압류건수는 각각 2만 건 이하이다.
○ 지방청을 부동산 압류건수와 자동차 압류건수가 큰 값부터 순서대로 각각 나열할 때, 순서가 동일한 지방청은 동부청, 남부청, 중부청이다.

    B   D
① 남동청   남부청
② 남동청   북부청
③ 남부청   북부청
④ 북부청   남부청
⑤ 중부청   남부청

09. 다음 <표>는 K국 '갑'~'무' 공무원의 국외 출장 현황과 출장 국가별 여비 기준을 나타낸 자료이다. <표>와 <조건>을 근거로 출장 여비를 지급받을 때, 출장 여비를 가장 많이 지급받는 출장자부터 순서대로 바르게 나열한 것은? 16 5급공채

〈표 1〉 K국 '갑'~'무' 공무원 국외 출장 현황

출장자	출장국가	출장기간	숙박비 지급 유형	1박 실지출 비용 ($/박)	출장 시 개인 마일리지 사용 여부
갑	A	3박 4일	실비지급	145	미사용
을	A	3박 4일	정액지급	130	사용
병	B	3박 5일	실비지급	110	사용
정	C	4박 6일	정액지급	75	미사용
무	D	5박 6일	실비지급	75	사용

※ 각 출장자의 출장 기간 중 매박 실지출 비용은 변동 없음.

〈표 2〉 출장 국가별 1인당 여비 지급 기준액

구분 / 출장국가	1일 숙박비 상한액($/박)	1일 식비($/일)
A	170	72
B	140	60
C	100	45
D	85	35

───〈조 건〉───
○ 출장 여비($)=숙박비+식비
○ 숙박비는 숙박 실지출 비용을 지급하는 실비지급 유형과 출장국가 숙박비 상한액의 80%를 지급하는 정액지급 유형으로 구분
  ■ 실비지급 숙박비($)=(1박 실지출 비용)×('박' 수)
  ■ 정액지급 숙박비($)
    =(출장국가 1일 숙박비 상한액)×('박' 수)×0.8
○ 식비는 출장시 개인 마일리지 사용여부에 따라 출장 중 식비의 20% 추가지급
  ■ 개인 마일리지 미사용시 지급 식비($)
    =(출장국가 1일 식비)×('일' 수)
  ■ 개인 마일리지 사용시 지급 식비($)
    =(출장국가 1일 식비)×('일' 수)×1.2

① 갑, 을, 병, 정, 무
② 갑, 을, 병, 무, 정
③ 을, 갑, 정, 병, 무
④ 을, 갑, 병, 무, 정
⑤ 을, 갑, 무, 병, 정

10. 다음 <표>는 2016년 '갑'시 5개 구 주민의 돼지고기 소비량에 관한 자료이다. <조건>을 이용하여 변동계수가 3번째로 큰 구와 4번째로 큰 구를 바르게 나열한 것은? 17 민경채

〈표〉 5개 구 주민의 돼지고기 소비량 통계

(단위: kg)

구	평균 (1인당 소비량)	표준편차
A	( )	5.0
B	( )	4.0
C	30.0	6.0
D	12.0	4.0
E	( )	8.0

※ 변동계수(%)= $\frac{표준편차}{평균}×100$

─〈조 건〉─

○ A구의 1인당 소비량과 B구의 1인당 소비량을 합하면 C구의 1인당 소비량과 같다.

○ A구의 1인당 소비량과 D구의 1인당 소비량을 합하면 E구 1인당 소비량의 2배와 같다.

○ E구의 1인당 소비량은 B구의 1인당 소비량보다 6.0kg 더 많다.

	3번째	4번째
①	B	A
②	B	C
③	B	E
④	D	A
⑤	D	C

11. 다음 <표>와 <그림>은 '갑'국의 방송사별 만족도지수, 질평가지수, 시청자평가지수를 나타낸 자료이다. 이에 대한 <보기>의 설명 중 옳은 것만을 모두 고르면? 19 민경채

〈표〉 방송사별 전체 및 주시청 시간대의 만족도지수와 질평가지수

유형	구분 방송사	전체 시간대 만족도지수	전체 시간대 질평가지수	주시청 시간대 만족도지수	주시청 시간대 질평가지수
지상파	A	7.37	7.33	( )	7.20
	B	7.22	7.05	7.23	( )
	C	7.14	6.97	7.11	6.93
	D	7.32	7.16	( )	7.23
종합 편성	E	6.94	6.90	7.10	7.02
	F	7.75	7.67	( )	7.88
	G	7.14	7.04	7.20	( )
	H	7.03	6.95	7.08	7.00

〈그림〉 방송사별 주시청 시간대의 시청자평가지수

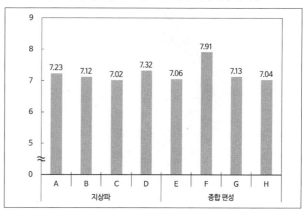

※ 전체(주시청)시간대 시청자평가지수
= $\frac{전체(주시청)시간대 만족도지수+전체(주시청)시간대 질평가지수}{2}$

─〈보 기〉─

ㄱ. 각 지상파 방송사는 전체 시간대와 주시청 시간대 모두 만족도지수가 질평가지수보다 높다.

ㄴ. 각 종합편성 방송사의 질평가지수는 주시청 시간대가 전체 시간대보다 높다.

ㄷ. 각 지상파 방송사의 시청자평가지수는 전체 시간대가 주시청 시간대보다 높다.

ㄹ. 만족도지수는 주시청 시간대가 전체 시간대보다 높으면서 시청자평가지수는 주시청 시간대가 전체 시간대보다 낮은 방송사는 2개이다.

① ㄱ, ㄴ

② ㄱ, ㄷ

③ ㄴ, ㄹ

④ ㄱ, ㄷ, ㄹ

⑤ ㄴ, ㄷ, ㄹ

12. 다음 <표>는 학생 6명의 A~E과목 시험 성적 자료의 일부이다. 이에 대한 <보기>의 설명 중 옳은 것만을 모두 고르면?

16 5급공채

〈표〉 학생 6명의 A~E과목 시험 성적

(단위: 점)

학생＼과목	A	B	C	D	E	평균
영희	( )	14	13	15	( )	( )
민수	12	14	( )	10	14	13.0
수민	10	12	9	( )	18	11.8
은경	14	14	( )	17	( )	( )
철민	( )	20	19	17	19	18.6
상욱	10	( )	16	( )	16	( )
계	80	( )	( )	84	( )	( )
평균	( )	14.5	14.5	( )	( )	( )

※ 1) 과목별 시험 점수 범위는 0~20점이고, 모든 과목 시험에서 결시자는 없음.
2) 학생의 성취도수준은 5개 과목 시험 점수의 산술평균으로 결정함.
 - 시험 점수 평균이 18점 이상 20점 이하: 수월수준
 - 시험 점수 평균이 15점 이상 18점 미만: 우수수준
 - 시험 점수 평균이 12점 이상 15점 미만: 보통수준
 - 시험 점수 평균이 12점 미만: 기초수준

〈보 기〉

ㄱ. 영희의 성취도수준은 E과목 시험 점수가 17점 이상이면 '우수수준'이 될 수 있다.

ㄴ. 은경의 성취도수준은 E과목 시험 점수에 따라 '기초수준'이 될 수 있다.

ㄷ. 상욱의 시험 점수는 B과목은 13점, D과목은 15점이므로, 상욱의 성취도수준은 '보통수준'이다.

ㄹ. 민수의 C과목 시험 점수는 철민의 A과목 시험 점수보다 높다.

① ㄱ, ㄴ
② ㄱ, ㄷ
③ ㄱ, ㄹ
④ ㄴ, ㄷ
⑤ ㄴ, ㄹ

13. 다음 <표>는 2014~2018년 '갑'국 체류외국인 수 및 체류외국인 범죄건수에 대한 자료이다. 이에 대한 <보기>의 설명 중 옳은 것만을 모두 고르면?

19 민경채

〈표〉 체류외국인 수 및 체류외국인 범죄건수

(단위: 명, 건)

구분＼연도	2014	2015	2016	2017	2018
체류외국인 수	1,168,477	1,261,415	1,395,077	1,445,103	1,576,034
합법체류외국인 수	990,522	1,092,900	1,227,297	1,267,249	1,392,928
불법체류외국인 수	177,955	168,515	167,780	177,854	183,106
체류외국인 범죄건수	21,235	19,445	25,507	22,914	24,984
합법체류외국인 범죄건수	18,645	17,538	23,970	21,323	22,951
불법체류외국인 범죄건수	2,590	1,907	1,537	1,591	2,033

〈보 기〉

ㄱ. 매년 불법체류외국인 수는 체류외국인 수의 10% 이상이다.

ㄴ. 불법체류외국인 범죄건수의 전년대비 증가율이 가장 높은 해에 합법체류외국인 범죄건수의 전년대비 증가율도 가장 높다.

ㄷ. 체류외국인 범죄건수가 전년에 비해 감소한 해에는 합법체류외국인 범죄건수와 불법체류외국인 범죄건수도 각각 전년에 비해 감소하였다.

ㄹ. 매년 합법체류외국인 범죄건수는 체류외국인 범죄건수의 80% 이상이다.

① ㄱ, ㄹ
② ㄴ, ㄷ
③ ㄴ, ㄹ
④ ㄱ, ㄴ, ㄷ
⑤ ㄱ, ㄷ, ㄹ

14. 다음 <표>는 2015~2018년 A~D국 초흡수성 수지의 기술 분야별 특허출원에 대한 자료이다. <표>를 이용하여 작성한 그래프로 옳지 않은 것은?

19 5급공채

〈표〉 2015~2018년 초흡수성 수지의 특허출원 건수

(단위: 건)

국가	기술분야	2015	2016	2017	2018	합
A	조성물	5	8	11	11	35
	공정	3	2	5	6	16
	친환경	1	3	10	13	27
B	조성물	4	4	2	1	11
	공정	0	2	5	8	15
	친환경	3	1	3	1	8
C	조성물	2	5	5	6	18
	공정	7	8	7	6	28
	친환경	3	5	3	3	14
D	조성물	1	2	1	2	6
	공정	1	3	3	2	9
	친환경	5	4	4	2	15
계		35	47	59	61	202

※ 기술분야는 조성물, 공정, 친환경으로만 구성됨.

① 2015~2018년 국가별 초흡수성 수지의 특허출원 건수 비율

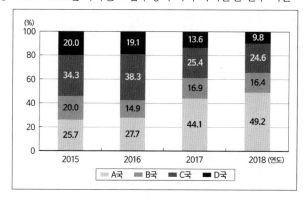

② 공정 기술분야의 국가별, 연도별 초흡수성 수지의 특허출원 건수

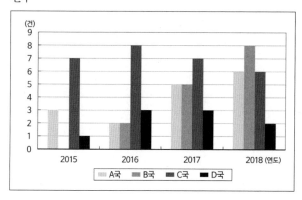

③ A~D국 전체의 초흡수성 수지 특허출원 건수의 연도별 구성비

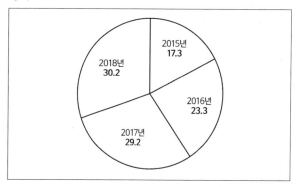

④ 2015~2018년 기술분야별 초흡수성 수지 특허출원 건수 합의 국가별 비중

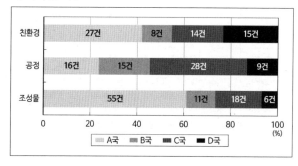

⑤ A~D국 전체의 초흡수성 수지 특허출원 건수의 전년대비 증가율

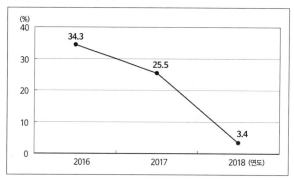

15. 다음 <표>와 <그림>은 2008~2016년 A국의 국세 및 지방세에 관한 자료이다. 이에 대한 설명으로 옳지 않은 것은?

17 민경채

〈표〉 국세 및 지방세 징수액과 감면액

(단위: 조 원)

구분	연도	2008	2009	2010	2011	2012	2013	2014	2015	2016
국세	징수액	138	161	167	165	178	192	203	202	216
	감면액	21	23	29	31	30	30	33	34	33
지방세	징수액	41	44	45	45	49	52	54	54	62
	감면액	8	10	11	15	15	17	15	14	11

〈그림〉 국세 및 지방세 감면율 추이

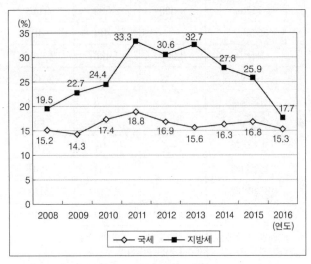

① 감면액은 국세가 지방세보다 매년 많다.

② 감면율은 지방세가 국세보다 매년 높다.

③ 2008년 대비 2016년 징수액 증가율은 국세가 지방세보다 높다.

④ 국세 징수액과 지방세 징수액의 차이가 가장 큰 해에는 국세 감면율과 지방세 감면율의 차이도 가장 크다.

⑤ 2014~2016년 동안 국세 감면액과 지방세 감면액의 차이는 매년 증가한다.

16. 다음 <표>는 A~E 리조트의 1박 기준 일반요금 및 회원할인율에 관한 자료이다. 이에 대한 <보기>의 설명 중 옳은 것만을 모두 고르면?

18 5급공채

〈표 1〉 비수기 및 성수기 일반요금(1박 기준)

(단위: 천 원)

구분 \ 리조트	A	B	C	D	E
비수기 일반요금	300	250	200	150	100
성수기 일반요금	500	350	300	250	200

〈표 2〉 비수기 및 성수기 회원할인율(1박 기준)

(단위: %)

구분	회원유형 \ 리조트	A	B	C	D	E
비수기 회원할인율	기명	50	45	40	30	20
	무기명	35	40	25	20	15
성수기 회원할인율	기명	35	30	30	25	15
	무기명	30	25	20	15	10

※ 회원할인율(%)= $\dfrac{\text{일반요금} - \text{회원요금}}{\text{일반요금}} \times 100$

〈보 기〉

ㄱ. 리조트 1박 기준, 성수기 일반요금이 낮은 리조트일수록 성수기 무기명 회원요금이 낮다.

ㄴ. 리조트 1박 기준, B 리조트의 회원요금 중 가장 높은 값과 가장 낮은 값의 차이는 125,000원이다.

ㄷ. 리조트 1박 기준, 각 리조트의 기명 회원요금은 성수기가 비수기의 2배를 넘지 않는다.

ㄹ. 리조트 1박 기준, 비수기 기명 회원요금과 비수기 무기명 회원요금 차이가 가장 작은 리조트는 성수기 기명 회원요금과 성수기 무기명 회원요금 차이도 가장 작다.

① ㄱ, ㄴ

② ㄱ, ㄷ

③ ㄷ, ㄹ

④ ㄱ, ㄴ, ㄹ

⑤ ㄴ, ㄷ, ㄹ

17. 다음 <표>는 A~F 행정동으로 구성된 '갑'시의 자치구 개편 및 행정동 간 인접 현황에 관한 자료이다. <표>와 <조건>에 근거한 설명으로 옳지 않은 것은?　　　　　19 민경채

〈표 1〉 행정동별 인구와 개편 전·후 자치구 현황

구분 행정동	인구(명)	개편 전 자치구	개편 후 자치구
A	1,500	가	( )
B	2,000	( )	( )
C	1,500	나	( )
D	1,500	( )	라
E	1,000	( )	마
F	1,500	다	( )

※ 자치구 개편 전·후 각 행정동의 인구수는 변화없음.

〈표 2〉 행정동 간 인접 현황

행정동	A	B	C	D	E	F
A		1	0	1	0	0
B	1		1	1	1	0
C	0	1		0	1	1
D	1	1	0		1	0
E	0	1	1	1		1
F	0	0	1	0	1	

※ 두 행정동이 인접하면 1, 인접하지 않으면 0임.

―――〈조 건〉―――

○ 개편 전 자치구는 '가', '나', '다' 3개이며, 개편 후 자치구는 '라', '마' 2개이다.

○ 개편 전에는 한 자치구에 2개의 행정동이 속하고, 개편 후에는 3개의 행정동이 속한다.

○ 동일 자치구에 속하는 행정동은 서로 인접하고 있으며, 행정동 간 인접 여부는 <표 2>에 따라 판단한다.

① 자치구 개편 전, 행정동 E는 자치구 '다'에 속한다.

② 자치구 개편 후, 행정동 C와 행정동 E는 같은 자치구에 속한다.

③ 자치구 개편 전, 자치구 '가'의 인구가 자치구 '나'의 인구보다 많다.

④ 자치구 개편 후, 자치구 '라'의 인구가 자치구 '마'의 인구보다 많다.

⑤ 행정동 B는 개편 전 자치구 '나'에 속하고, 개편 후 자치구 '라'에 속한다.

18. 다음 <표>는 A국에서 2016년에 채용된 공무원 인원에 관한 자료이다. 이에 대한 <보기>의 설명 중 옳은 것만을 모두 고르면?　　　　　17 민경채

〈표〉 A국의 2016년 공무원 채용 인원

(단위: 명)

채용방식 공무원구분	공개경쟁채용	경력경쟁채용	합
고위공무원	–	73	73
3급	–	17	17
4급	–	99	99
5급	296	205	501
6급	–	193	193
7급	639	509	1,148
8급	–	481	481
9급	3,000	1,466	4,466
연구직	17	357	374
지도직	–	3	3
우정직	–	599	599
전문경력관	–	104	104
전문임기제	–	241	241
한시임기제	–	743	743
전체	3,952	5,090	9,042

※ 1) 채용방식은 공개경쟁채용과 경력경쟁채용으로만 이루어짐.
　　2) 공무원구분은 <표>에 제시된 것으로 한정됨.

―――〈보 기〉―――

ㄱ. 2016년에 공개경쟁채용을 통해 채용이 이루어진 공무원 구분은 총 4개이다.

ㄴ. 2016년 우정직 채용 인원은 7급 채용 인원의 절반보다 많다.

ㄷ. 2016년에 공개경쟁채용을 통해 채용이 이루어진 공무원 구분 각각에서는 공개경쟁채용 인원이 경력경쟁채용 인원보다 많다.

ㄹ. 2017년부터 공무원 채용 인원 중 9급 공개경쟁채용 인원만을 해마다 전년대비 10%씩 늘리고 그 외 나머지 채용 인원을 2016년과 동일하게 유지하여 채용한다면, 2018년 전체 공무원 채용 인원 중 9급 공개경쟁채용 인원의 비중은 40% 이하이다.

① ㄱ, ㄴ

② ㄱ, ㄷ

③ ㄷ, ㄹ

④ ㄱ, ㄴ, ㄹ

⑤ ㄴ, ㄷ, ㄹ

19. 다음 <표>는 '갑'국의 인구 구조와 노령화에 대한 자료이다. 이에 대한 <보기>의 설명 중 옳은 것만을 모두 고르면? 18 5급공채

〈표 1〉 인구 구조 현황 및 전망

(단위: 천 명, %)

연도	총인구	유소년인구 (14세 이하)		생산가능인구 (15~64세)		노인인구 (65세 이상)	
		인구수	구성비	인구수	구성비	인구수	구성비
2000	47,008	9,911	21.1	33,702	71.7	3,395	7.2
2010	49,410	7,975	( )	35,983	72.8	5,452	11.0
2016	51,246	( )	( )	( )	( )	8,181	16.0
2020	51,974	( )	( )	( )	( )	9,219	17.7
2030	48,941	5,628	11.5	29,609	60.5	( )	28.0

※ 2020년, 2030년은 예상치임.

〈표 2〉 노년부양비 및 노령화지수

(단위: %)

구분 \ 연도	2000	2010	2016	2020	2030
노년부양비	10.1	15.2	( )	25.6	46.3
노령화지수	34.3	68.4	119.3	135.6	243.5

※ 1) 노년부양비(%)= $\dfrac{\text{노인인구}}{\text{생산가능인구}} \times 100$

2) 노령화지수(%)= $\dfrac{\text{노인인구}}{\text{유소년인구}} \times 100$

─────〈보 기〉─────

ㄱ. 2020년 대비 2030년의 노인인구 증가율은 55% 이상으로 예상된다.

ㄴ. 2016년에는 노인인구가 유소년인구보다 많다.

ㄷ. 2016년 노년부양비는 20% 이상이다.

ㄹ. 2020년 대비 2030년의 생산가능인구 감소폭은 600만 명 이상일 것으로 예상된다.

① ㄱ, ㄷ
② ㄴ, ㄷ
③ ㄴ, ㄹ
④ ㄱ, ㄴ, ㄷ
⑤ ㄴ, ㄷ, ㄹ

20. 다음 <표>는 2010년 말에 조사한 A시의 초고층 건축물 '가'~'차'에 대한 자료이다. 이에 대한 <보기>의 설명 중 옳지 않은 것을 모두 고르면? 11 5급공채

〈표〉 A시 초고층 건축물 현황 (2010.12.31. 기준)

구분	건축물	지상층수(층)	연면적(m²)	공사기간
사 용 중	가	60	166,429	1980.2.12.~1986.9.2.
	나	54	107,933	1983.1.1.~1989.11.3.
	다	51	101,421	1996.2.16.~2004.11.15.
	라	69	385,944	1997.5.29.~2003.7.21.
	마	66	195,058	1999.5.17.~2002.10.13.
	바	58	419,027	2003.10.30.~2007.1.22.
	사	50	158,655	2004.10.25.~2009.3.31.
공 사 중	아	54	507,524	2006.12.5.~
	자	72	627,674	2007.4.16.~
	차	69	204,559	2007.11.22.~

※ 1) 연면적: 건축물의 모든 지상층 바닥면적의 합
2) 용적률(%): 대지면적 대비 연면적 비율
3) A시 모든 건축물의 용적률은 최대 1,000%임.
4) 공사기간은 착공시점부터 준공시점까지를 의미함.

─────〈보 기〉─────

ㄱ. '다'의 대지면적은 10,000m² 이하이다.

ㄴ. 1990년대에 착공한 초고층 건축물은 지상층수가 높을수록 연면적이 넓다.

ㄷ. 1980년대에 착공한 초고층 건축물은 지상층수가 낮을수록 공사기간이 길다.

ㄹ. 2010년 말 현재 사용중인 초고층 건축물 중 지상층의 평균 바닥면적이 가장 넓은 것은 '라'이다.

ㅁ. 2000년 이후 착공한 초고층 건축물의 평균 지상층수는 그 전에 착공한 초고층 건축물의 평균 지상층수보다 높다.

① ㄱ, ㄹ
② ㄴ, ㄹ
③ ㄷ, ㅁ
④ ㄱ, ㄹ, ㅁ
⑤ ㄴ, ㄷ, ㅁ

21. 다음 <표>는 '갑'사 공채 지원자에 대한 평가 자료이다. 이 <표>와 <평가점수와 평가등급의 결정방식>에 근거한 설명으로 옳지 않은 것은? 13 민경채

〈표〉 '갑'사 공채 지원자 평가 자료

(단위: 점)

구분 지원자	창의성 점수	성실성 점수	체력점수	최종학위	평가점수
가	80	90	95	박사	( )
나	90	60	80	학사	310
다	70	60	75	석사	300
라	85	( )	50	학사	255
마	95	80	60	학사	295
바	55	95	65	학사	280
사	60	95	90	석사	355
아	80	( )	85	박사	375
자	75	90	95	석사	( )
차	60	70	( )	학사	290

─── 〈평가점수와 평가등급의 결정방식〉 ───
○ 최종학위점수는 학사 0점, 석사 1점, 박사 2점임.
○ 지원자 평가점수
　＝창의성점수＋성실성점수＋체력점수×2＋최종학위점수×20
○ 평가등급 및 평가점수

평가등급	평가점수
S	350점 이상
A	300점 이상 350점 미만
B	300점 미만

① '가'의 평가점수는 400점으로 지원자 중 가장 높다.
② '라'의 성실성점수는 '다'보다 높지만 '마'보다는 낮다.
③ '아'의 성실성점수는 '라'와 같다.
④ S등급인 지원자는 4명이다.
⑤ '차'는 체력점수를 원래 점수보다 5점 더 받으면 A등급이 된다.

※ 다음 <표 1>과 <표 2>는 '갑'국 A~E 5개 도시의 지난 30년 월평균 지상 10m 기온과 월평균 지표면 온도이고, <표 3>과 <표 4>는 도시별 설계적설하중과 설계기본풍속이다. 다음 물음에 답하시오. [22~23] 21 7급공채

〈표 1〉 도시별 월평균 지상 10m 기온

(단위: ℃)

도시 월	A	B	C	D	E
1	−2.5	1.6	−2.4	−4.5	−2.3
2	−0.3	3.2	−0.5	−1.8	−0.1
3	5.2	7.4	4.5	4.2	5.1
4	12.1	13.1	10.7	11.4	12.2
5	17.4	17.6	15.9	16.8	17.2
6	21.9	21.1	20.4	21.5	21.3
7	25.9	25.0	24.0	24.5	24.4
8	25.4	25.7	24.9	24.3	25.0
9	20.8	21.2	20.7	18.9	19.7
10	14.4	15.9	14.5	12.1	13.0
11	6.9	9.6	7.2	4.8	6.1
12	−0.2	4.0	0.6	−1.7	−0.1

〈표 2〉 도시별 월평균 지표면 온도

(단위: ℃)

도시 월	A	B	C	D	E
1	−2.4	2.7	−1.2	−2.7	0.3
2	−0.3	4.8	0.8	−0.7	2.8
3	5.6	9.3	6.3	4.8	8.7
4	13.4	15.7	13.4	12.6	16.3
5	19.7	20.8	19.4	19.1	22.0
6	24.8	24.2	24.5	24.4	25.9
7	26.8	27.7	26.8	26.9	28.4
8	27.4	28.5	27.5	27.0	29.0
9	22.5	19.6	22.8	21.4	23.5
10	14.8	17.9	15.8	13.5	16.9
11	6.2	10.8	7.5	5.3	8.6
12	−0.1	4.7	1.1	−0.7	2.1

〈표 3〉 도시별 설계적설하중

(단위: kN/m²)

도시	A	B	C	D	E
설계적설하중	0.5	0.5	0.7	0.8	2.0

〈표 4〉 도시별 설계기본풍속

(단위: m/s)

도시	A	B	C	D	E
설계기본풍속	30	45	35	30	40

22. 위 〈표〉를 근거로 〈보기〉의 설명 중 옳은 것만을 모두 고르면?

〈보 기〉

ㄱ. '월평균 지상 10m 기온'이 가장 높은 달과 '월평균 지표면 온도'가 가장 높은 달이 다른 도시는 A뿐이다.

ㄴ. 2월의 '월평균 지상 10m 기온'은 영하이지만 '월평균 지표면 온도'가 영상인 도시는 C와 E이다.

ㄷ. 1월의 '월평균 지표면 온도'가 A~E도시 중 가장 낮은 도시의 설계적설하중은 5개 도시 평균 설계적설하중보다 작다.

ㄹ. 설계기본풍속이 두 번째로 큰 도시는 8월의 '월평균 지상 10m 기온'도 A~E도시 중 두 번째로 높다.

① ㄱ, ㄴ

② ㄴ, ㄷ

③ ㄴ, ㄹ

④ ㄷ, ㄹ

⑤ ㄱ, ㄷ, ㄹ

23. 폭설피해 예방대책으로 위 〈표 3〉에 제시된 도시별 설계적설하중을 수정하고자 한다. 〈규칙〉에 따라 수정하였을 때, A~E 도시 중 설계적설하중 증가폭이 두 번째로 큰 도시와 가장 작은 도시를 바르게 연결한 것은?

〈규 칙〉

단계 1: 각 도시의 설계적설하중을 50% 증가시킨다.

단계 2: '월평균 지상 10m 기온'이 영하인 달이 3개 이상인 도시만 단계 1에 의해 산출된 값을 40% 증가시킨다.

단계 3: 설계기본풍속이 40m/s 이상인 도시만 단계 1~2를 거쳐 산출된 값을 20% 감소시킨다.

단계 4: 단계 1~3을 거쳐 산출된 값을 수정된 설계적설하중으로 한다. 단, 1.0kN/m² 미만인 경우 1.0kN/m²으로 한다.

	두 번째로 큰 도시	가장 작은 도시
①	A	B
②	A	C
③	B	D
④	D	B
⑤	D	C

24. 다음 <그림>은 '갑'지역의 주민을 대상으로 육교 설치에 대한 찬성 또는 반대 의견을 3차례 조사한 결과이다. 이에 대한 설명으로 옳은 것은?　　　　　　　　　　　　20 민경채

〈그림〉 '갑'지역 육교 설치에 대한 1~3차 조사 결과

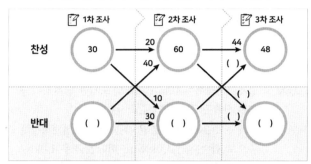

※ 1) 1~3차 조사에 응답한 사람은 모두 같고, 무응답과 복수응답은 없음.

　2) 예를 들어, 찬성 ③⓪ —20→ ⑥⓪ 은 1차 조사에서 찬성한다고 응답한 30명 중 20명이 2차 조사에서도 찬성한다고 응답하였고, 2차 조사에서 찬성한다고 응답한 사람은 총 60명임을 의미함.

① 3차 조사에 응답한 사람은 130명 이상이다.

② 2차 조사에서 반대한다고 응답한 사람 중 3차 조사에서도 반대한다고 응답한 사람은 32명이다.

③ 2차 조사에서 찬성한다고 응답한 사람 중 3차 조사에서 반대한다고 응답한 사람은 20명이다.

④ 1차 조사에서 반대한다고 응답한 사람 중 3차 조사에서 찬성한다고 응답한 사람은 45명 이상이다.

⑤ 1~3차 조사에서 한 번도 의견을 바꾸지 않은 사람은 30명 이상이다.

25. 다음 <표>는 청약가점 산정기준에 관한 자료이다. 이에 대한 설명으로 옳은 것은? (단, 청약가점은 무주택기간, 부양가족수, 청약통장 가입기간 각 항목의 합으로 계산되며 점수가 높을수록 당첨 확률이 높다. 또한, 주택보유자라고 명시하지 않은 사람은 현재 무주택자라고 가정한다.) 20 입법고시

〈표〉 청약가점 산정기준

가점항목	가점구분	점수	가점구분	점수
무주택 기간	1년 미만	2	8년 이상 9년 미만	18
	1년 이상 2년 미만	4	9년 이상 10년 미만	20
	2년 이상 3년 미만	6	10년 이상 11년 미만	22
	3년 이상 4년 미만	8	11년 이상 12년 미만	24
	4년 이상 5년 미만	10	12년 이상 13년 미만	26
	5년 이상 6년 미만	12	13년 이상 14년 미만	28
	6년 이상 7년 미만	14	14년 이상 15년 미만	30
	7년 이상 8년 미만	16	15년 이상	32
부양 가족수	0명(가입자 본인)	5	4명	25
	1명	10	5명	30
	2명	15	6명 이상	35
	3명	20		
청약통장 가입기간	6개월 미만	1	8년 이상 9년 미만	10
	6개월 이상 1년 미만	2	9년 이상 10년 미만	11
	1년 이상 2년 미만	3	10년 이상 11년 미만	12
	2년 이상 3년 미만	4	11년 이상 12년 미만	13
	3년 이상 4년 미만	5	12년 이상 13년 미만	14
	4년 이상 5년 미만	6	13년 이상 14년 미만	15
	5년 이상 6년 미만	7	14년 이상 15년 미만	16
	6년 이상 7년 미만	8	15년 이상	17
	7년 이상 8년 미만	9		

※ 무주택기간 가점은 현재 무주택자에 한하여 적용됨
※ 청약가점 외에 다른 사항은 고려하지 않음

① 무주택기간이 8년, 부양가족수가 4명, 청약통장 가입기간이 6개월인 A의 청약가점은 44점이다.

② B와 C의 청약통장 가입기간이 같을 경우, 무주택기간이 15년이고 부양가족수가 5명인 B의 무주택기간이 13년이고 부양가족수가 6명인 C보다 당첨확률이 높다.

③ 부양가족수가 7명이고 청약통장 가입기간이 15년인 주택보유자 D는 무주택기간이 15년, 부양가족수가 2명, 청약통장 가입기간이 2년인 E보다 청약가점이 높다.

④ F와 G의 무주택기간이 같을 경우, 부양가족수가 5명이고 청약통장 가입기간이 5년인 F가 부양가족수가 4명이고 청약통장 가입기간이 8년인 G보다 당첨확률이 낮다.

⑤ 무주택기간이 1년 미만이고 부양가족이 없는 H의 청약가점은 청약통장 가입기간이 아무리 길어도 20점을 넘을 수 없다.

약점 보완 해설집 p.2

01. 다음 <표>는 수면제 A~D를 사용한 불면증 환자 '갑'~'무'의 숙면시간을 측정한 결과이다. 이에 대한 <보기>의 설명 중 옳은 것만을 모두 고르면?　　　　　　19 5급공채

〈표〉 수면제별 숙면시간

(단위: 시간)

수면제 ＼ 환자	갑	을	병	정	무	평균
A	5.0	4.0	6.0	5.0	5.0	5.0
B	4.0	4.0	5.0	5.0	6.0	4.8
C	6.0	5.0	4.0	7.0	( )	5.6
D	6.0	4.0	5.0	5.0	6.0	( )

────〈보 기〉────
ㄱ. 평균 숙면시간이 긴 수면제부터 순서대로 나열하면 C, D, A, B 순이다.
ㄴ. 환자 '을'과 환자 '무'의 숙면시간 차이는 수면제 C가 수면제 B보다 크다.
ㄷ. 수면제 B와 수면제 D의 숙면시간 차이가 가장 큰 환자는 '갑'이다.
ㄹ. 수면제 C의 평균 숙면시간보다 수면제 C의 숙면시간이 긴 환자는 2명이다.

① ㄱ, ㄴ
② ㄱ, ㄷ
③ ㄴ, ㄹ
④ ㄱ, ㄴ, ㄷ
⑤ ㄴ, ㄷ, ㄹ

02. 다음 <표>는 '갑' 기관의 10개 정책(가~차)에 대한 평가결과이다. '갑' 기관은 정책별로 심사위원 A~D의 점수를 합산하여 총점이 낮은 정책부터 순서대로 4개 정책을 폐기할 계획이다. 폐기할 정책만을 모두 고르면?　　　　　　17 민경채

〈표〉 정책에 대한 평가결과

정책 ＼ 심사위원	A	B	C	D
가	●	●	◑	○
나	●	●	◑	●
다	◑	○	●	◑
라	( )	●	◑	( )
마	●	( )	●	◑
바	◑	◑	◑	●
사	◑	◑	◑	●
아	◑	◑	●	( )
자	◑	◑	( )	●
차	( )	●	◑	○
평균(점)	0.55	0.70	0.70	0.50

※ 정책은 ○(0점), ◑(0.5점), ●(1.0점)으로만 평가됨.

① 가, 다, 바, 사
② 나, 마, 아, 자
③ 다, 라, 바, 사
④ 다, 라, 아, 차
⑤ 라, 아, 자, 차

03. 다음 <표>는 조사연도별 국세 및 국세청세수와 국세청세수 징세비 및 국세청 직원수 현황에 대한 자료이다. <보고서>를 작성하기 위해 <표> 이외에 추가로 필요한 자료만을 <보기>에서 모두 고르면? 20 민경채

<표 1> 국세 및 국세청세수 현황

(단위: 억 원)

구분 조사연도	국세	국세청세수		
			일반회계	특별회계
2002	1,039,678	966,166	876,844	89,322
2007	1,614,591	1,530,628	1,479,753	50,875
2012	2,030,149	1,920,926	1,863,469	57,457
2017	2,653,849	2,555,932	2,499,810	56,122

<표 2> 국세청세수 징세비 및 국세청 직원수 현황

(단위: 백만 원, 명)

구분 조사연도	징세비	국세청 직원수
2002	817,385	15,158
2007	1,081,983	18,362
2012	1,339,749	18,797
2017	1,592,674	19,131

─────〈보고서〉─────

2017년 국세청세수는 255.6조 원으로, 전년도보다 22.3조 원 증가하였다. 세목별로는 소득세(76.8조 원), 부가가치세(67.1조 원), 법인세(59.2조 원) 순으로 높다. 세무서별로 살펴보면 세수 1위는 남대문세무서(11.6조 원), 2위는 수영세무서(10.9조 원)이다. 2017년 기준 국세청세수에서 특별회계가 차지하는 비중은 2.2%로서, 2002년 기준 9.2%와 비교해 감소하였다. 국세는 국세청세수에 관세청 소관분과 지방자치단체 소관분을 합한 금액으로, 2002년부터 2017년까지 국세 대비 국세청세수의 비율은 매년 증가 추세를 보인다. 2002년 기준 92.9%였던 국세 대비 국세청세수의 비율은 2017년에는 96.3%로 3.0%p 이상 증가하였다.

구체적으로 살펴보면, 국세청 직원 1인당 국세청세수는 2007년 8,336백만 원, 2017년 13,360백만 원으로 큰 폭의 상승세를 보인다. 국세청세수 100원당 징세비는 2017년 기준 0.62원으로 2002년 0.85원에 비해 20% 이상 감소하였다. 2017년 현재 19,131명의 국세청 직원들이 세수확보를 위해 노력 중이며, 국세청 직원수는 2002년 대비 25% 이상 증가하였다.

─────〈보 기〉─────

ㄱ. 2003~2016년의 국세 및 국세청세수
ㄴ. 2003~2016년의 관세청 소관분
ㄷ. 2017년의 세무서별·세목별 세수 실적
ㄹ. 2002~2017년의 국세청 직원 1인당 국세청세수

① ㄱ, ㄴ
② ㄱ, ㄷ
③ ㄴ, ㄹ
④ ㄱ, ㄷ, ㄹ
⑤ ㄴ, ㄷ, ㄹ

04. 다음 <표>는 최근 이사한 100가구의 이사 전후 주택규모에 관한 조사 결과이다. 이에 대한 <보기>의 설명 중 옳은 것만을 모두 고르면?　　　　21 7급공채

〈표〉 이사 전후 주택규모 조사 결과

(단위: 가구)

이사 전 \ 이사 후	소형	중형	대형	합
소형	15	10	( )	30
중형	( )	30	10	( )
대형	5	10	15	( )
계	( )	( )	( )	100

※ 주택규모는 '소형', '중형', '대형'으로만 구분하며, 동일한 주택규모는 크기도 같음.

〈보 기〉

ㄱ. 주택규모가 이사 전 '소형'에서 이사 후 '중형'으로 달라진 가구는 없다.

ㄴ. 이사 전후 주택규모가 달라진 가구 수는 전체 가구 수의 50% 이하이다.

ㄷ. 주택규모가 '대형'인 가구 수는 이사 전이 이사 후보다 적다.

ㄹ. 이사 후 주택규모가 커진 가구 수는 이사 후 주택규모가 작아진 가구 수보다 많다.

① ㄱ, ㄴ

② ㄱ, ㄷ

③ ㄴ, ㄹ

④ ㄷ, ㄹ

⑤ ㄱ, ㄴ, ㄷ

05. 다음 <표>는 A 기업 지원자의 인턴 및 해외연수 경험과 합격여부에 관한 자료이다. 이에 대한 <보기>의 설명 중 옳은 것만을 모두 고르면?　　　　18 5급공채

〈표〉 A 기업 지원자의 인턴 및 해외연수 경험과 합격여부

(단위: 명, %)

인턴 경험	해외연수 경험	합격여부		합격률
		합격	불합격	
있음	있음	53	414	11.3
	없음	11	37	22.9
없음	있음	0	16	0.0
	없음	4	139	2.8

※ 1) 합격률(%)= $\frac{합격자수}{합격자수+불합격자수}$ ×100

2) 합격률은 소수점 아래 둘째 자리에서 반올림한 값임.

〈보 기〉

ㄱ. 해외연수 경험이 있는 지원자가 해외연수 경험이 없는 지원자보다 합격률이 높다.

ㄴ. 인턴 경험이 있는 지원자가 인턴 경험이 없는 지원자보다 합격률이 높다.

ㄷ. 인턴 경험과 해외연수 경험이 모두 있는 지원자 합격률은 인턴 경험만 있는 지원자 합격률의 2배 이상이다.

ㄹ. 인턴 경험과 해외연수 경험이 모두 없는 지원자와 인턴 경험만 있는 지원자 간 합격률 차이는 30%p보다 크다.

① ㄱ, ㄴ

② ㄱ, ㄷ

③ ㄴ, ㄷ

④ ㄱ, ㄴ, ㄹ

⑤ ㄴ, ㄷ, ㄹ

06. 다음 <표>는 '갑'공기업의 신규 사업 선정을 위한 2개 사업 (A, B) 평가에 관한 자료이다. <표>와 <조건>에 근거한 <보기>의 설명 중 옳은 것만을 고르면? 　　　20 민경채

〈표 1〉 A와 B사업의 평가 항목별 원점수

(단위: 점)

구분	평가 항목	A사업	B사업
사업적 가치	경영전략 달성 기여도	80	90
	수익창출 기여도	80	90
공적 가치	정부정책 지원 기여도	90	80
	사회적 편익 기여도	90	80
참여 여건	전문인력 확보 정도	70	70
	사내 공감대 형성 정도	70	70

※ 평가 항목별 원점수는 100점 만점임.

〈표 2〉 평가 항목별 가중치

구분	평가 항목	가중치
사업적 가치	경영전략 달성 기여도	0.2
	수익창출 기여도	0.1
공적 가치	정부정책 지원 기여도	0.3
	사회적 편익 기여도	0.2
참여 여건	전문인력 확보 정도	0.1
	사내 공감대 형성 정도	0.1
	계	1.0

─────〈조 건〉─────

○ 신규 사업 선정을 위한 각 사업의 최종 점수는 평가 항목별 원점수에 해당 평가 항목의 가중치를 곱한 값을 모두 합하여 산정함.

○ A와 B사업 중 최종 점수가 더 높은 사업을 신규 사업으로 최종 선정함.

─────〈보 기〉─────

ㄱ. 각 사업의 6개 평가 항목 원점수의 합은 A사업과 B사업이 같다.

ㄴ. '공적 가치'에 할당된 가중치의 합은 '참여 여건'에 할당된 가중치의 합보다 작고, '사업적 가치'에 할당된 가중치의 합보다 크다.

ㄷ. '갑'공기업은 A사업을 신규 사업으로 최종 선정한다.

ㄹ. '정부정책 지원 기여도' 가중치와 '수익창출 기여도' 가중치를 서로 바꾸더라도 최종 선정되는 신규 사업은 동일하다.

① ㄱ, ㄴ 　　　② ㄱ, ㄷ
③ ㄱ, ㄹ 　　　④ ㄴ, ㄹ
⑤ ㄷ, ㄹ

07. 다음 <그림>은 각각 유권자 5명으로 구성된 집단(A~C)의 소득 및 '가' 정당 지지도를 나타낸 것이다. 이에 대한 <보기>의 설명 중 옳은 것을 모두 고르면? 　　　13 5급공채

〈그림〉 소득 및 '가' 정당 지지도

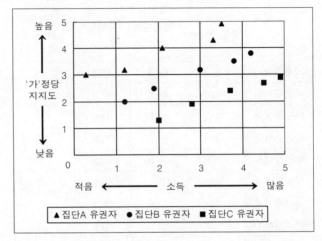

─────〈보 기〉─────

ㄱ. 평균소득은 집단A가 집단B보다 적다.

ㄴ. '가' 정당 지지도의 평균은 집단B가 집단C보다 높다.

ㄷ. 소득이 많은 유권자일수록 '가' 정당 지지도가 낮다.

ㄹ. 평균소득이 많은 집단이 평균소득이 적은 집단보다 '가' 정당 지지도의 평균이 높다.

① ㄱ, ㄴ
② ㄱ, ㄹ
③ ㄴ, ㄷ
④ ㄱ, ㄴ, ㄹ
⑤ ㄴ, ㄷ, ㄹ

08. 다음 〈표〉는 2018년 행정구역별 공동주택의 실내 라돈 농도에 대한 자료이다. 이에 대한 〈보고서〉의 설명 중 옳은 것만을 모두 고르면? 　19 민경채

〈표〉 행정구역별 공동주택 실내 라돈 농도

항목 행정구역	조사대상 공동주택수 (호)	평균값 (Bq/m³)	중앙값 (Bq/m³)	200Bq/m³ 초과 공동 주택수(호)
서울특별시	532	66.5	45.4	25
부산광역시	434	51.4	35.3	12
대구광역시	437	61.5	41.6	16
인천광역시	378	48.5	33.8	9
광주광역시	308	58.3	48.2	6
대전광역시	201	110.1	84.2	27
울산광역시	247	55.0	35.3	7
세종특별자치시	30	83.8	69.8	1
경기도	697	74.3	52.5	37
강원도	508	93.4	63.6	47
충청북도	472	86.3	57.8	32
충청남도	448	93.3	59.9	46
전라북도	576	85.7	56.7	40
전라남도	569	75.5	51.5	32
경상북도	610	72.4	48.3	34
경상남도	640	57.5	36.7	21
제주특별자치도	154	68.2	40.9	11
전국	7,241	–	–	403

─────〈보고서〉─────

　우리나라에서는 2018년 처음으로 공동주택에 대한 '실내 라돈 권고 기준치'를 200Bq/m³ 이하로 정하고 공동주택의 실내 라돈 농도를 조사하였다.

　이번 공동주택 실내 라돈 농도 조사에서 ㉠조사대상 공동 주택의 실내 라돈 농도 평균값은 경기도가 서울특별시의 1.1 배 이상이다. 한편, ㉡행정구역별로 비교했을 때 실내 라돈 농도의 평균값이 클수록 중앙값도 컸으며 두 항목 모두 대 전광역시가 가장 높았다. ㉢조사대상 공동주택 중 실내 라 돈 농도가 실내 라돈 권고 기준치를 초과하는 공동주택의 비율이 5% 이상인 행정구역은 9곳이며, 10% 이상인 행정 구역은 2곳으로 조사되었다.

① ㉠
② ㉡
③ ㉠, ㉢
④ ㉡, ㉢
⑤ ㉠, ㉡, ㉢

---

09. 다음은 국내 광고산업에 관한 문화체육관광부의 보도자료이다. 이에 부합하지 않는 자료는? 　21 7급공채

🏛️ 문화체육관광부	**보도자료**	사람이 있는 문화

보도일시	배포 즉시 보도해 주시기 바랍니다.		
배포일시	2020. 2. ××.	담당부서	□□□□국
담당과장	○○○(044-203-○○○○)	담당자	사무관 △△△(044-203-○○○○)

2018년 국내 광고산업 성장세 지속

○ 문화체육관광부는 국내 광고사업체의 현황과 동향을 조 사한 '2019년 광고산업조사(2018년 기준)' 결과를 발표 했다.

○ 이번 조사 결과에 따르면 2018년 기준 광고산업 규모 는 17조 2,119억 원(광고사업체 취급액* 기준)으로, 전 년대비 4.5% 이상 증가했고, 광고사업체당 취급액 역 시 증가했다.

　* 광고사업체 취급액은 광고주가 매체(방송국, 신문사 등)와 매체 외 서비 스에 지불하는 비용 전체(수수료 포함)임.

　－ 업종별로 살펴보면 광고대행업이 6조 6,239억 원으 로 전체 취급액의 38% 이상을 차지했으나, 취급액의 전년대비 증가율은 온라인광고대행업이 16% 이상으 로 가장 높다.

○ 2018년 기준 광고사업체의 매체 광고비* 규모는 11조 362억 원(64.1%), 매체 외 서비스 취급액은 6조 1,757억 원(35.9%)으로 조사됐다.

　* 매체 광고비는 방송매체, 인터넷매체, 옥외광고매체, 인쇄매체 취급액 의 합임.

　－ 매체 광고비 중 방송매체 취급액은 4조 266억 원으 로 가장 큰 비중을 차지하고 있으며, 그 다음으로 인 터넷매체, 옥외광고매체, 인쇄매체 순으로 나타났다.

　－ 인터넷매체 취급액은 3조 8,804억 원으로 전년대비 6% 이상 증가했다. 특히, 모바일 취급액은 전년대비 20% 이상 증가하여 인터넷 광고시장의 성장세를 이 끌었다.

　－ 한편, 간접광고(PPL) 취급액은 전년대비 14% 이상 증 가하여 1,270억 원으로 나타났으며, 그 중 지상파TV 와 케이블TV 간 비중의 격차는 5%p 이하로 조사됐다.

① 광고사업체 취급액 현황(2018년 기준)

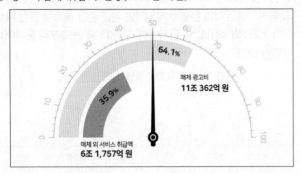

② 인터넷매체(PC, 모바일) 취급액 현황

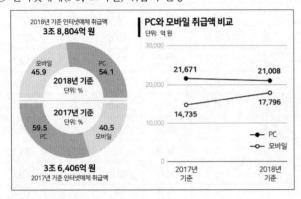

③ 간접광고(PPL) 취급액 현황

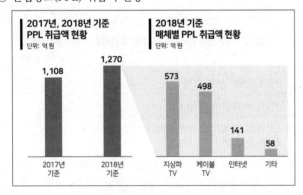

④ 업종별 광고사업체 취급액 현황

(단위: 개소, 억 원)

구분 업종	2018년 조사(2017년 기준)		2019년 조사(2018년 기준)	
	사업체 수	취급액	사업체 수	취급액
전체	7,234	164,133	7,256	172,119
광고대행업	1,910	64,050	1,887	66,239
광고제작업	1,374	20,102	1,388	20,434
광고전문서비스업	1,558	31,535	1,553	33,267
인쇄업	921	7,374	921	8,057
온라인광고대행업	780	27,335	900	31,953
옥외광고업	691	13,737	607	12,169

⑤ 매체별 광고사업체 취급액 현황(2018년 기준)

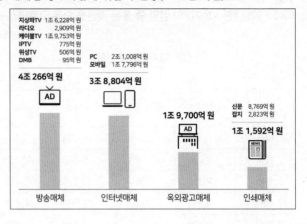

10. 다음 <표>는 2018년 '갑'국의 대학유형별 현황에 관한 자료이다. 이에 대한 <보기>의 설명 중 옳은 것만을 모두 고르면?

19 민경채

〈표〉 대학유형별 현황

(단위: 개, 명)

구분 \ 유형	국립대학	공립대학	사립대학	전체
학교	34	1	154	189
학과	2,776	40	8,353	11,169
교원	15,299	354	49,770	65,423
여성	2,131	43	12,266	14,440
직원	8,987	205	17,459	26,651
여성	3,254	115	5,259	8,628
입학생	78,888	1,923	274,961	355,772
재적생	471,465	13,331	1,628,497	2,113,293
졸업생	66,890	1,941	253,582	322,413

〈보 기〉

ㄱ. 학과당 교원 수는 공립대학이 사립대학보다 많다.
ㄴ. 전체 대학 입학생 수에서 국립대학 입학생 수가 차지하는 비율은 20% 이상이다.
ㄷ. 입학생 수 대비 졸업생 수의 비율은 공립대학이 국립대학보다 높다.
ㄹ. 각 대학유형에서 남성 직원 수가 여성 직원 수보다 많다.

① ㄱ, ㄷ
② ㄱ, ㄹ
③ ㄴ, ㄹ
④ ㄱ, ㄴ, ㄷ
⑤ ㄴ, ㄷ, ㄹ

11. 다음 <표>는 2020년 '갑'국 A~E지역의 월별 최대 순간 풍속과 타워크레인 작업 유형별 작업제한 기준 순간 풍속에 관한 자료이다. <표>와 <정보>에 근거하여 '가'~'다'를 큰 것부터 순서대로 나열한 것은?

21 민경채

〈표 1〉 A~E지역의 월별 최대 순간 풍속

(단위: m/s)

월 \ 지역	A	B	C	D	E
1	15.7	12.8	18.4	26.9	23.4
2	14.5	13.5	19.0	25.7	(다)
3	19.5	17.5	21.5	23.5	24.5
4	18.9	16.7	19.8	24.7	26.0
5	13.7	21.0	14.1	22.8	21.5
6	16.5	18.8	17.0	29.0	24.0
7	16.8	22.0	25.0	32.3	31.5
8	15.8	29.6	25.2	33.0	31.6
9	21.5	19.9	(나)	32.7	34.2
10	18.2	16.3	19.5	21.4	28.8
11	12.0	17.3	20.1	22.2	19.2
12	19.4	(가)	20.3	26.0	23.0

〈표 2〉 타워크레인 작업 유형별 작업제한 기준 순간 풍속

(단위: m/s)

타워크레인 작업 유형	설치	운전
작업제한 기준 순간 풍속	15	20

※ 순간 풍속이 타워크레인 작업 유형별 작업제한 기준 이상인 경우, 해당 작업 유형에 대한 작업제한 조치가 시행됨.

〈정 보〉

○ B지역에서 타워크레인 작업제한 조치가 한 번도 시행되지 않은 '월'은 3개이다.
○ 매월 C지역의 최대 순간 풍속은 A지역보다 높고 D지역보다 낮다.
○ E지역에서 '설치' 작업제한 조치는 매월 시행되었고 '운전' 작업제한 조치는 2개 '월'을 제외한 모든 '월'에 시행되었다.

① 가, 나, 다
② 가, 다, 나
③ 나, 가, 다
④ 나, 다, 가
⑤ 다, 가, 나

12. 다음 <표>와 <정보>는 A~J지역의 지역발전 지표에 관한 자료이다. 이를 근거로 '가'~'라'에 들어갈 수 있는 값으로만 나열한 것은? 21 7급공채

〈표〉 A~J지역의 지역발전 지표

(단위: %, 개)

지표 지역	재정 자립도	시가화 면적 비율	10만 명당 문화시설수	10만 명당 체육시설수	주택 노후화율	주택 보급률	도로 포장률
A	83.8	61.2	4.1	111.1	17.6	105.9	92.0
B	58.5	24.8	3.1	(다)	22.8	93.6	98.3
C	65.7	35.7	3.5	103.4	13.5	91.2	97.4
D	48.3	25.3	4.3	128.0	15.8	96.6	100.0
E	(가)	20.7	3.7	133.8	12.2	100.3	99.0
F	69.5	22.6	4.1	114.0	8.5	91.0	98.1
G	37.1	22.9	7.7	110.2	20.5	103.8	91.7
H	38.7	28.8	7.8	102.5	19.9	(라)	92.5
I	26.1	(나)	6.9	119.2	33.7	102.5	89.6
J	32.6	21.3	7.5	113.0	26.9	106.1	87.9

〈정 보〉

○ 재정자립도가 E보다 높은 지역은 A, C, F임.

○ 시가화 면적 비율이 가장 낮은 지역은 주택노후화율이 가장 높은 지역임.

○ 10만 명당 문화시설수가 가장 적은 지역은 10만 명당 체육시설수가 네 번째로 많은 지역임.

○ 주택보급률이 도로포장률보다 낮은 지역은 B, C, D, F 임.

	가	나	다	라
①	58.6	20.9	100.9	92.9
②	60.8	19.8	102.4	92.5
③	63.5	20.1	115.7	92.0
④	65.2	20.3	117.1	92.6
⑤	65.8	20.6	118.7	93.7

13. 다음 <표>는 '갑'국 신입사원에게 필요한 10개 직무역량 중요도의 산업분야별 자료이다. 이에 대한 <보기>의 설명 중 옳은 것만을 모두 고르면? 20 5급공채

〈표〉 신입사원의 직무역량 중요도

(단위: 점)

산업분야 직무역량	신소재	게임	미디어	식품
의사소통능력	4.34	4.17	4.42	4.21
수리능력	4.46	4.06	3.94	3.92
문제해결능력	4.58	4.52	4.45	4.50
자기개발능력	4.15	4.26	4.14	3.98
자원관리능력	4.09	3.97	3.93	3.91
대인관계능력	4.35	4.00	4.27	4.20
정보능력	4.33	4.09	4.27	4.07
기술능력	4.07	4.24	3.68	4.00
조직이해능력	3.97	3.78	3.88	3.88
직업윤리	4.44	4.66	4.59	4.39

※ 중요도는 5점 만점임.

〈보 기〉

ㄱ. 신소재 산업분야에서 중요도 상위 2개 직무역량은 '문제해결능력'과 '수리능력'이다.

ㄴ. 산업분야별 직무역량 중요도의 최댓값과 최솟값 차이가 가장 큰 것은 '미디어'이다.

ㄷ. 각 산업분야에서 중요도가 가장 낮은 직무역량은 '조직이해능력'이다.

ㄹ. 4개 산업분야 직무역량 중요도의 평균값이 가장 높은 직무역량은 '문제해결능력'이다.

① ㄱ, ㄴ

② ㄱ, ㄷ

③ ㄷ, ㄹ

④ ㄱ, ㄴ, ㄹ

⑤ ㄴ, ㄷ, ㄹ

14. 다음 <표>는 '가'곤충도감에 기록된 분류군별 경제적 중요도와 '갑~병'국의 종의 수에 관한 자료이다. 이에 대한 <보기>의 설명 중 옳은 것만을 고르면?　　　20 민경채

〈표〉 분류군별 경제적 중요도와 '갑~병'국의 종의 수

(단위: 종)

분류군	경제적 중요도	국가			전체
		갑	을	병	
무시류	C	303	462	435	11,500
고시류	C	187	307	1,031	8,600
메뚜기목	A	297	372	1,161	34,300
강도래목	C	47	163	400	2,000
다듬이벌레목	B	12	83	280	4,400
털이목	C	4	150	320	2,800
이목	C	22	32	70	500
총채벌레목	A	87	176	600	5,000
노린재목	S	1,886	2,744	11,300	90,000
풀잠자리목	A	52	160	350	6,500
딱정벌레목	S	3,658	9,992	30,000	350,000
부채벌레목	C	7	22	60	300
벌목	S	2,791	4,870	17,400	125,000
밑들이목	C	11	44	85	600
벼룩목	C	40	72	250	2,500
파리목	S	1,594	4,692	18,000	120,000
날도래목	C	202	339	975	11,000
나비목	S	3,702	5,057	11,000	150,000

※ 해당 국가의 분류군별 종 다양성(%) = $\dfrac{\text{해당 국가의 분류군별 종의 수}}{\text{분류군별 전체 종의 수}} \times 100$

― 〈보 기〉 ―

ㄱ. 경제적 중요도가 S인 분류군 중, '갑'국에서 종의 수가 세 번째로 많은 분류군은 노린재목이다.

ㄴ. 경제적 중요도가 A인 분류군 중, '을'국에서 종의 수가 두 번째로 많은 분류군은 총채벌레목이다.

ㄷ. 경제적 중요도가 C인 분류군 중, '갑'국의 분류군별 종 다양성이 가장 낮은 분류군은 털이목이다.

ㄹ. 경제적 중요도가 S인 분류군 중, '병'국의 분류군별 종 다양성이 10% 이상인 분류군은 4개이다.

① ㄱ, ㄴ

② ㄱ, ㄷ

③ ㄴ, ㄷ

④ ㄴ, ㄹ

⑤ ㄷ, ㄹ

---

15. 다음 <표>는 지역별 건축 및 대체에너지 설비투자 현황에 관한 자료이다. 이에 대한 <보기>의 설명 중 옳은 것을 모두 고르면?　　　13 5급공채

〈표〉 지역별 건축 및 대체에너지 설비투자 현황

(단위: 건, 억 원, %)

지역	건축 건수	건축 공사비 (A)	대체에너지 설비투자액				대체에너지 설비투자 비율 (B/A)×100
			태양열	태양광	지열	합(B)	
가	12	8,409	27	140	336	503	5.98
나	14	12,851	23	265	390	678	( )
다	15	10,127	15	300	210	525	( )
라	17	11,000	20	300	280	600	5.45
마	21	20,100	30	600	450	1,080	( )

※ 건축공사비 내에 대체에너지 설비투자액은 포함되지 않음.

― 〈보 기〉 ―

ㄱ. 건축 건수 1건당 건축공사비가 가장 많은 곳은 '나' 지역이다.

ㄴ. '가'~'마' 지역의 대체에너지 설비투자 비율은 각각 5% 이상이다.

ㄷ. '라' 지역에서 태양광 설비투자액이 210억 원으로 줄어도 대체에너지 설비투자 비율은 5% 이상이다.

ㄹ. 대체에너지 설비투자액 중 태양광 설비투자액 비율이 가장 높은 지역은 대체에너지 설비투자 비율이 가장 낮다.

① ㄱ, ㄴ

② ㄱ, ㄷ

③ ㄴ, ㄷ

④ ㄴ, ㄹ

⑤ ㄷ, ㄹ

16. 다음 <표>와 <그림>은 A국 초·중·고등학생 평균 키 및 평균 체중과 비만에 대한 자료이다. 이에 대한 <보기>의 설명 중 옳은 것만을 모두 고르면?   18 민경채

〈표 1〉 학교급별 평균 키 및 평균 체중 현황

(단위: cm, kg)

학교급	성별	2017년 키	2017년 체중	2016년 키	2016년 체중	2015년 키	2015년 체중	2014년 키	2014년 체중	2013년 키	2013년 체중
초	남	152.1	48.2	151.4	46.8	151.4	46.8	150.4	46.0	150.0	44.7
	여	152.3	45.5	151.9	45.2	151.8	45.1	151.1	44.4	151.0	43.7
중	남	170.0	63.7	169.7	62.3	169.2	61.9	168.9	61.6	168.7	60.5
	여	159.8	54.4	159.8	54.3	159.8	54.1	159.5	53.6	160.0	52.9
고	남	173.5	70.0	173.5	69.4	173.5	68.5	173.7	68.3	174.0	68.2
	여	160.9	57.2	160.9	57.1	160.9	56.8	161.1	56.2	161.1	55.4

〈표 2〉 2017년 학교급별 비만학생 구성비

(단위: %)

학교급	성별	비만 아닌 학생	경도 비만	중등도 비만	고도 비만	학생 비만율
초	남	82.6	8.5	7.3	1.6	17.4
	여	88.3	6.5	4.4	0.8	11.7
중	남	81.5	9.0	7.5	2.0	18.5
	여	86.2	7.5	4.9	1.4	13.8
고	남	79.5	8.7	8.4	3.4	20.5
	여	81.2	8.6	7.5	2.7	18.8
전체		83.5	8.1	6.5	1.9	16.5

※ '학생비만율'은 학생 중 비만학생(경도 비만＋중등도 비만＋고도비만)의 구성비임.

〈그림〉 연도별 초·중·고 전체의 비만학생 구성비

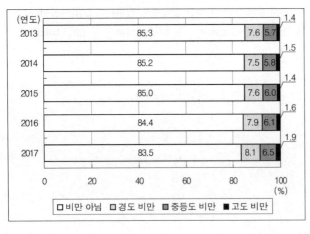

〈보 기〉

ㄱ. 중학교 여학생의 평균 키는 매년 증가하였다.

ㄴ. 초·중·고 전체의 '학생비만율'은 매년 증가하였다.

ㄷ. 고등학교 남학생의 '학생비만율'은 2013년이 2017년보다 작다.

ㄹ. 2017년 '학생비만율'의 남녀 학생 간 차이는 중학생이 초등학생보다 작다.

① ㄱ, ㄴ

② ㄴ, ㄷ

③ ㄴ, ㄹ

④ ㄷ, ㄹ

⑤ ㄱ, ㄷ, ㄹ

17. 다음 <표>는 '갑' 부처 A~E 위원회의 여성 위원 참여 현황에 관한 자료이다. <표>와 <보기>를 근거로 A와 D에 해당하는 위원회를 바르게 나열한 것은? 21 입법고시

〈표〉 '갑'부처 위원회별 여성 위원 참여 현황

(단위: 명)

구분	2018 상반기		2018 하반기		2019 상반기		2019 하반기		2020 상반기	
	전체 위원	여성 위원	전체 위원	여성 위원	전체 위원	여성 위원	전체 위원	여성 위원	전체 위원	여성 위원
A	47	17	47	17	47	20	47	20	47	20
B	11	6	11	6	11	6	11	6	11	5
C	15	5	15	5	15	5	15	5	15	6
D	19	11	19	11	19	11	19	11	16	11
E	9	4	9	4	9	5	9	5	9	5

※ 여성 위원 비율(%)= $\dfrac{\text{여성 위원}}{\text{전체 위원}} \times 100$

〈보 기〉

○ 직전 반기 대비 '여성 위원 비율'의 증가율이 18% 이상인 시점이 존재하는 위원회는 납세자보호위원회, 세무사자격심의위원회, 재산평가심의위원회이다.

○ 직전 반기 대비 '여성 위원 비율'이 10%p 이상 증가한 시점이 존재하는 위원회는 세무사자격심의위원회, 재산평가심의위원회이다.

○ 2018년 상반기 대비 2020년 상반기 '여성 위원 비율'의 증감률이 18% 미만인 위원회는 기준경비율심의회, 국세심사위원회이다.

○ 2018년 상반기 대비 2020년 상반기 '여성 위원 비율'의 증감률이 가장 큰 위원회는 재산평가심의위원회이고, 가장 작은 위원회는 기준경비율심의회이다.

	A	D
①	국세심사위원회	납세자보호위원회
②	국세심사위원회	세무사자격심의위원회
③	기준경비율심의회	납세자보호위원회
④	기준경비율심의회	세무사자격심의위원회
⑤	재산평가심의위원회	납세자보호위원회

18. 다음 <표>는 2015년과 2016년 '갑' 회사의 강사 A~E의 시급과 수강생 만족도에 관한 자료이다. <표>와 <조건>에 근거한 설명으로 옳은 것은? 17 민경채

〈표〉 강사의 시급 및 수강생 만족도

(단위: 원, 점)

연도 구분 강사	2015		2016	
	시급	수강생 만족도	시급	수강생 만족도
A	50,000	4.6	55,000	4.1
B	45,000	3.5	45,000	4.2
C	52,000	( )	54,600	4.8
D	54,000	4.9	59,400	4.4
E	48,000	3.2	( )	3.5

〈조 건〉

○ 당해 연도 시급 대비 다음 연도 시급의 인상률은 당해 연도 수강생 만족도에 따라 아래와 같이 결정됨. 단, 강사가 받을 수 있는 시급은 최대 60,000원임.

수강생 만족도	인상률
4.5점 이상	10% 인상
4.0점 이상 4.5점 미만	5% 인상
3.0점 이상 4.0점 미만	동결
3.0점 미만	5% 인하

① 강사 E의 2016년 시급은 45,600원이다.

② 2017년 시급은 강사 D가 강사 C보다 높다.

③ 2016년과 2017년 시급 차이가 가장 큰 강사는 C이다.

④ 강사 C의 2015년 수강생 만족도 점수는 4.5점 이상이다.

⑤ 2017년 강사 A와 강사 B의 시급 차이는 10,000원이다.

19. 다음 <표>는 참가자 A~D의 회차별 가위·바위·보 게임 기록 및 판정이고, <그림>은 아래 <규칙>에 따른 5회차 게임 종료 후 A~D의 위치를 나타낸 것이다. 이 때 (가), (나), (다)에 해당하는 것을 바르게 나열한 것은? 18 민경채

<표> 가위·바위·보 게임 기록 및 판정

회차 구분 참가자	1		2		3		4		5	
	기록	판정	기록	판정	기록	판정	기록	판정	기록	판정
A	가위	승	바위	승	보	승	바위	( )	보	( )
B	가위	승	(가)	( )	바위	패	가위	( )	보	( )
C	보	패	가위	패	바위	패	(나)	( )	보	( )
D	보	패	가위	패	바위	패	가위	( )	(다)	( )

<그림> 5회차 게임 종료 후 A~D의 위치

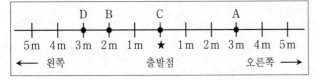

〈규 칙〉

○ A~D는 모두 출발점(★)에서 1회차 가위·바위·보 게임을 하고, 2회차부터는 직전 회차 게임 종료 후 각자의 위치에서 게임을 한다.

○ 각 회차의 판정에 따라 지거나 비기면 이동하지 않고, 가위로 이긴 사람은 왼쪽으로 3m, 바위로 이긴 사람은 오른쪽으로 1m, 보로 이긴 사람은 오른쪽으로 5m를 각각 이동하여 해당 회차 게임을 종료한다.

	(가)	(나)	(다)
①	가위	바위	보
②	가위	보	바위
③	바위	가위	보
④	바위	보	가위
⑤	보	바위	가위

20. 다음 <표>는 2015년 와인 생산량 및 소비량 상위 8개국 현황에 관한 자료이다. 이에 대한 <보기>의 설명 중 옳은 것만을 모두 고르면? 20 7급모의

〈표 1〉 2015년 와인 생산량 상위 8개국 현황

(단위: 천 L, %)

구분 국가	2015년 생산량	구성비	2013년 생산량 대비 증가율
이탈리아	4,950	17.4	-8.3
프랑스	4,750	16.7	12.8
스페인	3,720	13.1	-18.0
미국	2,975	10.4	-4.5
아르헨티나	1,340	4.7	-10.7
칠레	1,290	4.5	0.8
호주	1,190	4.2	-3.3
남아프리카공화국	1,120	3.9	22.4
계	21,335	74.9	-3.8

〈표 2〉 2015년 와인 소비량 상위 8개국 현황

(단위: 천 L, %)

구분 국가	2015년 소비량	구성비	2013년 소비량 대비 증가율
미국	3,320	13.3	6.5
프랑스	2,720	10.9	-3.5
이탈리아	2,050	8.2	-5.9
독일	2,050	8.2	1.0
중국	1,600	6.4	-8.4
영국	1,290	5.2	1.6
아르헨티나	1,030	4.1	-0.4
스페인	1,000	4.0	2.0
계	15,060	60.2	-0.8

※ 1) 구성비는 세계 와인 생산(소비)량에서 각 국가 생산(소비)량이 차지하는 비율임.
2) 구성비와 증가율은 소수 둘째 자리에서 반올림한 값임.

〈보 기〉

ㄱ. 2015년 와인 생산량 상위 8개국 중 와인 소비량이 생산량보다 많은 국가는 1개이다.

ㄴ. 2015년 와인 생산량 상위 8개국만 와인 생산량이 각각 10%씩 증가했다면, 2015년 세계 와인 생산량은 30,000천 L 이상이었을 것이다.

ㄷ. 2015년 중국 와인 소비량은 같은 해 세계 와인 생산량의 6% 미만이다.

ㄹ. 2013년 스페인 와인 생산량은 같은 해 영국 와인 소비량의 3배 미만이다.

① ㄱ, ㄷ 　　　　　　② ㄴ, ㄹ

③ ㄷ, ㄹ 　　　　　　④ ㄱ, ㄴ, ㄷ

⑤ ㄱ, ㄴ, ㄹ

※ 다음 <표>는 2016~2018년 A국 10대 수출품목의 수출액에 관한 자료이다. 다음 물음에 답하시오. [21~22]   19 5급공채

〈표 1〉 A국 10대 수출품목의 수출액 비중과 품목별 세계수출 시장 점유율(금액기준)

(단위: %)

구분 / 품목 \ 연도	A국의 전체 수출액에서 차지하는 비중			품목별 세계수출시장에서 A국의 점유율		
	2016	2017	2018	2016	2017	2018
백색가전	13.0	12.0	11.0	2.0	2.5	3.0
TV	14.0	14.0	13.0	10.0	20.0	25.0
반도체	10.0	10.0	15.0	30.0	33.0	34.0
휴대폰	16.0	15.0	13.0	17.0	16.0	13.0
2,000cc 이하 승용차	8.0	7.0	8.0	2.0	2.0	2.3
2,000cc 초과 승용차	6.0	6.0	5.0	0.8	0.7	0.8
자동차용 배터리	3.0	4.0	6.0	5.0	6.0	7.0
선박	5.0	4.0	3.0	1.0	1.0	1.0
항공기	1.0	2.0	3.0	0.1	0.1	0.1
전자부품	7.0	8.0	9.0	2.0	1.8	1.7
계	83.0	82.0	86.0	–	–	–

※ A국의 전체 수출액은 매년 변동 없음.

〈표 2〉 A국 백색가전의 세부 품목별 수출액 비중

(단위: %)

세부 품목 \ 연도	2016	2017	2018
일반세탁기	13.0	10.0	8.0
드럼세탁기	18.0	18.0	18.0
일반냉장고	17.0	12.0	11.0
양문형냉장고	22.0	26.0	28.0
에어컨	23.0	25.0	26.0
공기청정기	7.0	9.0	9.0
계	100.0	100.0	100.0

21. 위 <표>에 대한 <보기>의 설명 중 옳은 것만을 모두 고르면?

─── <보 기> ───

ㄱ. 2016년과 2018년 선박의 세계수출시장 규모는 같다.

ㄴ. 2017년과 2018년 A국의 전체 수출액에서 드럼세탁기가 차지하는 비중은 전년대비 매년 감소한다.

ㄷ. 2017년과 2018년 A국의 10대 수출품목 모두 품목별 세계수출시장에서 A국의 점유율은 전년대비 매년 증가한다.

ㄹ. 2018년 항공기 세계수출시장 규모는 A국 전체 수출액의 15배 이상이다.

① ㄱ, ㄴ
② ㄱ, ㄷ
③ ㄴ, ㄷ
④ ㄴ, ㄹ
⑤ ㄴ, ㄷ, ㄹ

22. 위 <표>를 이용하여 작성한 그래프로 옳지 않은 것은?

① TV의 세계수출시장 규모 대비 A국 전체 수출액의 비율

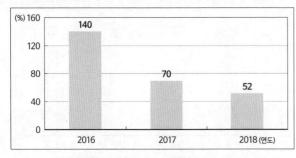

② 2016년 A국의 전체 수출액에서 각 품목이 차지하는 비중

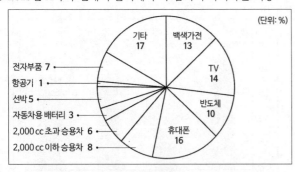

③ A국 백색가전 세부 품목별 수출액 비중

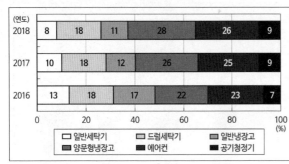

④ 2016~2018년 A국 품목별 세계수출시장 점유율

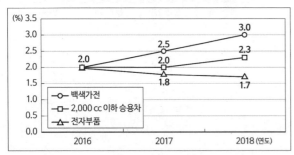

⑤ 2017~2018년 A국 품목별 수출액의 전년대비 증가율

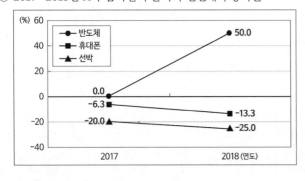

23. 다음 <그림>은 2020년 A기관의 조직 및 운영에 관한 자료이다. 이에 대한 <보기>의 설명 중 옳은 것만을 모두 고르면?

21 5급공채

〈그림〉 2020년 A기관의 조직 및 운영 현황

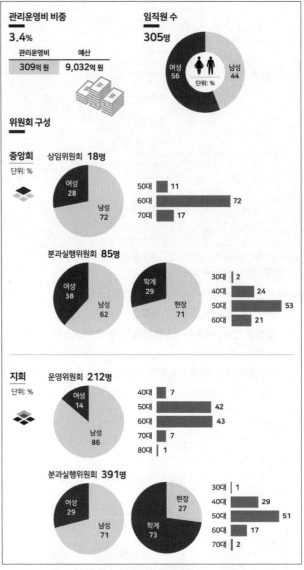

※ 중앙회는 상임위원회와 분과실행위원회로만 구성되고, 지회는 운영위원회와 분과실행위원회로만 구성됨.

─〈보 기〉─

ㄱ. 2020년 임직원당 관리운영비는 1억 원 이상이다.

ㄴ. 분과실행위원회의 현장 위원 수는 중앙회가 지회보다 많다.

ㄷ. 중앙회 상임위원회의 모든 여성 위원이 동시에 중앙회 분과실행위원회 위원이라면, 중앙회 여성 위원 수는 총 32명이다.

ㄹ. 지회 분과실행위원회의 50대 학계 위원은 80명 이상이다.

① ㄱ, ㄴ   ② ㄱ, ㄹ

③ ㄴ, ㄷ   ④ ㄴ, ㄹ

⑤ ㄱ, ㄷ, ㄹ

24. 다음 <표>는 근무지 이동 전 '갑' 회사의 근무 현황에 대한 자료이다. <표>와 <근무지 이동 지침>에 따라 이동한 후 근무지별 인원수로 가능한 것은?　18 민경채

〈표〉 근무지 이동 전 '갑' 회사의 근무 현황

(단위: 명)

근무지	팀명	인원수
본관 1층	인사팀	10
	지원팀	16
	기획1팀	16
본관 2층	기획2팀	21
	영업1팀	27
본관 3층	영업2팀	30
	영업3팀	23
별관	-	0
전체		143

※ 1) '갑' 회사의 근무지는 본관 1, 2, 3층과 별관만 있음.
　 2) 팀별 인원수의 변동은 없음.

┌─────〈근무지 이동 지침〉─────┐

○ 본관 내 이동은 없고, 인사팀은 이동하지 않음.

○ 팀별로 전원 이동하며, 본관에서 별관으로 2개 팀만 이동함.

○ 1개 층에서는 최대 1개 팀만 별관으로 이동할 수 있음.

○ 이동한 후 별관 인원수는 40명을 넘지 않도록 함.

①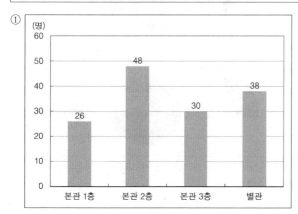

②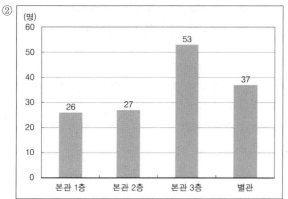

③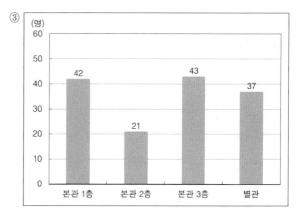

④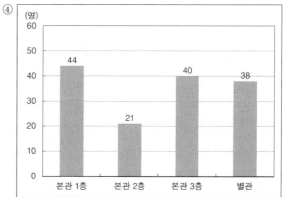

⑤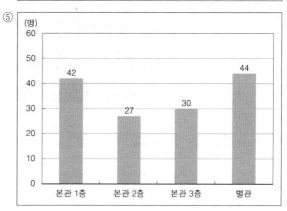

25. 다음 <표>는 2011~2020년 산불 건수 및 산불 가해자 검거 현황과 2020년 산불 원인별 가해자 검거 현황에 관한 자료이다. 이에 대한 <보기>의 설명 중 옳은 것만을 모두 고르면?

21 7급공채

〈표 1〉 2011~2020년 산불 건수 및 산불 가해자 검거 현황

(단위: 건, %)

연도 \ 구분	산불 건수	가해자 검거 건수	검거율
2011	277	131	47.3
2012	197	73	( )
2013	296	137	46.3
2014	492	167	33.9
2015	623	240	38.5
2016	391	( )	( )
2017	692	305	
2018	496	231	46.6
2019	653	239	36.6
2020	620	246	39.7
계	( )	1,973	( )

〈표 2〉 2020년 산불 원인별 산불 건수 및 가해자 검거 현황

(단위: 건, %)

산불 원인 \ 구분	산불 건수	가해자 검거 건수	검거율
입산자 실화	( )	32	( )
논밭두렁 소각	49	45	( )
쓰레기 소각	65	( )	( )
담뱃불 실화	75	17	22.7
성묘객 실화	9	6	( )
어린이 불장난	1	1	100
건축물 실화	54	33	61.1
기타	150	52	34.7
전체	( )	246	39.7

※ 1) 산불 1건은 1개의 산불 원인으로만 분류함.
2) 가해자 검거 건수는 해당 산불 발생 연도를 기준으로 집계함.
3) 검거율(%)= $\dfrac{\text{가해자 검거 건수}}{\text{산불 건수}} \times 100$

〈보 기〉

ㄱ. 2011~2020년 연평균 산불 건수는 500건 이하이다.
ㄴ. 산불 건수가 가장 많은 연도의 검거율은 산불 건수가 가장 적은 연도의 검거율보다 높다.
ㄷ. 2020년에는 기타를 제외하고 산불 건수가 적은 산불 원인일수록 검거율이 높다.
ㄹ. 2020년 전체 산불 건수 중 입산자 실화가 원인인 산불 건수의 비율은 35%이다.

① ㄱ, ㄴ
② ㄴ, ㄹ
③ ㄷ, ㄹ
④ ㄱ, ㄴ, ㄷ
⑤ ㄱ, ㄴ, ㄹ

약점 보완 해설집 p.10

01. 다음 <보고서>는 2017년 세종특별자치시의 자원봉사 현황을 요약한 자료이다. <보고서>의 내용을 작성하는 데 직접적인 근거로 활용되지 않은 자료는?

19 민경채

─〈보고서〉─

○ 자원봉사자 등록 현황

– 세종특별자치시 인구수 대비 자원봉사자 등록률: 16.20 %

남성 19,401명 / 계 45,374명 / 여성 25,973명

○ 자원봉사단체 등록 현황

단체수 520개 / 단체의 총 회원수 18,234명

○ 연령대별 자원봉사자 등록 현황

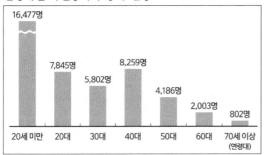

16,477명 / 7,845명 / 5,802명 / 8,259명 / 4,186명 / 2,003명 / 802명
20세 미만 / 20대 / 30대 / 40대 / 50대 / 60대 / 70세 이상 (연령대)

○ 자원봉사자 활동 현황

비활동 인원 23,123명 / 2017년 자원봉사 활동 현황 / 1회 이상 활동한 자원봉사자수 22,251명

○ 자원봉사 누적시간대별 자원봉사 참여자수 현황

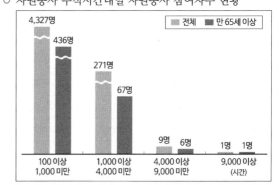

전체 / 만 65세 이상

4,327명 / 436명 / 271명 / 67명 / 9명 / 6명 / 1명 / 1명
100 이상 1,000 미만 / 1,000 이상 4,000 미만 / 4,000 이상 9,000 미만 / 9,000 이상 (시간)

① 2017년 세종특별자치시에 등록된 자원봉사단체별 회원수 현황

② 2017년 세종특별자치시 인구 현황

③ 2017년 세종특별자치시에 등록된 성별, 연령별 자원봉사자 수 현황

④ 2017년 세종특별자치시 연간 1회 이상 활동한 자원봉사자 수 현황

⑤ 2017년 세종특별자치시 연령별, 1일 시간대별 자원봉사 참여자수 현황

02. 다음 <그림>과 <표>는 주요 10개국의 인간개발지수와 시민지식 평균점수 및 주요 지표에 관한 자료이다. 이에 대한 <보기>의 설명 중 옳은 것만을 모두 고르면? 　　　19 민경채

〈그림〉 국가별 인간개발지수와 시민지식 평균점수의 산포도

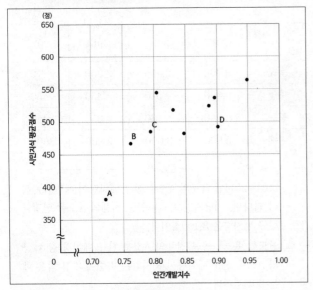

〈표〉 국가별 주요 지표

구분 국가	인간개발 지수	최근 국회 의원 선거 투표율(%)	GDP 대비 공교육비 비율(%)	인터넷 사용률 (%)	1인당 GDP (달러)
벨기에	0.896	92.5	6.4	85	41,138
불가리아	0.794	54.1	3.5	57	16,956
칠레	0.847	49.3	4.6	64	22,145
도미니카 공화국	0.722	69.6	2.1	52	13,375
이탈리아	0.887	75.2	4.1	66	33,587
대한민국	0.901	58.0	4.6	90	34,387
라트비아	0.830	58.9	4.9	79	22,628
멕시코	0.762	47.7	5.2	57	16,502
노르웨이	0.949	78.2	7.4	97	64,451
러시아	0.804	60.1	4.2	73	23,895

〈보 기〉

ㄱ. A국의 인터넷 사용률은 60% 미만이다.

ㄴ. B국은 C국보다 GDP 대비 공교육비 비율이 낮다.

ㄷ. D국은 최근 국회의원 선거 투표율 하위 3개국 중 하나이다.

ㄹ. 1인당 GDP가 가장 높은 국가는 시민지식 평균점수도 가장 높다.

① ㄱ, ㄴ

② ㄱ, ㄷ

③ ㄱ, ㄹ

④ ㄴ, ㄷ

⑤ ㄴ, ㄹ

03. 다음 <표>와 <정보>는 5월 '갑'국의 관측날씨와 '가'~'라' 팀의 예보날씨에 관한 자료이다. <표>와 <정보>를 근거로 '정확도가 가장 높은 팀'과 '임계성공지수가 가장 낮은 팀'을 바르게 나열한 것은? 　　　20 5급공채

〈표〉 5월 '갑'국의 관측날씨와 팀별 예보날씨

날짜 (일) 구분	1	2	3	4	5	6	7	8	9	10	11	12
관측날씨	🌧	🌧	☀	☀	⛅	☀	☀	☀	☀	⛅	☀	☀
예보날씨 가	🌧	🌧	☀	☀	⛅	☀	⛅	☀	☀	🌧	☀	☀
예보날씨 나	🌧	🌧	⛅	☀	🌧	☀	☀	🌧	☀	🌧	⛅	☀
예보날씨 다	🌧	⛅	☀	☀	⛅	☀	⛅	☀	☀	⛅	☀	☀
예보날씨 라	🌧	🌧	☀	☀	☀	☀	☀	☀	☀	☀	☀	☀

〈정 보〉

○ 각 팀의 예보날씨와 실제 관측날씨 분류표

관측날씨 예보날씨	🌧	☀
🌧	H	F
☀	M	C

※ H, F, M, C는 각각의 경우에 해당하는 빈도를 뜻하며, 예를 들어 '가' 팀의 H는 3임.

○ 정확도 $= \dfrac{H+C}{H+F+M+C}$

○ 임계성공지수 $= \dfrac{H}{H+F+M}$

	정확도가 가장 높은 팀	임계성공지수가 가장 낮은 팀
①	가	나
②	가	라
③	다	나
④	다	라
⑤	라	다

04. 다음 <그림>은 보육 관련 6대 과제별 성과 점수 및 추진 필요성 점수를 나타낸 것이다. 이에 대한 <보기>의 설명 중 옳은 것만을 모두 고르면? 15 민경채

〈그림 1〉 보육 관련 6대 과제별 성과 점수

(단위: 점)

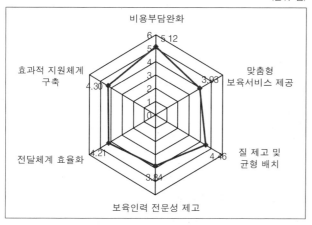

〈그림 2〉 보육 관련 6대 과제별 추진 필요성 점수

(단위: 점)

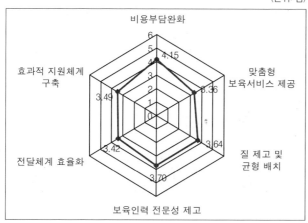

―――――――――〈보 기〉―――――――――

ㄱ. 성과 점수가 가장 높은 과제와 가장 낮은 과제의 점수 차이는 1.00점보다 크다.

ㄴ. 성과 점수와 추진 필요성 점수의 차이가 가장 작은 과제는 '보육인력 전문성 제고' 과제이다.

ㄷ. 6대 과제의 추진 필요성 점수 평균은 3.70점 이상이다.

① ㄴ

② ㄱ, ㄴ

③ ㄱ, ㄷ

④ ㄴ, ㄷ

⑤ ㄱ, ㄴ, ㄷ

05. 다음 <표>는 군별, 연도별 A소총의 신규 배치량에 관한 자료이다. 이에 대한 <보기>의 설명 중 옳은 것만을 모두 고르면? 15 5급공채

〈표〉 군별, 연도별 A소총의 신규 배치량

(단위: 정)

연도 군	2011	2012	2013	2014
육군	3,000	2,450	2,000	0
해군	600	520	450	450
공군	0	30	350	150
전체	3,600	3,000	2,800	600

―――――――――〈보 기〉―――――――――

ㄱ. 2011~2014년 육군의 A소총 신규 배치량이 매년 600정 더 많다면, 해당기간 육·해·공군 전체의 A소총 연평균 신규 배치량은 3,100정이다.

ㄴ. 연도별 육·해·공군 전체의 A소총 신규 배치량 중 해군의 A소총 신규 배치량이 차지하는 비중이 가장 작은 해는 2011년이다.

ㄷ. A소총 1정당 육군은 590만 원, 해군은 560만 원, 공군은 640만 원으로 매입하여 배치했다면, 육·해·공군 전체의 A소총 1정당 매입가격은 2011년이 2014년보다 낮다.

① ㄱ

② ㄴ

③ ㄱ, ㄴ

④ ㄱ, ㄷ

⑤ ㄴ, ㄷ

06. 다음 <표>는 2008~2018년 '갑'국의 황산화물 배출권 거래 현황에 대한 자료이다. <표>를 이용하여 작성한 그래프로 옳지 않은 것은?

20 민경채

〈표〉 2008~2018년 '갑'국의 황산화물 배출권 거래 현황

(단위: 건, kg, 원/kg)

연도	전체		무상거래		유상거래				
	거래건수	거래량	거래건수	거래량	거래건수	거래량	거래가격		
							최고	최저	평균
2008	10	115,894	3	42,500	7	73,394	1,000	30	319
2009	8	241,004	4	121,624	4	119,380	500	60	96
2010	32	1,712,694	9	192,639	23	1,520,055	500	50	58
2011	25	1,568,065	6	28,300	19	1,539,765	400	10	53
2012	32	1,401,374	7	30,910	25	1,370,464	400	30	92
2013	59	2,901,457	5	31,500	54	2,869,957	600	60	180
2014	22	547,500	1	2,000	21	545,500	500	65	269
2015	12	66,200	5	22,000	7	44,200	450	100	140
2016	10	89,500	3	12,000	7	77,500	500	150	197
2017	20	150,966	5	38,100	15	112,866	160	100	124
2018	28	143,324	3	5,524	25	137,800	250	74	140

① 2010~2013년 연도별 전체 거래의 건당 거래량

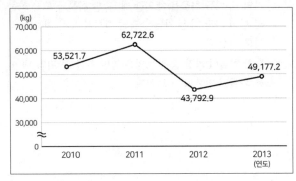

② 2009~2013년 유상거래 최고 가격과 최저 가격

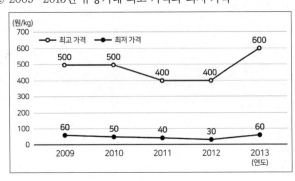

③ 2013~2017년 유상거래 평균 가격

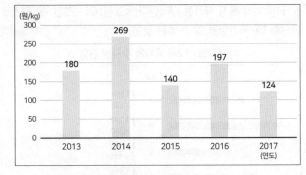

④ 2008년 전체 거래량 구성비

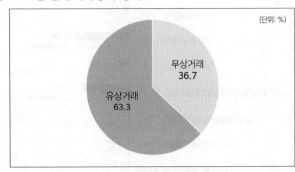

⑤ 2010~2013년 무상거래 건수와 유상거래 건수

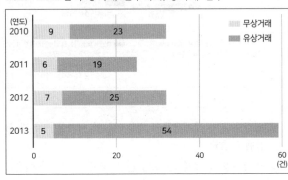

07. 다음 <그림>은 12개 국가의 수자원 현황에 관한 자료이며, A~H는 각각 특정 국가를 나타낸다. <그림>과 <조건>을 근거로 판단할 때, 국가명을 알 수 없는 것은? 21 7급공채

〈그림〉 12개 국가의 수자원 현황

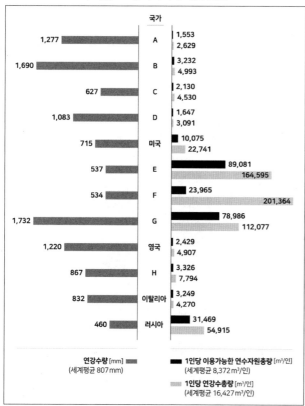

〈조 건〉

○ '연강수량'이 세계평균의 2배 이상인 국가는 일본과 뉴질랜드이다.

○ '연강수량'이 세계평균보다 많은 국가 중 '1인당 이용가능한 연수자원총량'이 가장 적은 국가는 대한민국이다.

○ '1인당 연강수총량'이 세계평균의 5배 이상인 국가를 '연강수량'이 많은 국가부터 나열하면 뉴질랜드, 캐나다, 호주이다.

○ '1인당 이용가능한 연수자원총량'이 영국보다 적은 국가 중 '1인당 연강수총량'이 세계평균의 25% 이상인 국가는 중국이다.

○ '1인당 이용가능한 연수자원총량'이 6번째로 많은 국가는 프랑스이다.

① B
② C
③ D
④ E
⑤ F

08. 다음 <표>는 A~H지역의 화물 이동 현황에 관한 자료이다. 이에 대한 <보기>의 설명 중 옳은 것만을 모두 고르면? 21 7급공채

〈표〉 화물의 지역 내, 지역 간 이동 현황

(단위: 개)

도착 지역 출발 지역	A	B	C	D	E	F	G	H	합
A	65	121	54	52	172	198	226	89	977
B	56	152	61	55	172	164	214	70	944
C	29	47	30	22	62	61	85	30	366
D	24	61	30	37	82	80	113	45	472
E	61	112	54	47	187	150	202	72	885
F	50	87	38	41	120	188	150	55	729
G	78	151	83	73	227	208	359	115	1,294
H	27	66	31	28	94	81	116	46	489
계	390	797	381	355	1,116	1,130	1,465	522	6,156

※ 출발 지역과 도착 지역이 동일한 경우는 해당 지역 내에서 화물이 이동한 것임.

〈보 기〉

ㄱ. 도착 화물보다 출발 화물이 많은 지역은 3개이다.

ㄴ. 지역 내 이동 화물이 가장 적은 지역은 도착 화물도 가장 적다.

ㄷ. 지역 내 이동 화물을 제외할 때, 출발 화물과 도착 화물의 합이 가장 작은 지역은 출발 화물과 도착 화물의 차이도 가장 작다.

ㄹ. 도착 화물이 가장 많은 지역은 출발 화물 중 지역 내 이동 화물의 비중도 가장 크다.

① ㄱ, ㄴ
② ㄱ, ㄷ
③ ㄴ, ㄷ
④ ㄴ, ㄹ
⑤ ㄱ, ㄷ, ㄹ

09. 다음 <그림>과 <표>는 OECD국가와 한국인의 성별 기대수명에 관한 자료이다. 이에 대한 설명 중 옳은 것은? 　12 민경채

〈그림〉 2009년 OECD국가의 성별 기대수명(상위 10개국)

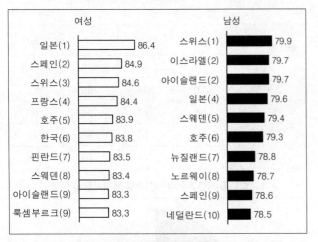

※ ( ) 안의 숫자는 OECD국가 중 해당 국가의 순위임.

〈표〉 한국인의 성별 기대수명(2003~2009년)

성별 구분 연도	여성		남성	
	순위	기대수명(세)	순위	기대수명(세)
2003	19	80.8	26	73.9
2006	13	82.4	23	75.7
2009	6	83.8	20	76.8

※ 순위는 OECD국가 중 한국의 순위임.

① 2003년 대비 2009년 한국 남성의 기대수명은 5% 이상 증가하였다.

② 2009년의 경우, 일본 남성의 기대수명은 일본 여성의 기대수명의 90% 이하이다.

③ 2009년 여성과 남성의 기대수명이 모두 상위 5위 이내인 OECD국가의 수는 2개이다.

④ 2006년과 2009년 한국 남성의 기대수명 차이는 2006년과 2009년 한국 여성의 기대수명 차이보다 크다.

⑤ 2009년 스위스 여성과 스웨덴 여성의 기대수명 차이는 두 나라 남성의 기대수명 차이보다 작다.

10. 다음 <표>는 2012년 ○○방송 A개그프로그램의 코너별 시청률과 시청률 순위에 관한 자료이다. 이에 대한 설명으로 옳은 것은? 　13 5급공채

〈표 1〉 코너별 시청률 및 시청률 순위(7월 마지막 주)

코너명	시청률(%)		시청률 순위	
	금주	전주	금주	전주
체포왕자	27.6	–	1	–
세가지	27.5	22.2	2	13
멘붕학교	27.2	23.2	3	10
생활의 분제	26.9	30.7	4	1
비겁한 녀석들	26.5	26.3	5	4
아이들	26.4	30.4	6	2
편한 진실	25.8	25.5	7	6
비극배우들	25.7	24.5	8	7
엄마와 딸	25.6	23.9	9	8
김여사	24.7	23.6	10	9
예술성	19.2	27.8	11	3
어색한 친구	17.7	–	12	–
좋지 아니한가	16.7	22.7	13	11
합기도	14.6	18.8	14	14

〈표 2〉 코너별 시청률 및 시청률 순위(10월 첫째 주)

코너명	시청률(%)		시청률 순위	
	금주	전주	금주	전주
험담자	27.4	–	1	–
생활의 문제	27.0	19.6	2	7
김여사	24.9	21.9	3	3
엄마와 딸	24.5	20.4	4	5
돼지의 품격	23.4	23.2	5	1
비극배우들	22.7	22.5	6	2
편한 진실	21.6	21.1	7	4
체포왕자	21.4	16.5	8	12
멘붕학교	21.4	19.6	8	7
비겁한 녀석들	21.1	19.1	10	9
어색한 친구	20.7	19.0	11	10
세가지	19.8	19.9	12	6
아이들	18.2	17.8	13	11
합기도	15.1	12.6	14	14

※ 1) A개그프로그램은 매주 14개의 코너로 구성됨.
　2) '–'가 있는 코너는 금주에 신설된 코너를 의미함.

① 7월 마지막 주~10월 첫째 주 동안 신설된 코너는 3개이다.

② 신설 코너를 제외하고, 10월 첫째 주에는 전주보다 시청률이 낮은 코너가 없다.

③ 7월 마지막 주와 10월 첫째 주 시청률이 모두 20% 미만인 코너는 '합기도'뿐이다.

④ 신설된 코너와 폐지된 코너를 제외하고, 7월 마지막 주와 10월 첫째 주의 전주 대비 시청률 상승폭이 가장 큰 코너는 동일하다.

⑤ 시청률 순위 상위 5개 코너의 시청률 산술평균은 10월 첫째 주가 7월 마지막 주보다 높다.

11. 다음 <그림>은 '갑' 자치구의 예산내역에 관한 자료이다. 이에 대한 <보기>의 설명 중 옳은 것만을 모두 고르면? 19 민경채

〈그림〉 '갑' 자치구 예산내역

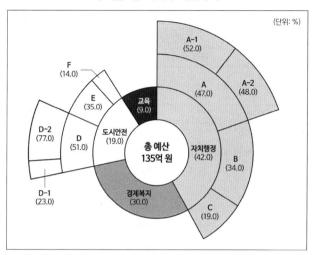

(단위: %)

※ 1) 괄호 안의 값은 예산 비중을 의미함.
　2) 예를 들어, A(47.0)은 A 사업의 예산이 '자치행정' 분야 예산의 47.0%임을 나타내고, D-1 사업의 예산은 3.0억 원임.

─〈보 기〉─

ㄱ. '교육' 분야 예산은 13억 원 이상이다.
ㄴ. C 사업 예산은 D 사업 예산보다 적다.
ㄷ. '경제복지' 분야 예산은 B 사업과 C 사업 예산의 합보다 많다.
ㄹ. '도시안전' 분야 예산은 A-2 사업 예산의 3배 이상이다.

① ㄱ, ㄴ
② ㄱ, ㄷ
③ ㄴ, ㄷ
④ ㄴ, ㄹ
⑤ ㄷ, ㄹ

12. 다음 <표>와 <그림>은 A국 게임시장에 관한 자료이다. 이에 대한 <보기>의 설명 중 옳은 것만을 고르면? 21 5급공채

〈표〉 2017~2020년 A국의 플랫폼별 게임시장 규모

(단위: 억 원)

연도 플랫폼	2017	2018	2019	2020
PC	149	165	173	( )
모바일	221	244	256	301
태블릿	56	63	66	58
콘솔	86	95	78	77
기타	51	55	40	28

〈그림〉 2020년 A국의 플랫폼별 게임시장 점유율

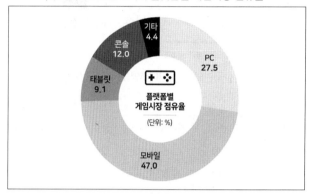

※ 플랫폼별 게임시장 점유율(%) = $\dfrac{\text{A국 해당 플랫폼의 게임시장 규모}}{\text{A국 게임시장 전체 규모}} \times 100$

─〈보 기〉─

ㄱ. A국 게임시장 전체 규모는 매년 증가하였다.
ㄴ. 2020년 PC, 태블릿, 콘솔의 게임시장 규모의 합은 A국 게임시장 전체 규모의 50% 미만이다.
ㄷ. PC의 게임시장 점유율은 2020년이 2019년보다 높다.
ㄹ. 기타를 제외하고 2017년 대비 2018년 게임시장 규모 증가율이 가장 높은 플랫폼은 태블릿이다.

① ㄱ, ㄴ
② ㄱ, ㄹ
③ ㄴ, ㄷ
④ ㄴ, ㄹ
⑤ ㄷ, ㄹ

13. 다음 <표>는 2018년 지역별 도로 보급 현황에 관한 자료이다. <표>와 <조건>에 근거하여 A~E에 해당하는 지역(인천, 대전, 강원, 충남, 경남)을 바르게 나열한 것은? 20 입법고시

〈표〉 2018년 지역별 도로 보급 현황

지역	면적 (km²)	인구 (천 명)	자동차 대수 (천 대)	도로연장 (km)	개통도로 (km)	포장도로 (km)	포장률 (%)
서울	605	9,766	3,125	8,273	8,273	8,273	100.0
A	1,063	2,955	1,578	3,271	3,244	3,160	97.4
B	540	1,490	670	2,140	2,140	2,140	100.0
울산	1,061	1,156	558	2,142	2,136	2,115	99.0
C	16,828	1,543	766	9,953	( )	7,753	88.4
D	10,540	3,374	1,694	12,650	( )	9,943	91.0
E	8,226	2,126	1,094	7,160	( )	6,249	92.5

※ 포장률(%) = $\frac{\text{포장도로(km)}}{\text{개통도로(km)}} \times 100$

─〈조 건〉─

○ 자동차 한 대당 도로연장이 가장 짧은 지역은 인천이다.
○ 대전의 면적당 도로연장은 인천보다 길고 서울보다 짧다.
○ 충남의 개통도로는 서울의 개통도로보다 짧다.
○ 강원 인구 1인당 도로연장은 경남 인구 1인당 도로연장보다 길다.

	A	B	C	D	E
①	인천	대전	강원	경남	충남
②	인천	대전	경남	강원	충남
③	인천	강원	대전	충남	경남
④	대전	인천	강원	경남	충남
⑤	대전	인천	경남	충남	강원

14. 다음 <표>와 <보고서>는 '갑'국 13~19대 국회 의원입법안 발의 및 처리 현황에 대한 자료이다. <보고서>를 작성하기 위해 <표> 이외에 추가로 필요한 자료만을 <보기>에서 모두 고르면? 19 민경채

〈표〉 국회 의원입법안 발의 및 처리 법안수 현황

(단위: 건)

구분 \ 국회	13대	14대	15대	16대	17대	18대	19대
발의 법안수	570	321	1,144	1,912	6,387	12,220	16,728
처리 법안수	352	167	687	1,028	2,893	4,890	6,626

※ 1) 법안 반영률(%) = $\frac{\text{처리 법안수}}{\text{발의 법안수}} \times 100$
   2) 각 국회별로 국회의원 임기는 4년이고, 해당 국회에서 처리되지 않은 법안은 폐기됨.

─〈보고서〉─

19대 국회의 의원입법안을 분석한 결과 16,728건이 발의되었고 이는 19대 국회 동안 월평균 340건 이상, 국회의원 1인당 50건 이상의 법안이 제출된 셈이다.

국회 상임위원회 활동으로 보면 상임위원회당 처리 법안수가 13대 20.7건에서 19대 414.1건으로 20배 이상이 되었다. 하지만 국회 상임위원회 법안소위에도 오르지 않은 법안의 증가로 인해 13대 국회에서 61.8%에 달했던 법안 반영률은 19대에 39.6%까지 낮아졌다.

이처럼 국회 본연의 임무인 입법 기능이 저하되는 가운데 국회 국민청원건수는 16대 이후로 감소하고 있다. 구체적으로는 13대 503건에서 지속적으로 증가해 16대에 765건으로 정점을 찍은 후 급감하였고, 19대 들어 227건에 그쳐 13대 이후 최저 수준을 기록하였다.

─〈보 기〉─

ㄱ. 국회 국민청원건수

국회	13대	14대	15대	16대	17대	18대	19대
건수(건)	503	534	595	765	432	272	227

ㄴ. 국회 국민청원 중 본회의 처리건수

국회	13대	14대	15대	16대	17대	18대	19대
건수(건)	13	11	3	4	4	3	2

ㄷ. 국회 상임위원회수

국회	13대	14대	15대	16대	17대	18대	19대
상임위원회수(개)	17	16	16	17	17	16	16

ㄹ. 국회의원수

국회	13대	14대	15대	16대	17대	18대	19대
의원수(명)	299	299	299	273	299	299	300

① ㄱ, ㄴ ② ㄱ, ㄹ ③ ㄱ, ㄴ, ㄷ
④ ㄱ, ㄷ, ㄹ ⑤ ㄴ, ㄷ, ㄹ

15. 다음 <표>는 '갑'국 하수처리장의 1일 하수처리용량 및 지역등급별 방류수 기준이고, <그림>은 지역등급 및 36개 하수처리장 분포이다. 이에 근거한 <보기>의 설명 중 옳은 것만을 모두 고르면?

21 7급공채

〈표〉 하수처리장 1일 하수처리용량 및 지역등급별 방류수 기준

(단위: mg/L)

1일 하수처리용량	지역등급	생물학적 산소요구량	화학적 산소요구량	총질소	총인
500m³ 이상	I	5 이하	20 이하	20 이하	0.2 이하
	II	5 이하	20 이하	20 이하	0.3 이하
	III	10 이하	40 이하	20 이하	0.5 이하
	IV	10 이하	40 이하	20 이하	2.0 이하
50m³ 이상 500m³ 미만	I~IV	10 이하	40 이하	20 이하	2.0 이하
50m³ 미만	I~IV	10 이하	40 이하	40 이하	4.0 이하

〈그림〉 지역등급 및 하수처리장 분포

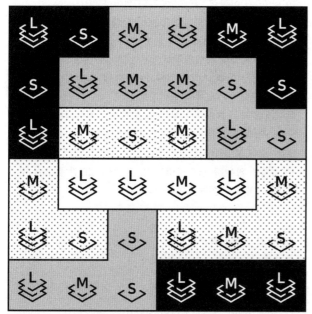

지역 등급
☐ I
▒ II
▓ III
■ IV

하수처리장 1일 하수처리용량
L 500m³ 이상
M 50m³ 이상 500m³ 미만
S 50m³ 미만

─〈보 기〉─

ㄱ. 방류수의 생물학적 산소요구량 기준이 '5mg/L 이하'인 하수처리장 수는 5개이다.

ㄴ. 1일 하수처리용량 500m³ 이상인 하수처리장 수는 1일 하수처리용량 50m³ 미만인 하수처리장 수의 1.5배 이상이다.

ㄷ. II등급 지역에서 방류수의 총인 기준이 '0.3mg/L 이하'인 하수처리장의 1일 하수처리용량 합은 최소 1,000m³이다.

ㄹ. 방류수의 총질소 기준이 '20mg/L 이하'인 하수처리장 수는 방류수의 화학적 산소요구량 기준이 '20mg/L 이하'인 하수처리장 수의 5배 이상이다.

① ㄱ, ㄴ
② ㄱ, ㄷ
③ ㄴ, ㄹ
④ ㄱ, ㄷ, ㄹ
⑤ ㄴ, ㄷ, ㄹ

16. 다음 <표>는 2024년 예상 매출액 상위 10개 제약사의 2018년, 2024년 매출액에 관한 자료이다. 이에 대한 <보기>의 설명 중 옳은 것만을 고르면? 21 5급공채

〈표〉 2024년 매출액 상위 10개 제약사의 2018년, 2024년 매출액

(단위: 억 달러)

2024년 기준 매출액 순위	기업명	2024년	2018년	2018년 대비 2024년 매출액 순위변화
1	Pfizer	512	453	변화없음
2	Novartis	498	435	1단계 상승
3	Roche	467	446	1단계 하락
4	J&J	458	388	변화없음
5	Merck	425	374	변화없음
6	Sanofi	407	351	변화없음
7	GSK	387	306	5단계 상승
8	AbbVie	350	321	2단계 상승
9	Takeda	323	174	7단계 상승
10	AstraZeneca	322	207	4단계 상승
매출액 소계		4,149	3,455	
전체 제약사 총매출액		11,809	8,277	

※ 2024년 매출액은 예상 매출액임.

〈보 기〉
ㄱ. 2018년 매출액 상위 10개 제약사의 2018년 매출액 합은 3,700억 달러 이상이다.
ㄴ. 2024년 매출액 상위 10개 제약사 중, 2018년 대비 2024년 매출액이 가장 많이 증가한 기업은 Takeda이고 가장 적게 증가한 기업은 Roche이다.
ㄷ. 2024년 매출액 상위 10개 제약사의 매출액 합이 전체 제약사 총매출액에서 차지하는 비중은 2024년이 2018년보다 크다.
ㄹ. 2024년 매출액 상위 10개 제약사 중, 2018년 대비 2024년 매출액 증가율이 60% 이상인 기업은 2개이다.

① ㄱ, ㄴ
② ㄱ, ㄷ
③ ㄱ, ㄹ
④ ㄴ, ㄷ
⑤ ㄴ, ㄹ

17. 다음은 2014~2018년 부동산 및 기타 재산 압류건수 관련 정보가 일부 훼손된 서류이다. 이에 대한 <보기>의 설명 중 옳은 것을 고르면? 20 5급공채

2014~2018년 부동산 및 기타 재산 압류건수
(단위: 건)

구분 연도	부동산	기타 재산	전체
2014	122,148	6,148	128,296
2015	1 136	27,783	146,919
2016	1 743	34,011	158,754
2017	9	34,037	163,666
2018		29,814	151,211

〈보 기〉
ㄱ. 부동산 압류건수는 매년 기타 재산 압류건수의 4배 이상이다.
ㄴ. 전체 압류건수가 가장 많은 해에 부동산 압류건수도 가장 많다.
ㄷ. 2019년 부동산 압류건수가 전년 대비 30% 감소하고 기타 재산 압류건수는 전년과 동일하다면, 전체 압류건수의 전년 대비 감소율은 25% 미만이다.
ㄹ. 2016년 부동산 압류건수는 2014년 대비 2.5% 이상 증가했다.

① ㄱ, ㄴ
② ㄱ, ㄷ
③ ㄴ, ㄷ
④ ㄴ, ㄹ
⑤ ㄷ, ㄹ

18. 다음 <표>는 '갑'회사의 생산직 근로자 133명과 사무직 근로자 87명이 직무스트레스 조사에 응답한 결과이다. 이에 대한 <보기>의 설명 중 옳은 것만을 모두 고르면? 20 5급공채

〈표 1〉 생산직 근로자의 직무스트레스 수준 응답 구성비

(단위: %)

항목＼스트레스 수준	상위		하위	
	매우 높음	높음	낮음	매우 낮음
업무과다	9.77	67.67	22.56	0.00
직위불안	10.53	64.66	24.06	0.75
관계갈등	10.53	67.67	20.30	1.50
보상부적절	10.53	60.15	27.82	1.50

〈표 2〉 사무직 근로자의 직무스트레스 수준 응답 구성비

(단위: %)

항목＼스트레스 수준	상위		하위	
	매우 높음	높음	낮음	매우 낮음
업무과다	10.34	67.82	20.69	1.15
직위불안	12.64	58.62	27.59	1.15
관계갈등	10.34	64.37	24.14	1.15
보상부적절	10.34	64.37	20.69	4.60

〈보 기〉

ㄱ. 항목별 직무스트레스 수준이 '상위'에 해당하는 근로자의 비율은 각 항목에서 사무직이 생산직보다 높다.

ㄴ. '직위불안' 항목에서 '낮음'으로 응답한 근로자는 생산직이 사무직보다 많다.

ㄷ. '관계갈등' 항목에서 '매우 높음'으로 응답한 생산직 근로자는 '매우 낮음'으로 응답한 생산직 근로자보다 11명 많다.

ㄹ. '보상부적절' 항목에서 '높음'으로 응답한 근로자는 사무직이 생산직보다 적다.

① ㄱ
② ㄹ
③ ㄱ, ㄷ
④ ㄴ, ㄷ
⑤ ㄴ, ㄹ

19. 다음 <그림>은 '갑'국 국회의원 선거의 지역별 정당지지율에 관한 자료이다. <그림>과 <조건>에 근거하여 선거구를 획정할 때, <보기> 중 B 정당의 국회의원이 가장 많이 선출되는 선거구 획정방법을 고르면? 19 민경채

〈그림〉 국회의원 선거의 지역별 정당지지율

(단위: %)

가 (90:10:0)	나 (80:20:0)	다 (70:20:10)	라 (40:50:10)
마 (60:20:20)	바 (60:10:30)	사 (30:30:40)	아 (10:60:30)
자 (30:60:10)	차 (20:40:40)	카 (20:20:60)	타 (10:80:10)

※ 괄호 안의 수치는 해당 지역의 각 정당지지율(A정당 : B정당 : C정당)을 의미함.

〈조 건〉

○ 3개 지역을 묶어서 1개의 선거구로 획정한다.
　- 지역 경계는 점선(┈)으로 표시되며, 선거구 경계는 실선(━)으로 표시된다.
　- 아래 그림은 '가', '나', '바' 지역이 1개의 선거구로 획정됨을 의미한다.

○ 선거구당 1명의 국회의원을 선출한다.

○ 선거구 내 지역별 각 정당지지율의 합이 가장 큰 정당의 후보가 국회의원으로 선출된다.

〈보 기〉

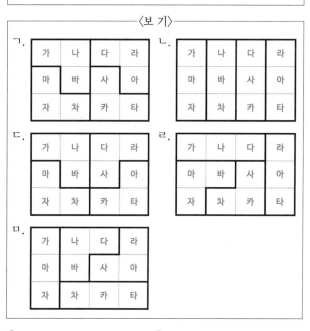

① ㄱ
② ㄴ
③ ㄷ
④ ㄹ
⑤ ㅁ

20. 다음 <표>는 제품 A~E의 회수 시점의 평가 항목별 품질 상태를 나타낸 자료이다. <정보>에 근거하여 재사용 또는 폐기까지의 측정 및 가공 작업에 소요되는 비용이 가장 적은 제품과 가장 많은 제품을 바르게 나열한 것은?　　20 7급모의

〈표〉 제품 A~E의 회수 시점의 평가 항목별 품질 상태

평가 항목 제품	오염도	강도	치수
A	12	11	12
B	6	8	8
C	5	11	7
D	5	3	8
E	10	9	12

〈정 보〉

○ 제품 품질 측정 및 가공 작업 공정

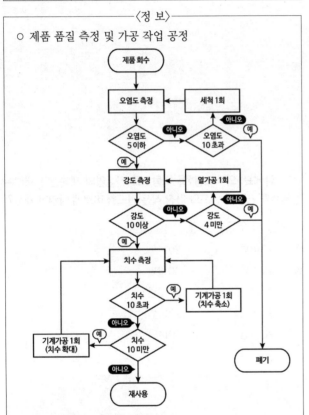

○ 단위작업별 내용 및 1회당 비용

(단위: 천 원)

단위작업	내용		비용
측정 작업	오염도 측정		5
	강도 측정		10
	치수 측정		2
가공 작업	세척		5
	열가공		50
	기계가공	치수 확대	20
		치수 축소	10

※ 세척 1회시 오염도 1 감소, 열가공 1회시 강도 1 증가, 기계가공 1회시 치수 1만큼 확대 또는 축소됨.

	비용이 가장 적은 제품	비용이 가장 많은 제품
①	A	B
②	A	C
③	C	E
④	D	B
⑤	D	C

※ 다음 <표>와 <그림>은 2013~2019년 '갑'국의 건설업 재해에 관한 자료이다. <표>와 <그림>을 보고 물음에 답하시오. [21~22]

20 5급공채

〈표〉 연도별 건설업 재해 현황

(단위: 명)

연도	근로자 수	재해자 수	사망자 수
2013	3,200,645	22,405	611
2014	3,087,131	22,845	621
2015	2,776,587	23,323	496
2016	2,586,832	( )	667
2017	3,249,687	23,723	486
2018	3,358,813	( )	493
2019	3,152,859	26,484	554

〈그림 1〉 연도별 전체 산업 및 건설업 재해율 추이

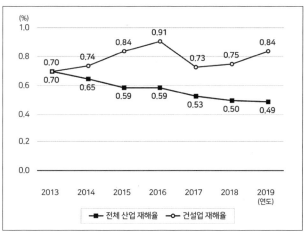

※ 재해율(%) = $\frac{재해자\ 수}{근로자\ 수} \times 100$

〈그림 2〉 연도별 건설업의 환산도수율과 환산강도율

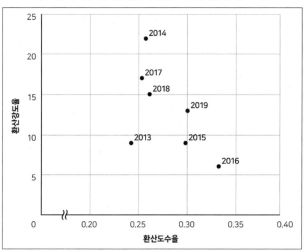

※ 1) 환산도수율 = $\frac{재해건수}{총\ 근로시간} \times 100,000$

2) 환산강도율 = $\frac{재해손실일수}{총\ 근로시간} \times 100,000$

21. 위 <표>와 <그림>에 근거한 설명으로 옳은 것은?

① 건설업 재해자 수는 매년 증가한다.

② 전체 산업 재해율과 건설업 재해율의 차이가 가장 큰 해는 2016년이다.

③ 2020년 건설업 재해자 수가 전년대비 10 % 증가한다면, 건설업 재해율은 전년대비 0.1%p 증가할 것이다.

④ 2013년 건설업 근로자 수가 전체 산업 근로자 수의 20%라면, 전체 산업 재해자 수는 건설업 재해자 수의 4배이다.

⑤ 건설업 사망자 수가 가장 많은 해는 건설업 환산강도율도 가장 높다.

22. 위 <표>와 <그림>을 바탕으로 건설업의 재해건당 재해손실일수가 가장 큰 연도와 가장 작은 연도를 바르게 나열한 것은?

	가장 큰 연도	가장 작은 연도
①	2013년	2014년
②	2013년	2016년
③	2014년	2013년
④	2014년	2016년
⑤	2016년	2014년

23. 다음 <보고서>는 2017년 '갑'국의 공연예술계 시장 현황에 관한 자료이다. <보고서>의 내용과 부합하는 자료만을 <보기>에서 모두 고르면?　　　　　　20 5급공채

―〈보고서〉―

2017년 '갑'국의 공연예술계 관객수는 410만 5천 명, 전체 매출액은 871억 5천만 원으로 집계되었다. 이는 매출액 기준 전년 대비 100% 이상 성장한 것으로, 2014년 이후 공연예술계 매출액과 관객수 모두 매년 증가하는 추세이다.

2017년 '갑'국 공연예술계의 전체 개막편수 및 공연횟수를 월별로 분석한 결과, 월간 개막편수가 전체 개막편수의 10% 이상을 차지하는 달은 3월뿐이고 월간 공연횟수가 전체 공연횟수의 10% 이상을 차지하는 달은 8월뿐인 것으로 나타났다.

반면, '갑'국 공연예술계 매출액 및 관객수의 장르별 편차는 매우 심한 것으로 나타났는데, 2017년 기준 공연예술계 전체 매출액의 60% 이상이 '뮤지컬' 한 장르에서 발생하였으며 또한 관객수 상위 3개 장르가 공연예술계 전체 관객수의 90% 이상을 차지하는 것으로 조사되었다.

2017년 '갑'국 공연예술계 관객수를 입장권 가격대별로 살펴보면 가장 저렴한 '3만 원 미만' 입장권 관객수가 절반 이상을 차지하였고, 이는 가장 비싼 '7만 원 이상' 입장권 관객수의 3.5배 이상이었다.

―〈보 기〉―

ㄱ. 2014~2017년 매출액 및 관객수

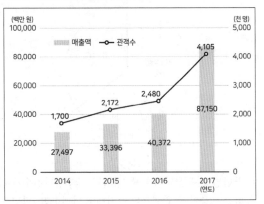

ㄴ. 2017년 개막편수 및 공연횟수

(단위: 편, 회)

구분 월	개막편수	공연횟수
1	249	4,084
2	416	4,271
3	574	4,079
4	504	4,538
5	507	4,759
6	499	4,074
7	441	5,021
8	397	5,559
9	449	3,608
10	336	3,488
11	451	3,446
12	465	5,204
전체	5,288	52,131

ㄷ. 2017년 장르별 매출액 및 관객수

(단위: 백만 원, 천 명)

구분 장르	매출액	관객수
연극	10,432	808
뮤지컬	56,014	1,791
클래식	13,580	990
무용	5,513	310
국악	1,611	206
전체	87,150	4,105

ㄹ. 2017년 입장권 가격대별 관객수 구성비

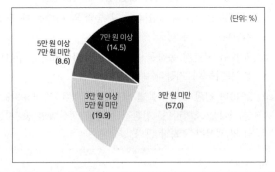

① ㄱ, ㄷ

② ㄴ, ㄷ

③ ㄴ, ㄹ

④ ㄱ, ㄴ, ㄹ

⑤ ㄱ, ㄷ, ㄹ

24. 다음 <표>는 '갑'국의 친환경 농작물 생산 현황에 대한 자료이다. 이에 대한 <보기>의 설명 중 옳은 것만을 모두 고르면?

20 5급공채

〈표 1〉 연도별 친환경 농작물 재배농가, 재배면적, 생산량

(단위: 천 호, 천 ha, 천 톤)

구분 \ 연도	2016	2017	2018	2019
재배농가	53	135	195	221
재배면적	53	106	174	205
생산량	798	1,786	2,188	2,258

〈표 2〉 연도별 친환경 농작물 생산방법별 재배면적

(단위: 천 ha)

생산방법 \ 연도	2016	2017	2018	2019
유기농	9	11	13	17
무농약	14	37	42	69
저농약	30	58	119	119

※ 친환경 농작물 생산방법은 유기농, 무농약, 저농약으로 구성됨.

〈표 3〉 2019년 친환경 농작물별 생산량의 생산방법별 구성비

(단위: %)

생산방법 \ 친환경 농작물	곡류	과실류	채소류
유기농	11	27	18
무농약	17	67	28
저농약	72	6	54
합계	100	100	100

※ 친환경 농작물은 곡류, 과실류, 채소류로 구성됨.

─── 〈보 기〉 ───
ㄱ. 재배농가당 재배면적은 매년 감소한다.
ㄴ. 친환경 농작물 재배면적 중 '무농약'의 비중은 매년 증가한다.
ㄷ. 2019년 친환경 농작물 생산방법별 재배면적당 생산량은 '유기농'이 '저농약'보다 많다.
ㄹ. 2019년 친환경 농작물별 생산량 비(곡류:과실류:채소류)가 1:2:3이라면, 친환경 농작물 생산방법 중 '저농약'의 생산량이 가장 많다.

① ㄱ
② ㄹ
③ ㄱ, ㄴ
④ ㄴ, ㄷ
⑤ ㄷ, ㄹ

---

25. 다음 <표>와 <그림>은 2018년 A 대학의 학생상담 현황에 대한 자료이다. 이에 대한 <보기>의 설명 중 옳은 것만을 모두 고르면?

19 민경채

〈표〉 상담자별, 학년별 상담건수

(단위: 건)

상담자 \ 학년	1학년	2학년	3학년	4학년	합
교수	1,085	1,020	911	1,269	4,285
상담직원	154	97	107	56	414
진로컨설턴트	67	112	64	398	641
전체	1,306	1,229	1,082	1,723	5,340

〈그림 1〉 상담횟수별 학생 수

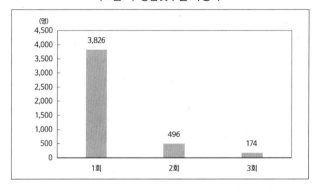

〈그림 2〉 전체 상담건수의 유형별 구성비

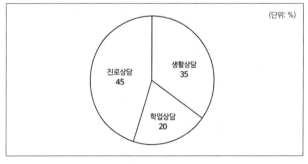

─── 〈보 기〉 ───
ㄱ. 학년별 전체 상담건수 중 '상담직원'의 상담건수가 차지하는 비중이 큰 학년부터 순서대로 나열하면 1학년, 2학년, 3학년, 4학년 순이다.
ㄴ. '진로컨설턴트'가 상담한 유형이 모두 진로상담이고, '상담직원'이 상담한 유형이 모두 생활상담 또는 학업상담이라면, '교수'가 상담한 유형 중 진로상담이 차지하는 비중은 30% 이상이다.
ㄷ. 상담건수가 많은 학년부터 순서대로 나열하면 4학년, 1학년, 2학년, 3학년 순이다.
ㄹ. 최소 한 번이라도 상담을 받은 학생 수는 4,600명 이하이다.

① ㄱ, ㄷ   ② ㄴ, ㄹ   ③ ㄱ, ㄴ, ㄷ
④ ㄱ, ㄷ, ㄹ   ⑤ ㄴ, ㄷ, ㄹ

약점 보완 해설집 p.18

01. 다음 <표>는 2014~2018년 '갑'국의 예산 및 세수 실적과 2018년 세수항목별 세수 실적에 관한 자료이다. 이에 대한 설명으로 옳지 않은 것은? 19 5급공채

〈표 1〉 2014~2018년 '갑'국의 예산 및 세수 실적

(단위: 십억 원)

구분 연도	예산액	징수결정액	수납액	불납결손액
2014	175,088	198,902	180,153	7,270
2015	192,620	211,095	192,092	8,200
2016	199,045	208,745	190,245	8
2017	204,926	221,054	195,754	2,970
2018	205,964	237,000	208,113	2,321

〈표 2〉 2018년 '갑'국의 세수항목별 세수 실적

(단위: 십억 원)

구분 세수항목	예산액	징수결정액	수납액	불납결손액
총 세수	205,964	237,000	208,113	2,321
내국세	183,093	213,585	185,240	2,301
교통·에너지·환경세	13,920	14,110	14,054	10
교육세	5,184	4,922	4,819	3
농어촌특별세	2,486	2,674	2,600	1
종합부동산세	1,281	1,709	1,400	6

※ 1) 미수납액=징수결정액-수납액-불납결손액

2) 수납비율(%)=$\frac{수납액}{예산액}×100$

① 미수납액이 가장 큰 연도는 2018년이다.

② 수납비율이 가장 높은 연도는 2014년이다.

③ 2018년 내국세 미수납액은 총 세수 미수납액의 95% 이상을 차지한다.

④ 2018년 세수항목 중 수납비율이 가장 높은 항목은 종합부동산세이다.

⑤ 2018년 교통·에너지·환경세 미수납액은 교육세 미수납액보다 크다.

02. 다음 <표>는 A~C가 참가한 사격게임 결과에 대한 자료이다. <표>와 <조건>을 근거로 1~5라운드 후 A의 총적중 횟수의 최솟값과 C의 총적중 횟수의 최댓값의 차이를 구하면? 20 민경채

〈표〉 참가자의 라운드별 적중률 현황

(단위: %)

라운드 참가자	1	2	3	4	5
A	20.0	( )	60.0	37.5	( )
B	40.0	62.5	100.0	12.5	12.5
C	( )	62.5	80.0	( )	62.5

※ 사격게임 결과는 적중과 미적중으로만 구분함.

───── 〈조 건〉 ─────

○ 1, 3라운드에는 각각 5발을 발사하고, 2, 4, 5라운드에는 각각 8발을 발사함.

○ 각 참가자의 라운드별 적중 횟수는 최소 1발부터 최대 5발까지임.

○ 참가자별로 1발만 적중시킨 라운드 횟수는 2회 이하임.

① 10
② 11
③ 12
④ 13
⑤ 14

03. 다음은 '갑'국의 일·가정 양립제도에 관한 <보고서>이다. 이를 작성하기 위해 사용하지 않은 자료는? 20 5급공채

<보고서>

2018년 기준 가족친화 인증을 받은 기업 및 기관수는 1,828개로 2017년보다 30% 이상 증가하였고, 전년 대비 증가율은 중소기업 및 공공기관이 각각 대기업보다 높게 나타났다. 이와 함께 일·가정 양립제도 중 하나인 유연근로제도를 도입하고 있는 사업체의 비율은 2018년이 2017년보다 37.1%p 증가하였다.

2018년 유배우자 가구 중 맞벌이 가구의 비율은 2017년보다 1.0%p 증가하였으며, 6세 이하 자녀를 둔 맞벌이 가구 비율이 초·중학생 자녀를 둔 맞벌이 가구 비율보다 낮았다. 한편, 남녀간 고용률 차이는 여전히 존재하여 2018년 기혼남성과 기혼여성의 고용률 차이는 29.2%p로 격차가 큰 것으로 나타났다.

2018년 육아휴직자 수는 89,795명으로 2013년부터 매년 증가하였는데, 남성 육아휴직자 수는 2017년보다 증가한 반면, 여성 육아휴직자 수는 2017년에 비해 감소하였다. 또한, 2018년 육아기 근로시간 단축제도 이용자 수는 2017년보다 30% 이상 증가한 2,761명으로 남녀 모두 증가하였다.

① 육아지원제도 이용자 현황

(단위: 명)

구분 \ 연도		2013	2014	2015	2016	2017	2018
육아휴직자 수	여성	56,735	62,279	67,323	73,412	82,467	82,179
	남성	1,402	1,790	2,293	3,421	4,872	7,616
육아기 근로시간 단축제도 이용자 수	여성	37	415	692	1,032	1,891	2,383
	남성	2	22	44	84	170	378

② 2018년 혼인상태별 고용률

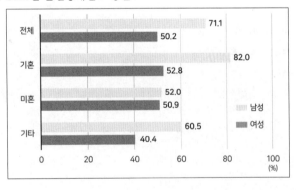

③ 가족친화 인증 기업 및 기관 현황

(단위: 개, %)

구분 \ 연도	2016	2017	2018	비율	전년 대비 증가율
대기업	223	258	285	15.6	10.5
중소기업	428	702	983	53.8	40.0
공공기관	305	403	560	30.6	39.0
전체	956	1,363	1,828	100.0	34.1

④ 기혼여성의 취업여부별 경력단절 경험 비율

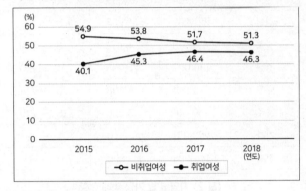

⑤ 유배우자 가구 중 맞벌이 가구 현황

04. 다음 <표>는 어느 해 전국 농경지(논과 밭)의 가뭄 피해 현황에 대한 자료이다. 이에 대한 <보기>의 설명 중 옳은 것만을 모두 고르면? 14 민경채

〈표 1〉 지역별 논 가뭄 피해 현황

(단위: ha)

지역	재배면적	피해면적	피해 발생기간
충북	65,812	1,794	7.26. ~ 7.31.
충남	171,409	106	7.15. ~ 7.31.
전북	163,914	52,399	7.15. ~ 8.9.
전남	221,202	59,953	7.11. ~ 8.9.
경북	157,213	5,071	7.13. ~ 7.31.
경남	130,007	25,235	7.12. ~ 8.9.
대구	1,901	106	7.25. ~ 7.26.
광주	10,016	3,226	7.18. ~ 7.31.
기타	223,621	0	–
전체	1,145,095	147,890	7.11. ~ 8.9.

〈표 2〉 지역별 밭 가뭄 피해 현황

(단위: ha)

지역	재배면적	피해면적	피해 발생기간
전북	65,065	6,212	7.19. ~ 7.31.
전남	162,924	33,787	7.19. ~ 7.31.
경북	152,137	16,702	7.19. ~ 7.31.
경남	72,686	6,756	7.12. ~ 7.31.
제주	65,294	8,723	7.20. ~ 7.31.
대구	4,189	42	7.25. ~ 7.26.
광주	5,315	5	7.24. ~ 7.31.
기타	347,316	0	–
전체	874,935	72,227	7.12. ~ 7.31.

─────〈보 기〉─────

ㄱ. 논 가뭄 피해면적이 가장 큰 지역은 밭 가뭄 피해면적도 가장 크다.

ㄴ. 논 가뭄 피해 발생기간이 가장 긴 지역과 밭 가뭄 피해 발생기간이 가장 긴 지역은 같다.

ㄷ. 전체 논 재배면적 대비 전체 논 가뭄 피해면적 비율은 15% 이하이다.

ㄹ. 밭 재배면적 대비 밭 가뭄 피해면적 비율은 경북이 경남보다 크다.

① ㄱ, ㄴ
② ㄱ, ㄷ
③ ㄴ, ㄹ
④ ㄱ, ㄷ, ㄹ
⑤ ㄴ, ㄷ, ㄹ

05. 다음 <표>는 가정용 정화조에서 수집한 샘플의 수중 질소 성분 농도를 측정한 자료이다. 이에 대한 <보기>의 설명 중 옳은 것만을 모두 고르면? 19 5급공채

〈표〉 수집한 샘플의 수중 질소 성분 농도

(단위: mg/L)

샘플\항목	총질소	암모니아성 질소	질산성 질소	유기성 질소	TKN
A	46.24	14.25	2.88	29.11	43.36
B	37.38	6.46	( )	25.01	( )
C	40.63	15.29	5.01	20.33	35.62
D	54.38	( )	( )	36.91	49.39
E	41.42	13.92	4.04	23.46	37.38
F	( )	( )	5.82	( )	34.51
G	30.73	5.27	3.29	22.17	27.44
H	25.29	12.84	( )	7.88	20.72
I	( )	5.27	1.12	35.19	40.46
J	38.82	7.01	5.76	26.05	33.06
평균	39.68	( )	4.34	( )	35.34

※ 1) 총질소 농도 = 암모니아성 질소 농도 + 질산성 질소 농도 + 유기성 질소 농도
2) TKN 농도 = 암모니아성 질소 농도 + 유기성 질소 농도

─────〈보 기〉─────

ㄱ. 샘플 A의 총질소 농도는 샘플 I의 총질소 농도보다 높다.

ㄴ. 샘플 B의 TKN 농도는 30mg/L 이상이다.

ㄷ. 샘플 B의 질산성 질소 농도는 샘플 D의 질산성 질소 농도보다 낮다.

ㄹ. 샘플 F는 암모니아성 질소 농도가 유기성 질소 농도보다 높다.

① ㄱ, ㄴ
② ㄱ, ㄷ
③ ㄴ, ㄷ
④ ㄱ, ㄷ, ㄹ
⑤ ㄴ, ㄷ, ㄹ

06. 다음 <표>는 각각 3명의 아동이 있는 A와 B가구의 11월 학원 등록 현황에 대한 자료이다. 이에 대한 설명으로 옳지 않은 것은? 14 5급공채

〈표 1〉 A가구 아동의 11월 학원등록 현황

아동＼학원	갑	을	병
송이	○	○	-
세미	○	-	-
휘경	-	○	○

〈표 2〉 B가구 아동의 11월 학원등록 현황

아동＼학원	갑	을	병
민준	○	○	○
재경	-	○	-
유라	-	-	○

※ 1) ○: 학원에 등록한 경우, -: 학원에 등록하지 않은 경우
2) 표에 나타나지 않은 학원에는 등록하지 않음.
3) A, B가구 아동의 12월 학원등록 현황은 11월과 동일함.

〈표 3〉 11월 학원별 1개월 수강료

(단위: 원)

학원	갑	을	병
수강료	80,000	60,000	90,000

※ 1) 학원등록은 매월 1일에 1개월 단위로만 가능함.
2) 별도의 가정이 없으면, 12월의 학원별 1개월 수강료는 11월과 동일함.

① 11월 가구별 총 수강료는 B가구가 A가구보다 1만원 더 많다.

② 총 수강료가 가장 많은 아동의 11월 수강료는 총 수강료가 가장 적은 아동의 11월 수강료의 3배 이상이다.

③ 학원 '을'이 12월 수강료를 10% 인상한다면 A가구의 12월 총 수강료는 11월에 비해 12,000원 증가한다.

④ 학원 '갑', '을', '병'이 한 가구에서 아동 2명 이상 등록 시 12월 수강료를 20% 할인한다면 11월과 12월 총 수강료 차이는 B가구가 A가구보다 크다.

⑤ 학원 '을'과 '병'이 12월 수강료를 10% 할인한다면 12월 총 수강료는 A가구보다 B가구가 18,000원 더 많다.

07. 다음 <표>는 1996~2015년 생명공학기술의 기술분야별 특허건수와 점유율에 관한 자료이다. <표>와 <조건>에 근거하여 A~D에 해당하는 기술분야를 바르게 나열한 것은? 19 5급공채

〈표〉 1996~2015년 생명공학기술의 기술분야별 특허건수와 점유율

(단위: 건, %)

기술분야＼구분	전세계 특허건수	미국 점유율	한국 특허건수	한국 점유율
생물공정기술	75,823	36.8	4,701	6.2
A	27,252	47.6	1,880	( )
생물자원 탐색기술	39,215	26.1	6,274	16.0
B	170,855	45.6	7,518	( )
생물농약 개발기술	8,122	42.8	560	6.9
C	20,849	8.1	4,295	( )
단백질체기술	68,342	35.1	3,622	5.3
D	26,495	16.8	7,127	( )

※ 해당국의 점유율(%)= $\frac{해당국의\ 특허건수}{전세계\ 특허건수} \times 100$

〈조 건〉

○ '발효식품개발기술'과 '환경생물공학기술'은 미국보다 한국의 점유율이 높다.

○ '동식물세포배양기술'에 대한 미국 점유율은 '생물농약개발기술'에 대한 미국 점유율보다 높다.

○ '유전체기술'에 대한 한국 점유율과 미국 점유율의 차이는 41%p 이상이다.

○ '환경생물공학기술'에 대한 한국의 점유율은 25% 이상이다.

	A	B	C	D
①	동식물세포배양기술	유전체기술	발효식품개발기술	환경생물공학기술
②	동식물세포배양기술	유전체기술	환경생물공학기술	발효식품개발기술
③	발효식품개발기술	유전체기술	동식물세포배양기술	환경생물공학기술
④	유전체기술	동식물세포배양기술	발효식품개발기술	환경생물공학기술
⑤	유전체기술	동식물세포배양기술	환경생물공학기술	발효식품개발기술

08. 다음 <표>는 '갑'국의 2019년과 2020년의 대학 교원 유형별 강의 담당학점 현황에 대한 자료이다. 이에 대한 <보기>의 설명 중 옳은 것만을 모두 고르면? 21 5급공채

〈표〉 교원 유형별 강의 담당학점 현황

(단위: 학점, %)

연도 교원 유형 구분		2020년			2019년		
		전임 교원	비전임 교원	강사	전임 교원	비전임 교원	강사
전체 (196개교)	담당 학점	479,876	239,394	152,898	476,551	225,955	121,265
	비율	66.7	33.3	21.3	67.8	32.2	17.3
설립 주체	국공립 (40개교) 담당학점	108,237	62,934	47,504	107,793	59,980	42,824
	비율	63.2	36.8	27.8	64.2	35.8	25.5
	사립 (156개교) 담당학점	371,639	176,460	105,394	368,758	165,975	78,441
	비율	67.8	32.2	19.2	69.0	31.0	14.7
소재지	수도권 (73개교) 담당학점	173,383	106,403	64,019	171,439	101,864	50,696
	비율	62.0	38.0	22.9	62.7	37.3	18.5
	비수도권 (123개교) 담당학점	306,493	132,991	88,879	305,112	124,091	70,569
	비율	69.7	30.3	20.2	71.1	28.9	16.4

※ 비율(%)= $\dfrac{\text{교원 유형별 담당학점}}{\text{전임교원 담당학점 + 비전임교원 담당학점}} \times 100$

―〈보 기〉―
ㄱ. 2020년 전체 대학의 전임교원 담당학점 비율은 비전임교원 담당학점 비율의 2배 이상이다.
ㄴ. 2020년 전체 대학의 전임교원 담당학점은 전년대비 1.1% 줄어들었다.
ㄷ. 사립대학의 경우, 비전임교원 담당학점 중 강사 담당학점 비중의 2019년과 2020년간 차이는 10%p 미만이다.
ㄹ. 2019년 대비 2020년에 증가한 비전임교원 담당학점은 비수도권 대학이 수도권 대학의 2배 미만이다.

① ㄱ, ㄴ
② ㄱ, ㄹ
③ ㄷ, ㄹ
④ ㄱ, ㄴ, ㄷ
⑤ ㄴ, ㄷ, ㄹ

---

09. 다음 <표>는 2014~2018년 '갑'국의 전력단가와 에너지원별 평균정산단가에 관한 자료이다. 이에 대한 <보기>의 설명 중 옳은 것만을 모두 고르면? 20 5급공채

〈표 1〉 2014~2018년 전력단가

(단위: 원/kWh)

연도 월	2014	2015	2016	2017	2018
1	143.16	140.76	90.77	86.31	92.23
2	153.63	121.33	87.62	91.07	90.75
3	163.40	118.35	87.31	92.06	101.47
4	151.09	103.72	75.38	75.35	90.91
5	144.61	96.62	68.78	79.14	87.64
6	136.35	84.54	65.31	82.71	89.79
7	142.72	81.99	67.06	76.79	87.27
8	128.60	88.59	71.73	76.40	91.02
9	131.44	90.98	71.55	73.21	92.87
10	132.22	98.34	73.48	72.84	102.36
11	133.78	94.93	75.04	81.48	105.11
12	144.10	95.46	86.93	90.77	109.95
평균	142.09	101.30	76.75	81.51	95.11

※ 1년을 봄(3, 4, 5월), 여름(6, 7, 8월), 가을(9, 10, 11월), 겨울(12, 1, 2월)의 4계절로 구분함.

〈표 2〉 2014~2018년 에너지원별 평균정산단가

(단위: 원/kWh)

연도 에너지원	2014	2015	2016	2017	2018
원자력	54.70	62.69	67.91	60.68	62.10
유연탄	63.27	68.26	73.93	78.79	81.81
LNG	160.73	126.19	99.39	111.60	121.03
유류	220.78	149.85	109.15	165.45	179.43
양수	171.50	132.75	106.21	107.60	125.37

―〈보 기〉―
ㄱ. 계절별 전력단가의 평균은 여름이 가을보다 매년 높다.
ㄴ. 2017년 대비 2018년 평균정산단가 증가율이 가장 높은 에너지원은 '양수'이다.
ㄷ. 전력단가 평균과 '유류' 평균정산단가의 연도별 증감방향은 같다.
ㄹ. 에너지원별 평균정산단가 순위는 매년 동일하다.

① ㄱ, ㄴ
② ㄴ, ㄷ
③ ㄷ, ㄹ
④ ㄱ, ㄴ, ㄹ
⑤ ㄱ, ㄷ, ㄹ

10. A시는 2016년에 폐업 신고한 전체 자영업자를 대상으로 창업교육 이수 여부와 창업부터 폐업까지의 기간을 조사하였다. 다음 <그림>은 조사결과를 이용하여 창업교육 이수 여부에 따른 기간별 생존비율을 비교한 자료이다. 이에 대한 설명으로 옳은 것은? <small>17 민경채</small>

〈그림〉 창업교육 이수 여부에 따른 기간별 생존비율

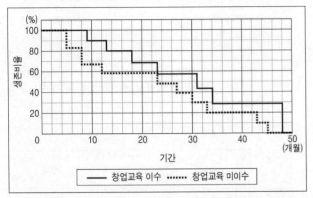

※ 1) 창업교육을 이수(미이수)한 폐업 자영업자의 기간별 생존비율은 창업교육을 이수(미이수)한 폐업 자영업자 중 생존기간이 해당 기간 이상인 자영업자의 비율임.
　2) 생존기간은 창업부터 폐업까지의 기간을 의미함.

① 창업교육을 이수한 폐업 자영업자 수가 창업교육을 미이수한 폐업 자영업자 수보다 더 많다.
② 창업교육을 미이수한 폐업 자영업자의 평균 생존기간은 창업교육을 이수한 폐업 자영업자의 평균 생존기간보다 더 길다.
③ 창업교육을 이수한 폐업 자영업자의 생존비율과 창업교육을 미이수한 폐업 자영업자의 생존비율의 차이는 창업 후 20개월에 가장 크다.
④ 창업교육을 이수한 폐업 자영업자 중 생존기간이 32개월 이상인 자영업자의 비율은 50% 이상이다.
⑤ 창업교육을 미이수한 폐업 자영업자 중 생존기간이 10개월 미만인 자영업자의 비율은 20% 이상이다.

11. 다음 <그림>과 <표>는 2017~2018년 A, B 기업이 '갑' 자동차회사에 납품한 엔진과 변속기에 관한 자료이다. 이에 대한 설명으로 옳은 것은? <small>19 민경채</small>

〈그림 1〉 연도별 '갑' 자동차회사가 납품받은 엔진과 변속기 개수의 합

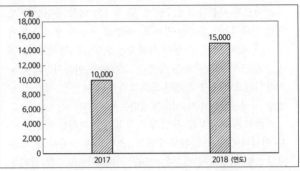

〈그림 2〉 2018년 기업별 엔진과 변속기 납품 개수의 합

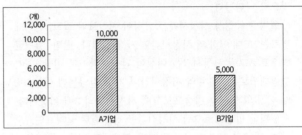

〈그림 3〉 A 기업의 연도별 엔진과 변속기 납품 개수 비율

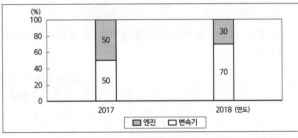

※ 1) '갑' 자동차회사는 엔진과 변속기를 2017년에는 A 기업으로부터만 납품받았으며, 2018년에는 A, B 두 기업에서만 납품받았음.
　2) A, B 기업은 '갑' 자동차회사에만 납품함.
　3) 매년 '갑' 자동차회사가 납품받는 엔진 개수는 변속기 개수와 같음.

〈표〉 A, B 기업의 연도별 엔진과 변속기의 납품 단가

(단위: 만 원/개)

구분 연도	엔진	변속기
2017	100	80
2018	90	75

① A 기업의 엔진 납품 개수는 2018년이 2017년의 80%이다.
② 2018년 B 기업은 변속기 납품 개수가 엔진 납품 개수의 12.5%이다.
③ '갑' 자동차회사가 납품받은 엔진과 변속기 납품액 합은 2018년이 2017년에 비해 30% 이상 증가하였다.
④ '갑' 자동차회사가 납품받은 변속기 납품 개수는 2018년이 2017년의 2배 이상이다.
⑤ 2018년 A, B 기업의 엔진 납품액 합은 변속기 납품액 합보다 작다.

12. 다음 <보고서>는 스마트폰을 이용한 동영상 및 방송프로그램 시청 현황에 관한 자료이다. <보고서>의 내용과 부합하지 않는 자료는?

20 5급공채

〈보고서〉

스마트폰 사용자 3,427만 명 중 월 1회 이상 동영상을 시청한 사용자는 3,246만 명이고, 동영상 시청자 중 월 1회 이상 방송프로그램을 시청한 사용자는 2,075만 명이었다. 월평균 동영상 시청시간은 월평균 스마트폰 이용시간의 10% 이상이었으나 월평균 방송프로그램 시청시간은 월평균 동영상 시청시간의 10% 미만이었다.

스마트폰 사용자 중 동영상 시청자가 차지하는 비중은 모든 연령대에서 90% 이상인 반면, 스마트폰 사용자 중 방송프로그램 시청자의 비중은 '20대'~'40대'는 60%를 상회하지만 '60대 이상'은 50%에 미치지 못해 연령대별 편차가 큰 것으로 나타났다.

월평균 동영상 시청시간은 남성이 여성보다 길고, 연령대별로는 '10대 이하'의 시청시간이 가장 길었다. 반면, 월평균 방송프로그램 시청시간은 여성이 남성보다 9분 이상 길고, 연령대별로는 '20대'의 시청시간이 가장 길었는데 이는 '60대 이상'의 월평균 방송프로그램 시청시간의 3배 이상이다.

월평균 방송프로그램 시청시간을 장르별로 살펴보면, '오락'이 전체의 45% 이상으로 가장 길고, 그 뒤를 이어 '드라마', '스포츠', '보도' 순이었다.

① 스마트폰 사용자 중 월 1회 이상 동영상 및 방송프로그램 시청자 비율

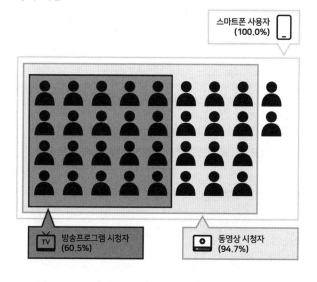

② 스마트폰 사용자의 월평균 스마트폰 이용시간, 동영상 및 방송프로그램 시청시간

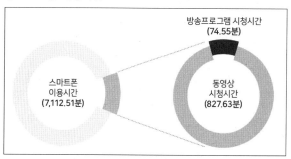

③ 성별, 연령대별 스마트폰 사용자 중 동영상 및 방송프로그램 시청자 비율

(단위: %)

구분	성별		연령대					
	남성	여성	10대 이하	20대	30대	40대	50대	60대 이상
동영상	94.7	94.7	97.0	95.3	95.6	95.4	93.1	92.0
방송프로그램	59.1	62.1	52.3	68.0	67.2	65.6	56.0	44.5

④ 방송프로그램 장르별 월평균 시청시간

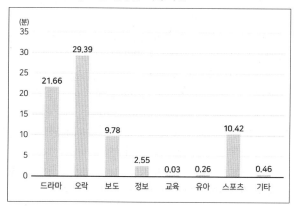

⑤ 성별, 연령대별 스마트폰 사용자의 동영상 및 방송프로그램 월평균 시청시간

(단위: 분)

구분	성별		연령대					
	남성	여성	10대 이하	20대	30대	40대	50대	60대 이상
동영상	901.0	746.4	1,917.5	1,371.2	671.0	589.0	496.4	438.0
방송프로그램	70.0	79.6	50.7	120.5	75.5	82.9	60.1	38.6

13. 다음 <표>는 '갑'국 축구 국가대표팀 코치(A~F)의 분야별 잠재능력을 수치화한 것이다. 각 코치가 맡은 모든 분야를 체크(√)로 표시할 때, <표>와 <조건>에 부합하는 코치의 역할 배분으로 가능한 것은?

19 5급공채

〈표〉 코치의 분야별 잠재능력

코치 \ 분야	체력	전술	수비	공격
A	18	20	18	15
B	18	16	15	20
C	16	18	20	15
D	20	16	15	18
E	20	18	16	15
F	16	14	20	20

〈조 건〉

○ 각 코치는 반드시 하나 이상의 분야를 맡는다.

○ 코치의 분야별 투입능력 = $\dfrac{\text{코치의 분야별 잠재능력}}{\text{코치가 맡은 분야의 수}}$

○ 각 분야별로 그 분야를 맡은 모든 코치의 분야별 투입능력 합은 24 이상이어야 한다.

①

코치 \ 분야	체력	전술	수비	공격
A	√	√		√
B		√	√	
C	√			
D		√	√	
E	√			√
F			√	√

②

코치 \ 분야	체력	전술	수비	공격
A		√		
B		√	√	√
C	√		√	
D	√	√		√
E	√			√
F			√	

③

코치 \ 분야	체력	전술	수비	공격
A		√	√	
B				√
C	√	√		√
D	√		√	
E		√		√
F	√			

④

코치 \ 분야	체력	전술	수비	공격
A		√	√	
B		√		√
C			√	
D	√		√	√
E	√		√	√
F	√	√		

⑤

코치 \ 분야	체력	전술	수비	공격
A	√			√
B				√
C	√	√	√	
D		√	√	√
E	√			
F		√	√	

14. 다음 <표>는 우리나라 근로장려금과 자녀장려금 신청 현황에 관한 자료이다. 이에 대한 설명으로 옳지 않은 것은?

19 5급공채

〈표 1〉 2011~2015년 전국 근로장려금 및 자녀장려금 신청 현황

(단위: 천 가구, 십억 원)

구분\연도	근로장려금만 신청		자녀장려금만 신청		근로장려금과 자녀장려금 모두 신청			
	가구 수	금액	가구 수	금액	가구 수	금액		
						근로	자녀	소계
2011	930	747	1,210	864	752	712	762	1,474
2012	1,020	719	1,384	893	692	882	765	1,647
2013	1,060	967	1,302	992	769	803	723	1,526
2014	1,658	1,419	1,403	975	750	715	572	1,287
2015	1,695	1,155	1,114	775	608	599	451	1,050

※ 1) 장려금은 근로장려금과 자녀장려금으로만 구성됨.
　 2) 단일 연도에 같은 종류의 장려금을 중복 신청한 가구는 없음.

〈표 2〉 2015년 지역별 근로장려금 및 자녀장려금 신청 현황

(단위: 천 가구, 십억 원)

구분\지역	근로장려금만 신청		자녀장려금만 신청		근로장려금과 자녀장려금 모두 신청		
	가구 수	금액	가구 수	금액	가구 수	금액	
						근로	자녀
서울	247	174	119	95	83	86	57
인천	105	72	79	52	40	39	30
경기	344	261	282	188	144	144	106
강원	71	44	42	29	23	23	17
대전	58	35	38	26	21	20	16
충북	59	36	41	29	20	20	16
충남	70	43	46	33	24	23	19
세종	4	3	4	2	2	2	1
광주	62	39	43	31	24	23	18
전북	91	59	54	40	31	30	25
전남	93	58	51	38	29	28	24
대구	93	64	59	39	33	32	23
경북	113	75	68	47	36	34	27
부산	126	88	70	45	37	35	26
울산	26	15	20	13	10	10	7
경남	109	74	79	54	40	39	30
제주	24	15	19	14	11	11	9

① 장려금을 신청한 가구의 수는 2011~2014년 동안 매년 증가하였다.

② 근로장려금과 자녀장려금을 모두 신청한 가구의 가구당 장려금 총 신청 금액이 가장 큰 연도는 2012년이다.

③ 2015년 자녀장려금만 신청한 가구 중 경기 지역 가구가 차지하는 비중은 20% 이상이다.

④ 2015년 각 지역에서, 근로장려금과 자녀장려금을 모두 신청한 가구의 가구당 근로장려금 신청 금액은 근로장려금만 신청한 가구의 가구당 근로장려금 신청 금액보다 크다.

⑤ 2015년 근로장려금을 신청한 가구의 가구당 근로장려금 신청 금액은 부산이 전국보다 크다.

15. 다음 <그림>은 옥외광고 시장 규모 및 구성비에 대한 자료이다. 이를 바탕으로 작성한 <보고서>의 내용 중 옳은 것만을 모두 고르면?　　　　20 5급공채

〈그림 1〉 옥외광고 시장 규모 추이

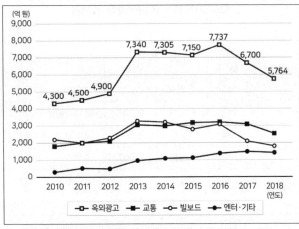

※ 옥외광고는 교통, 빌보드, 엔터·기타의 3개 분야로 구성됨.

〈그림 2〉 2018년 옥외광고 3개 분야 및 세부분야 시장 구성비

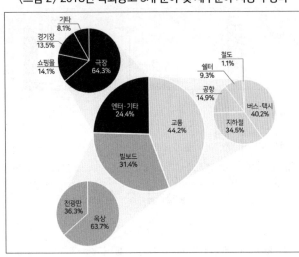

────────〈보고서〉────────

　　2010년부터 2018년까지의 옥외광고 시장 규모 추이를 살펴보면, 2010년 4,300억 원 규모였던 옥외광고 시장은 2016년 7,737억 원 규모까지 성장하였다. ㉠2018년 옥외광고 시장 규모는 2016년에 비해 30% 이상 감소하였다. 2018년 옥외광고 시장 규모를 분야별로 살펴보면, ㉡2018년 '교통' 분야 시장 규모는 2,500억 원 이상으로 옥외광고 시장에서 가장 큰 비중을 차지하고 있다. ㉢2018년 옥외광고 세부분야별 시장 규모는 '옥상'이 가장 크고, 그다음으로 '버스·택시', '극장', '지하철' 순이다. ㉣2018년 '엔터·기타' 분야의 시장 규모를 살펴보면 '극장', '쇼핑몰', '경기장'을 제외한 시장 규모는 120억 원 이상이다.

① ㄱ, ㄷ　　　　　　② ㄴ, ㄷ
③ ㄴ, ㄹ　　　　　　④ ㄱ, ㄴ, ㄹ
⑤ ㄱ, ㄷ, ㄹ

16. 다음 <그림>은 2020년 '갑'시의 교통사고에 관한 자료이다. 이에 대한 <보기>의 설명 중 옳은 것만을 모두 고르면?　　　　21 7급공채

〈그림 1〉 2020년 월별 교통사고 사상자

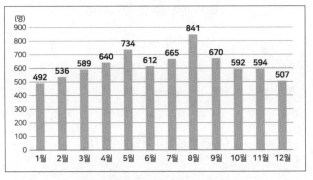

〈그림 2〉 2020년 월별 교통사고 건수

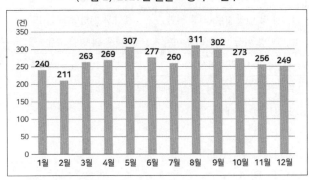

〈그림 3〉 2020년 교통사고 건수의 사고원인별 구성비

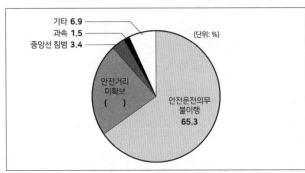

────────〈보 기〉────────

ㄱ. 월별 교통사고 사상자는 가장 적은 달이 가장 많은 달의 60% 이하이다.

ㄴ. 2020년 교통사고 건당 사상자는 1.9명 이상이다.

ㄷ. '안전거리 미확보'가 사고원인인 교통사고 건수는 '중앙선 침범'이 사고원인인 교통사고 건수의 7배 이상이다.

ㄹ. 사고원인이 '안전운전의무 불이행'인 교통사고 건수는 2,000건 이하이다.

① ㄱ, ㄴ　　　　　　② ㄱ, ㄷ
③ ㄴ, ㄷ　　　　　　④ ㄷ, ㄹ
⑤ ㄱ, ㄴ, ㄹ

17. 다음 <표>는 '갑'국 A~E 대학의 재학생수 및 재직 교원수와 법정 필요 교원수 산정기준에 관한 자료이다. 이에 근거하여 법정 필요 교원수를 충족시키기 위해 충원해야 할 교원수가 많은 대학부터 순서대로 나열하면?

19 민경채

〈표 1〉 재학생수 및 재직 교원수

(단위: 명)

대학 구분	A	B	C	D	E
재학생수	900	30,000	13,300	4,200	18,000
재직 교원수	44	1,260	450	130	860

〈표 2〉 법정 필요 교원수 산정기준

재학생수	법정 필요 교원수
1,000명 미만	재학생 22명당 교원 1명
1,000명 이상 10,000명 미만	재학생 21명당 교원 1명
10,000명 이상 20,000명 미만	재학생 20명당 교원 1명
20,000명 이상	재학생 19명당 교원 1명

※ 법정 필요 교원수 계산시 소수점 아래 첫째 자리에서 올림.

① B, C, D, A, E
② B, C, D, E, A
③ B, D, C, E, A
④ C, B, D, A, E
⑤ C, B, D, E, A

18. 다음 <표>와 <그림>은 A지역 2016년 주요 버섯의 도·소매가와 주요 버섯 소매가의 전년 동분기 대비 등락액을 나타낸 자료이다. 이에 대한 <보기>의 설명 중 옳은 것만을 모두 고르면?

18 민경채

〈표〉 2016년 주요 버섯의 도·소매가

(단위: 원/kg)

버섯종류	분기 구분	1분기	2분기	3분기	4분기
느타리	도매	5,779	6,752	7,505	7,088
	소매	9,393	9,237	10,007	10,027
새송이	도매	4,235	4,201	4,231	4,423
	소매	5,233	5,267	5,357	5,363
팽이	도매	1,886	1,727	1,798	2,116
	소매	3,136	3,080	3,080	3,516

〈그림〉 2016년 주요 버섯 소매가의 전년 동분기 대비 등락액

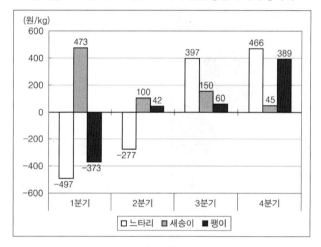

〈보 기〉

ㄱ. 2016년 매분기 '느타리' 1kg의 도매가는 '팽이' 3kg의 도매가보다 높다.

ㄴ. 2015년 매분기 '팽이'의 소매가는 3,000원/kg 이상이다.

ㄷ. 2016년 1분기 '새송이'의 소매가는 2015년 4분기에 비해 상승했다.

ㄹ. 2016년 매분기 '느타리'의 소매가는 도매가의 1.5배 미만이다.

① ㄱ, ㄴ
② ㄱ, ㄷ
③ ㄴ, ㄷ
④ ㄴ, ㄹ
⑤ ㄷ, ㄹ

19. 다음 <표>는 2018~2019년 기업규모별 수출입 기업 수 및 무역액에 관한 자료이다. 이에 대한 <보기>의 설명 중 옳지 않은 것만을 모두 고르면? (단, 기업규모는 대기업, 중견기업, 중소기업으로만 구분된다)　21 입법고시

〈표〉 기업규모별 수출입 기업 수 및 무역액

(단위: 개, 억 달러, %)

구분		수출			수입		
		2018	2019	증감률	2018	2019	증감률
기업수	전체	( )	( )	( )	185,032	192,791	4.2
	대기업	806	857	6.3	1,093	1,157	5.9
	중견기업	1,941	2,032	4.7	2,406	2,520	4.7
	중소기업	93,490	94,529	1.1	181,533	189,114	4.2
액수	전체	6,052	5,412	−10.3	4,980	( )	( )
	대기업	4,020	3,478	( )	3,230	3,010	−6.8
	중견기업	982	935	( )	784	776	−1
	중소기업	1,050	999	( )	966	1,169	21.0

※ 증감률은 소수점 아래 둘째 자리에서 반올림한 값임

───〈보 기〉───

ㄱ. 중견기업, 중소기업 모두 2019년 수출액의 전년대비 감소율은 5% 이하이다.

ㄴ. 2019년 전체 수입액은 4,955억 달러로 전년대비 감소율은 0.5% 이상이다.

ㄷ. 전체 수출액에서 대기업이 차지하는 비중은 2018년과 2019년 모두 65% 이상이다.

ㄹ. 2019년 전체 수출 기업 수는 97,418개로 전년대비 1.3% 이상 증가하였다.

① ㄱ, ㄴ
② ㄱ, ㄷ
③ ㄱ, ㄹ
④ ㄴ, ㄹ
⑤ ㄷ, ㄹ

---

20. 다음 <표>는 결함이 있는 베어링 610개의 추정 결함원인과 실제 결함원인에 관한 자료이다. 이에 대한 <보기>의 설명 중 옳은 것만을 모두 고르면?　17 5급공채

〈표〉 베어링의 추정 결함원인과 실제 결함원인

(단위: 개)

추정 결함원인 / 실제 결함원인	불균형결함	내륜결함	외륜결함	정렬불량결함	볼결함	합
불균형결함	87	9	14	6	14	130
내륜결함	12	90	11	6	15	134
외륜결함	6	8	92	14	4	124
정렬불량결함	5	2	5	75	16	103
볼결함	5	7	11	18	78	119
계	115	116	133	119	127	610

※ 1) 전체인식률 = $\dfrac{\text{추정 결함원인과 실제 결함원인이 동일한 베어링의 개수}}{\text{결함이 있는 베어링의 개수}}$

2) 인식률 = $\dfrac{\text{추정 결함원인과 실제 결함원인이 동일한 베어링의 개수}}{\text{추정 결함원인에 해당되는 베어링의 개수}}$

3) 오류율 = 1 − 인식률

───〈보 기〉───

ㄱ. 전체인식률은 0.8 이상이다.

ㄴ. '내륜결함' 오류율은 '외륜결함' 오류율보다 낮다.

ㄷ. '불균형결함' 인식률은 '외륜결함' 인식률보다 낮다.

ㄹ. 실제 결함원인이 '정렬불량결함'인 베어링 중에서, 추정 결함원인이 '불균형결함'인 베어링은 추정 결함원인이 '볼결함'인 베어링보다 적다.

① ㄱ, ㄴ
② ㄱ, ㄷ
③ ㄴ, ㄷ
④ ㄴ, ㄹ
⑤ ㄴ, ㄷ, ㄹ

21. 다음 <표>, <정보>, <그림>은 A사의 공장에서 물류센터까지의 수송량과 수송비용에 관한 자료이다. 이에 대한 설명으로 옳지 않은 것은?

19 민경채

〈표〉 공장에서 물류센터까지의 수송량

(단위: 개)

물류센터 공장	서울	부산	대구	광주
구미	0	200	( )	( )
청주	300	( )	0	0
덕평	300	0	0	0

─── 〈정 보〉 ───

○ 해당 공장에서 각 물류센터까지의 수송량의 합은 해당 공장의 '최대공급량'보다 작거나 같다.

○ 각 공장에서 해당 물류센터까지의 수송량의 합은 해당 물류센터의 '최소요구량'보다 크거나 같다.

○ 공장별 '최대공급량'은 구미 600개, 청주 500개, 덕평 300개이다.

○ 물류센터별 '최소요구량'은 서울 600개, 부산 400개, 대구 200개, 광주 150개이다.

○ 수송비용＝(수송량)×(개당 수송비용)

○ 총 수송비용은 각 공장에서 각 물류센터까지의 수송비용의 합이다.

〈그림〉 공장에서 물류센터까지의 개당 수송비용

(단위: 천 원/개)

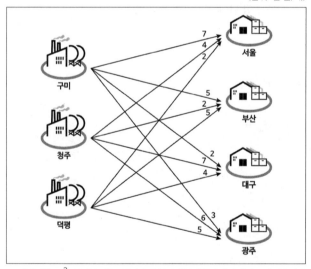

※ 예시: '청주 <u>2</u> 부산'은 청주 공장에서 부산 물류센터까지의 개당 수송비용이 2천 원임을 의미함.

① 청주 공장에서 부산 물류센터까지의 수송량은 200개이다.

② 총 수송비용을 최소화할 때, 구미 공장에서 광주 물류센터까지의 수송량은 150개이다.

③ 총 수송비용의 최소 금액은 405만 원이다.

④ 구미 공장에서 서울 물류센터까지의 개당 수송비용이 7천 원에서 8천 원으로 증가해도 총 수송비용의 최소 금액은 증가하지 않는다.

⑤ 구미 공장의 '최대공급량'이 600개에서 550로 줄어들면, 총 수송비용의 최소 금액은 감소한다.

※ 다음 <표>는 '갑'국 5개 국립대학의 세계대학평가에 관한 자료이다. <표>를 보고 물음에 답하시오. [22~23] 20 5급공채

〈표 1〉 2018년 '갑'국 국립대학의 세계대학평가 결과

대학	국내 순위	세계 순위	총점	부문별 점수				
				교육	연구	산학 협력	국제화	논문 인용도
A	14	182	29.5	27.8	28.2	63.2	35.3	28.4
B	21	240	25.4	23.9	25.6	42.2	26.7	25.1
C	23	253	24.3	21.2	19.9	38.7	25.3	30.2
D	24	287	22.5	21.0	20.1	38.4	28.8	23.6
E	25	300	18.7	21.7	19.9	40.5	22.7	11.6

〈표 2〉 2017~2018년 '갑'국 ○○대학의 세계대학평가 세부지표별 점수

부문 (가중치)	세부지표(가중치)	세부지표별 점수	
		2018년	2017년
교육 (30)	평판도 조사(15)	2.9	1.4
	교원당 학생 수(4.5)	34.5	36.9
	학부학위 수여자 대비 박사 학위 수여자 비율(2.25)	36.6	46.9
	교원당 박사학위자 비율(6)	45.3	52.3
	재정 규모(2.25)	43.3	40.5
연구 (30)	평판도 조사(18)	1.6	0.8
	교원당 연구비(6)	53.3	49.4
	교원당 학술논문 수(6)	41.3	39.5
산학협력 (2.5)	산업계 연구비 수입(2.5)	(가)	43.9
국제화 (7.5)	외국인 학생 비율(2.5)	24.7	22.5
	외국인 교수 비율(2.5)	26.9	26.8
	학술논문 중 외국 연구자와 쓴 논문 비중(2.5)	16.6	16.4
논문인용도 (30)	논문 인용도(30)	(나)	13.1

※ 1) ○○대학은 A~E 대학 중 한 대학임.
2) 부문별 점수는 각 부문에 속한 세부지표별
$\frac{세부지표별 점수 \times 세부지표별 가중치}{부문별 가중치}$ 값의 합임.
3) 총점은 5개 부문별
$\frac{부문별 점수 \times 부문별 가중치}{100}$ 값의 합임.
4) 점수는 소수점 아래 둘째 자리에서 반올림한 값임.

22. 위 〈표〉에 근거하여 '가'와 '나'에 들어갈 값을 바르게 나열한 것은?

	가	나
①	38.4	23.6
②	38.7	30.2
③	40.5	11.6
④	42.2	25.1
⑤	63.2	28.4

23. 위 〈표〉를 이용하여 세계대학평가 결과에 대한 〈보고서〉를 작성하였다. 제시된 〈표〉 이외에 〈보고서〉 작성을 위하여 추가로 필요한 자료를 〈보기〉에서 고르면?

─〈보고서〉─

최근 글로벌 대학평가기관이 2018년 세계대학평가 결과를 발표했다. 이 평가는 전 세계 1,250개 이상의 대학을 대상으로 교육, 연구, 산학협력, 국제화, 논문인용도 등 총 5개 부문, 13개 세부지표를 활용하여 수행된다.

2018년 세계대학평가 결과, 1~3위는 각각 F 대학('을'국), G 대학('을'국), H 대학('병'국)으로 전년과 동일하였으나, 4위는 I 대학('병'국)으로 전년도 5위에서 한 단계 상승했고 5위는 2017년 공동 3위였던 J 대학('병'국)으로 나타났다. 아시아 대학 중 최고 순위는 K 대학('정'국)으로 전년보다 8단계 상승한 세계 22위였으며, 같은 아시아 국가인 '갑'국에서는 L 대학이 세계 63위로 '갑'국 대학 중 가장 높은 순위를 차지하였다.

2018년 '갑'국의 5개 국립대학 중에서는 A 대학이 세계 182위, 국내 14위로 가장 순위가 높았는데, 논문인용도를 제외한 나머지 4개 부문별 점수에서 5개 국립대학 중 가장 높은 점수를 받았다. 한편, C 대학은 연구와 산학협력 부문에서 2017년 대비 점수가 대폭 하락하여 순위 또한 낮아졌다.

─〈보 기〉─

ㄱ. 2017~2018년 세계대학평가 순위
ㄴ. 2017~2018년 세계대학평가 C 대학 세부지표별 점수
ㄷ. 2017~2018년 세계대학평가 세부지표 리스트
ㄹ. 2017~2018년 세계대학평가 A 대학 총점

① ㄱ, ㄴ   ② ㄱ, ㄷ
③ ㄴ, ㄷ   ④ ㄴ, ㄹ
⑤ ㄷ, ㄹ

24. 다음 <표>는 2017~2018년 '갑' 학교 학생식당의 메뉴별 제공횟수 및 만족도에 대한 자료이다. <표>와 <조건>에 근거한 설명으로 옳지 <u>않은</u> 것은?　　　19 민경채

〈표〉 메뉴별 제공횟수 및 만족도

(단위: 회, 점)

메뉴 ＼ 연도 （구분）	제공횟수 2017	만족도 2017	만족도 2018
A	40	87	75
B	34	71	72
C	45	53	35
D	31	79	79
E	40	62	77
F	60	74	68
G	–	–	73
전체	250	–	–

───〈조 건〉───

○ 전체 메뉴 제공횟수는 매년 250회로 일정하며, 2018년에는 메뉴 G만 추가되었고, 2019년에는 메뉴 H만 추가되었다.

○ 각 메뉴의 다음 연도 제공횟수는 당해 연도 만족도에 따라 아래와 같이 결정된다.

만족도	다음 연도 제공횟수
0점 이상 50점 미만	당해 연도 제공횟수 대비 100% 감소
50점 이상 60점 미만	당해 연도 제공횟수 대비 20% 감소
60점 이상 70점 미만	당해 연도 제공횟수 대비 10% 감소
70점 이상 80점 미만	당해 연도 제공횟수와 동일
80점 이상 90점 미만	당해 연도 제공횟수 대비 10% 증가
90점 이상 100점 이하	당해 연도 제공횟수 대비 20% 증가

① 메뉴 A~F 중 2017년 대비 2019년 제공횟수가 증가한 메뉴는 1개이다.

② 2018년 메뉴 G의 제공횟수는 9회이다.

③ 2019년 메뉴 H의 제공횟수는 42회이다.

④ 2019년 메뉴 E의 제공횟수는 메뉴 A의 제공횟수보다 많다.

⑤ 메뉴 A~G 중 2018년과 2019년 제공횟수의 차이가 두 번째로 큰 메뉴는 F이다.

25. 다음 <표>는 2017~2019년 '갑'국 A~D지역의 1인 1일당 단백질 섭취량과 지역별 전체 인구에 대한 자료이다. <표>를 이용하여 작성한 그래프로 옳지 <u>않은</u> 것은?　　　20 민경채

〈표 1〉 지역별 1인 1일당 단백질 섭취량

(단위: g)

지역 ＼ 연도	2017	2018	2019
A	50	60	75
B	100	100	110
C	100	90	80
D	50	50	50

※ 단백질은 동물성 단백질과 식물성 단백질로만 구성됨.

〈표 2〉 지역별 1인 1일당 식물성 단백질 섭취량

(단위: g)

지역 ＼ 연도	2017	2018	2019
A	25	25	25
B	10	30	50
C	20	20	20
D	10	5	5

〈표 3〉 지역별 전체 인구

(단위: 명)

지역 ＼ 연도	2017	2018	2019
A	1,000	1,000	1,100
B	1,000	1,000	1,000
C	800	700	600
D	100	100	100

① 2017~2019년 B와 D지역의 1인 1일당 동물성 단백질 섭취량

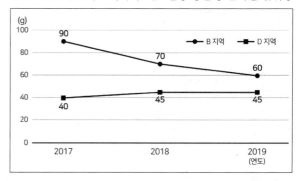

② 2019년 지역별 1일 단백질 총섭취량

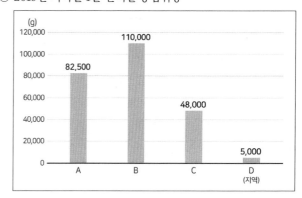

③ 2017년 지역별 1인 1일당 단백질 섭취량 구성비

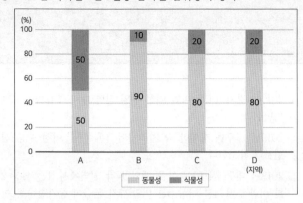

④ 2017~2019년 A와 C지역의 1인 1일당 동물성 단백질 섭취량과
1인 1일당 식물성 단백질 섭취량의 차이

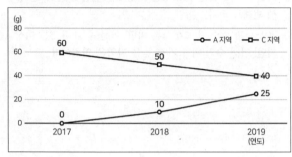

⑤ 지역별 2017년 대비 2018년 1인 1일당 식물성 단백질 섭취량
증감률

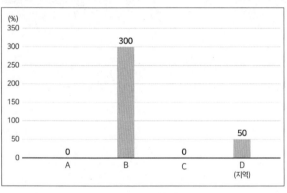

약점 보완 해설집 p.26

01. 다음 <표>는 2018년과 2019년 14개 지역에 등록된 5톤 미만 어선 수에 관한 자료이다. 이에 대한 설명으로 옳은 것은?

20 민경채

〈표〉 2018년과 2019년 14개 지역에 등록된 5톤 미만 어선 수

(단위: 척)

연도	지역	1톤 미만	1톤 이상 2톤 미만	2톤 이상 3톤 미만	3톤 이상 4톤 미만	4톤 이상 5톤 미만
2019	부산	746	1,401	374	134	117
	대구	6	0	0	0	0
	인천	98	244	170	174	168
	울산	134	378	83	51	32
	세종	8	0	0	0	0
	경기	910	283	158	114	118
	강원	467	735	541	296	179
	충북	427	5	1	0	0
	충남	901	1,316	743	758	438
	전북	348	1,055	544	168	184
	전남	6,861	10,318	2,413	1,106	2,278
	경북	608	640	370	303	366
	경남	2,612	4,548	2,253	1,327	1,631
	제주	123	145	156	349	246
2018	부산	793	1,412	351	136	117
	대구	6	0	0	0	0
	인천	147	355	184	191	177
	울산	138	389	83	52	33
	세종	7	0	0	0	0
	경기	946	330	175	135	117
	강원	473	724	536	292	181
	충북	434	5	1	0	0
	충남	1,036	1,429	777	743	468
	전북	434	1,203	550	151	188
	전남	7,023	10,246	2,332	1,102	2,297
	경북	634	652	372	300	368
	경남	2,789	4,637	2,326	1,313	1,601
	제주	142	163	153	335	250

① 2019년 경기의 5톤 미만 어선 수의 전년 대비 증감률은 10% 미만이다.

② 2019년 대구를 제외한 각 지역에서 '1톤 미만' 어선 수는 전년보다 감소한다.

③ 2018년 대구, 세종, 충북을 제외한 각 지역에서 '1톤 이상 2톤 미만'부터 '4톤 이상 5톤 미만'까지 톤급이 증가할수록 어선 수는 감소한다.

④ 2018년과 2019년 모두 '1톤 이상 2톤 미만' 어선 수는 충남이 세 번째로 크다.

⑤ 2018년과 2019년 모두 '1톤 미만' 어선 수 대비 '3톤 이상 4톤 미만' 어선 수의 비가 가장 높은 지역은 인천이다.

02. 다음 <표>는 4개 안건(A~D)에 대한 심사위원(갑, 을, 병)의 선호를 나타낸 자료이다. 이 안건들 중 서로 다른 두 안건을 임의로 상정하고 위 3명의 심사위원이 한 표씩 투표하여 다수결 원칙에 따라 하나의 안건을 채택한다고 할 때, <보기>의 설명 중 옳은 것만을 모두 고르면? 14 민경채

〈표〉 4개 안건에 대한 심사위원의 선호

심사위원 선호순위	갑	을	병
1순위	C	A	B
2순위	B	B	C
3순위	D	C	A
4순위	A	D	D

※ 각 심사위원은 상정된 두 안건 중 자신의 선호순위가 더 높은 안건에 반드시 투표함.

──────〈보 기〉──────

ㄱ. A 안건과 C 안건이 상정되면 C 안건이 채택된다.

ㄴ. B 안건은 어떠한 다른 안건과 함께 상정되어도 항상 채택된다.

ㄷ. C 안건이 상정되어 채택되는 경우는 모두 3가지이다.

ㄹ. D 안건은 어떠한 다른 안건과 함께 상정되어도 항상 채택되지 못한다.

① ㄱ, ㄴ

② ㄱ, ㄷ

③ ㄴ, ㄹ

④ ㄱ, ㄴ, ㄹ

⑤ ㄴ, ㄷ, ㄹ

03. 다음 <그림>은 한국, 일본, 미국, 벨기에의 2010년, 2015년, 2020년 자동차 온실가스 배출량 기준에 관한 자료이다. <그림>과 <조건>에 근거하여 A~D에 해당하는 국가를 바르게 나열한 것은? 19 민경채

〈그림〉 자동차 온실가스 배출량 기준

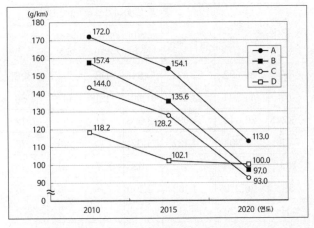

──────〈조 건〉──────

○ 2010년 대비 2020년 자동차 온실가스 배출량 기준 감소율은 한국이 일본, 미국, 벨기에보다 높다.

○ 2015년 한국과 일본의 자동차 온실가스 배출량 기준 차이는 30g/km 이상이다.

○ 2020년 자동차 온실가스 배출량 기준은 미국이 한국과 벨기에보다 높다.

	A	B	C	D
①	미국	벨기에	한국	일본
②	미국	한국	벨기에	일본
③	벨기에	한국	미국	일본
④	일본	벨기에	한국	미국
⑤	한국	일본	벨기에	미국

04. 다음 <표>는 2016년 '갑'국 10개 항공사의 항공기 지연 현황에 대한 자료이다. 이에 대한 <보기>의 설명 중 옳은 것만을 모두 고르면? 17 민경채

〈표〉 10개 항공사의 지연사유별 항공기 지연 대수

(단위: 대)

항공사	총 운항 대수	총 지연 대수	지연사유별 지연 대수			
			연결편 접속	항공기 정비	기상 악화	기타
EK	86,592	21,374	20,646	118	214	396
JL	71,264	12,487	11,531	121	147	688
EZ	26,644	4,037	3,628	41	156	212
WT	7,308	1,137	1,021	17	23	76
HO	6,563	761	695	7	21	38
8L	6,272	1,162	1,109	4	36	13
ZH	3,129	417	135	7	2	273
BK	2,818	110	101	3	1	5
9C	2,675	229	223	3	0	3
PR	1,062	126	112	3	5	6
계	214,327	41,840	39,201	324	605	1,710

※ 지연율(%)= $\frac{총\ 지연\ 대수}{총\ 운항\ 대수}$ ×100

─────〈보 기〉─────

ㄱ. 지연율이 가장 낮은 항공사는 BK항공이다.

ㄴ. 항공사별 총 지연 대수 중 항공기 정비, 기상 악화, 기타로 인한 지연 대수의 합이 차지하는 비중은 ZH항공이 가장 높다.

ㄷ. 기상 악화로 인한 전체 지연 대수 중 EK항공과 JL항공의 기상 악화로 인한 지연 대수 합이 차지하는 비중은 50% 이하이다.

ㄹ. 항공기 정비로 인한 지연 대수 대비 기상악화로 인한 지연 대수 비율이 가장 높은 항공사는 EZ항공이다.

① ㄱ, ㄴ

② ㄱ, ㄷ

③ ㄴ, ㄹ

④ ㄱ, ㄷ, ㄹ

⑤ ㄴ, ㄷ, ㄹ

---

05. 다음 <표>는 A, B 기업의 경력사원채용 지원자 특성에 관한 자료이다. 이에 대한 <보기>의 설명 중 옳은 것만을 모두 고르면? 19 5급공채

〈표〉 경력사원채용 지원자 특성

(단위: 명)

지원자 특성	기업	A 기업	B 기업
성별	남성	53	57
	여성	21	24
최종학력	학사	16	18
	석사	19	21
	박사	39	42
연령대	30대	26	27
	40대	25	26
	50대 이상	23	28
관련업무 경력	5년 미만	12	18
	5년 이상~10년 미만	9	12
	10년 이상~15년 미만	18	17
	15년 이상~20년 미만	16	9
	20년 이상	19	25

※ A 기업과 B 기업에 모두 지원한 인원은 없음.

─────〈보 기〉─────

ㄱ. A 기업 지원자 중, 남성 지원자의 비율은 관련 업무 경력이 10년 이상인 지원자의 비율보다 높다.

ㄴ. 최종학력이 석사 또는 박사인 B 기업 지원자 중 관련 업무 경력이 20년 이상인 지원자는 7명 이상이다.

ㄷ. 기업별 여성 지원자의 비율은 A 기업이 B 기업보다 높다.

ㄹ. A, B 기업 전체 지원자 중 40대 지원자의 비율은 35% 미만이다.

① ㄱ, ㄴ

② ㄱ, ㄷ

③ ㄴ, ㄷ

④ ㄴ, ㄹ

⑤ ㄷ, ㄹ

06. 다음 <보고서>는 2019년 '갑'시의 5대 축제(A~E)에 관한 조사 결과이다. 이에 부합하지 않는 자료는? 20 7급모의

<보고서>

'갑'시의 5대 축제를 분석·평가한 결과, 우수축제로 선정된 A축제는 관람객 수, 인지도, 콘텐츠 영역에서 B축제보다 높은 점수를 받았으나 경제적 효과 영역에서는 B축제보다 낮은 점수를 받았다. 한편, 5대 축제의 관람객 만족도를 보면, 먹거리 만족도가 매년 떨어지고 있고 2019년에는 살거리 만족도도 2018년보다 낮아져 대책 마련이 시급하다는 평가도 있다.

설문조사에 따르면 축제 관련 정보 획득 매체는 연령대별로 차이를 보였다. 20대 이하와 30~40대는 각각 인터넷을 통해 정보를 획득한 관람객 수가 가장 많았다. 반면, 50대 이상은 현수막을 통해 정보를 획득한 관람객 수가 가장 많아 관람객의 연령대별 맞춤형 홍보 전략이 필요하다는 것을 보여준다.

축제로 인한 경제적 효과도 중요한 분석 대상이다. D축제의 경우 취업자 수와 고용인 수 모두 가장 적지만, 고용인 1인당 취업자 수는 가장 많았다. 관람객 1인당 총지출액에서 숙박비의 비중이 가장 높은 축제는 C축제이고 먹거리 비용의 비중이 가장 높은 축제는 E축제이다.

① 5대 축제별 취업자 수와 고용인 수

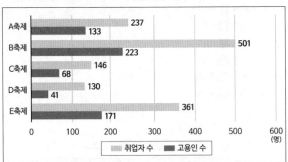

② 5대 축제의 관람객 만족도

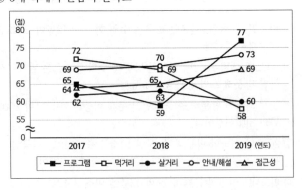

③ 5대 축제별 관람객 1인당 지출액

(단위: 원)

구분＼축제	A	B	C	D	E
숙박비	22,514	9,100	27,462	3,240	4,953
먹거리 비용	18,241	19,697	15,303	8,882	20,716
왕복교통비	846	1,651	9,807	1,448	810
상품구입비	17,659	4,094	6,340	3,340	411
기타	9	48	102	255	1,117
총지출액	59,269	34,590	59,014	17,165	28,007

④ A, B 축제의 영역별 평가점수

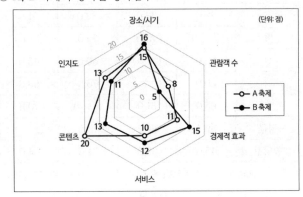

⑤ 관람객의 연령대별 5대 축제 관련 정보 획득 매체

(단위: %)

연령대＼매체	TV	인터넷	신문	현수막	기타
20대 이하	22.0	58.6	10.8	17.5	11.5
30~40대	25.4	35.0	16.5	18.0	9.0
50대 이상	35.0	20.2	21.0	29.5	8.0
전체	26.0	41.5	15.1	20.1	9.8

※ 중복응답 가능함.

07. 다음 `<표>`는 '갑'대학교 정보공학과 학생 A~I의 3개 교과목 점수에 관한 자료이다. 이에 대한 `<보기>`의 설명 중 옳은 것만을 모두 고르면? 20 5급공채

〈표〉 학생 A~I의 3개 교과목 점수

(단위: 점)

학생＼교과목	인공지능	빅데이터	사물인터넷	평균
A	( )	85.0	77.0	74.3
B	( )	90.0	92.0	90.0
C	71.0	71.0	( )	71.0
D	28.0	( )	65.0	50.0
E	39.0	63.0	82.0	61.3
F	( )	73.0	74.0	( )
G	35.0	( )	50.0	45.0
H	40.0	( )	70.0	53.3
I	65.0	61.0	( )	70.3
평균	52.4	66.7	74.0	( )
중앙값	45.0	63.0	74.0	64.0

※ 중앙값은 학생 A~I의 성적을 크기순으로 나열했을 때 한가운데 위치한 값임.

──〈보 기〉──

ㄱ. 각 교과목에서 평균 이하의 점수를 받은 학생은 각각 5명 이상이다.

ㄴ. 교과목별로 점수 상위 2명에게 1등급을 부여할 때, 1등급을 받은 교과목 수가 1개 이상인 학생은 4명이다.

ㄷ. 학생 D의 빅데이터 교과목과 사물인터넷 교과목의 점수가 서로 바뀐다면, 빅데이터 교과목 평균은 높아진다.

ㄹ. 최고점수와 최저점수의 차이가 가장 작은 교과목은 사물인터넷이다.

① ㄱ, ㄴ
② ㄴ, ㄷ
③ ㄴ, ㄹ
④ ㄱ, ㄴ, ㄷ
⑤ ㄱ, ㄷ, ㄹ

08. 다음 `<표>`와 `<그림>`은 2002년과 2012년 '갑'국의 국적별 외국인 방문객에 관한 자료이다. 이에 대한 설명으로 옳은 것은? 16 민경채

〈표〉 외국인 방문객 현황

(단위: 명)

연도	2002	2012
외국인 방문객 수	5,347,468	9,794,796

〈그림 1〉 2002년 국적별 외국인 방문객 수 (상위 10개국)

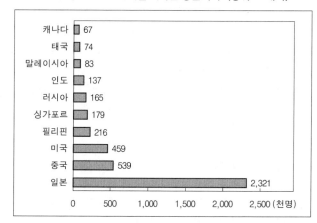

〈그림 2〉 2012년 국적별 외국인 방문객 수 (상위 10개국)

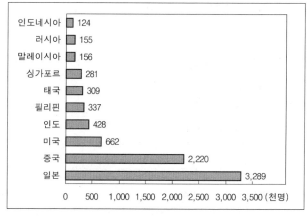

① 미국인, 중국인, 일본인 방문객 수의 합은 2012년이 2002년의 2배 이상이다.

② 2002년 대비 2012년 미국인 방문객 수의 증가율은 말레이시아인 방문객 수의 증가율보다 높다.

③ 전체 외국인 방문객 중 중국인 방문객 비중은 2012년이 2002년의 3배 이상이다.

④ 2002년 외국인 방문객 수 상위 10개국 중 2012년 외국인 방문객 수 상위 10개국에 포함되지 않은 국가는 2개이다.

⑤ 인도네시아인 방문객 수는 2002년에 비해 2012년에 55,000명 이상 증가하였다.

09. '갑'은 2017년 1월 전액 현금으로만 다음 <표>와 같이 지출하였다. 만약 '갑'이 2017년 1월에 A~C신용카드 중 하나만을 발급받아 할인 전 금액이 <표>와 동일하도록 그 카드로만 지출하였다면, <신용카드별 할인혜택>에 근거한 할인 후 예상청구액이 가장 적은 카드부터 순서대로 나열한 것은? 17 5급공채

<표> 2017년 1월 지출내역

(단위: 만 원)

분류	세부항목		금액	합
교통비	버스·지하철 요금		8	20
	택시		2	
식비	KTX 요금		10	30
	외식비	평일	10	
		주말	5	
	카페 지출액		5	
	식료품 구입비	대형마트	5	
		재래시장	5	
의류구입비	온라인		15	30
	오프라인		15	
여가 및 자기계발비	영화관람료 (1만원/회×2회)		2	30
	도서국입비 (2만원/권×1권, 1만5천원/권×2권, 1만원/권×3권)		8	
	학원 수강료		20	

〈신용카드별 할인혜택〉

o A신용카드
 – 버스·지하철, KTX 요금 20% 할인(단, 할인액의 한도는 월 2만 원)
 – 외식비 주말 결제액 5% 할인
 – 학원 수강료 15% 할인
 – 최대 총 할인한도액은 없음.
 – 연회비 1만 5천 원이 발급시 부과되어 합산됨.

o B신용카드
 – 버스·지하철, KTX 요금 10% 할인(단, 할인액의 한도는 월 1만 원)
 – 온라인 의류구입비 10% 할인
 – 도서구입비 권당 3천 원 할인(단, 권당 가격이 1만 2천 원 이상인 경우에만 적용)
 – 최대 총 할인한도액은 월 3만 원
 – 연회비 없음.

o C신용카드
 – 버스·지하철, 택시 요금 10% 할인(단, 할인액의 한도는 월 1만 원)
 – 카페 지출액 10% 할인
 – 재래시장 식료품 구입비 10% 할인
 – 영화관람료 회당 2천 원 할인(월 최대 2회)
 – 최대 총 할인한도액은 월 4만 원
 – 연회비 없음.

※ 1) 할부나 부분청구는 없음.
 2) A~C신용카드는 매달 1일부터 말일까지의 사용분에 대하여 익월 청구됨.

① A－B－C
② A－C－B
③ B－A－C
④ B－C－A
⑤ C－A－B

10. 다음 <표>는 A국 최종에너지 소비량에 대한 자료이다. 이에 대한 <보기>의 설명 중 옳은 것을 모두 고르면? 13 5급공채

〈표 1〉 2008~2010년 유형별 최종에너지 소비량 비중

(단위: %)

연도\유형	석탄		석유 제품	도시 가스	전력	기타
	무연탄	유연탄				
2008	2.7	11.6	53.3	10.8	18.2	3.4
2009	2.8	10.3	54.0	10.7	18.6	3.6
2010	2.9	11.5	51.9	10.9	19.1	3.7

〈표 2〉 2010년 부문별 유형별 최종에너지 소비량

(단위: 천 TOE)

부문\유형	석탄		석유 제품	도시 가스	전력	기타	합
	무연탄	유연탄					
산업	4,750	15,317	57,451	9,129	23,093	5,415	115,155
가정·상업	901	4,636	6,450	11,105	12,489	1,675	37,256
수송	0	0	35,438	188	1,312	0	36,938
기타	0	2,321	1,299	669	152	42	4,483
계	5,651	22,274	100,638	21,091	37,046	7,132	193,832

※ TOE는 석유 환산 톤수를 의미함.

─────〈보 기〉─────

ㄱ. 2008~2010년 동안 전력 소비량은 매년 증가한다.

ㄴ. 2010년에는 산업부문의 최종에너지 소비량이 전체 최종에너지 소비량의 50% 이상을 차지한다.

ㄷ. 2008~2010년 동안 석유제품 소비량 대비 전력 소비량의 비율이 매년 증가한다.

ㄹ. 2010년에는 산업부문과 가정·상업부문에서 유연탄 소비량 대비 무연탄 소비량의 비율이 각각 25% 이하이다.

① ㄱ, ㄴ
② ㄱ, ㄹ
③ ㄴ, ㄷ
④ ㄴ, ㄹ
⑤ ㄷ, ㄹ

11. 다음 <그림>은 가구 A~L의 2020년 1월 주거비와 식비, 필수생활비에 관한 자료이다. 이에 대한 설명으로 옳은 것은? 20 7급모의

〈그림 1〉 가구 A~L의 주거비와 식비

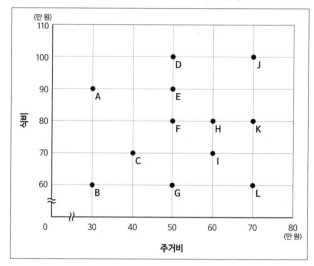

〈그림 2〉 가구 A~L의 식비와 필수생활비

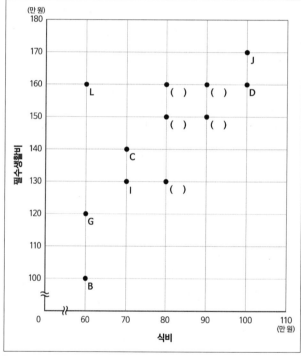

※ 필수생활비 = 주거비 + 식비 + 의복비

① 의복비는 가구 A가 가구 B보다 작다.

② 의복비가 0원인 가구는 1곳이다.

③ 주거비가 40만 원 이하인 가구의 의복비는 각각 10만 원 이상이다.

④ 식비 하위 3개 가구 의복비의 합은 60만 원 이상이다.

⑤ 식비가 80만 원이면서 필수생활비가 130만 원인 가구는 K 이다.

12. 다음 <표>는 3D기술 분야 특허등록건수 상위 10개국의 국가별 영향력지수와 기술력지수를 나타낸 자료이다. 이에 대한 <보기>의 설명 중 옳은 것만을 모두 고르면? 19 5급공채

〈표〉 3D기술 분야 특허등록건수 상위 10개국의 국가별 영향력지수와 기술력지수

구분\n국가	특허등록건수(건)	영향력지수	기술력지수
미국	500	( )	600.0
일본	269	1.0	269.0
독일	( )	0.6	45.0
한국	59	0.3	17.7
네덜란드	( )	0.8	24.0
캐나다	22	( )	30.8
이스라엘	( )	0.6	10.2
태국	14	0.1	1.4
프랑스	( )	0.3	3.9
핀란드	9	0.7	6.3

※ 1) 해당국가의 기술력지수=해당국가의 특허등록건수×해당국가의 영향력지수
2) 해당국가의 영향력지수= $\dfrac{\text{해당국가의 피인용비}}{\text{전세계 피인용비}}$
3) 해당국가의 피인용비= $\dfrac{\text{해당국가의 특허피인용건수}}{\text{해당국가의 특허등록건수}}$
4) 3D기술 분야의 전세계 피인용비는 10임.

─〈보 기〉─
ㄱ. 캐나다의 영향력지수는 미국의 영향력지수보다 크다.
ㄴ. 프랑스와 태국의 특허피인용건수의 차이는 프랑스와 핀란드의 특허피인용건수의 차이보다 크다.
ㄷ. 특허등록건수 상위 10개국 중 한국의 특허피인용건수는 네 번째로 많다.
ㄹ. 네덜란드의 특허등록건수는 한국의 특허등록건수의 50% 미만이다.

① ㄱ, ㄴ
② ㄱ, ㄷ
③ ㄴ, ㄹ
④ ㄱ, ㄷ, ㄹ
⑤ ㄴ, ㄷ, ㄹ

13. 다음 <표>는 '갑'시에서 주최한 10km 마라톤 대회에 참가한 선수 A~D의 구간별 기록이다. 이에 대한 <보기>의 설명 중 옳은 것만을 모두 고르면? 20 7급모의

〈표〉 선수 A~D의 10km 마라톤 대회 구간별 기록

선수\n구간	A	B	C	D
0~1km	5분 24초	5분 44초	6분 40초	6분 15초
1~2km	5분 06초	5분 42초	5분 27초	6분 19초
2~3km	5분 03초	5분 50초	5분 18초	6분 00초
3~4km	5분 00초	6분 18초	5분 15초	5분 54초
4~5km	4분 57초	6분 14초	5분 24초	5분 35초
5~6km	5분 10초	6분 03초	5분 03초	5분 27초
6~7km	5분 25초	5분 48초	5분 14초	6분 03초
7~8km	5분 18초	5분 39초	5분 29초	5분 24초
8~9km	5분 10초	5분 33초	5분 26초	5분 11초
9~10km	5분 19초	5분 03초	5분 36초	5분 15초
계	51분 52초	( )	54분 52초	57분 23초

※ 1) A~D는 출발점에서 동시에 출발하여 휴식 없이 완주함.
2) A~D는 각 구간 내에서 일정한 속도로 달림.

─〈보 기〉─
ㄱ. 출발 후 6km 지점을 먼저 통과한 선수부터 나열하면 A, C, D, B 순이다.
ㄴ. B의 10km 완주기록은 60분 이상이다.
ㄷ. 3~4km 구간에서 B는 C에게 추월당한다.
ㄹ. A가 10km 지점을 통과한 순간, D는 7~8km 구간을 달리고 있다.

① ㄱ, ㄴ
② ㄱ, ㄷ
③ ㄱ, ㄹ
④ ㄴ, ㄷ
⑤ ㄷ, ㄹ

14. 다음 <표>는 2018~2019년 국내 제조사 전체 자동차 판매량 및 2019년 모델별 판매량 순위에 관한 자료이다. 이에 대한 <보기>의 설명 중 옳은 것만을 모두 고르면? 20 입법고시

〈표 1〉 2018~2019년 국내 제조사 전체 자동차 판매량

(단위: 대)

제조사	2018년	2019년
가	721,078	741,842
나	531,700	520,205
다	93,317	76,471
라	90,369	86,859
마	109,140	107,789
전체 판매량	1,545,604	1,533,166

〈표 2〉 2019년 국내 제조사 자동차 모델별 판매량 순위 (상위 20개)

(단위: 대)

순위	제조사	모델	판매량
1	가	A1	98,401
2	가	A2	86,198
3	가	A3	73,641
4	나	B1	63,706
5	가	A4	62,104
6	나	B2	59,017
7	가	A5	58,806
8	나	B3	52,325
9	가	A6	52,299
10	나	B4	50,364
11	라	D1	47,640
12	나	B5	46,531
13	나	B6	44,387
14	마	E1	41,330
15	가	A7	40,867
16	가	A8	36,758
17	다	C1	35,513
18	마	E2	35,428
19	가	A9	33,531
20	나	B7	32,453
합계			1,051,299

〈보 기〉

ㄱ. 2018년과 2019년 각각 가 제조사와 나 제조사의 자동차의 판매량을 합하면 그 해 국내 제조사 전체 자동차 판매량의 80% 이상이다.

ㄴ. 2019년 판매량 순위 1~6위인 국내 제조사 자동차 모델별 판매량의 합은 2019년 국내 제조사 전체 자동차 판매량의 30% 이상이다.

ㄷ. 2019년 판매량 순위 10위 안에 드는 국내 제조사 자동차 모델별 판매량의 합을 제조사별로 비교했을 때, 가 제조사가 나 제조사의 2배 이상이다.

① ㄱ

② ㄴ

③ ㄱ, ㄷ

④ ㄴ, ㄷ

⑤ ㄱ, ㄴ, ㄷ

15. 다음 <그림>은 2020년 기준 A공제회 현황에 관한 자료이다. 이에 대한 설명으로 옳지 않은 것은? 21 7급공채

〈그림〉 2020년 기준 A공제회 현황

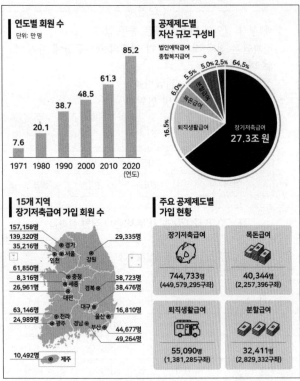

※ 1) 공제제도는 장기저축급여, 퇴직생활급여, 목돈급여, 분할급여, 종합복지급여, 법인예탁급여로만 구성됨.
　2) 모든 회원은 1개 또는 2개의 공제제도에 가입함.

① 장기저축급여 가입 회원 수는 전체 회원의 85% 이하이다.

② 공제제도의 총자산 규모는 40조 원 이상이다.

③ 자산 규모 상위 4개 공제제도 중 2개의 공제제도에 가입한 회원은 2만 명 이상이다.

④ 충청의 장기저축급여 가입 회원 수는 15개 지역 평균 장기저축급여 가입 회원 수보다 많다.

⑤ 공제제도별 1인당 구좌 수는 장기저축급여가 분할급여의 5배 이상이다.

16. 다음 <표>는 콘크리트 유형별 기준강도 및 시험체 강도 판정결과에 관한 자료이다. <표>와 <판정기준>에 근거하여 (가), (나), (다)에 해당하는 강도판정결과를 바르게 나열한 것은? 19 민경채

〈표〉 콘크리트 유형별 기준강도 및 시험체 강도판정결과

(단위: MPa)

구분 콘크리트 유형	기준 강도	시험체 강도				강도 판정 결과
		시험체 1	시험체 2	시험체 3	평균	
A	24	22.8	29.0	20.8	( )	(가)
B	27	26.1	25.0	28.1	( )	불합격
C	35	36.9	36.8	31.6	( )	(나)
D	40	36.4	36.3	47.6	40.1	합격
E	45	40.3	49.4	46.8	( )	(다)

※ 강도판정결과는 '합격'과 '불합격'으로 구분됨

─〈판정기준〉─

○ 아래 조건을 모두 만족하는 경우에만 강도판정결과가 '합격'이다.
　－시험체 강도의 평균은 기준강도 이상이어야 한다.
　－기준강도가 35MPa 초과인 경우에는 각 시험체 강도가 모두 기준강도의 90% 이상이어야 한다.
　－기준강도가 35MPa 이하인 경우에는 각 시험체 강도가 모두 기준강도에서 3.5MPa을 뺀 값 이상이어야 한다.

	(가)	(나)	(다)
①	합격	합격	합격
②	합격	합격	불합격
③	합격	불합격	불합격
④	불합격	합격	합격
⑤	불합격	합격	불합격

17. 다음 <그림>과 <표>는 조사연도별 '갑'국 병사의 계급별 월급과 군내매점에서 판매하는 주요품목 가격에 관한 자료이다. 이에 대한 설명으로 옳은 것은? 20 민경채

〈그림〉 조사연도별 병사의 계급별 월급

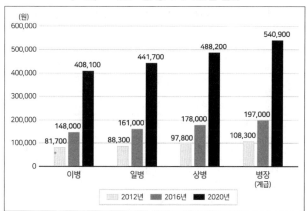

〈표〉 조사연도별 군내매점 주요품목 가격

(단위: 원/개)

조사 연도 \ 품목	캔커피	단팥빵	햄버거
2012	250	600	2,400
2016	300	1,000	2,800
2020	500	1,400	3,500

① 이병 월급은 2020년이 2012년보다 500% 이상 증액되었다.

② 2012년 대비 2016년 상병 월급 증가율은 2016년 대비 2020년 상병 월급 증가율보다 더 높다.

③ 군내매점 주요품목 각각의 2012년 대비 2016년 가격인상률은 2016년 대비 2020년 가격인상률보다 낮다.

④ 일병이 한 달 월급만을 사용하여 군내매점에서 해당 연도 가격으로 140개의 단팥빵을 구매하고 남은 금액은 2016년이 2012년보다 15,000원 이상 더 많다.

⑤ 병장이 한 달 월급만을 사용하여 군내매점에서 해당 연도 가격으로 구매할 수 있는 햄버거의 최대 개수는 2020년이 2012년의 3배 이하이다.

18. 다음 <조건>과 <표>는 2018~2020년 '가'부서 전체 직원 성과급에 관한 자료이다. 이를 근거로 판단할 때, '가'부서 전체 직원의 2020년 기본 연봉의 합은? 21 7급공채

〈조 건〉

○ 매년 각 직원의 기본 연봉은 변동 없음.

○ 성과급은 전체 직원에게 각 직원의 성과등급에 따라 매년 1회 지급함.

○ 성과급＝기본 연봉×지급비율

○ 성과등급별 지급비율 및 인원 수

구분 \ 성과등급	S	A	B
지급비율	20%	10%	5%
인원 수	1명	2명	3명

〈표〉 2018~2020년 '가'부서 전체 직원 성과급

(단위: 백만 원)

직원 \ 연도	2018	2019	2020
갑	12.0	6.0	3.0
을	5.0	20.0	5.0
병	6.0	3.0	6.0
정	6.0	6.0	12.0
무	4.5	4.5	4.5
기	6.0	6.0	12.0

① 430백만 원

② 460백만 원

③ 490백만 원

④ 520백만 원

⑤ 550백만 원

19. 다음 <표>는 25~54세 기혼 비취업여성 현황과 기혼여성의 경력단절 사유에 관한 자료이다. 이를 이용하여 작성한 그래프로 옳지 않은 것은?

15 5급공채

〈표 1〉 연령대별 기혼 비취업여성 현황

(단위: 천 명)

연령대	기혼여성	기혼 비취업여성	실업자	비경제활동 인구
25~29세	570	306	11	295
30~34세	1,403	763	20	743
35~39세	1,818	862	23	839
40~44세	1,989	687	28	659
45~49세	2,010	673	25	648
50~54세	1,983	727	20	707
계	9,773	4,018	127	3,891

※ 기혼여성은 취업여성과 비취업여성으로 분류됨.

〈표 2〉 기혼 경력단절여성의 경력단절 사유 분포

(단위: 천 명)

| 연령대 | 개인·가족 관련 이유 | | | | 육아 | 가사 | 합 |
	결혼	임신·출산	자녀교육	기타			
25~29세	179	85	68	1	25	58	9	246
30~34세	430	220	137	10	63	189	21	640
35~39세	457	224	107	29	97	168	55	680
40~44세	339	149	38	24	128	71	74	484
45~49세	322	113	14	12	183	32	80	434
50~54세	323	88	10	7	218	20	78	421
계	2,050	879	374	83	714	538	317	2,905

※ 1) 기혼 경력단절여성은 기혼 비취업여성 중에서 개인·가족 관련 이유, 육아, 가사 등의 이유로 인해 직장을 그만둔 상태에 있는 여성임.
   2) 경력단절 사유에 복수로 응답한 경우는 없음.

① 연령대별 기혼여성 중 경제활동인구

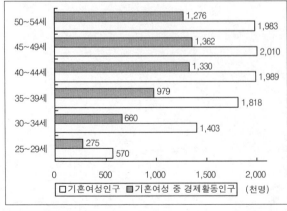

※ 경제활동인구＝취업자＋실업자

② 연령대별 기혼여성 중 비취업여성과 경력단절여성

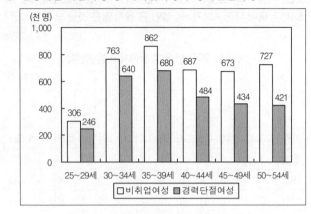

③ 25~54세 기혼 취업여성의 연령대 구성비

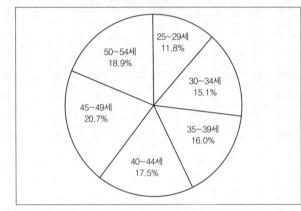

④ 30~39세 기혼 경력단절여성의 경력단절 사유 분포

(단위: 천 명)

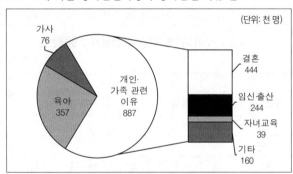

⑤ 25~54세 기혼 경력단절여성의 연령대 구성비

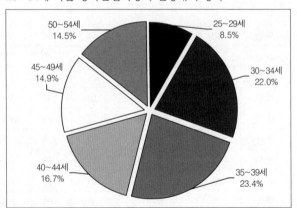

20. 다음 <표>는 2010년 지역별 등산사고 발생현황에 대한 자료이다. 이에 대한 <보기>의 설명 중 옳지 않은 것을 모두 고르면?

13 5급공채

<표 1> 2010년 월별 등산사고 발생현황

(단위: 건)

월\지역	1	2	3	4	5	6	7	8	9	10	11	12	합
서울	133	135	72	103	134	104	112	112	124	125	126	74	1,354
부산	3	0	0	4	0	2	0	3	3	0	6	5	26
대구	6	5	3	4	3	4	5	2	5	5	6	5	53
인천	19	11	6	11	22	5	8	16	12	20	11	6	147
광주	2	4	3	4	2	2	3	3	10	9	8	7	57
대전	13	9	4	8	13	9	9	11	6	13	9	4	108
울산	9	6	5	6	10	10	17	16	17	15	23	6	140
경기	7	14	9	20	20	15	14	26	23	30	13	7	198
강원	36	19	12	16	38	38	42	27	51	43	24	12	358
충북	3	7	7	13	11	2	2	5	15	24	13	4	106
충남	1	1	2	1	2	2	0	0	0	3	0	2	14
전북	18	13	10	12	32	12	17	15	9	22	22	6	188
전남	13	12	11	14	15	8	18	16	18	31	24	3	183
경북	0	2	1	0	0	1	0	1	1	1	0	0	7
경남	11	7	2	9	11	10	11	5	32	18	20	20	166
제주	2	1	0	0	2	0	2	1	0	0	0	1	9
전체	276	246	147	225	315	224	260	269	326	359	305	162	3,114

<표 2> 2010년 발생원인별 등산사고 발생현황

(단위: 건)

발생원인\지역	조난	개인질환	실족·추락	안전수칙불이행	기타	합
서울	232	124	497	0	501	1,354
부산	4	4	10	2	6	26
대구	18	7	6	15	7	53
인천	30	6	31	0	80	147
광주	0	7	50	0	0	57
대전	13	22	36	1	36	108
울산	0	18	43	0	79	140
경기	12	13	120	21	32	198
강원	91	36	109	18	104	358
충북	22	14	40	7	23	106
충남	0	4	4	0	6	14
전북	8	5	116	10	49	188
전남	28	11	33	65	46	183
경북	2	2	2	0	1	7
경남	25	19	15	21	86	166
제주	0	0	9	0	0	9
전체	485	292	1,121	160	1,056	3,114

※ 등산사고 1건당 발생원인은 1개로 한정함.

―――<보 기>―――

ㄱ. 2010년 3월, 9월, 10월에 발생한 등산사고건수의 합은 전체 등산사고건수의 30% 이상이다.

ㄴ. 2010년 서울에서 발생한 등산사고건수는 2월에 가장 많으며, 12월에 가장 적다.

ㄷ. 2010년 등산사고 발생원인 중 조난이 해당지역 전체 등산사고건수의 25% 이상인 지역의 수는 3개이다.

ㄹ. 기타를 제외하고, 2010년 발생원인별 전체 등산사고건수는 실족·추락이 가장 많고 안전수칙불이행이 가장 적다.

ㅁ. 2010년 매월 등산사고가 발생한 지역의 수는 13개이다.

① ㄱ, ㄴ, ㄷ
② ㄱ, ㄴ, ㅁ
③ ㄱ, ㄹ, ㅁ
④ ㄴ, ㄷ, ㄹ
⑤ ㄷ, ㄹ, ㅁ

21. 다음 <표>는 2013~2017년 A~E국의 건강보험 진료비에 관한 자료이다. 이에 대한 <보기>의 설명 중 옳은 것만을 모두 고르면?   19 5급공채

〈표 1〉 A국의 건강보험 진료비 발생 현황

(단위: 억 원)

구분	연도	2013	2014	2015	2016	2017
의료기관	소계	341,410	360,439	390,807	419,353	448,749
	입원	158,365	160,791	178,911	190,426	207,214
	외래	183,045	199,648	211,896	228,927	241,534
약국	소계	120,969	117,953	118,745	124,897	130,844
	처방	120,892	117,881	118,678	124,831	130,775
	직접조제	77	72	66	66	69
계		462,379	478,392	509,552	544,250	579,593

〈표 2〉 A국의 건강보험 진료비 부담 현황

(단위: 억 원)

구분	연도	2013	2014	2015	2016	2017
공단부담		345,652	357,146	381,244	407,900	433,448
본인부담		116,727	121,246	128,308	136,350	146,145
계		462,379	478,392	509,552	544,250	579,593

〈표 3〉 국가별 건강보험 진료비의 전년대비 증가율

(단위: %)

국가	연도	2013	2014	2015	2016	2017
B		16.3	3.6	5.2	4.5	5.2
C		10.2	8.6	7.8	12.1	7.3
D		4.5	3.5	1.8	0.3	2.2
E		5.4	-0.6	7.6	6.3	5.5

─────〈보 기〉─────

ㄱ. 2016년 건강보험 진료비의 전년대비 증가율은 A국이 C국보다 크다.

ㄴ. 2014~2017년 동안 A국의 건강보험 진료비 중 약국의 직접조제 진료비가 차지하는 비중은 전년대비 매년 감소한다.

ㄷ. 2013~2017년 동안 A국 의료기관의 입원 진료비 중 공단부담 금액은 매년 3조 8천억 원 이상이다.

ㄹ. B국의 2012년 대비 2014년 건강보험 진료비의 비율은 1.2 이상이다.

① ㄱ, ㄴ
② ㄴ, ㄷ
③ ㄷ, ㄹ
④ ㄱ, ㄴ, ㄹ
⑤ ㄴ, ㄷ, ㄹ

22. 다음 <그림>은 A 기업 4개팀 체육대회의 종목별 대진표 및 중간경기결과이며, <표>는 종목별 승점 배점표이다. 이에 근거하여 남은 경기결과에 따른 최종 대회성적에 대한 설명으로 옳지 않은 것은?   19 민경채

〈그림〉 A 기업 체육대회의 종목별 대진표 및 중간경기결과

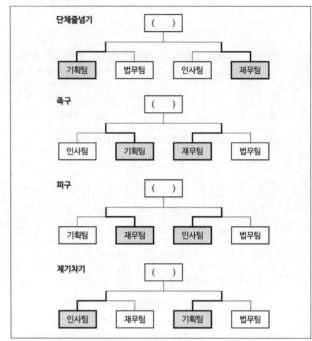

※ 굵은 선과 음영(▬)으로 표시된 팀은 이긴 팀을 의미하며, 결승전만을 남긴 상황임.

〈표〉 종목별 승점 배점표

순위	종목	단체줄넘기	족구	피구	제기차기
1위		120	90	90	60
2위		80	60	60	40
3·4위		40	30	30	20

※ 1) 최종 대회성적은 종목별 승점합계가 가장 높은 팀이 종합 우승, 두 번째로 높은 팀이 종합 준우승임.
2) 승점합계가 동일한 팀이 나올 경우, 단체줄넘기 종목의 순위가 높은 팀이 최종 순위가 높음.
3) 모든 경기에 무승부는 없음.

① 남은 경기결과와 상관없이 법무팀은 종합 우승을 할 수 없다.

② 재무팀이 남은 경기 중 2종목에서 이기더라도 기획팀이 종합 우승을 할 수 있다.

③ 기획팀이 남은 경기에서 모두 지면, 재무팀이 종합 우승을 한다.

④ 재무팀이 남은 경기에서 모두 지더라도 재무팀은 종합 준우승을 한다.

⑤ 인사팀이 남은 경기에서 모두 이기더라도 인사팀은 종합 우승을 할 수 없다.

23. 다음 <표>는 이러닝 분야의 컨텐츠 개발자와 영상 제작자의 연령 및 경력별 인력 공급 현황에 관한 자료이다. 이에 대한 <보기>의 설명 중 옳지 않은 것만을 모두 고르면? (단, 충족률 및 평균 충족률은 소수점 아래 둘째 자리에서 반올림한다) 21 입법고시

<표 1> 이러닝 분야의 연령별 인력 공급 현황

(단위: 명, %)

구분		2018		2019		2020	
		컨텐츠 개발자	영상 제작자	컨텐츠 개발자	영상 제작자	컨텐츠 개발자	영상 제작자
기 종 사 자 수	20대	573	631	1,129	307	1,146	312
	30대	2,027	801	( )	754	3,126	765
	40대	593	212	1,703	100	1,238	150
	50대 이상	212	34	344	68	340	21
	합계	3,405	1,678	5,756	1,229	5,850	1,248
필요 인력수		360	110	265	76	237	183
충족률		90.4	93.8	95.6	( )	96.1	87.2

※ 필요 인력수는 기 종사자를 제외한 추가 필요 인력의 수를 의미함

※ 충족률(%) = $\dfrac{\text{기 종사자수}}{\text{기 종사자수 + 필요 인력수}} \times 100$

<표 2> 이러닝 분야의 경력별 인력 공급 현황

(단위: 명, %)

구분		2018		2019		2020	
		컨텐츠 개발자	영상 제작자	컨텐츠 개발자	영상 제작자	컨텐츠 개발자	영상 제작자
초 급	기 종사자수	771	500	1,293	387	1,312	( )
	필요 인력수	112	30	93	10	74	100
	평균 충족률		90.0		94.2		( )
중 급	기 종사자수	1,142	608	2,442	564	( )	573
	필요 인력수	183	77	156	63	150	80
	평균 충족률		87.1		93.2		( )
고 급	기 종사자수	1,492	570	2,021	278	2,059	282
	필요 인력수	( )	3	16	3	13	3
	평균 충족률		( )		99.2		99.3

※ 경력은 초급, 중급, 고급으로 구분됨

※ 평균 충족률(%) = $\dfrac{\text{컨텐츠 개발자와 영상 제작자의 기 종사자수 합}}{\text{컨텐츠 개발자와 영상 제작자의 기 종사자수와 필요 인력수의 합}} \times 100$

―――〈보 기〉―――

ㄱ. 2019년 컨텐츠 개발 기 종사자의 경우 30대는 20대보다 1,450명 이상 많다.

ㄴ. 2018~2020년 동안 컨텐츠 개발자의 충족률은 매년 증가하고 있으나 영상 제작자의 충족률은 매년 감소하고 있다.

ㄷ. 2018년 고급 경력자의 평균 충족률은 97% 이하이다.

ㄹ. 중급 경력자의 평균 충족률은 매년 증가하고 있다.

ㅁ. 2020년 기준 초급, 중급, 고급 경력자 중 초급 경력자의 평균 충족률이 가장 낮다.

① ㄱ, ㄷ
② ㄱ, ㄹ
③ ㄴ, ㄹ
④ ㄴ, ㅁ
⑤ ㄷ, ㅁ

※ 다음 <그림>과 <표>는 2010~2014년 '갑'국 초·중·고등학교 학생의 사교육에 관한 자료이다. 다음 물음에 답하시오. [24~25]

16 5급공채

<그림> 2010~2014년 연간 사교육비 및 전체 학생수

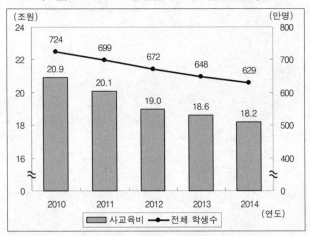

<표 1> 2010~2014년 학교급별 연간 사교육비

(단위: 억 원)

연도 학교급	2010	2011	2012	2013	2014
초등학교	97,080	90,461	77,554	77,375	75,949
중학교	60,396	60,006	61,162	57,831	55,678
고등학교	51,242	50,799	51,679	50,754	50,671
전체	208,718	201,266	190,395	185,960	182,298

<표 2> 2010~2014년 학교급별 학생 1인당 월평균 사교육비

(단위: 만 원/인)

연도 학교급	2010	2011	2012	2013	2014
초등학교	24.5	24.1	21.9	23.2	23.2
중학교	25.5	26.2	27.6	26.7	27.0
고등학교	21.8	21.8	22.4	22.3	23.0

※ 학생 1인당 월평균 사교육비(만 원/인)= $\frac{(학교급별)연간 사교육비}{(학교급별)전체 학생수}$ ÷12(개월)

<표 3> 2010~2014년 학교급별 사교육 참여율

(단위: %)

연도 학교급	2010	2011	2012	2013	2014
초등학교	86.8	84.6	80.9	81.8	81.1
중학교	72.2	71.0	70.6	69.5	69.1
고등학교	52.8	51.6	50.7	49.2	49.5

※ 사교육 참여율(%)= $\frac{(학교급별)사교육 참여 학생수}{(학교급별)전체 학생수}$ ×100

24. 위 <그림>과 <표>에 대한 <보기>의 설명 중 옳은 것만을 모두 고르면?

─〈보 기〉─

ㄱ. 2011~2014년 동안 학생 1인당 연간 사교육비는 전년대비 매년 증가한다.

ㄴ. 2011~2014년 동안 초등학교 연간 사교육비의 전년대비 증감률은 고등학교 연간 사교육비의 전년대비 증감률보다 매년 크다.

ㄷ. 2011~2014년 동안 초등학교 학생 1인당 월평균 사교육비의 전년대비 증감률이 가장 큰 해에는 중학교 학생 1인당 월평균 사교육비의 전년대비 증감률도 가장 크다.

ㄹ. 2011~2014년 동안 사교육 참여율이 전년대비 매년 감소한 학교급은 중학교뿐이다.

① ㄱ, ㄴ
② ㄱ, ㄷ
③ ㄴ, ㄷ
④ ㄴ, ㄹ
⑤ ㄷ, ㄹ

25. 위 자료와 아래의 <표 4>를 이용하여, A~C 과목별로 2014년 사교육 참여 학생 1인당 월평균 사교육비가 가장 큰 학교급을 바르게 나열한 것은?

<표 4> 2014년 학교급별, 과목별 사교육비 비중

(단위: %)

연도 학교급	2010	2011	2012	2013	2014
초등학교	25	30	40	5	100
중학교	15	40	40	5	100
고등학교	15	40	35	10	100

	A과목	B과목	C과목
①	초등학교	초등학교	중학교
②	중학교	초등학교	고등학교
③	초등학교	고등학교	고등학교
④	중학교	고등학교	초등학교
⑤	고등학교	중학교	초등학교

약점 보완 해설집 p.34

PART **2**

적중 예상 모의고사

제1회 적중 예상 모의고사

· 풀이 시간: _____분/60분
· 맞힌 문항 수: _____문항/25문항

01. 다음 <표>는 '갑'국의 항해사 및 기관사 면허별 징계 처분 현황에 관한 자료이다. 이에 대한 <보기>의 설명 중 옳지 않은 것만을 모두 고르면?

<표> '갑'국의 항해사 및 기관사 면허별 징계 처분 현황

(단위: 명)

연도	2020			2021		
처분 종류 / 면허종류	업무정지	견책	집행유예	업무정지	견책	집행유예
항해사	103	42	( )	74	30	( )
1급	6	4	0	7	3	0
2급	7	6	0	6	4	0
3급	16	6	0	8	1	0
4급	11	11	1	8	7	1
5급	( )	4	7	( )	5	14
6급	49	( )	27	29	10	16
기관사	10	14	3	16	7	5
1급	0	1	0	4	1	0
2급	0	1	0	0	0	0
3급	3	3	0	4	1	0
4급	1	3	0	2	1	0
5급	3	2	1	4	1	4
6급	3	4	2	2	( )	1

※ 1) 각 면허종류의 등급은 1~6급으로만 구분됨.
　2) 징계 처분은 면허취소, 업무정지, 견책, 집행유예 네 종류로 구분됨.
　3) 2020~2021년 당해 연도에 면허취소를 받은 항해사와 기관사가 없음.

<보 기>

ㄱ. 2021년에 업무정지 처분을 받은 5급 항해사의 수는 전년대비 증가하였다.

ㄴ. 2021년에 징계 처분을 받은 인원이 많은 처분종류를 순서대로 나열하면 항해사와 기관사 모두 업무정지, 견책, 집행유예 순이다.

ㄷ. 2021년에 징계 처분을 받은 전체 항해사 수의 전년대비 감소율은 30% 이상이다.

ㄹ. 2020년에 징계 처분을 받은 항해사 중 견책 처분을 받은 6급 항해사의 비중의 2배는 2020년 징계 처분을 받은 기관사 중 견책 처분을 받은 6급 기관사의 비중보다 크다.

① ㄱ, ㄷ
② ㄴ, ㄷ
③ ㄴ, ㄹ
④ ㄱ, ㄴ, ㄹ
⑤ ㄴ, ㄷ, ㄹ

02. 다음 <그림>은 2011~2017년 로봇 산업 설비 투자액 현황을 나타낸 자료이다. 이에 대한 설명으로 옳지 않은 것은?

〈그림〉 로봇 산업 설비 투자액 현황

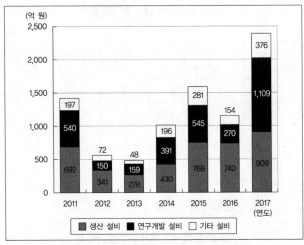

※ 로봇 산업 설비는 생산 설비, 연구개발 설비, 기타 설비로만 구분됨.

① 2012~2017년 동안 생산 설비 투자액의 전년대비 증감률이 가장 큰 해는 2015년이다.

② 2017년 로봇 산업 설비 투자액은 전년대비 2배 이상 증가하였다.

③ 생산 설비 투자액이 두 번째로 큰 해에 연구개발 설비 투자액도 두 번째로 크다.

④ 2012~2017년 동안 로봇 산업 설비 투자액에서 연구개발 설비 투자액이 차지하는 비율은 매년 30% 이상이다.

⑤ 2012~2017년 동안 연구개발 설비 투자액 대비 생산 설비 투자액의 비율이 가장 큰 해는 2016년이다.

03. 다음 <표>는 기업 '갑', '을', '병', '정', '무', '기'의 노동비용과 법정 외 복지비용 세부내역에 관한 자료이다. <표>와 <정보>에 근거하여 B와 E에 해당하는 기업을 바르게 나열한 것은?

〈표 1〉 기업 '갑'~'기'의 노동비용

(단위: 천 원)

구분 기업	직접 노동 비용	간접노동비용				전체 노동 비용
		퇴직급여 등의 비용	법정노동 비용	법정 외 복지비용	채용 및 교육비용	
A	3,437	263	279	121	6	4,106
B	3,664	441	340	169	23	4,637
C	4,068	449	359	212	29	5,117
D	5,405	660	479	380	63	6,987
기	3,497	330	291	134	7	4,259
E	3,628	370	318	159	15	4,490

〈표 2〉 기업 '갑'~'기'의 법정 외 복지비용 세부내역

(단위: 천 원)

구분 기업	식사 비용	교통·통신 지원비용	보험료 지원금	자녀학비 보조비용	건강· 보건비용	기타 비용
A	77	12	9	3	3	17
B	56	23	6	19	12	53
C	56	21	20	28	15	72
D	77	38	17	50	37	161
기	73	18	8	6	4	25
E	67	21	10	14	8	39

────〈정 보〉────

○ 기업 '갑', '정', '무'의 간접노동비용은 전체 노동비용의 20% 이상이다.

○ 기업 '병'과 '기'의 보험료지원금의 합은 기업 '정'의 보험료지원금과 같다.

○ 기업 '을'의 식사비용이 법정 외 복지비용에서 차지하는 비중은 40% 이상이다.

○ 기업 '정'의 채용 및 교육비용은 기업 '갑'의 채용 및 교육비용의 2.5배 이상이다.

	B	E
①	갑	을
②	갑	병
③	정	무
④	무	을
⑤	무	병

04. 다음 <표>는 2019년 11월 ICT 품목별 수입액 및 수출액에 관한 자료이다. 이에 대한 <보기>의 설명 중 옳은 것만을 모두 고르면?

〈표〉 2019년 11월 ICT 품목별 수입액 및 수출액

(단위: 백만 달러)

구분	무역수지	무역수지 전월 대비 증감폭	수입액	수출액
전자부품	5,399	−662	4,584	( )
컴퓨터 및 주변기기	−111	−110	( )	996
통신 및 방송기기	( )	−97	1,541	1,234
영상 및 음향기기	5	47	( )	317
정보통신응용 기반기기	( )	−85	1,541	1,779
전체	5,224	( )	9,085	( )

※ 1) 무역수지=수출액−수입액
  2) 무역수지가 0보다 크면 흑자, 0보다 작으면 적자임.

─── 〈보 기〉 ───
ㄱ. 10월 무역수지가 적자였던 품목 중 11월 무역수지가 흑자로 전환된 품목은 2개이다.
ㄴ. 11월 컴퓨터 및 주변기기 수입액은 11월 영상 및 음향기기 수입액의 3배 이상이다.
ㄷ. 11월 ICT 전체 수출액에서 전자부품 수출액이 차지하는 비중은 75% 이상이다.
ㄹ. 11월 ICT 전체 무역수지는 전월대비 10% 이상 감소하였다.

① ㄱ, ㄴ
② ㄱ, ㄷ
③ ㄴ, ㄷ
④ ㄴ, ㄹ
⑤ ㄷ, ㄹ

05. 다음 <표>는 '갑'회사 면접자의 평가 분야별 점수 및 가중치에 관한 자료이다. 이에 대한 <보기>의 설명 중 옳은 것만을 모두 고르면?

〈표 1〉 면접자의 평가 분야별 점수

(단위: 점)

면접자 \ 분야	전문성	논리성	성실성	창의성	책임성
A	3	2	5	1	3
B	5	5	1	1	4
C	3	3	4	2	5
D	4	4	3	3	1
E	1	5	4	5	3

※ 1) 평균점수(점)=$\dfrac{\text{평가 분야별 점수의 합}}{\text{평가 분야 수}}$

〈표 2〉 면접자의 평가 분야별 가중치

분야	전문성	논리성	성실성	창의성	책임성
가중치	5	7	7	6	4

※ 1) 종합점수(점)=(평가 분야별 점수×평가 분야별 가중치)의 합
  2) 평가 분야별 점수기여도(%)=$\dfrac{\text{평가 분야별 점수×평가 분야별 가중치}}{\text{종합점수}}×100$

─── 〈보 기〉 ───
ㄱ. '전문성' 분야의 점수기여도가 가장 높은 면접자의 종합점수는 90점 이상이다.
ㄴ. 점수가 높은 순서대로 나열했을 때, 다섯 가지 평가 분야의 평균점수 순위와 종합점수 순위가 동일한 면접자는 3명이다.
ㄷ. 면접자 C의 점수기여도가 가장 높은 평가 분야의 점수가 1점 하락하더라도 면접자 C의 종합점수 순위는 변하지 않는다.
ㄹ. 면접자 A의 '논리성' 분야의 점수와 '책임성' 분야의 점수가 서로 바뀌어도 면접자 A~E의 종합점수 순위에 변동이 없다.

① ㄱ, ㄴ
② ㄱ, ㄹ
③ ㄴ, ㄷ
④ ㄴ, ㄹ
⑤ ㄷ, ㄹ

06.

다음 <표>는 2020~2024년 인공지능 시장 규모 및 성장률 전망에 관한 자료이다. 이에 대한 <보기>의 설명 중 옳은 것만을 모두 고르면?

〈표〉 인공지능 시장 규모 및 전년대비 성장률 전망

(단위: 억 달러, %)

구분 / 연도 / 분야	시장 규모 2020	2021	전년대비 성장률 전망 2021	2022	2023	2024
인공지능 전체	198.3	262.0	32.1	34.0	38.4	41.0
머신러닝	77.4	102.4	32.3	32.2	38.4	41.7
컴퓨터비전	46.6	61.9	32.8	33.3	35.4	36.3
자연어처리	49.5	65.2	31.7	37.3	40.3	43.5
상황인지컴퓨팅	24.8	32.5	31.0	34.5	40.3	42.1

─────〈보 기〉─────

ㄱ. 2022년 '컴퓨터비전'의 시장 규모 전망치는 80억 달러 이상이다.

ㄴ. 2021년 대비 2023년 '머신러닝' 시장 규모 전망치의 증가율은 100% 이상이다.

ㄷ. 2024년 시장규모 전망치는 '자연어처리'가 '상황인지컴퓨팅'의 2배 이상이다.

ㄹ. 2024년 인공지능 전체 시장 규모 전망치에서 '상황인지컴퓨팅'이 차지하는 비중은 10% 이상이다.

① ㄱ, ㄷ
② ㄴ, ㄷ
③ ㄱ, ㄹ
④ ㄱ, ㄷ, ㄹ
⑤ ㄴ, ㄷ, ㄹ

07.

다음 <표>는 '갑'국 국립공원 위반행위 유형별 단속 건수 현황에 대한 자료이다. 이에 대한 설명으로 옳은 것은?

〈표〉 '갑'국 국립공원 위반행위 유형별 단속 건수 현황

(단위: 건)

구분	유형	2016년	2017년	2018년	2019년
자연훼손	도남벌	34	21	28	24
	토사력채취	1	2	0	0
	식물채취	27	10	11	11
	동물포획	4	7	0	2
	무속행위	0	3	2	0
	특별보호구 출입	190	134	122	52
	비법정탐방로 출입	939	1,163	814	744
	계곡 내 목욕 및 세탁행위	6	13	12	2
	흡연행위	224	272	269	217
	인화물질반입	26	21	17	3
	산불통제위반	38	50	74	76
행락질서	취사행위	478	536	586	450
	야영행위	103	187	191	58
	잡상행위	32	24	41	24
	오물투기	6	11	9	8
	무단주차	296	215	408	332
	고성방가	0	0	3	2
	동물입장행위	8	9	10	9
기타		105	178	179	97
전체		2,517	2,856	2,776	2,111

① 기타를 제외하고 2016~2019년 동안 단속 건수가 꾸준히 증가한 위반행위 유형은 2개이다.

② 2017년 자연훼손 위반행위 단속 건수 중 전년대비 감소율이 가장 큰 위반행위 유형은 '식물채취'이다.

③ 2016~2019년 동안 행락질서 위반행위 단속 건수 중 '취사행위' 단속 건수가 차지하는 비중은 매년 50% 이상이다.

④ 2017년 행락질서 위반행위 중 전년대비 단속 건수의 변동폭이 가장 큰 위반행위 유형은 '무단주차'이다.

⑤ 전체 단속 건수에서 '비법정탐방로 출입' 단속 건수가 차지하는 비중은 2019년이 가장 크다.

08. 다음 <표>는 2017~2021년 학력별 옥외 광고 종사자 현황에 대한 자료이다. 이를 이용하여 작성한 그래프로 옳지 않은 것은?

<표> 2017~2021년 학력별 옥외 광고 종사자 현황

(단위: 명)

학력 \ 성별	연도	2017	2018	2019	2020	2021
고졸 이하	남자	452	408	170	242	305
	여자	163	81	40	508	54
전문대졸	남자	722	483	441	442	798
	여자	297	208	371	369	531
대졸	남자	2,419	4,335	1,933	2,517	1,299
	여자	1,208	2,067	817	2,483	457
대학원졸	남자	33	103	13	274	15
	여자	13	5	1	159	1
전체	남자	3,626	5,329	2,557	3,475	2,417
	여자	1,681	2,361	1,229	3,519	1,043

※ 옥외 광고 종사자의 학력은 고졸 이하, 전문대졸, 대졸, 대학원졸으로만 구분됨.

① 2020년 남자 종사자 수의 학력별 구성비

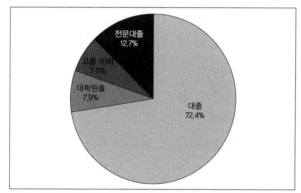

② 2020~2021년 성별 전문대졸 이하 종사자 수

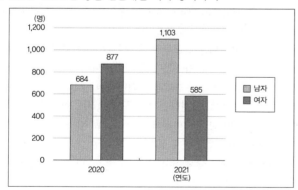

③ 2018~2021년 대졸 종사자 수의 전년대비 증감폭

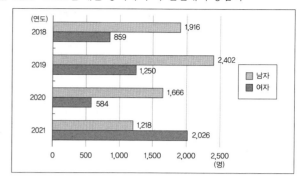

④ 2018~2021년 고졸 이하 남자 종사자 수의 전년대비 증가율

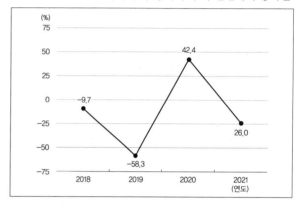

⑤ 2021년 학력별 종사자 중 여자의 비중

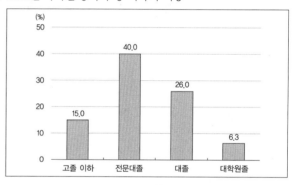

09. 다음 <표>는 '갑'국의 연도별 양식어류량에 관한 자료이다. <표>와 <조건>에 근거하여 A, C, E에 해당하는 어류를 바르게 나열한 것은?

〈표〉 '갑'국의 연도별 양식어류량

(단위: 천 마리)

연도 양식어류	2013	2014	2015	2016	2017	2018
A	97,052	109,995	160,241	206,163	224,860	221,480
B	109,149	92,553	98,382	106,755	65,349	65,020
C	23,554	20,364	12,022	33,876	32,654	42,470
D	12,593	12,893	8,992	18,235	12,435	11,420
E	28,719	25,998	24,074	34,539	45,134	55,480
농어	10,235	4,759	5,212	7,208	4,524	3,730

※ 양식어류는 숭어, 농어, 감성돔, 참돔, 조피볼락, 넙치류로 구성됨.

― 〈조 건〉 ―

○ 2017년 참돔과 감성돔의 양식어류량 합은 숭어의 양식어류량보다 적다.

○ 2014년 대비 2016년 양식어류량의 변화율이 가장 큰 어류는 조피볼락이다.

○ 넙치류, 감성돔, 농어는 2016~2018년 동안 양식어류량의 전년대비 증감 방향이 서로 동일하다.

○ 양식어류량이 많은 순으로 양식어류를 나열하면, 숭어, 농어, 감성돔, 참돔의 순위는 2013~2018년 동안 동일하다.

	A	C	E
①	조피볼락	감성돔	숭어
②	조피볼락	참돔	숭어
③	조피볼락	숭어	참돔
④	넙치류	감성돔	참돔
⑤	넙치류	참돔	숭어

10. 다음 <표>와 <그림>은 A국의 농가 업종별 농가소득 및 가계지출 현황을 나타낸 것이다. 이에 대한 <보기>의 설명 중 옳은 것만을 모두 고르면?

〈표〉 A국의 농가 업종별 농가소득 현황

(단위: 천 원)

구분		업종	논벼	과수	채소	특용작물	화훼	일반밭작물	축산
경상소득	농가순소득		30,766	36,185	28,081	23,841	32,424	26,401	76,304
		농업소득	13,554	21,072	13,984	8,012	14,206	12,135	59,697
		농외소득	5,374	3,435	4,008	4,965	5,437	3,705	5,795
	이전소득		11,838	11,678	10,089	10,864	12,781	10,561	10,812
비경상소득			2,022	1,831	2,692	2,621	1,219	2,543	1,940
농가소득			32,788	38,016	30,773	26,462	33,643	28,944	78,244

〈그림〉 A국의 농가 업종별 가계지출 현황

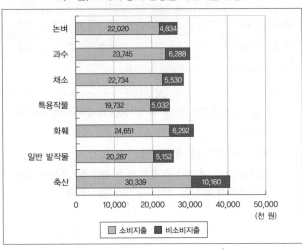

업종	소비지출	비소비지출
논벼	22,020	4,834
과수	23,745	6,288
채소	22,734	5,530
특용작물	19,732	5,032
화훼	24,651	6,292
일반 밭작물	20,287	5,152
축산	30,339	10,160

(단위: 천 원)

※ 1) 농가소득=경상소득+비경상소득
　 2) 가계지출=소비지출+비소비지출
　 3) 농가처분가능소득=농가소득-비소비지출

― 〈보 기〉 ―

ㄱ. 농가소득이 많은 순서대로 나열한 순위와 가계지출이 많은 순서대로 나열한 순위가 동일한 업종은 3개이다.

ㄴ. 가계지출 중 소비지출의 비중이 가장 낮은 업종은 축산이다.

ㄷ. 농가처분가능소득이 2,500만 원 미만인 업종은 3개이다.

ㄹ. 경상소득에서 농가순소득이 차지하는 비중이 가장 낮은 업종은 화훼이다.

① ㄱ, ㄴ
② ㄱ, ㄷ
③ ㄴ, ㄷ
④ ㄷ, ㄹ
⑤ ㄱ, ㄴ, ㄹ

11. 다음 <표>는 2016~2017년 간편결제 서비스를 이용하는 조사 대상자 2,000명의 본인인증 수단 사용률에 대한 설문조사 자료이다. 이에 대한 <보기>의 설명 중 옳은 것만을 모두 고르면?

〈표 1〉 2016~2017년 간편결제 서비스를 이용하는 전체 조사 대상자의 본인인증 수단 사용률

(단위: %)

구분	비밀번호	패턴암호	바이오 정보
2016년	81.8	35.7	15.3
2017년	75.2	28.8	21.2

※ 1) 각 조사 대상자는 적어도 1개 이상의 본인인증 수단을 사용함.
　 2) 본인인증 수단을 여러 가지 사용하는 경우 조사 대상자는 복수 응답을 함.

〈표 2〉 2017년 간편결제 서비스를 이용하는 조사 대상자의 성별 본인인증 수단 사용률

(단위: %, %p)

구분	비밀번호	전년대비 증감	패턴암호	전년대비 증감	바이오 정보	전년대비 증감
남성	74	(가)	30	-6	(나)	+8
여성	78	-1	26	(다)	17	+1

※ 성비는 2016년과 2017년이 동일함.

〈보 기〉

ㄱ. 남성 조사 대상자 수는 여성 조사 대상자 수의 2배 이상이다.

ㄴ. (가)와 (다)의 값은 동일하다.

ㄷ. 2017년 조사 대상자 중 본인인증 수단으로 비밀번호만을 사용하는 남성은 적어도 280명 이상이다.

① ㄱ
② ㄴ
③ ㄱ, ㄷ
④ ㄴ, ㄷ
⑤ ㄱ, ㄴ, ㄷ

---

12. 다음 <표>는 2017~2018년 생산량 상위 6개 품목의 생산량과 국내 판매액 및 수출액에 대한 자료이다. 이에 대한 <보기>의 설명으로 옳지 않은 것을 모두 고르면?

〈표〉 생산량 상위 6개 품목의 생산량과 국내 판매액 및 수출액

(단위: 톤, 백만 원, 천 달러)

구분 순위	2017년				2018년			
	품목	생산량	국내 판매액	수출액	품목	생산량	국내 판매액	수출액
1	밀가루	1,731,377	922,482	9,666	탄산 음료	1,829,357	1,878,311	23,068
2	맥주	1,676,482	2,232,287	133,017	맥주	1,756,423	1,825,956	164,192
3	탄산 음료	1,519,215	1,789,788	21,311	밀가루	1,729,727	1,046,073	14,422
4	소주	1,390,579	1,758,149	97,130	설탕	1,392,176	820,782	116,794
5	설탕	1,325,616	772,500	191,324	소주	1,364,343	1,720,884	123,612
6	혼합 음료	876,233	826,401	194,701	혼합 음료	1,067,094	943,291	215,687

〈보 기〉

ㄱ. 2018년 생산량 상위 6개 품목 중 수출액의 전년대비 증감률이 가장 큰 품목은 설탕이다.

ㄴ. 생산량 상위 5개 품목의 국내 판매액 합은 2017년이 2018년보다 크다.

ㄷ. 2018년 생산량 상위 6개 품목 중 순위가 전년대비 하락한 품목은 국내 판매액과 수출액이 각각 전년대비 증가하였다.

ㄹ. 생산량 상위 6개 품목을 수출액이 많은 순서대로 나열하면 하위 3개 품목은 2017년과 2018년이 동일하다.

① ㄱ, ㄷ
② ㄱ, ㄹ
③ ㄴ, ㄷ
④ ㄴ, ㄹ
⑤ ㄱ, ㄷ, ㄹ

13. 다음 <표>와 <그림>은 2018~2019년 A~F 지역의 전체인구와 고령인구비율에 대한 자료이다. 이에 대한 <보기>의 설명 중 옳지 않은 것만을 모두 고르면?

〈표〉 2018~2019년 A~F 지역의 전체인구

(단위: 명)

지역＼연도	2018	2019
A	3,441,453	3,413,841
B	2,461,769	2,438,031
C	2,954,642	2,957,026
D	1,459,336	1,456,468
E	1,489,936	1,474,870
F	1,155,623	1,148,019

〈그림〉 2018~2019년 A~F 지역의 고령인구비율

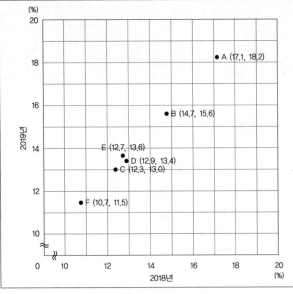

※ 고령인구비율(%)= $\dfrac{65세 이상 인구}{전체인구}$ ×100

──〈보 기〉──

ㄱ. 2019년 65세 이상 인구는 B 지역이 C 지역보다 많다.

ㄴ. 2019년 A 지역의 65세 이상 인구는 전년대비 증가하였다.

ㄷ. 2018년 고령인구비율 상위 3개 지역과 2019년 고령인구비율 상위 3개 지역은 동일하다.

ㄹ. 2019년 A 지역과 D 지역의 고령인구비율 차이는 2018년 C 지역과 F 지역의 고령인구비율 차이의 2배 이상이다.

① ㄱ, ㄴ

② ㄱ, ㄷ

③ ㄴ, ㄷ

④ ㄴ, ㄹ

⑤ ㄷ, ㄹ

14. 다음 <표>는 ○○고등학교의 지역별 수학여행 경비와 반별 학생 수 및 예산 한도에 대한 자료이다. 이에 대한 <보기>의 설명 중 옳지 않은 것만을 모두 고르면?

〈표 1〉 지역별 수학여행 경비

구분	숙박비(만 원/1박)	교통비(만 원)	활동비(만 원/1일)
제주	3	15	3
경주	4	12	4
속초	3	10	3

〈표 2〉 반별 학생 수 및 예산 한도

구분	학생 수	예산 한도
A	28명	900만 원
B	32명	1,000만 원

※ 1) 수학여행 경비(만 원)=학생 수×(숙박비+교통비+활동비)
2) 수학여행 기간이 2박 3일인 경우, 숙박비는 2박, 활동비는 3일을 기준으로 지급하며 교통비는 수학여행 기간과 관계없이 한 번만 지급함.
3) ○○고등학교는 A반과 B반뿐임. 두 개의 반은 같은 지역으로 수학여행을 가야 하며, 둘 중 한 반이라도 예산 한도를 초과하는 경우 해당 지역으로는 수학여행을 갈 수 없음.

──〈보 기〉──

ㄱ. 수학여행 기간이 2박 3일이라면, 모든 지역으로 수학여행을 갈 수 있다.

ㄴ. 제주로 수학여행을 간다면, 1박 2일 수학여행 경비는 학생 1인당 24만 원이다.

ㄷ. 수학여행 기간이 3박 4일인 경우, 수학여행을 갈 수 있는 지역은 없다.

ㄹ. 학생 수가 30명 이상인 반은 교통비를 20% 할인해 준다면, 제주로 수학여행을 가는 경우 2박 3일 수학여행 경비는 B반이 A반보다 적다.

① ㄱ, ㄴ

② ㄱ, ㄷ

③ ㄴ, ㄷ

④ ㄴ, ㄹ

⑤ ㄱ, ㄷ, ㄹ

15. 다음 <그림>은 '갑'국의 2020년 농기계 사고 현황에 관한 자료이다. 이에 대한 설명으로 옳은 것만을 모두 고르면?

〈그림 1〉 월별 농기계 사고 건수

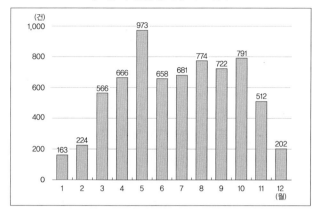

〈그림 2〉 사고 발생 농기계별 사고 건수 구성비

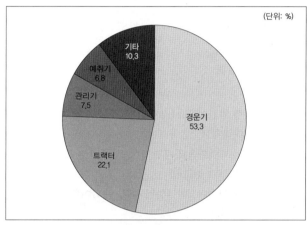

※ 농기계 사고 각 1건은 한 종류의 농기계로만 발생한 사고임.

〈그림 3〉 사고 발생 연령대별 사고 건수 구성비

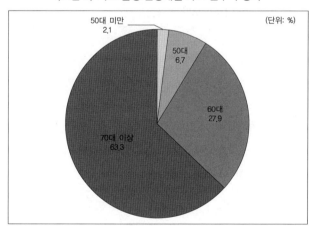

─〈보 기〉─

ㄱ. 2020년 월평균 농기계 사고 건수는 600건 이하이다.

ㄴ. 농기계 사고가 가장 많이 발생한 월의 사고 건수는 2020년 농기계 사고 건수의 20% 이상이다.

ㄷ. '관리기'로 인한 농기계 사고 건수는 '50대' 농기계 사고 건수보다 많다.

ㄹ. '70대 이상'에게 '경운기'로 인해 발생한 농기계 사고는 적어도 1,200건 이상이다.

① ㄱ, ㄷ

② ㄱ, ㄹ

③ ㄴ, ㄷ

④ ㄱ, ㄷ, ㄹ

⑤ ㄴ, ㄷ, ㄹ

16. 다음 <표>는 미연, 영훈, 은우, 소연, 수진, 혁진의 A~E과목 수행평가 원점수 및 환산점수에 관한 자료이다. 이에 대한 설명으로 옳은 것은?

〈표 1〉 A~E과목 수행평가 원점수

(단위: 점)

구분		A	B	C	D	E	합	평균
'가'조	미연	70	60	85	90	60	( )	( )
	영훈	( )	55	70	85	55	( )	( )
	은우	80	70	80	60	( )	380	76
'나'조	소연	85	50	80	55	70	( )	( )
	수진	75	100	40	75	70	360	72
	혁진	100	65	( )	45	85	350	70

〈표 2〉 A~E과목 수행평가 환산점수

(단위: 점)

구분		A	B	C	D	E	합
'가'조	미연	2	1	3	( )	1	( )
	영훈	3	0	2	3	0	8
	은우	3	2	3	1	( )	( )
'나'조	소연	3	0	3	0	2	8
	수진	2	3	0	( )	( )	( )
	혁진	3	1	( )	0	3	( )

※ 환산점수는 원점수 80점 이상인 경우 3점, 70점 이상 80점 미만인 경우 2점, 60점 이상 70점 미만인 경우 1점, 60점 미만인 경우 0점으로 환산함.

① 영훈과 소연의 A~E과목 수행평가 원점수 합은 동일할 수 있다.

② '나'조에서 A~E과목 수행평가 환산점수 합이 두 번째로 큰 학생은 수진이다.

③ 소연의 A~E과목 수행평가 원점수 평균은 혁진보다 낮지만 환산점수 합은 혁진보다 높다.

④ 영훈의 수행평가 원점수 평균이 미연과 동일하다면 영훈의 A과목 수행평가 원점수는 90점이다.

⑤ 미연을 제외한 모든 학생은 적어도 한 과목에서 수행평가 환산점수가 0점이다.

17. 다음 <표>는 기업 A~D가 최초에 지출한 광고비 내역이다. A~D가 최초에 지출한 광고비 총액을 <그림>에 제시된 비율에 따라 A~D가 최종적으로 나누어 낸다고 할 때, A가 추가로 내는 광고비 지출액과 D가 돌려받는 광고비 지출액을 바르게 나열한 것은?

〈표〉 기업 A~D의 최초 지출 광고비 내역

기업	광고	광고 단가	광고 횟수
A	가	1회당 15원	1일 10,000회, 총 50일
B	나	1일 10만 원	총 60일
C	다	1회 150만 원	총 5회
D	라	1회 300원	총 30,000회

※ 최초 지출 광고비=광고 단가×광고 횟수

〈그림〉 기업 A~D의 광고비 최종 지출 비율

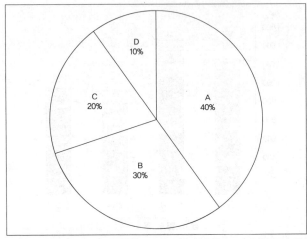

※ 최초에 지출한 광고비가 최종적으로 내야 하는 광고비보다 많은 기업의 경우, 그 차이만큼 광고비 지출액을 돌려받고, 최종적으로 내야 하는 광고비가 최초에 지출한 광고비보다 많은 기업의 경우, 그 차이만큼 추가로 광고비 지출액을 내야 함.

	A가 추가로 내는 광고비 지출액	D가 돌려받는 광고비 지출액
①	4,500,000원	3,000,000원
②	4,500,000원	6,000,000원
③	12,000,000원	3,000,000원
④	12,000,000원	6,000,000원
⑤	12,500,000원	9,000,000원

18. 다음 <표>와 <그림>은 4대 하천(한강, 낙동강, 금강, 영산강)의 수생태계 측정소 수에 대한 자료이다. 이에 대한 <보기>의 설명 중 옳지 않은 것만을 모두 고르면?

〈표〉 2016~2018년 평가등급별 수생태계 측정소 수

(단위: 개소)

연도 평가등급	2016	2017	2018
A	879	491	551
B	1,497	1,332	1,485
C	1,498	1,836	2,020
D	920	1,038	1,057
E	325	403	377

〈그림〉 2018년 하천별 수생태계 측정소 수

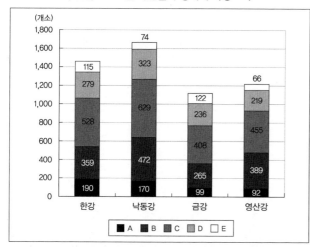

※ 평가등급 A는 매우 좋음, B는 좋음, C는 보통, D는 나쁨, E는 매우 나쁨을 의미함.

─────〈보 기〉─────

ㄱ. 2018년 하천별 전체 측정소 수에서 평가등급 A와 B로 평가한 측정소 수가 차지하는 비중은 금강이 가장 작다.

ㄴ. 2016년 대비 2018년 측정소 수의 증가율이 가장 큰 평가등급은 D이다.

ㄷ. 2016~2017년 낙동강의 평가등급을 B로 평가한 측정소 수가 2018년과 동일하다면 2016~2018년 동안 평가등급 B로 평가한 측정소 수에서 낙동강이 차지하는 비중은 매년 30% 이상이다.

ㄹ. 2016~2017년 한강의 전체 측정소 수가 2018년과 동일하다면 2016년 한강의 평가등급을 C 이상으로 평가한 측정소의 수는 적어도 300개 이상이다.

① ㄱ, ㄴ
② ㄱ, ㄹ
③ ㄴ, ㄹ
④ ㄱ, ㄴ, ㄷ
⑤ ㄴ, ㄷ, ㄹ

19. 다음 <표>는 ○○서바이벌 출연자별 평가점수 및 인기 순위, 보너스 점수 기준, 심사위원별 와일드카드 사용 현황에 대한 자료이다. <표>와 <결승전 진출 방식>에 따라 결승전 진출자를 결정할 때, 탈락한 출연자를 바르게 짝지은 것은?

〈표 1〉 출연자별 평가점수 및 인기 순위

(단위: 점)

출연자	1라운드	2라운드	방청객 투표	실시간 문자투표	인기 순위
A	450	440	480	460	7등
B	420	400	380	440	5등
C	350	400	300	350	1등
D	300	480	480	400	4등
E	400	460	460	500	2등
F	480	480	500	480	3등
G	420	460	400	380	6등

〈표 2〉 보너스 점수 기준

(단위: 점)

인기 순위	1등	2등	3등	4등 이하
보너스 점수	500	200	100	0

〈표 3〉 심사위원별 와일드카드 사용 현황

심사위원	1라운드	2라운드
갑	A	G
을	B	F
병	B	E

─────〈결승전 진출 방식〉─────

○ ○○서바이벌은 결승전에 4명이 진출한다.

○ 각 라운드에서 심사위원으로부터 와일드카드를 받은 출연자는 해당 라운드의 점수가 1.2배가 된다. 단, 한 라운드에서 2명 이상의 심사위원에게 와일드카드를 받은 경우 총점과 상관없이 결승전에 자동으로 진출한다.

○ 결승전은 총점이 높은 순서대로 진출하며 총점은 1라운드, 2라운드, 방청객 투표, 실시간 문자투표 점수와 인기 순위에 따른 보너스 점수를 합산하여 산출한다.
  예) E의 총점=400+(460×1.2)+460+500+200=2,112점

① A, D
② A, E
③ B, G
④ C, F
⑤ C, G

20. 다음은 지방자치단체 공무원 인사통계에 대한 <보고서>이다. <보고서>의 내용과 부합하지 않는 자료는?

<보고서>

○ 2018년 지방자치단체 공무원 신규임용 건수는 19,741명으로 이 중 공개경쟁채용을 통해 17,928명, 경력경쟁임용을 통해 1,813명을 선발하였다. 공개경쟁채용의 경우 경기도가 4,000명 이상으로 가장 많은 인원을 선발하였으며, 경력경쟁임용 역시 450명 이상으로 경기도가 지방자치단체 중 가장 많은 인원을 선발하였다. 한편 2018년 전국 국가유공자는 총 60명을 선발하여 공개경쟁채용 대비 약 0.3%, 경력경쟁채용 대비 약 3.3% 수준인 것으로 나타났다.

○ 지방자치단체 공무원의 승진임용은 크게 일반승진, 근속승진, 우대승진, 특별승진 4가지로 나뉘는데, 2012~2018년 동안 매년 일반승진이 가장 높은 비율을 차지하였다. 특히 2014~2018년 동안 일반승진이 전체에서 차지하는 비중은 매년 전년대비 증가하였다.

○ 파견, 휴직, 직위해제 및 복직을 통한 인사이동에 대해 살펴보면, 휴직을 통한 인사이동은 2013년 이후 매년 전년대비 증가하였고, 2013~2018년 동안 직위해제를 통한 인사이동은 2014년과 2017년을 제외하고는 꾸준히 감소하는 추세인 것으로 나타났다. 특히 직위해제 사유별로 살펴보았을 때, 2018년 직위해제를 통한 인사이동 중 사유가 '불성실'인 경우의 전년대비 감소율이 가장 컸다. 반면 복직을 통한 인사이동은 같은 기간 동안 꾸준히 증가한 것으로 조사되었다.

① 2012~2018년 전국 국가유공자 채용 현황

(단위: 명)

구분	2012년	2013년	2014년	2015년	2016년	2017년	2018년
채용 인원	22	20	29	39	61	59	60

② 2012~2018년 전국 공무원 승진임용 현황

(단위: 명)

구분 연도	일반승진	근속승진	우대승진	특별승진	계
2012	23,963	4,777	375	1,130	30,245
2013	23,018	8,484	268	1,747	33,517
2014	28,822	7,121	157	3,726	39,826
2015	29,226	4,014	93	2,508	35,841
2016	28,870	3,375	123	2,013	34,381
2017	28,870	4,325	184	2,024	35,403
2018	37,424	2,764	149	1,832	42,169

③ 2018년 직위해제 사유별 분포 현황

(단위: 명)

구분	불성실	징계요구	형사기소	계
2018년	4	49	64	117
전년대비 증감	-17	-6	-9	-32

④ 2012~2018년 인사이동(파견, 휴직, 직위해제, 복직) 현황

(단위: 명)

구분 연도	파견	휴직	직위해제	복직
2012	6,384	10,764	223	11,124
2013	5,776	11,336	165	11,902
2014	6,871	12,891	193	13,511
2015	7,817	14,322	190	15,257
2016	7,529	15,381	137	15,283
2017	7,955	15,904	149	16,578
2018	9,186	18,058	117	20,138

⑤ 2018년 지방자치단체별 공무원 신규임용 현황

(단위: %)

구분 지방자치단체	공개경쟁채용	경력경쟁임용
서울특별시	11.1	20.9
부산광역시	5.7	3.2
대구광역시	3.5	2.0
인천광역시	4.7	1.2
광주광역시	3.1	0.9
대전광역시	2.1	0.6
울산광역시	2.3	1.0
세종특별자치시	0.7	3.3
경기도	22.9	25.5
강원도	3.4	8.1
충청북도	4.7	4.7
충청남도	5.6	5.0
전라북도	4.4	5.2
전라남도	7.5	1.4
경상북도	7.4	9.4
경상남도	9.0	3.6
제주특별자치도	1.9	4.0
계	100.0	100.0

21. 다음 <표>와 <그림>은 2016~2017년 업종별 전체 투자액과 전체 투자액 중 환경 부문 투자액의 비중에 대한 자료이다. 이에 대한 설명으로 옳지 않은 것은?

〈표〉 2016~2017년 업종별 전체 투자액

(단위: 십억 원)

연도 업종	2016	2017
청정기술 관련 제조업	2,210	2,210
자원관리 관련 유통업	184	200
자원관리 관련 서비스업	10,993	11,023
자원관리 관련 건설업	485	946
자원관리 관련 제조업	2,259	1,938
오염관리 관련 서비스업	7,006	6,945
오염관리 관련 건설업	3,864	3,886
오염관리 관련 제조업	2,358	2,376

※ 1) 자원관리 산업은 자원관리 관련 유통업, 자원관리 관련 서비스업, 자원관리 관련 건설업, 자원관리 관련 제조업으로 구성됨.
2) 오염관리 산업은 오염관리 관련 서비스업, 오염관리 관련 건설업, 오염관리 관련 제조업으로 구성됨.

〈그림〉 2016~2017년 업종별 전체 투자액 중 환경 부문 투자액의 비중

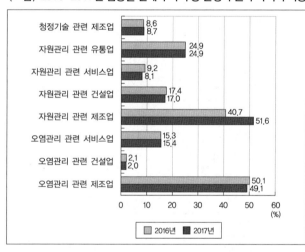

① 2017년 오염관리산업의 전체 투자액은 2017년 자원관리산업의 전체 투자액보다 적다.
② 환경 부문 투자액이 가장 적은 업종은 2016년과 2017년 모두 자원관리 관련 유통업이다.
③ 2016~2017년 청정기술 관련 제조업의 환경 부문 투자액은 각각 1,700억 원 이상이다.
④ 2017년 전체 투자액 중 환경 부문 투자액의 비중이 높은 순서대로 나열한 순위가 전년도와 다른 업종은 총 4개이다.
⑤ 2017년 전체 투자액 중 환경 부문 투자액의 비중이 가장 높은 업종은 2017년 환경 부문 투자액이 가장 많다.

22. 다음 <표>는 '갑'국 국회의원 후보자 A~E의 선거비용 지출 내역 및 득표 현황에 대한 자료이다. <규칙>에 따라 선거비용을 보전해준다고 할 때, 보전비용이 두 번째로 많은 후보자는?

〈표 1〉 국회의원 후보자 A~E의 선거비용 지출 내역

(단위: 만 원)

선거비용	후보자	A	B	C	D	E
인쇄물 제작	선거벽보	3,000	2,500	4,000	3,000	4,500
	선거공보	4,500	5,500	3,000	4,300	6,300
	후보자명함	500	700	800	300	1,000
시설물 제작	현수막 제작	5,000	5,300	5,500	4,000	5,500
	선거운동 소품 구입	600	800	900	700	900
선거사무 관계자 수당	식사비용	700	400	500	800	1,000
	수당 및 실비	2,500	3,000	2,800	3,200	5,000

※ C는 선거벽보 및 현수막 제작비용 중 20%를 제작 이후 그 내용을 정정하는데 사용함.

〈표 2〉 국회의원 후보자 A~E의 득표 현황

선거구	후보자	득표 수(천 표)
가	A	630
	B	70
	C	140
나	D	400
	E	50

※ 1) '가' 선거구는 후보자 A, B, C만 출마하였고 '나' 선거구는 후보자 D, E만 출마하였음.
2) 기권이나 무효인 표는 없음.

─────〈규 칙〉─────

○ 한 선거구에서 최다 득표한 후보자 1인이 당선된다.
○ 보전대상 선거비용은 인쇄물 제작, 시설물 제작, 선거사무관계자 수당이다. 단, 인쇄물 및 시설물 제작 이후 그 내용을 정정하거나 삭제하는데 소요되는 비용은 보전대상이 아니다.
○ 후보자가 당선된 경우 및 후보자의 득표 수가 해당 선거구 총 투표 수의 100분의 15 이상인 경우, 보전대상 선거비용 전액을 보전한다.
○ 후보자의 득표 수가 해당 선거구 총 투표의 100분의 10 이상 100분의 15 미만인 경우, 보전대상 선거비용의 100분의 50에 해당하는 금액을 보전한다. 단, 100분의 10 미만인 경우, 보전대상 선거비용을 보전하지 않는다.

① A
② B
③ C
④ D
⑤ E

23. 다음 <표>와 <그림>은 2017년과 2018년 도별 교통사고 및 음주운전 교통사고 현황에 대한 자료이다. 이에 대한 <보기>의 설명 중 옳은 것만을 모두 고르면?

<표> 2017~2018년 도별 교통사고 및 음주운전 교통사고 현황

(단위: 건)

연도	2017		2018	
구분 지역	교통사고 발생건수	음주운전 교통 사고 발생건수	교통사고 발생건수	음주운전 교통 사고 발생건수
경기도	50,627	5,020	53,448	5,090
강원도	8,316	777	7,498	679
충청북도	9,273	903	9,618	882
충청남도	9,241	1,369	8,807	1,308
전라북도	7,748	772	6,929	683
전라남도	9,770	905	9,787	908
경상북도	13,896	1,207	13,966	1,190
경상남도	11,742	926	11,493	958
제주특별 자치도	4,378	319	4,239	322

<그림> 2017~2018년 도별 음주운전 교통사고율

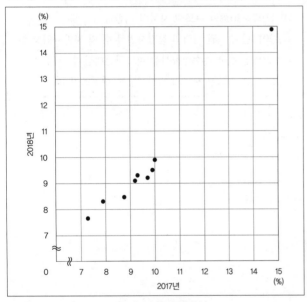

※ 음주운전 교통사고율(%)= $\dfrac{\text{음주운전 교통사고 발생건수}}{\text{교통사고 발생건수}} \times 100$

―〈보 기〉―

ㄱ. 2017년과 2018년 음주운전 교통사고율이 전라북도보다 높은 지역은 1개뿐이다.

ㄴ. 2018년 음주운전 교통사고 발생건수의 전년대비 증감폭이 가장 큰 지역은 경기도이다.

ㄷ. 음주운전 교통사고 발생건수 상위 5개 지역은 2017년과 2018년이 동일하다.

ㄹ. 2017년 음주운전 교통사고율이 네 번째로 높은 지역은 2018년 음주운전 교통사고율도 네 번째로 높다.

① ㄱ, ㄴ
② ㄱ, ㄷ
③ ㄴ, ㄷ
④ ㄴ, ㄹ
⑤ ㄱ, ㄷ, ㄹ

※ 다음 <표>는 2017~2018년 수도권(서울, 인천, 경기) 지역의 폐수배출시설 단속 및 행정조치 현황에 대한 자료이다. 다음 물음에 답하시오. [24~25]

〈표 1〉 2017년 폐수배출시설 단속 및 행정조치 현황

(단위: 개소)

구분	지도점검대상 수	점검사업장 수	위반사업장 수
서울	1,422	1,216	65
인천	2,264	2,919	214
경기	10,306	12,295	779

〈표 2〉 2018년 폐수배출시설 단속 및 행정조치 현황

(단위: 개소)

구분	지도점검대상 수	점검사업장 수	위반사업장 수
서울	1,403	1,502	113
인천	2,595	2,511	255
경기	7,405	10,055	1,363

〈표 3〉 2018년 위반사업장 행정조치 내용

(단위: 개소)

구분	행정조치 내용						
	개선명령	조업정지	사용중지	폐쇄명령	기타(경고 등)	순수고발	병과
서울	26	3	1	7	72	4	13
인천	103	11	13	11	118	0	35
경기	305	81	124	131	762	24	( )
계	434	95	138	149	952	28	271

※ 1) 위반율(%)= $\frac{위반사업장 수}{점검사업장 수}$ ×100

2) 행정조치는 중복하여 내리기도 함.

24. 위 <표>를 이용하여 다음 <보고서>를 작성하였다. 제시된 <표> 이외에 <보고서> 작성을 위하여 추가로 필요한 자료만을 <보기>에서 모두 고르면?

─────〈보고서〉─────

2018년 수도권 지역의 폐수배출시설 단속 및 행정조치 현황에 대해 살펴보면, 경기가 수도권 전체 지도점검대상의 60% 이상, 전국 지도점검대상의 약 25%를 차지하고 있다. 특히 2018년 경기의 위반율은 약 13.6%로 서울과 인천 각각의 위반율보다 매우 높은 수치를 보여주고 있다. 이는 2017년 인천의 위반율이 가장 높았던 것과 대비된다. 2017년 수도권의 위반율은 약 6.4%로 전년대비 약 1.5%p 감소하였으나 오히려 2018년에는 전년대비 약 5.9%p 증가하였다.

2018년 수도권 지역의 위반사업장에 대한 행정조치 내용을 살펴보면, 서울, 인천, 경기 모든 지역에서 '기타' 항목을 제외하고 '개선명령' 항목이 가장 많은 것으로 나타났다. 2017년 수도권의 행정조치 내용으로 '사용중지' 항목이 '폐쇄명령' 항목보다 많았으나 2018년에는 '폐쇄명령' 항목이 149개소, '사용중지' 항목이 138개소로 '폐쇄명령' 항목을 받은 사업장이 전년대비 더 큰 폭으로 증가하였다.

─────〈보 기〉─────

ㄱ. 2017~2018년 수도권 지역의 위반율

ㄴ. 2016년 수도권 지역의 점검사업장 수 및 위반사업장 수

ㄷ. 2018년 전국 폐수배출시설 지도점검대상 수

ㄹ. 2017년 수도권 지역의 위반사업장 행정조치 내용

① ㄱ, ㄴ

② ㄴ, ㄷ

③ ㄷ, ㄹ

④ ㄱ, ㄴ, ㄹ

⑤ ㄴ, ㄷ, ㄹ

25. 위 <표>에 대한 <보기>의 설명 중 옳은 것만을 모두 고르면?

─────〈보 기〉─────

ㄱ. 2017년 대비 2018년 수도권 지도점검대상 수의 감소율은 20% 이하이다.

ㄴ. 2017년 수도권 지역의 지도점검대상 수 대비 점검사업장 수 비율은 경기가 가장 크다.

ㄷ. 사업장당 최대 2개의 행정조치만 받았다면, 2018년 인천에서 2개의 행정조치를 받은 사업장 수는 40개소 이상이다.

ㄹ. 2018년 위반사업장 행정조치 내용 중 '조업정지' 항목 대비 '병과' 항목의 비율은 서울이 가장 크다.

① ㄱ, ㄴ

② ㄱ, ㄷ

③ ㄱ, ㄹ

④ ㄴ, ㄷ

⑤ ㄴ, ㄹ

약점 보완 해설집 p.42

01. 다음 <표>는 2020년 '갑'음식점의 지점별 영업 현황에 관한 자료이다. <표>와 <조건>에 근거하여 A~E에 해당하는 지점을 바르게 나열한 것은?

〈표〉 2020년 '갑'음식점의 지점별 영업 현황

구분 지점	1일 평균 방문고객 수 (명)	1일 평균 테이크아웃 수 (인분)	1일 영업시간 (시간)	한 달 영업일 수 (일)
A	686	176	11.7	27.7
B	( )	91	10.4	27.7
C	693	144	11.4	27.6
경북점	401	92	10.4	27.4
D	606	94	11.1	27.0
E	565	( )	10.9	27.2
계	3,448	712	–	–

※ '갑'음식점 전체 지점은 서울점, 경기점, 충청점, 호남점, 경북점, 경남점으로만 이루어짐.

── 〈조 건〉 ──

○ 1일 평균 방문고객 수가 600명 미만인 지점은 충청점, 경남점, 경북점이다.

○ 호남점과 경기점의 1일 영업시간의 차이는 0.3시간이다.

○ 1일 평균 테이크아웃 수가 많은 순서대로 나열하면 경기점이 두 번째이다.

○ 충청점의 한 달 영업일 수는 서울점보다 적다.

	A	B	C	D	E
①	서울점	충청점	경기점	호남점	경남점
②	호남점	충청점	서울점	경기점	경남점
③	서울점	경남점	경기점	호남점	충청점
④	호남점	경남점	경기점	서울점	충청점
⑤	경기점	서울점	호남점	경남점	충청점

02. 다음 <그림>은 2016년 12개국의 1인당 담배 소비량과 1인당 주류 소비량을 나타낸 것이다. 이에 대한 <보기>의 설명 중 옳은 것만을 모두 고르면?

〈그림〉 2016년 1인당 담배 소비량과 1인당 주류 소비량

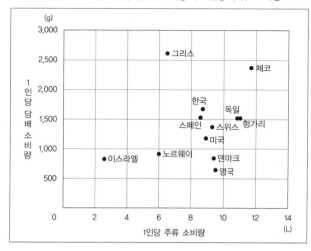

── 〈보 기〉 ──

ㄱ. 1인당 주류 소비량이 10L 이상인 국가의 수와 1인당 주류 소비량이 8L 이하인 국가의 수는 같다.

ㄴ. 1인당 담배 소비량이 세 번째로 많은 국가와 다섯 번째로 적은 국가의 1인당 주류 소비량 차이는 2L 이하이다.

ㄷ. 1인당 담배 소비량과 1인당 주류 소비량 모두 이스라엘이 가장 낮다.

ㄹ. 1인당 담배 소비량이 1,000g 이상 2,000g 이하인 국가의 1인당 담배 소비량의 합은 10,000g 이상이다.

① ㄱ, ㄴ
② ㄱ, ㄹ
③ ㄴ, ㄷ
④ ㄷ, ㄹ
⑤ ㄱ, ㄴ, ㄹ

03. 다음 〈표〉는 2012~2017년 공연시설 수입원별 수입액 현황에 대한 자료이다. 이를 이용하여 작성한 그래프로 옳지 않은 것은?

〈표〉 공연시설 수입원별 수입액 현황

(단위: 십억 원, %)

구분\연도	자체수입	공공지원금	기타수입	기부·후원금	전년도이월금	전체	전년대비증감률
2012	318.2	585.0	59.0	17.0	57.1	1,036.3	5.6
2013	361.7	643.0	52.5	37.6	24.9	1,119.7	8.0
2014	299.7	603.3	69.2	14.9	44.7	1,031.8	−7.9
2015	352.0	582.8	35.4	16.9	64.4	1,051.5	1.9
2016	315.5	605.4	28.0	44.8	43.7	1,037.4	−1.3
2017	299.1	778.6	50.9	59.8	29.3	1,217.7	17.4

① 공공지원금 수입액 대비 자체수입 수입액의 비율

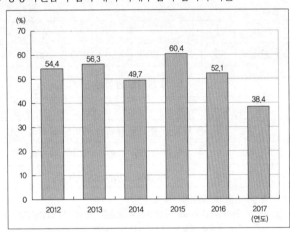

② 2013~2017년 기부·후원금의 수입액 및 전년대비 증감률

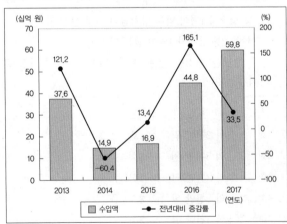

③ 2017년 공연시설 전체 수입액의 수입원별 구성비

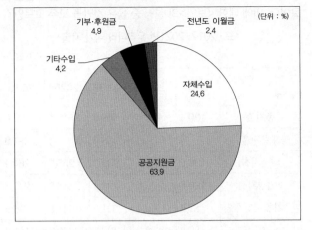

④ 2013~2017년 공연시설 전체 수입액의 전년대비 증감량

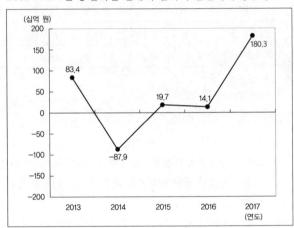

⑤ 전년도 이월금 수입액

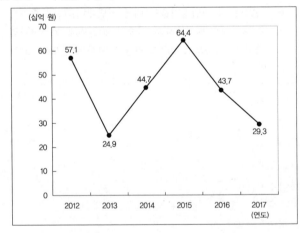

04. 다음 <표>는 2017~2021년 우리나라 국가 지출에 관한 자료이다. 이에 대한 <보기>의 설명 중 옳은 것만을 모두 고르면?

〈표〉 2017~2021년 우리나라 국가 지출

(단위: 조 원, %)

구분＼연도	2017	2018	2019	2020	2021
총지출	400.4	428.8	469.6	512.4	558.0
재량지출	( )	( )	230.3	( )	291.9
의무지출	196.9	216.9	239.3	255.7	266.1
법정지출	180.8	200.9	223.4	238.7	247.8
지방이전재원	87.6	99.4	111.5	111.6	108.9
복지	87.2	95.7	106.7	119.7	131.3
기타	6.0	5.8	5.2	7.4	7.6
이자지출	16.1	16.0	15.9	17.0	18.3
의무지출 비중	( )	( )	( )	49.9	( )

※ 1) 총지출=재량지출+의무지출
2) 의무지출=법정지출+이자지출
3) 의무지출 비중(%)=$\frac{의무지출}{총지출} \times 100$

―――――〈보 기〉―――――

ㄱ. 2017~2021년 동안 재량지출은 매년 꾸준히 증가하였다.

ㄴ. 2017~2021년 동안 의무지출 비중이 50% 이상인 해는 3개이다.

ㄷ. 2017~2021년 동안 매년 의무지출에서 법정지출이 차지하는 비중은 90% 이상이다.

ㄹ. 2021년 이후 법정지출이 매년 전년대비10%씩 증가하고 법정지출 중 '복지'의 비중이 2021년과 동일하다면 '복지'가 처음으로 150조 원을 넘어서는 연도는 2023년이다.

① ㄱ, ㄷ
② ㄱ, ㄹ
③ ㄴ, ㄷ
④ ㄱ, ㄷ, ㄹ
⑤ ㄴ, ㄷ, ㄹ

05. 다음 <표>는 OO복권의 회차별 당첨자 수 및 총 판매액, 당첨금에 대한 자료이다. 이에 근거하여 <보기>의 ㄱ~ㄷ에 해당하는 값을 바르게 나열한 것은?

〈표 1〉 OO복권의 회차별 당첨자 수

(단위: 명)

회차	1등 당첨자 수	2등 당첨자 수	3등 당첨자 수
1	15	40	1,500
2	12	30	1,000
3	11	50	1,200
4	10	40	1,000
5	14	30	1,500
6	15	40	1,000
7	10	50	1,200

〈표 2〉 OO복권의 회차별 총 판매액

(단위: 억 원)

회차	1	2	3	4	5	6	7
총 판매액	560	550	600	450	600	700	550

〈표 3〉 등위별 당첨금

등위	당첨금
1등	총 당첨금 중 3등 금액을 제외한 금액의 75%
2등	총 당첨금 중 3등 금액을 제외한 금액의 25%
3등	당첨자 1인당 5,000,000원

※ 1) 총 당첨금은 총 판매액의 50%임.
2) 1등과 2등의 당첨자가 2명 이상인 경우, 당첨자 1명이 받는 당첨금은 해당 등위의 당첨금 총액을 해당 등위의 당첨자 수로 나눈 금액임.

―――――〈보 기〉―――――

ㄱ. 1등 당첨자 1명이 받는 당첨금이 가장 큰 회차

ㄴ. 3회차 2등 당첨자 1명이 받는 당첨금

ㄷ. 총 당첨금 중 3등 당첨금이 차지하는 비율이 가장 큰 회차

	ㄱ	ㄴ	ㄷ
①	3회	1억 2천만 원	1회
②	3회	2억 5천만 원	5회
③	6회	1억 2천만 원	1회
④	6회	2억 5천만 원	3회
⑤	7회	2억 5천만 원	5회

06. 다음 <표>는 2015년 현역병 입영실적에 관한 자료이다. 이에 대한 <보기>의 설명 중 옳은 것만을 모두 고르면?

〈표〉 2015년 현역병 입영실적

(단위: 명)

구분\지역	계획	통지	연기	인도	귀가	입영	미입영
전체	114,116	155,504	35,501	119,111	7,140	111,971	892
서울	25,176	37,604	11,378	26,062	1,575	24,487	164
부산	9,928	13,327	2,872	10,370	559	( )	85
대구·경북	10,962	14,287	2,726	11,463	789	10,674	98
경인	20,928	26,047	4,477	21,472	1,124	20,348	98
광주·전남	7,443	10,104	2,198	7,812	460	7,352	94
대전·충남	8,035	10,868	2,288	8,505	594	7,911	75
강원	1,721	2,423	600	1,815	72	1,743	8
충북	3,083	3,935	645	3,254	201	3,053	36
전북	3,997	5,225	( )	4,109	235	3,874	53
경남	6,626	8,898	1,864	6,976	501	6,475	58
제주	1,091	1,616	443	1,156	52	1,104	17
인천	6,597	9,256	2,163	7,048	502	6,546	45
경기북부	7,283	10,106	2,337	7,719	426	7,293	50
강원·영동	1,246	1,808	447	1,350	50	1,300	11

※ 1) 현역병 입영실적은 각 지역에 소재한 병무청 명칭을 기준으로 구분함.
   2) 인도=귀가+입영
   3) 통지=연기+인도+미입영

〈보 기〉

ㄱ. 통지 인원이 계획 인원보다 40% 이상 많은 지역은 4개 이상이다.

ㄴ. 인도 인원 중 귀가 인원이 차지하는 비중은 경인이 경남보다 크다.

ㄷ. 미입영 인원이 계획 인원의 1% 이상인 지역 중 입영 인원이 계획 인원보다 많은 지역은 1개이다.

ㄹ. 부산의 입영 인원은 전북의 연기 인원의 9배 이상이다.

① ㄱ, ㄴ
② ㄱ, ㄷ
③ ㄴ, ㄹ
④ ㄷ, ㄹ
⑤ ㄱ, ㄷ, ㄹ

07. 다음 <표>는 '갑'~'병' 기계의 A제품 산출량과 작업시간에 관한 자료이다. 이에 대한 <보기>의 설명 중 옳은 것만을 모두 고르면?

〈표〉 '갑'~'병' 기계의 A제품 산출량과 작업시간

(단위: 개, 시간, %)

구분	갑		을		병		전체 작업능률
	산출량	작업시간	산출량	작업시간	산출량	작업시간	
1일차	55	10	45	9	60	12	100.0
2일차	52	10	50	10	66	11	( )
3일차	42	10	54	9	40	8	( )
4일차	( )	9	49	7	35	7	103.2
5일차	45	10	44	11	45	10	( )

※ 1) 시간당 산출량(개)= $\frac{산출량}{작업시간}$

   2) N일차 전체 작업능률(%)= $\frac{N일차 \text{'}갑\text{'}, \text{'}을\text{'}, \text{'}병\text{'} 기계의 시간당 산출량 총합}{1일차 \text{'}갑\text{'}, \text{'}을\text{'}, \text{'}병\text{'} 기계의 시간당 산출량 총합} \times 100$

   3) 전체 작업능률은 소수점 둘째 자리에서 반올림한 수치임.

〈보 기〉

ㄱ. 3~5일차 동안 매일 '을' 기계의 시간당 산출량은 '병' 기계의 시간당 산출량보다 많다.

ㄴ. 4일차 '갑' 기계의 산출량은 3일차 '병' 기계의 산출량보다 적다.

ㄷ. 2~5일차 동안 전체 작업능률이 전일대비 상승한 날에 '병' 기계의 시간당 산출량도 전일대비 상승한다.

ㄹ. 1일차 '병' 기계의 산출량이 20% 감소한다면, 1일차~5일차 동안 전체 작업능률이 110% 이상인 날은 총 2일이다.

① ㄱ, ㄴ
② ㄱ, ㄷ
③ ㄴ, ㄹ
④ ㄷ, ㄹ
⑤ ㄴ, ㄷ, ㄹ

08. 다음 <표>와 <산정방식>은 OO회사 갑~정 팀의 정보화 점수 산출에 관한 자료이다. 이에 대한 <보기>의 설명 중 옳은 것만을 모두 고르면?

〈표〉 OO회사 갑~정 팀의 정보화 점수 산출 기초 평가자료

팀 항목	갑	을	병	정
IT 수준	매우 높음	낮음	매우 높음	매우 낮음
정보화 마인드	매우 낮음	보통	낮음	낮음
정보화 비전	보통	매우 높음	보통	높음
정보화 투자	매우 높음	보통	매우 낮음	낮음
정보화 추진 체계	매우 높음	높음	매우 낮음	보통
정보화 교육	높음	매우 높음	매우 높음	매우 높음
정보보호 수준	낮음	보통	낮음	매우 높음
직원 수	30명	25명	30명	15명

※ OO회사는 갑~정 팀으로만 구성됨.

〈산정방식〉

○ '매우 높음' 5점, '높음' 4점, '보통' 3점, '낮음' 2점, '매우 낮음' 1점으로 산정한다.
○ 각 팀의 정보화 점수는 항목별 점수의 총합이다.
○ OO회사의 정보화 점수는 다음과 같이 계산한다.
  OO회사의 정보화 점수(점)
  $= \dfrac{\text{각 팀의 (정보화 점수×직원 수)의 합}}{\text{OO회사 전체 직원 수}}$
○ 각 팀의 정보화 등급과 OO회사의 정보화 등급은 정보화 점수를 기준으로 아래와 같이 산정한다.

등급	A	B	C
기준	정보화 점수 25점 이상	정보화 점수 20점 이상 25점 미만	정보화 점수 20점 미만

〈보 기〉

ㄱ. 갑 팀과 을 팀의 정보화 점수는 동일하다.
ㄴ. 정보화 등급이 C등급인 팀은 2개이다.
ㄷ. 을 팀이 '보통'을 받은 항목의 평가가 모두 '매우 낮음'으로 바뀐다면, 을 팀의 정보화 점수는 병 팀보다 낮다.
ㄹ. OO회사의 정보화 등급은 B등급이다.

① ㄱ, ㄴ
② ㄱ, ㄷ
③ ㄱ, ㄹ
④ ㄴ, ㄷ
⑤ ㄷ, ㄹ

09. 다음 <표>는 갑 브랜드의 A~F점포 중 1~3월 매출액 상위 5개 점포 현황을 나타낸 자료이다. 이에 대한 <보기>의 설명 중 옳은 것만을 모두 고르면?

〈표〉 갑 브랜드의 1~3월 매출액 상위 5개 점포 현황

구분	순위	점포	매출액(만 원)
1월	1	C	2,953
	2	F	2,080
	3	B	1,772
	4	A	1,608
	5	D	1,435
2월	1	C	2,515
	2	B	1,963
	3	A	1,950
	4	F	1,411
	5	E	1,205
3월	1	B	2,432
	2	C	2,395
	3	A	1,860
	4	E	1,550
	5	D	1,372

〈보 기〉

ㄱ. 1월 대비 3월 매출액의 변화율은 C점포가 A점포보다 크다.
ㄴ. 1월 대비 3월 E점포 매출액의 증가율이 20%라면, 1~3월 매출액의 합은 E점포가 D점포보다 많다.
ㄷ. 1~3월 매출액의 합은 A~F점포 중 B점포가 가장 많다.
ㄹ. 3월 대비 4월 매출액이 2월 대비 3월 매출액의 차이만큼 증가한다면, F점포를 제외한 4월 점포별 매출액의 순위는 A점포가 3위이다.

① ㄱ, ㄴ
② ㄱ, ㄷ
③ ㄴ, ㄷ
④ ㄷ, ㄹ
⑤ ㄱ, ㄴ, ㄹ

10. 다음 <표>는 2013~2018년 기업체의 법정노동비용에 관한 자료이다. 이에 대한 <보고서>의 설명 중 옳은 것만을 모두 고르면?

〈표〉 2013~2018년 기업체의 법정노동비용

(단위: 천 원)

구분	연도	2013	2014	2015	2016	2017	2018
4대 보험료	건강보험료	111.3	113.8	116.2	121.2	126.5	133.3
	산재보험료	42.6	41.9	42.0	42.9	43.2	48.5
	국민연금	109.9	112.0	114.1	116.7	118.9	122.8
	고용보험료	39.9	40.7	41.6	44.2	45.9	47.5
기타	장애인 고용부담금	3.5	4.0	4.3	4.1	4.7	5.5
	재해보상비	1.3	1.0	0.8	1.6	1.0	1.4
계		308.5	313.4	319.0	330.7	340.2	359.0

〈보고서〉

기업체의 법정노동비용은 4대보험료(건강보험료, 산재보험료, 국민연금, 고용보험료) 및 장애인고용부담금, 재해보상비로 구성된다. 2013~2018년 동안 법정노동비용은 매년 꾸준히 증가하여 2013년 대비 2018년 약 16.4% 증가하였다. ㉠2013년 대비 2018년 법정노동비용의 세부 항목별 증가율은 장애인고용부담금이 50% 이상으로 가장 높고, 재해보상비는 10% 미만으로 가장 낮은 것으로 나타났다.

4대보험료 중 산재보험료를 제외한 법정노동비용은 2014~2018년 동안 꾸준히 증가하였다. ㉡특히 2014~2018년 4대보험료의 전년대비 증가폭은 건강보험료가 매년 가장 높았다. ㉢또한 2014~2018년 동안 건강보험료와 국민연금의 합이 매년 4대보험료의 75% 이상을 차지하여, 4대보험료에서 건강보험료와 국민연금의 합이 차지하는 비율이 매우 높은 것으로 조사되었다.

장애인고용부담금은 2016년을 제외하고 2014~2018년 동안 꾸준히 증가하였으나 재해보상비는 등락을 반복하였다. ㉣다만 장애인고용부담금과 재해보상비의 합은 2014~2018년 동안 꾸준히 증가하였다.

① ㄱ, ㄴ
② ㄱ, ㄷ
③ ㄷ, ㄹ
④ ㄱ, ㄴ, ㄹ
⑤ ㄴ, ㄷ, ㄹ

---

11. 다음 <표>와 <그림>은 2018년 고등교육기관 졸업자의 취업 현황에 관한 자료이다. 이를 바탕으로 작성한 <보고서>의 내용 중 옳은 것만을 모두 고르면?

〈표〉 2018년 고등교육기관 졸업자 수 및 취업률

(단위: 명, %)

구분 고등교육기관	졸업자 수			취업률
	남자	여자	계	
전문대학	74,551	( )	168,796	71.1
대학	161,751	161,937	323,688	64.2
교육대학	( )	2,626	3,792	68.8
산업대학	4,917	1,725	( )	70.1
각종학교	193	332	525	55.8
기능대학	6,597	766	7,363	81.0
일반대학원	24,547	20,455	( )	78.9
전체	273,722	282,086	555,808	67.7

※ 취업률(%)= $\dfrac{\text{취업자 수}}{\text{취업대상자 수}}$ ×100

〈그림〉 2018년 고등교육기관 졸업자 중 취업자 현황

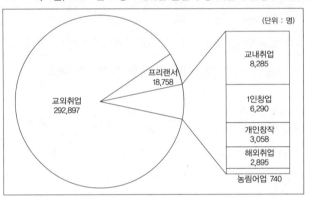

(단위: 명)

교외취업 292,897

프리랜서 18,758

교내취업 8,285

1인창업 6,290

개인창작 3,058

해외취업 2,895

농림어업 740

〈보고서〉

2018년 고등교육기관을 대상으로 조사한 결과, ㉠졸업자는 대학-전문대학-일반대학원-기능대학 순으로 많은 반면, 취업률은 기능대학-일반대학원-전문대학-산업대학 순으로 높은 것으로 나타났다. ㉡각 고등교육기관별로 전체 졸업자 수 대비 여자 졸업자 수의 비율은 교육대학이 가장 높고, 산업대학이 가장 낮았다. 고등교육기관 졸업자 중 취업대상자 491,762명을 대상으로 조사한 결과, ㉢전체 취업자 수는 약 332,900명으로 이 중 교외취업이 80% 이상의 비중을 차지하고 있으며, 프리랜서의 비중이 약 6%로 그 뒤를 이었다. ㉣반면 교내취업, 1인창업, 개인창작, 해외취업, 농림어업을 모두 합한 인원이 전체 취업자 수에서 차지하는 비중은 프리랜서보다 작게 나타났다.

① ㄱ, ㄴ
② ㄱ, ㄷ
③ ㄴ, ㄹ
④ ㄷ, ㄹ
⑤ ㄱ, ㄷ, ㄹ

12. 다음 <표>는 2015~2018년 다문화 재혼 부부 현황과 다문화 재혼 외국인 배우자 출신국적 상위 5개국 비중에 대한 자료이다. 이에 대한 설명으로 옳지 않은 것은?

〈표 1〉 다문화 재혼 부부 현황

(단위: 명)

연도＼배우자	외국인 남편	외국인 아내	합계
2015	10,943	37,035	47,978
2016	10,640	34,539	45,179
2017	10,431	33,230	43,661
2018	10,586	33,072	43,658

〈표 2〉 다문화 재혼 외국인 남편 출신국적 상위 5개국 비중

(단위: %)

연도＼순위	2015		2016		2017		2018	
1순위	중국	57.6	중국	55.8	중국	53.7	중국	51.4
2순위	베트남	9.5	베트남	13.5	베트남	16.9	베트남	19.7
3순위	일본	8.4	미국	7.5	미국	6.9	미국	6.8
4순위	미국	8.2	일본	7.2	일본	5.8	일본	4.4
5순위	파키스탄	3.4	파키스탄	3.0	파키스탄	2.8	파키스탄	2.6

〈표 3〉 다문화 재혼 외국인 아내 출신국적 상위 5개국 비중

(단위: %)

연도＼순위	2015		2016		2017		2018	
1순위	중국	54.9	중국	52.2	중국	48.8	중국	44.6
2순위	베트남	25.7	베트남	28.0	베트남	30.7	베트남	33.3
3순위	필리핀	6.1	필리핀	5.8	필리핀	5.3	필리핀	4.7
4순위	캄보디아	2.8	캄보디아	2.6	태국	3.2	태국	4.7
5순위	태국	1.8	태국	2.2	캄보디아	2.7	캄보디아	2.8

※ 상위 5개국 비중은 소수점 아래 둘째 자리에서 반올림함.

① 2015~2018년 동안 다문화 재혼 외국인 아내 수는 매년 다문화 재혼 외국인 남편 수의 3배 이상이다.

② 2016~2018년 동안 다문화 재혼 외국인 아내의 출신국적 중 상위 3개국이 차지하는 비중은 꾸준히 감소하였다.

③ 2018년 출신국적이 중국인 다문화 재혼 외국인 아내 수는 출신국적이 중국인 다문화 재혼 외국인 남편 수보다 2.5배 이상 많다.

④ 2016년 출신국적이 미국인 다문화 재혼 외국인 남편 수는 전년대비 70명 미만 감소하였다.

⑤ 출신국적이 베트남인 다문화 재혼 외국인 남편 수는 2016~2018년 동안 꾸준히 증가하였다.

13. 다음 <표>는 2018년 A국 현금영수증 발급 현황에 대한 자료이다. 이에 대한 설명으로 옳은 것은?

〈표 1〉 2018년 A국 업종별 현금영수증 발급건수 및 발급금액 비중

(단위: %)

구분	상반기		하반기	
	발급건수 비중	발급금액 비중	발급건수 비중	발급금액 비중
소매업	61.4	36.7	60.1	35.3
음식업	6.3	5.7	6.0	5.5
숙박업	0.4	2.0	0.4	2.1
병의원	2.0	5.9	1.8	5.6
학원	0.2	2.4	0.2	2.6
전문직	0.1	3.5	0.1	3.4
서비스업	1.7	8.9	1.8	9.6
기타	27.9	34.9	29.6	35.9
합계	100.0	100.0	100.0	100.0

〈표 2〉 2018년 A국 전체 현금영수증 발급건수 및 발급금액

구분	발급건수(백만 건)	발급금액(십억 원)
상반기	2,200	58,000
하반기	2,300	60,000

※ 현금영수증 평균 발급액 = $\dfrac{\text{현금영수증 발급금액}}{\text{현금영수증 발급건수}}$

① 기타를 제외하고 2018년 상반기 현금영수증 발급건수가 많은 업종일수록 현금영수증 발급금액이 많다.

② 기타를 제외하고 2018년 하반기 현금영수증 평균 발급액이 10만 원 이상인 업종은 총 4개이다.

③ 2018년 하반기 서비스업의 현금영수증 발급금액은 2018년 상반기 음식업의 현금영수증 발급금액의 2배 이상이다.

④ 2018년 상반기 소매업의 현금영수증 발급건수는 기타를 제외한 나머지 업종의 현금영수증 발급건수 합의 6배 이상이다.

⑤ 2018년 상반기 대비 하반기 현금영수증 발급건수가 감소한 업종은 총 3개이다.

14. 다음 <표>는 2014~2018년 ○○국의 6개 지역 '갑', '을', '병', '정', '무', '기'의 예산액 현황에 대한 자료이다. <표>와 <조건>에 근거하여 A와 E에 해당하는 지역을 바르게 나열한 것은?

〈표 1〉 예산유형별 예산액 비중

(단위: %)

구분	연도	2014	2015	2016	2017	2018
A	사회복지	40.3	42.0	42.5	42.6	44.5
	일반공공행정	10.8	11.3	11.2	11.0	9.7
	기타	48.9	46.7	46.3	46.4	45.8
B	사회복지	42.5	42.0	43.0	43.6	44.6
	일반공공행정	11.2	13.5	14.4	13.2	13.3
	기타	46.3	44.5	42.6	43.2	42.1
C	사회복지	38.6	38.6	39.0	38.0	42.4
	일반공공행정	13.6	18.8	14.7	15.9	12.1
	기타	47.8	42.6	46.3	46.1	45.5
D	사회복지	43.3	44.7	47.7	45.7	46.6
	일반공공행정	9.3	12.2	8.9	9.2	11.4
	기타	47.4	43.1	43.4	45.1	42.0
E	사회복지	43.7	44.0	43.5	42.6	44.7
	일반공공행정	9.0	12.0	10.2	10.8	9.5
	기타	47.3	44.0	46.3	46.6	45.8
F	사회복지	31.5	32.7	30.6	31.8	33.9
	일반공공행정	11.0	10.9	10.9	12.9	12.4
	기타	57.5	56.4	58.5	55.3	53.7

※ 1) ○○국은 '갑'~'기' 6개 지역으로만 이루어짐.
　2) 전체 예산액은 사회복지 예산액, 일반공공행정 예산액, 기타 예산액으로만 구분됨.

〈표 2〉 연도별 사회복지 예산액

(단위: 백억 원)

지역	연도	2014	2015	2016	2017	2018
A		463	530	569	600	660
B		322	367	392	414	452
C		345	389	412	442	500
D		220	248	258	269	298
E		202	224	228	241	272
F		123	139	148	160	182

─〈조 건〉─

○ 2018년 전체 예산액이 가장 많은 상위 2개 지역은 '병'과 '기'이다.

○ 2014~2018년 동안 '병' 지역과 '무' 지역의 일반공공행정 예산액 비중의 증감 방향은 같다.

○ 2016~2018년 동안 사회복지 예산액 비중이 꾸준히 증가한 지역은 '갑'과 '기'이다.

○ 2014년 대비 2018년 사회복지 예산액의 증가폭이 큰 순서로 나열했을 때 하위 2개 지역은 '정'과 '무'이다.

○ 2018년 사회복지 예산액의 전년대비 증가율이 세 번째로 작은 지역은 '을'이다.

　　A　　E
① 갑　　병
② 병　　정
③ 병　　무
④ 기　　병
⑤ 기　　무

15. 다음 <그림>은 2019년 UN(국제연합) 회원국 193개국 중 UN 분담금 상위 11개 국가의 분담금 액수와 인구 1인당 국민총소득(GNI)에 관한 자료이다. 이에 대한 <보기>의 설명 중 옳은 것만을 모두 고르면?

〈그림〉 2019년 분담금 상위 11개 회원국

※ 분담률(%)= 해당 국가의 분담금 규모 / 회원국 전체 분담금 규모 ×100

─────〈보 기〉─────

ㄱ. 미국의 분담률이 22%라면 회원국 전체 분담금 규모는 30억 달러 이상이다.

ㄴ. 국가별 인구 1인당 국민총소득 대비 분담금 규모 비율은 독일이 영국보다 크다.

ㄷ. 일본의 국민총소득이 5조 달러라면 일본의 인구는 1억 2천만 명 이상이다.

① ㄱ

② ㄷ

③ ㄱ, ㄴ

④ ㄴ, ㄷ

⑤ ㄱ, ㄴ, ㄷ

16. 다음 <표>는 과목 A~D의 O, X문제에 대한 갑 학생의 성적이다. 이에 대한 <보기>의 설명 중 옳은 것만을 모두 고르면?

〈표〉 과목 A~D의 O, X문제에 대한 갑 학생의 성적

(단위: %, 개)

과목 구분	A	B	C	D
정답률	75	80	90	50
'O' 정확도	80	70	90	80
'O'로 답을 한 문항 수	180	200	210	150

※ 1) 과목 A~D의 O, X문제 문항 수는 각각 300개이며, 갑 학생은 모든 문항에 'O' 또는 'X'로 답함.

2) 정답률(%)= 맞힌 문항 수 / 전체 문항 수 ×100

3) 'O' 정확도(%)= 'O'로 답을 한 문항 중 정답이 'O'인 문항 수 / 'O'로 답을 한 문항 수 ×100

─────〈보 기〉─────

ㄱ. 맞힌 문항 수가 가장 많은 과목이 'O' 정확도가 가장 높다.

ㄴ. 과목별로 정답이 'O'인 문항 수를 비교하면 과목 A가 과목 C보다 적다.

ㄷ. 과목 B의 정답률과 'O' 정확도가 서로 바뀐다면, 'X'로 답한 문항 중 정답이 'X'인 문항 수는 50개 미만이다.

① ㄱ

② ㄴ

③ ㄷ

④ ㄱ, ㄴ

⑤ ㄱ, ㄴ, ㄷ

17. 다음 <보고서>는 2013~2019년 전국의 고용 및 노동 현황에 관한 것이다. <보고서>의 내용을 작성하는 데 직접적인 근거로 활용되지 않은 자료는?

─〈보고서〉─

○ 고용률이란 만 15세 이상 인구 중 취업자가 차지하는 비율을 의미하며, 2013~2019년 동안 전국의 고용률은 2019년에 가장 높게 나타났다. 2019년에는 인천의 고용률이 가장 높았으며, 부산의 고용률이 가장 낮았다. 또한 서울의 2019년 고용률은 60%로 조사 지역 중 다섯 번째로 높았다.

○ 실업률은 경제활동인구에 해당하는 취업자와 실업자 중 실업자가 차지하는 비중을 의미한다. 전국의 실업률은 2013년 대비 2014년에 0.4%p 증가하였고, 2018년과 2019년에는 3.8%로 2013~2019년 중 가장 높은 것으로 나타났다. 또한 2019년 기준 인천과 서울의 실업률이 4.4%로 가장 높았고, 전북의 실업률이 가장 낮았다.

○ 2019년 월평균 임금상승률은 전국이 전년대비 4.5%로, 최근 5개년을 기준으로 가장 높은 비율을 보였다. 2019년 월평균 임금상승률이 전년대비 4% 이상인 지역은 총 3개로, 경기(4.6%), 경남(4.4%), 강원(4.0%) 순으로 나타났다.

○ 현재 근무하고 있는 직장의 임금, 근로시간, 하는 일 등 전반적인 근로여건에 어느 정도 만족하는지에 대한 조사에서 '매우 만족'이라고 응답한 비율과 '약간 만족'이라고 응답한 비율의 합은 2019년 기준 전국이 약 32.3%였다. '매우 만족'이라고 응답한 비율과 '약간 만족'이라고 응답한 비율의 합이 30% 미만인 지역은 전북(28.8%), 부산(26.9%)으로 조사되었다.

① 2019년 지역별 고용률 및 실업률

(단위: %)

지역	고용률	실업률
서울	60.0	4.4
부산	56.6	3.7
인천	62.5	4.4
경기	61.9	3.8
강원	62.3	3.6
전북	59.3	2.7
경남	61.3	3.8

② 2013~2019년 전국의 고용률 및 실업률

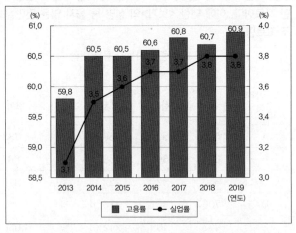

③ 2015~2019년 지역별 전년대비 월평균 임금상승률

(단위: %)

연도 지역	2015	2016	2017	2018	2019
서울	1.9	3.2	2.4	3.4	3.9
부산	2.4	2.8	3.4	6.3	3.0
인천	3.3	4.3	2.6	3.4	3.6
경기	2.5	4.1	4.4	4.3	4.6
강원	3.4	6.2	2.8	4.5	4.0
전북	3.5	2.7	5.1	5.5	3.1
경남	3.3	4.5	1.9	3.8	4.4
전국	3.1	3.6	3.1	4.3	4.5

④ 2019년 근로여건 만족도

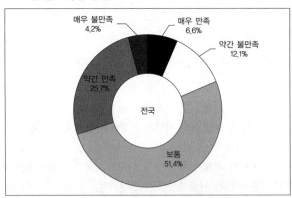

⑤ 2017년과 2019년 지역별 근로여건 만족도

(단위: %)

구분 지역	2017년		2019년	
	약간 만족	약간 불만족	약간 만족	약간 불만족
서울	25.4	14.2	26.0	12.6
부산	19.0	18.5	22.6	10.1
인천	22.3	17.5	23.9	13.4
경기	22.9	16.0	25.5	12.6
강원	24.4	12.3	32.3	7.4
전북	26.3	13.9	22.9	9.9
경남	20.5	14.9	26.7	13.7

18. 다음 <표>는 '갑'국의 A~H 지역의 자동차 등록 현황에 대한 자료이다. 이에 대한 <보기>의 설명 중 옳지 않은 것만을 모두 고르면?

〈표 1〉 차종별 자동차 등록 현황

(단위: 천 대)

차종\지역	승용차	승합차	화물차	특수차	전체
A	595	29	156	3	783
B	645	30	158	4	837
C	850	42	222	5	1,119
D	706	33	186	4	929
E	767	40	242	7	1,056
F	1,073	49	317	8	1,447
G	1,367	55	292	8	1,722
H	494	20	80	1	595
계	6,497	298	1,653	40	8,488

※ 1) '갑'국은 A~H 지역으로만 구성됨.
 2) 차종은 승용차, 승합차, 화물차, 특수차로만 구성됨.

〈표 2〉 사용목적별 승용차 등록 현황

(단위: 천 대)

사용\n목적\지역	A	B	C	D	E	F	G	H	전체
일반형	399	444	581	483	513	757	979	324	4,480
화물형	2	2	3	2	4	3	4	2	22
다목적형	161	163	215	182	199	258	312	128	1,618
기타형	33	36	51	39	51	55	72	40	377
계	595	645	850	706	767	1,073	1,367	494	6,497

〈보 기〉

ㄱ. 지역별 전체 등록 자동차 수에서 승용차 수가 차지하는 비중이 가장 높은 지역은 지역별 일반형 등록 승용차 수도 가장 많다.

ㄴ. 지역별 전체 등록 자동차 수에서 화물차가 차지하는 비중은 모든 지역에서 20% 이상이다.

ㄷ. 모든 지역에서 다목적형 등록 승용차 수는 기타형 등록 승용차 수의 4배 이상이다.

ㄹ. 전체 다목적형 등록 승용차 수에서 각 지역별 다목적형 등록 승용차 수가 차지하는 비중이 10% 이상인 지역은 6개이다.

① ㄱ, ㄴ
② ㄱ, ㄹ
③ ㄷ, ㄹ
④ ㄱ, ㄴ, ㄷ
⑤ ㄴ, ㄷ, ㄹ

19. 다음 <표>는 2018년 A~C국 1차 에너지원 전체 소비량 및 1차 에너지원별 소비 비중과 2016~2018년 A국 1차 에너지원별 소비량에 대한 자료이다. 이에 대한 <보기>의 설명 중 옳은 것만을 모두 고르면?

〈표 1〉 2018년 A~C국 1차 에너지원 전체 소비량 및 1차 에너지원별 소비 비중

(단위: 백만 TOE, %)

국가	1차 에너지원\n전체 소비량	1차 에너지원별 소비 비중					
		석탄	석유	천연가스	수력	원자력	계
A	289.5	30.5	42.2	16.7	0.2	10.4	100.0
B	421.9	27.9	41.6	23.6	4.3	2.6	100.0
C	329.3	4.4	31.9	30.2	26.6	6.9	100.0

〈표 2〉 2016~2018년 A국 1차 에너지원별 소비량

(단위: 백만 TOE)

연도\에너지원	석탄	석유	천연가스	수력	원자력	계
2016	81.5	123.0	41.0	0.6	36.7	282.8
2017	86.2	123.3	42.8	0.6	33.6	286.5
2018	88.3	122.2	48.3	0.6	30.1	289.5

※ TOE는 석유 환산 톤수를 의미함.

〈보 기〉

ㄱ. 2018년 석탄 소비량이 가장 많은 국가는 A국이다.

ㄴ. 2018년 C국의 수력 소비량은 A국의 수력 소비량과 B국의 수력 소비량 합의 5배 이상이다.

ㄷ. 2016~2018년 동안 A국에서 소비량이 꾸준히 감소한 1차 에너지원의 2018년 A국의 소비량은 B국의 소비량의 2배 이상이다.

ㄹ. 2016년 대비 2018년 A국의 소비량이 가장 큰 폭으로 증가한 1차 에너지원의 2016년 대비 2018년 증가율은 15% 이상이다.

① ㄱ, ㄴ
② ㄱ, ㄹ
③ ㄴ, ㄷ
④ ㄴ, ㄹ
⑤ ㄷ, ㄹ

20. 다음 <표>는 '갑'고등학교 1학년 전체 학생 600명을 대상으로 실시한 A~C 프로그램별 이수 전후의 모의고사 등급 변화에 관한 자료이다. 이에 대한 <보기>의 설명 중 옳은 것만을 모두 고르면? (단, 프로그램 A~C에 중복하여 참여한 인원은 없다.)

〈표 1〉 프로그램 A 이수 전·후의 모의고사 등급 변화

(단위: 명)

이수 후 \ 이수 전	1등급	2등급	3등급	4등급	5등급	6등급	7등급	8등급	9등급	계
1등급	8	–	–	–	–	–	–	–	–	8
2등급	–	9	5	–	–	–	–	–	–	14
3등급	–	3	17	9	2	8	–	–	–	39
4등급	–	–	1	25	5	8	3	2	–	44
5등급	–	2	1	–	31	9	7	5	–	55
6등급	–	–	–	–	1	9	10	4	1	25
7등급	–	–	–	–	–	–	3	1	7	11
8등급	–	–	–	–	1	–	–	2	–	3
9등급	–	–	–	–	–	–	1	–	–	1
계	8	14	24	34	40	34	24	14	8	200

〈표 2〉 프로그램 B 이수 전·후의 모의고사 등급 변화

(단위: 명)

이수 후 \ 이수 전	1등급	2등급	3등급	4등급	5등급	6등급	7등급	8등급	9등급	계
1등급	4	–	–	–	–	–	–	–	–	4
2등급	2	7	–	–	–	–	–	–	–	9
3등급	2	3	15	2	–	–	–	–	–	22
4등급	–	4	6	20	–	–	–	–	–	30
5등급	–	–	3	9	15	2	–	–	–	29
6등급	–	–	–	3	20	11	3	–	–	37
7등급	–	–	–	–	2	19	17	2	–	40
8등급	–	–	–	–	2	2	4	11	–	19
9등급	–	–	–	–	1	–	–	1	8	10
계	8	14	24	34	40	34	24	14	8	200

〈표 3〉 프로그램 C 이수 전·후의 모의고사 등급 변화

(단위: 명)

이수 후 \ 이수 전	1등급	2등급	3등급	4등급	5등급	6등급	7등급	8등급	9등급	계
1등급	7	3	1	1	–	–	–	–	–	12
2등급	1	10	5	3	–	–	–	–	–	19
3등급	–	1	10	–	–	–	–	–	–	11
4등급	–	–	3	20	3	1	–	1	–	28
5등급	–	–	5	4	24	2	1	–	–	36
6등급	–	–	–	3	10	19	5	3	–	40
7등급	–	–	–	3	1	11	3	2	1	21
8등급	–	–	–	–	1	1	13	5	–	20
9등급	–	–	–	–	1	–	2	3	7	13
계	8	14	24	34	40	34	24	14	8	200

※ 모의고사 1등급~3등급은 상급반, 4등급~5등급은 중급반, 6등급~9등급은 하급반임.

─〈보 기〉─

ㄱ. 프로그램 이수 후 프로그램별 중급반의 비중이 가장 높은 프로그램은 B이다.

ㄴ. 프로그램 이수 전·후의 모의고사 등급이 동일한 전체 학생 수는 310명 이상이다.

ㄷ. 프로그램 이수 후 6등급인 학생 중 이수 전에 비해 등급이 하락한 학생의 비중은 프로그램 이수 후 4등급인 학생 중 이수 전에 비해 등급이 상승한 학생의 비중보다 크다.

ㄹ. 프로그램 이수를 통해 하급반에서 중급반으로 상승한 학생 수가 가장 적은 프로그램은 C이다.

① ㄱ, ㄷ

② ㄱ, ㄹ

③ ㄴ, ㄷ

④ ㄴ, ㄹ

⑤ ㄴ, ㄷ, ㄹ

21. 다음 <표>는 10세 이상 국민의 성별 1일 평균 사용 시간에 관한 자료이다. 이에 대한 설명으로 옳은 것은?

<표 1> 2014년 성별 1일 평균 사용 시간

(단위: 시간:분)

활동 \ 성별	전체	남자	여자
필수활동	11:13	11:12	11:16
수면	7:59	7:59	7:59
식사 및 간식	1:56	1:59	1:54
개인유지	1:18	1:14	1:23
의무활동	7:57	7:50	8:04
일	3:16	4:08	2:26
학습	1:07	1:11	1:03
가사노동	1:55	0:42	3:05
이동	1:39	1:49	1:30
여가활동	4:50	4:58	4:40
교제 및 참여	1:13	1:03	1:23
문화 및 관광	0:04	0:04	0:04
미디어 이용	2:21	2:23	2:19
스포츠 및 레포츠	0:30	0:35	0:24
기타	0:42	0:53	0:30

<표 2> 2019년 성별 1일 평균 사용 시간

(단위: 시간:분)

활동 \ 성별	전체	남자	여자
필수활동	11:34	11:29	11:40
수면	8:12	8:10	8:14
식사 및 간식	1:55	1:56	1:54
개인유지	1:27	1:23	1:32
의무활동	7:38	7:36	7:40
일	3:12	4:04	2:24
학습	0:54	0:57	0:51
가사노동	1:56	0:51	2:57
이동	1:36	1:44	1:28
여가활동	4:48	4:55	4:40
교제 및 참여	0:59	0:48	1:11
문화 및 관광	0:04	0:03	0:04
미디어 이용	2:26	2:27	2:24
스포츠 및 레포츠	0:30	0:36	0:24
기타	0:49	1:01	0:37

※ 활동은 필수활동, 의무활동, 여가활동으로만 구분됨.

① 1일 평균 '필수활동' 사용 시간 중 10세 이상 남자와 여자의 차이가 가장 작은 활동은 2014년과 2019년 모두 '수면'이다.

② 2019년 10세 이상 국민 중 '일'을 하는 남자의 수는 2014년 대비 감소하였다.

③ 2019년 10세 이상 국민이 1일 평균 '필수활동'에 사용하는 시간은 하루 중 45% 이상이다.

④ 2019년 10세 이상 남자의 1일 평균 '여가활동' 대비 '교제 및 참여' 사용 시간 비중은 여자의 1일 평균 '의무활동' 대비 '이동' 사용 시간 비중보다 크다.

⑤ 2019년 10세 이상 국민이 1일 평균 '학습'에 사용하는 시간은 2014년 대비 20% 이상 감소하였다.

※ 다음 <표>와 <그림>은 2021년 우주과학축제의 지역별 참여인원 및 본선진출자 현황에 대한 자료이다. 다음 물음에 답하시오. [22~23]

〈표〉 지역별·종목별 참여인원 현황

(단위: 명)

종목\지역	고무동력기	글라이더	드론	물로켓	전동비행기	전체
A	55	42	61	70	60	288
B	30	38	40	50	15	173
C	21	30	55	36	28	170
D	48	49	40	31	39	207
E	50	55	69	57	42	273

※ 우주과학축제에 참여한 지역은 '갑', '을', '병', '정', '무' 5개 지역뿐임.

〈그림〉 지역별 참여인원 및 본선진출자 현황

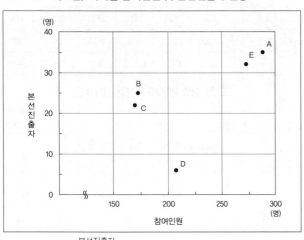

※ 본선진출율(%)= $\frac{본선진출자}{참여인원}$ ×100

22. 위 <표>와 <그림> 및 <조건>을 근거로 하여 A~E에 해당하는 지역을 바르게 나열한 것은?

〈조 건〉

○ 전동비행기 종목 전체 참여인원에서 지역별 전동비행기 종목 참여인원이 차지하는 비중이 20% 미만인 지역은 '갑'과 '정' 지역이다.

○ 전체 참여인원이 많은 지역별 순위와 본선진출자가 많은 지역별 순위가 일치하는 곳은 '병'과 '무' 지역이다.

○ '갑' 지역의 전체 참여인원에서 드론 종목 참여인원이 차지하는 비중은 5개 지역 전체 참여인원에서 드론 종목 전체 참여인원이 차지하는 비중보다 5%p 이상 크다.

○ 지역별 물로켓 종목 참여인원은 '병' 지역이 '무' 지역보다 많다.

	A	B	C	D	E
①	병	갑	정	을	무
②	병	정	갑	을	무
③	병	정	갑	무	을
④	무	정	갑	을	병
⑤	무	을	병	정	갑

23. 위 <표>와 <그림>을 바탕으로 작성한 <보고서>의 설명 중 옳은 것만을 모두 고르면?

〈보고서〉

2021년 우주과학축제에 A~E 5개 지역이 참석하여 전체 참여인원은 총 1,111명으로 집계되었으며, ㉠지역별 전체 참여인원은 A 지역에서 참여한 인원이 288명으로 5개 지역 중 가장 많은 것으로 확인되었다. 축제에서 진행된 5개의 종목 중 물로켓 종목에 가장 높은 비중으로 참여한 ㉡A 지역과 B 지역의 지역별 물로켓 종목 참여 비중은 모두 20% 이상으로 나타났다. 한편 각 종목의 지역별 참여인원을 살펴보면, 고무동력기와 물로켓, 전동비행기는 A 지역에서, 글라이더와 드론은 E 지역에서 참여인원이 가장 많았다.

지역별 본선진출자의 경우 A 지역이 가장 많았지만, ㉢지역별 본선진출율은 참여인원이 두 번째로 많은 B가 가장 높은 것으로 확인되었다. 본선진출자가 가장 적은 D의 경우 5개 지역 중 본선진출율이 가장 낮은 것으로 나타났으며, ㉣B 지역과 D 지역의 본선진출율의 격차는 10%p 이상이었다.

① ㄱ, ㄴ

② ㄴ, ㄷ

③ ㄴ, ㄹ

④ ㄱ, ㄴ, ㄹ

⑤ ㄱ, ㄷ, ㄹ

24. 다음 <표>는 국가보훈대상자의 노후대비 현황에 대한 자료이다. <표>와 <대화>에 근거한 77세 참전유공자 甲과 56세 제대군인 乙이 받는 생활비 보조금의 합(A+B)은?

〈표〉 국가보훈대상자의 노후대비 현황

(단위: 만 원)

구분		최소 생활비	적정 생활비	노후 준비 금액
전체	소계	176	245	126
연령대별	49세 이하	248	343	138
	50세~59세	244	326	186
	60세~64세	223	301	174
	65세~74세	179	250	134
	75세 이상	134	189	94
대상별	독립유공자	177	244	134
	국가유공자(본인)	240	322	183
	국가유공자(유족)	150	213	104
	5·18민주유공자	199	271	102
	참전유공자	160	223	109
	고엽제피해자	207	277	152
	특수임무유공자	203	284	101
	제대군인	260	350	212
	보훈보상대상자	217	298	122

〈대 화〉

가희: 국가보훈대상자의 노후대책 개선을 위해 생활비 보조금을 지급하고자 합니다. 다만 일률적으로 지급하지 않고 연령대별, 대상별로 조금 더 생활비 보조금이 필요한 사람에게 더 많이 지원하는 방향으로 정책을 수립하는 것이 좋겠습니다.

나연: 그렇다면 연령대별로는 최소 생활비와 노후 준비 금액의 차이가 큰 순서대로 순위를 매긴 후 다음과 같이 생활비 보조금을 지급하는 것이 어떨까요?

우선순위	1순위	2~4순위	5순위
생활비 보조금	적정 생활비의 20%	적정 생활비의 10%	최소 생활비의 10%

가희: 좋은 생각인 것 같습니다. 대상별로는 적정 생활비와 노후 준비 금액의 차이가 큰 순서대로 순위를 매긴 후 연령대별로 지급한 생활비 보조금에 다음과 같이 생활비 보조금을 추가로 지급하는 것이 좋겠습니다.

우선순위	1~3순위	4~6순위	7~9순위
생활비 보조금	30만 원	20만 원	10만 원

나연: 좋은 생각입니다. 그렇다면 77세 참전유공자 甲은 총 (A)만 원을 보조금으로 받겠군요.

가희: 그렇습니다. 56세 제대군인 乙은 총 (B)만 원을 보조금으로 받을 것입니다.

① 67.8 ② 76.0 ③ 81.5

④ 86.0 ⑤ 122.0

---

25. 다음 <표>는 '갑'국 성인의 독서 실태에 대한 자료이다. 이에 대한 <보기>의 설명 중 옳은 것만을 모두 고르면?

〈표 1〉 성별 독서장소

독서장소 / 성별	전체 (명)	비중 (%)	집	직장	도서관	이동수단	카페 및 서점	기타
남자	1,832	100.0	56.8	16.1	4.8	10.9	5.5	5.9
여자	1,908	100.0	61.2	10.3	5.4	9.3	7.6	6.2

〈표 2〉 학력별 본인의 독서량 평가수준

(단위: 명)

평가수준 / 학력	매우 충분	충분	보통	부족	매우 부족	계
중졸 이하	73	112	162	94	4	445
고졸	138	241	426	250	20	1,075
대학 재학 이상	302	582	837	464	35	2,220
계	513	935	1,425	808	59	3,740

〈표 3〉 성별 본인의 독서량 평가수준

(단위: 명)

평가수준 / 학력	매우 충분	충분	보통	부족	매우 부족	계
남자	256	469	689	381	37	1,832
여자	257	466	736	427	22	1,908
계	513	935	1,425	808	59	3,740

〈보 기〉

ㄱ. 독서장소가 집인 남자 중 본인의 독서량을 '보통'이라고 평가한 남자가 반드시 있다.

ㄴ. 독서장소가 이동수단인 남자의 수는 독서장소가 이동수단인 여자의 수보다 많다.

ㄷ. 학력별 전체 성인 수에서 본인의 독서량을 '충분' 이상이라고 평가한 성인이 차지하는 비중은 모두 30% 이상이다.

ㄹ. 본인의 독서량을 '보통' 이상이라고 평가한 여자 중 학력이 고졸 이상인 여자의 수는 1,000명 이상일 것이다.

① ㄱ, ㄴ

② ㄱ, ㄷ

③ ㄴ, ㄷ

④ ㄴ, ㄹ

⑤ ㄴ, ㄷ, ㄹ

약점 보완 해설집 p.50

부록

기출 출처 인덱스
회독용 답안지

기출 출처 인덱스

교재에 수록된 문제의 출처를 쉽게 확인할 수 있도록 출제 연도, 시험 유형, 책형, 문제 번호, 교재 수록 페이지 순으로 정리하였습니다. 기출 문제 풀이 후 해당 유형을 찾아 학습할 때 활용할 수 있습니다.

입법고시

회독용 답안지

1. 회독 차수에 따라 본 답안지에 문제 풀이를 진행해주세요.
2. 채점 시 ○, △, X로 구분하여 채점해주세요.
  ○: 정확하게 맞음, △: 찍었는데 맞음, X: 틀림

_____ 모의고사 _____ 회

	①	②	③	④	⑤
01	①	②	③	④	⑤
02	①	②	③	④	⑤
03	①	②	③	④	⑤
04	①	②	③	④	⑤
05	①	②	③	④	⑤
06	①	②	③	④	⑤
07	①	②	③	④	⑤
08	①	②	③	④	⑤
09	①	②	③	④	⑤
10	①	②	③	④	⑤
11	①	②	③	④	⑤
12	①	②	③	④	⑤
13	①	②	③	④	⑤
14	①	②	③	④	⑤
15	①	②	③	④	⑤
16	①	②	③	④	⑤
17	①	②	③	④	⑤
18	①	②	③	④	⑤
19	①	②	③	④	⑤
20	①	②	③	④	⑤
21	①	②	③	④	⑤
22	①	②	③	④	⑤
23	①	②	③	④	⑤
24	①	②	③	④	⑤
25	①	②	③	④	⑤

○: 개　△: 개　X: 개

_____ 모의고사 _____ 회

	①	②	③	④	⑤
01	①	②	③	④	⑤
02	①	②	③	④	⑤
03	①	②	③	④	⑤
04	①	②	③	④	⑤
05	①	②	③	④	⑤
06	①	②	③	④	⑤
07	①	②	③	④	⑤
08	①	②	③	④	⑤
09	①	②	③	④	⑤
10	①	②	③	④	⑤
11	①	②	③	④	⑤
12	①	②	③	④	⑤
13	①	②	③	④	⑤
14	①	②	③	④	⑤
15	①	②	③	④	⑤
16	①	②	③	④	⑤
17	①	②	③	④	⑤
18	①	②	③	④	⑤
19	①	②	③	④	⑤
20	①	②	③	④	⑤
21	①	②	③	④	⑤
22	①	②	③	④	⑤
23	①	②	③	④	⑤
24	①	②	③	④	⑤
25	①	②	③	④	⑤

○: 개　△: 개　X: 개

_____ 모의고사 _____ 회

	①	②	③	④	⑤
01	①	②	③	④	⑤
02	①	②	③	④	⑤
03	①	②	③	④	⑤
04	①	②	③	④	⑤
05	①	②	③	④	⑤
06	①	②	③	④	⑤
07	①	②	③	④	⑤
08	①	②	③	④	⑤
09	①	②	③	④	⑤
10	①	②	③	④	⑤
11	①	②	③	④	⑤
12	①	②	③	④	⑤
13	①	②	③	④	⑤
14	①	②	③	④	⑤
15	①	②	③	④	⑤
16	①	②	③	④	⑤
17	①	②	③	④	⑤
18	①	②	③	④	⑤
19	①	②	③	④	⑤
20	①	②	③	④	⑤
21	①	②	③	④	⑤
22	①	②	③	④	⑤
23	①	②	③	④	⑤
24	①	②	③	④	⑤
25	①	②	③	④	⑤

○: 개　△: 개　X: 개

_____ 모의고사 _____ 회

	①	②	③	④	⑤
01	①	②	③	④	⑤
02	①	②	③	④	⑤
03	①	②	③	④	⑤
04	①	②	③	④	⑤
05	①	②	③	④	⑤
06	①	②	③	④	⑤
07	①	②	③	④	⑤
08	①	②	③	④	⑤
09	①	②	③	④	⑤
10	①	②	③	④	⑤
11	①	②	③	④	⑤
12	①	②	③	④	⑤
13	①	②	③	④	⑤
14	①	②	③	④	⑤
15	①	②	③	④	⑤
16	①	②	③	④	⑤
17	①	②	③	④	⑤
18	①	②	③	④	⑤
19	①	②	③	④	⑤
20	①	②	③	④	⑤
21	①	②	③	④	⑤
22	①	②	③	④	⑤
23	①	②	③	④	⑤
24	①	②	③	④	⑤
25	①	②	③	④	⑤

○: 개　△: 개　X: 개

_____ 모의고사 _____ 회

	①	②	③	④	⑤
01	①	②	③	④	⑤
02	①	②	③	④	⑤
03	①	②	③	④	⑤
04	①	②	③	④	⑤
05	①	②	③	④	⑤
06	①	②	③	④	⑤
07	①	②	③	④	⑤
08	①	②	③	④	⑤
09	①	②	③	④	⑤
10	①	②	③	④	⑤
11	①	②	③	④	⑤
12	①	②	③	④	⑤
13	①	②	③	④	⑤
14	①	②	③	④	⑤
15	①	②	③	④	⑤
16	①	②	③	④	⑤
17	①	②	③	④	⑤
18	①	②	③	④	⑤
19	①	②	③	④	⑤
20	①	②	③	④	⑤
21	①	②	③	④	⑤
22	①	②	③	④	⑤
23	①	②	③	④	⑤
24	①	②	③	④	⑤
25	①	②	③	④	⑤

○: 개　△: 개　X: 개

_____ 모의고사 _____ 회

	①	②	③	④	⑤
01	①	②	③	④	⑤
02	①	②	③	④	⑤
03	①	②	③	④	⑤
04	①	②	③	④	⑤
05	①	②	③	④	⑤
06	①	②	③	④	⑤
07	①	②	③	④	⑤
08	①	②	③	④	⑤
09	①	②	③	④	⑤
10	①	②	③	④	⑤
11	①	②	③	④	⑤
12	①	②	③	④	⑤
13	①	②	③	④	⑤
14	①	②	③	④	⑤
15	①	②	③	④	⑤
16	①	②	③	④	⑤
17	①	②	③	④	⑤
18	①	②	③	④	⑤
19	①	②	③	④	⑤
20	①	②	③	④	⑤
21	①	②	③	④	⑤
22	①	②	③	④	⑤
23	①	②	③	④	⑤
24	①	②	③	④	⑤
25	①	②	③	④	⑤

○: 개　△: 개　X: 개

_____ 모의고사 ____ 회

01	①	②	③	④	⑤
02	①	②	③	④	⑤
03	①	②	③	④	⑤
04	①	②	③	④	⑤
05	①	②	③	④	⑤
06	①	②	③	④	⑤
07	①	②	③	④	⑤
08	①	②	③	④	⑤
09	①	②	③	④	⑤
10	①	②	③	④	⑤
11	①	②	③	④	⑤
12	①	②	③	④	⑤
13	①	②	③	④	⑤
14	①	②	③	④	⑤
15	①	②	③	④	⑤
16	①	②	③	④	⑤
17	①	②	③	④	⑤
18	①	②	③	④	⑤
19	①	②	③	④	⑤
20	①	②	③	④	⑤
21	①	②	③	④	⑤
22	①	②	③	④	⑤
23	①	②	③	④	⑤
24	①	②	③	④	⑤
25	①	②	③	④	⑤

○: 개 △: 개 X: 개

_____ 모의고사 ____ 회

01	①	②	③	④	⑤
02	①	②	③	④	⑤
03	①	②	③	④	⑤
04	①	②	③	④	⑤
05	①	②	③	④	⑤
06	①	②	③	④	⑤
07	①	②	③	④	⑤
08	①	②	③	④	⑤
09	①	②	③	④	⑤
10	①	②	③	④	⑤
11	①	②	③	④	⑤
12	①	②	③	④	⑤
13	①	②	③	④	⑤
14	①	②	③	④	⑤
15	①	②	③	④	⑤
16	①	②	③	④	⑤
17	①	②	③	④	⑤
18	①	②	③	④	⑤
19	①	②	③	④	⑤
20	①	②	③	④	⑤
21	①	②	③	④	⑤
22	①	②	③	④	⑤
23	①	②	③	④	⑤
24	①	②	③	④	⑤
25	①	②	③	④	⑤

○: 개 △: 개 X: 개

_____ 모의고사 ____ 회

01	①	②	③	④	⑤
02	①	②	③	④	⑤
03	①	②	③	④	⑤
04	①	②	③	④	⑤
05	①	②	③	④	⑤
06	①	②	③	④	⑤
07	①	②	③	④	⑤
08	①	②	③	④	⑤
09	①	②	③	④	⑤
10	①	②	③	④	⑤
11	①	②	③	④	⑤
12	①	②	③	④	⑤
13	①	②	③	④	⑤
14	①	②	③	④	⑤
15	①	②	③	④	⑤
16	①	②	③	④	⑤
17	①	②	③	④	⑤
18	①	②	③	④	⑤
19	①	②	③	④	⑤
20	①	②	③	④	⑤
21	①	②	③	④	⑤
22	①	②	③	④	⑤
23	①	②	③	④	⑤
24	①	②	③	④	⑤
25	①	②	③	④	⑤

○: 개 △: 개 X: 개

_____ 모의고사 ____ 회

01	①	②	③	④	⑤
02	①	②	③	④	⑤
03	①	②	③	④	⑤
04	①	②	③	④	⑤
05	①	②	③	④	⑤
06	①	②	③	④	⑤
07	①	②	③	④	⑤
08	①	②	③	④	⑤
09	①	②	③	④	⑤
10	①	②	③	④	⑤
11	①	②	③	④	⑤
12	①	②	③	④	⑤
13	①	②	③	④	⑤
14	①	②	③	④	⑤
15	①	②	③	④	⑤
16	①	②	③	④	⑤
17	①	②	③	④	⑤
18	①	②	③	④	⑤
19	①	②	③	④	⑤
20	①	②	③	④	⑤
21	①	②	③	④	⑤
22	①	②	③	④	⑤
23	①	②	③	④	⑤
24	①	②	③	④	⑤
25	①	②	③	④	⑤

○: 개 △: 개 X: 개

_____ 모의고사 ____ 회

01	①	②	③	④	⑤
02	①	②	③	④	⑤
03	①	②	③	④	⑤
04	①	②	③	④	⑤
05	①	②	③	④	⑤
06	①	②	③	④	⑤
07	①	②	③	④	⑤
08	①	②	③	④	⑤
09	①	②	③	④	⑤
10	①	②	③	④	⑤
11	①	②	③	④	⑤
12	①	②	③	④	⑤
13	①	②	③	④	⑤
14	①	②	③	④	⑤
15	①	②	③	④	⑤
16	①	②	③	④	⑤
17	①	②	③	④	⑤
18	①	②	③	④	⑤
19	①	②	③	④	⑤
20	①	②	③	④	⑤
21	①	②	③	④	⑤
22	①	②	③	④	⑤
23	①	②	③	④	⑤
24	①	②	③	④	⑤
25	①	②	③	④	⑤

○: 개 △: 개 X: 개

_____ 모의고사 ____ 회

01	①	②	③	④	⑤
02	①	②	③	④	⑤
03	①	②	③	④	⑤
04	①	②	③	④	⑤
05	①	②	③	④	⑤
06	①	②	③	④	⑤
07	①	②	③	④	⑤
08	①	②	③	④	⑤
09	①	②	③	④	⑤
10	①	②	③	④	⑤
11	①	②	③	④	⑤
12	①	②	③	④	⑤
13	①	②	③	④	⑤
14	①	②	③	④	⑤
15	①	②	③	④	⑤
16	①	②	③	④	⑤
17	①	②	③	④	⑤
18	①	②	③	④	⑤
19	①	②	③	④	⑤
20	①	②	③	④	⑤
21	①	②	③	④	⑤
22	①	②	③	④	⑤
23	①	②	③	④	⑤
24	①	②	③	④	⑤
25	①	②	③	④	⑤

○: 개 △: 개 X: 개

_____ 모의고사 _____ 회

01	①	②	③	④	⑤
02	①	②	③	④	⑤
03	①	②	③	④	⑤
04	①	②	③	④	⑤
05	①	②	③	④	⑤
06	①	②	③	④	⑤
07	①	②	③	④	⑤
08	①	②	③	④	⑤
09	①	②	③	④	⑤
10	①	②	③	④	⑤
11	①	②	③	④	⑤
12	①	②	③	④	⑤
13	①	②	③	④	⑤
14	①	②	③	④	⑤
15	①	②	③	④	⑤
16	①	②	③	④	⑤
17	①	②	③	④	⑤
18	①	②	③	④	⑤
19	①	②	③	④	⑤
20	①	②	③	④	⑤
21	①	②	③	④	⑤
22	①	②	③	④	⑤
23	①	②	③	④	⑤
24	①	②	③	④	⑤
25	①	②	③	④	⑤

○: 개 △: 개 X: 개

_____ 모의고사 _____ 회

01	①	②	③	④	⑤
02	①	②	③	④	⑤
03	①	②	③	④	⑤
04	①	②	③	④	⑤
05	①	②	③	④	⑤
06	①	②	③	④	⑤
07	①	②	③	④	⑤
08	①	②	③	④	⑤
09	①	②	③	④	⑤
10	①	②	③	④	⑤
11	①	②	③	④	⑤
12	①	②	③	④	⑤
13	①	②	③	④	⑤
14	①	②	③	④	⑤
15	①	②	③	④	⑤
16	①	②	③	④	⑤
17	①	②	③	④	⑤
18	①	②	③	④	⑤
19	①	②	③	④	⑤
20	①	②	③	④	⑤
21	①	②	③	④	⑤
22	①	②	③	④	⑤
23	①	②	③	④	⑤
24	①	②	③	④	⑤
25	①	②	③	④	⑤

○: 개 △: 개 X: 개

_____ 모의고사 _____ 회

01	①	②	③	④	⑤
02	①	②	③	④	⑤
03	①	②	③	④	⑤
04	①	②	③	④	⑤
05	①	②	③	④	⑤
06	①	②	③	④	⑤
07	①	②	③	④	⑤
08	①	②	③	④	⑤
09	①	②	③	④	⑤
10	①	②	③	④	⑤
11	①	②	③	④	⑤
12	①	②	③	④	⑤
13	①	②	③	④	⑤
14	①	②	③	④	⑤
15	①	②	③	④	⑤
16	①	②	③	④	⑤
17	①	②	③	④	⑤
18	①	②	③	④	⑤
19	①	②	③	④	⑤
20	①	②	③	④	⑤
21	①	②	③	④	⑤
22	①	②	③	④	⑤
23	①	②	③	④	⑤
24	①	②	③	④	⑤
25	①	②	③	④	⑤

○: 개 △: 개 X: 개

_____ 모의고사 _____ 회

01	①	②	③	④	⑤
02	①	②	③	④	⑤
03	①	②	③	④	⑤
04	①	②	③	④	⑤
05	①	②	③	④	⑤
06	①	②	③	④	⑤
07	①	②	③	④	⑤
08	①	②	③	④	⑤
09	①	②	③	④	⑤
10	①	②	③	④	⑤
11	①	②	③	④	⑤
12	①	②	③	④	⑤
13	①	②	③	④	⑤
14	①	②	③	④	⑤
15	①	②	③	④	⑤
16	①	②	③	④	⑤
17	①	②	③	④	⑤
18	①	②	③	④	⑤
19	①	②	③	④	⑤
20	①	②	③	④	⑤
21	①	②	③	④	⑤
22	①	②	③	④	⑤
23	①	②	③	④	⑤
24	①	②	③	④	⑤
25	①	②	③	④	⑤

○: 개 △: 개 X: 개

_____ 모의고사 _____ 회

01	①	②	③	④	⑤
02	①	②	③	④	⑤
03	①	②	③	④	⑤
04	①	②	③	④	⑤
05	①	②	③	④	⑤
06	①	②	③	④	⑤
07	①	②	③	④	⑤
08	①	②	③	④	⑤
09	①	②	③	④	⑤
10	①	②	③	④	⑤
11	①	②	③	④	⑤
12	①	②	③	④	⑤
13	①	②	③	④	⑤
14	①	②	③	④	⑤
15	①	②	③	④	⑤
16	①	②	③	④	⑤
17	①	②	③	④	⑤
18	①	②	③	④	⑤
19	①	②	③	④	⑤
20	①	②	③	④	⑤
21	①	②	③	④	⑤
22	①	②	③	④	⑤
23	①	②	③	④	⑤
24	①	②	③	④	⑤
25	①	②	③	④	⑤

○: 개 △: 개 X: 개

_____ 모의고사 _____ 회

01	①	②	③	④	⑤
02	①	②	③	④	⑤
03	①	②	③	④	⑤
04	①	②	③	④	⑤
05	①	②	③	④	⑤
06	①	②	③	④	⑤
07	①	②	③	④	⑤
08	①	②	③	④	⑤
09	①	②	③	④	⑤
10	①	②	③	④	⑤
11	①	②	③	④	⑤
12	①	②	③	④	⑤
13	①	②	③	④	⑤
14	①	②	③	④	⑤
15	①	②	③	④	⑤
16	①	②	③	④	⑤
17	①	②	③	④	⑤
18	①	②	③	④	⑤
19	①	②	③	④	⑤
20	①	②	③	④	⑤
21	①	②	③	④	⑤
22	①	②	③	④	⑤
23	①	②	③	④	⑤
24	①	②	③	④	⑤
25	①	②	③	④	⑤

○: 개 △: 개 X: 개

_____ 모의고사 _____ 회

01	① ② ③ ④ ⑤
02	① ② ③ ④ ⑤
03	① ② ③ ④ ⑤
04	① ② ③ ④ ⑤
05	① ② ③ ④ ⑤
06	① ② ③ ④ ⑤
07	① ② ③ ④ ⑤
08	① ② ③ ④ ⑤
09	① ② ③ ④ ⑤
10	① ② ③ ④ ⑤
11	① ② ③ ④ ⑤
12	① ② ③ ④ ⑤
13	① ② ③ ④ ⑤
14	① ② ③ ④ ⑤
15	① ② ③ ④ ⑤
16	① ② ③ ④ ⑤
17	① ② ③ ④ ⑤
18	① ② ③ ④ ⑤
19	① ② ③ ④ ⑤
20	① ② ③ ④ ⑤
21	① ② ③ ④ ⑤
22	① ② ③ ④ ⑤
23	① ② ③ ④ ⑤
24	① ② ③ ④ ⑤
25	① ② ③ ④ ⑤
○: 개 △: 개 X: 개

_____ 모의고사 _____ 회

01	① ② ③ ④ ⑤
02	① ② ③ ④ ⑤
03	① ② ③ ④ ⑤
04	① ② ③ ④ ⑤
05	① ② ③ ④ ⑤
06	① ② ③ ④ ⑤
07	① ② ③ ④ ⑤
08	① ② ③ ④ ⑤
09	① ② ③ ④ ⑤
10	① ② ③ ④ ⑤
11	① ② ③ ④ ⑤
12	① ② ③ ④ ⑤
13	① ② ③ ④ ⑤
14	① ② ③ ④ ⑤
15	① ② ③ ④ ⑤
16	① ② ③ ④ ⑤
17	① ② ③ ④ ⑤
18	① ② ③ ④ ⑤
19	① ② ③ ④ ⑤
20	① ② ③ ④ ⑤
21	① ② ③ ④ ⑤
22	① ② ③ ④ ⑤
23	① ② ③ ④ ⑤
24	① ② ③ ④ ⑤
25	① ② ③ ④ ⑤
○: 개 △: 개 X: 개

_____ 모의고사 _____ 회

01	① ② ③ ④ ⑤
02	① ② ③ ④ ⑤
03	① ② ③ ④ ⑤
04	① ② ③ ④ ⑤
05	① ② ③ ④ ⑤
06	① ② ③ ④ ⑤
07	① ② ③ ④ ⑤
08	① ② ③ ④ ⑤
09	① ② ③ ④ ⑤
10	① ② ③ ④ ⑤
11	① ② ③ ④ ⑤
12	① ② ③ ④ ⑤
13	① ② ③ ④ ⑤
14	① ② ③ ④ ⑤
15	① ② ③ ④ ⑤
16	① ② ③ ④ ⑤
17	① ② ③ ④ ⑤
18	① ② ③ ④ ⑤
19	① ② ③ ④ ⑤
20	① ② ③ ④ ⑤
21	① ② ③ ④ ⑤
22	① ② ③ ④ ⑤
23	① ② ③ ④ ⑤
24	① ② ③ ④ ⑤
25	① ② ③ ④ ⑤
○: 개 △: 개 X: 개

_____ 모의고사 _____ 회

01	① ② ③ ④ ⑤
02	① ② ③ ④ ⑤
03	① ② ③ ④ ⑤
04	① ② ③ ④ ⑤
05	① ② ③ ④ ⑤
06	① ② ③ ④ ⑤
07	① ② ③ ④ ⑤
08	① ② ③ ④ ⑤
09	① ② ③ ④ ⑤
10	① ② ③ ④ ⑤
11	① ② ③ ④ ⑤
12	① ② ③ ④ ⑤
13	① ② ③ ④ ⑤
14	① ② ③ ④ ⑤
15	① ② ③ ④ ⑤
16	① ② ③ ④ ⑤
17	① ② ③ ④ ⑤
18	① ② ③ ④ ⑤
19	① ② ③ ④ ⑤
20	① ② ③ ④ ⑤
21	① ② ③ ④ ⑤
22	① ② ③ ④ ⑤
23	① ② ③ ④ ⑤
24	① ② ③ ④ ⑤
25	① ② ③ ④ ⑤
○: 개 △: 개 X: 개

_____ 모의고사 _____ 회

01	① ② ③ ④ ⑤
02	① ② ③ ④ ⑤
03	① ② ③ ④ ⑤
04	① ② ③ ④ ⑤
05	① ② ③ ④ ⑤
06	① ② ③ ④ ⑤
07	① ② ③ ④ ⑤
08	① ② ③ ④ ⑤
09	① ② ③ ④ ⑤
10	① ② ③ ④ ⑤
11	① ② ③ ④ ⑤
12	① ② ③ ④ ⑤
13	① ② ③ ④ ⑤
14	① ② ③ ④ ⑤
15	① ② ③ ④ ⑤
16	① ② ③ ④ ⑤
17	① ② ③ ④ ⑤
18	① ② ③ ④ ⑤
19	① ② ③ ④ ⑤
20	① ② ③ ④ ⑤
21	① ② ③ ④ ⑤
22	① ② ③ ④ ⑤
23	① ② ③ ④ ⑤
24	① ② ③ ④ ⑤
25	① ② ③ ④ ⑤
○: 개 △: 개 X: 개

_____ 모의고사 _____ 회

01	① ② ③ ④ ⑤
02	① ② ③ ④ ⑤
03	① ② ③ ④ ⑤
04	① ② ③ ④ ⑤
05	① ② ③ ④ ⑤
06	① ② ③ ④ ⑤
07	① ② ③ ④ ⑤
08	① ② ③ ④ ⑤
09	① ② ③ ④ ⑤
10	① ② ③ ④ ⑤
11	① ② ③ ④ ⑤
12	① ② ③ ④ ⑤
13	① ② ③ ④ ⑤
14	① ② ③ ④ ⑤
15	① ② ③ ④ ⑤
16	① ② ③ ④ ⑤
17	① ② ③ ④ ⑤
18	① ② ③ ④ ⑤
19	① ② ③ ④ ⑤
20	① ② ③ ④ ⑤
21	① ② ③ ④ ⑤
22	① ② ③ ④ ⑤
23	① ② ③ ④ ⑤
24	① ② ③ ④ ⑤
25	① ② ③ ④ ⑤
○: 개 △: 개 X: 개

2022 최신개정판

해커스
단/기/합/격

7급PSAT
기출+적중
모의고사 자료해석

개정 2판 1쇄 발행 2022년 4월 4일

지은이	해커스 PSAT연구소
펴낸곳	해커스패스
펴낸이	해커스공무원 출판팀

주소	서울특별시 강남구 강남대로 428 해커스공무원
고객센터	1588-4055
교재 관련 문의	gosi@hackerspass.com
	해커스공무원 사이트(gosi.Hackers.com) 교재 Q&A 게시판
	카카오톡 플러스 친구 [해커스공무원강남역], [해커스공무원노량진]
학원 강의 및 동영상강의	gosi.Hackers.com

ISBN	979-11-6880-152-3 (13320)
Serial Number	02-01-01

최단기 합격 공무원학원 1위,
해커스공무원 gosi.Hackers.com

해커스공무원

- 해커스공무원 학원 및 인강(교재 내 인강 할인쿠폰 수록)
- 공무원 특강, 1:1 맞춤 컨설팅, 합격수기 등 공무원 시험 합격을 위한 다양한 무료 콘텐츠

헤럴드미디어 2018 대학생 선호 브랜드 대상 '대학생이 선정한 최단기 합격 공무원학원' 부문 1위

해커스
단/기/합/격

7급PSAT
기출+적중
모의고사 자료해석

2022 최신개정판

약점 보완 해설집

해커스공무원

해커스
단/기/합/격

7급 PSAT
기출+적중
모의고사

자료해석

약점 보완 해설집

해커스공무원

PART 1 기출 엄선 모의고사

제1회 기출 엄선 모의고사

정답

p.32

01	①	자료변환	06	②	자료이해	11	①	자료이해	16	④	자료이해	21	③	자료논리
02	⑤	자료이해	07	②	자료변환	12	②	자료이해	17	③	자료논리	22	②	자료이해
03	②	자료이해	08	④	자료매칭	13	①	자료이해	18	④	자료이해	23	⑤	자료논리
04	③	자료이해	09	④	자료논리	14	④	자료변환	19	⑤	자료이해	24	⑤	자료이해
05	⑤	자료논리	10	④	자료논리	15	④	자료이해	20	①	자료이해	25	③	자료이해

취약 유형 분석표

유형별로 맞힌 문제 개수와 정답률, 틀린 문제 번호와 풀지 못한 문제 번호를 적고 나서 취약한 유형이 무엇인지 파악해 보세요.

유형	맞힌 개수	정답률	틀린 문제 번호	풀지 못한 문제 번호
자료이해	/15	%		
자료매칭	/1	%		
자료논리	/6	%		
자료변환	/3	%		
TOTAL	/25	%		

해설

01 자료변환 난이도 하 정답 ①

정답 체크

ㄴ. <보고서>의 두 번째 단락에서 2018년 청소년활동을 가장 희망하는 시간대는 '학교 수업시간 중'(43.7%)으로 조사되었고, '기타'를 제외하고는 '방과 후'가 가장 낮은 비율로 조사되었다고 했으므로 <보고서>의 내용과 부합한다.

ㄷ. <보고서>의 두 번째 단락에서 2018년 청소년활동 참여형태에 대한 9개 항목 중 '학교에서 단체로 참여'라는 응답(46.0%)이 가장 높게 나타났으며, 다음으로 '교내 동아리활동으로 참여', '개인적으로 참여'의 순으로 높게 나타났다고 했으므로 <보고서>의 내용과 부합한다.

오답 체크

ㄱ. <보고서>의 첫 번째 단락에서 2018년 청소년활동 9개 영역 중 '건강·보건활동'의 참여경험(93.6%)이 가장 높게 나타났고, 다음으로 '문화예술활동'(85.2%), '모험개척활동'(57.8%) 순으로 높게 나타났다고 했으나, 청소년활동 영역별 참여경험 및 향후 참여희망 비율(2017~2018년)에서는 '건강·보건활동'의 참여경험(93.6%), '문화예술활동'(85.2%), '진로탐색·직업체험활동'(72.5%) 순으로 높으므로 <보고서>의 내용과 부합하지 않는다.

ㄹ. <보고서>의 세 번째 단락에서 2018년 청소년활동 정책 인지도 점수는 최소 1.15점에서 최대 1.42점으로 나타났다고 했으나, 청소년활동 정책 인지도 점수(2017~2018년)에서는 2018년 청소년 인지도 점수가 최소 1.15점에서 최대 1.44점이므로 <보고서>의 내용과 부합하지 않는다.

02 자료이해 난이도 하 정답 ⑤

정답 체크

회주철 수도관의 총 파손 건수의 10%는 334×0.1=33.4건이고, 회주철 수도관의 '보수과정 실수' 파손 건수는 43건이다. 따라서 회주철 수도관의 '보수과정 실수' 파손 건수는 회주철 수도관의 총 파손 건수의 10% 초과이므로 옳지 않은 설명이다.

오답 체크

① 덕타일주철 수도관의 파손 건수가 50건 이상인 파손원인은 파손 건수가 71건인 '시설노후'와 98건인 '수격압' 총 2가지이므로 옳은 설명이다.

② 회주철 수도관의 총 파손 건수는 334건, 덕타일주철 수도관의 총 파손 건수는 232건이다. 따라서 회주철 수도관의 총 파손 건수가 덕타일주철 수도관의 총 파손 건수보다 많으므로 옳은 설명이다.

③ 주철 수도관의 파손원인별 파손 건수가 가장 적은 파손원인은 파손 건수가 2건인 '자연재해'이므로 옳은 설명이다.

④ 주철 수도관의 '시설노후' 파손 건수가 주철 수도관의 총 파손 건수에서 차지하는 비율은 (176/566)×100≒31.1%로 30% 이상이므로 옳은 설명이다.

⏱ 빠른 문제 풀이 Tip

④ 주철 수도관의 총 파손 건수의 30%인 566×0.3=169.8건보다 주철 수도관의 '시설노후' 파손 건수인 176건이 많은 것을 알 수 있다.

03 자료이해 난이도 중 정답 ②

정답 체크

ㄱ. 2020년 국가채무인 1,741×0.36≒627조 원은 2014년 국가채무의 1.5배인 (1,323×0.297)×1.5≒590조 원 이상이므로 옳은 설명이다.

ㄷ. 적자성채무는 2018년에 1,563×0.183≒286조 원, 2019년에 1,658×0.2≒332조 원으로 2019년부터 300조 원 이상이므로 옳은 설명이다.

오답 체크

ㄴ. 국가채무=적자성채무+금융성채무이므로 GDP 대비 금융성채무 비율=GDP 대비 국가채무 비율-GDP 대비 적자성채무 비율이다. GDP 대비 금융성채무 비율은 2018년에 34.1-18.3=15.8%, 2019년에 35.7-20.0=15.7%, 2020년에 36.0-20.7=15.3%로 2019년과 2020년에 전년대비 감소했으므로 옳지 않은 설명이다.

ㄹ. 2017년 GDP 대비 금융성채무 비율은 32.6-16.9=15.7%로 같은 해 GDP 대비 국가채무 비율의 50%인 32.6×0.5=16.3%보다 작다. 따라서 금융성채무도 국가채무의 50% 미만이므로 옳지 않은 설명이다.

⏱ 빠른 문제 풀이 Tip

ㄹ. 국가채무는 적자성채무와 금융성채무의 합이므로 국가채무에서 금융성채무의 비중이 50% 이상인지는 적자성채무의 비중이 50% 미만인지로 확인한다. 2017년부터 2020년까지 GDP 대비 적자성채무 비율은 매해 GDP 대비 국가채무 비율의 절반을 초과하므로 옳지 않은 것을 알 수 있다.

04 자료이해 난이도 중 정답 ③

정답 체크

'갑'국 수입맥주 소비량의 전년대비 증가율은 2014년이 {(5.9-4.7)/4.7}×100≒25.5%, 2015년이 {(7.2-5.9)/5.9}×100≒22.0%, 2016년이 {(9.5-7.2)/7.2}×100≒31.9%, 2017년이 {(11.7-9.5)/9.5}×100≒23.2%, 2018년이 {(16.8-11.7)/11.7}×100≒43.6%로 2015년과 2017년에는 전년대비 증가율이 작아졌으므로 옳지 않은 설명이다.

오답 체크

① 맥주 소비량=국산맥주 소비량+수입맥주 소비량임을 적용하여 구한다. '갑'국 맥주 소비량은 2013년이 191.0+4.7=195.7만 kL, 2014년이 196.3+5.9=202.2만 kL, 2015년 203.1+7.2=210.3만 kL, 2016년이 206.2+9.5=215.7만 kL, 2017년이 205.6+11.7=217.3만 kL, 2018년이 204.8+16.8=221.6만 kL로 2014년 이후 꾸준하게 증가되었으므로 옳은 설명이다.

② '갑'국 맥주 소비량 중 수입맥주 소비량 비중은 2010년이 {3.5/(194.8+3.5)}×100≒1.8%로 2% 미만, 2018년이 {16.8/(204.8+16.8)}≒7.6%로 7% 이상이므로 옳은 설명이다.

④ 맥주 매출액 상위 10개 브랜드 중 수입맥주 브랜드가 '갑'국 전체 맥주 매출액에서 차지하는 비중은 2017년이 3.3+3.2+3.0+2.0+1.3=12.8%, 2018년이 4.0+3.8+3.4+1.9=13.1%로 2017년보다 2018년에 커졌으므로 옳은 설명이다.

⑤ '갑'국 전체 맥주 매출액에서 상위 5개 브랜드가 차지하는 비중은 2017년이 37.4+15.6+7.1+6.6+6.5=73.2%, 2018년이 32.3+15.4+8.0+4.7+4.3=64.7%로 2017년에 비해 2018년에 작아졌으므로 옳은 설명이다.

① <그림>에서 맥주 소비량의 높이가 2013년부터 점점 높아지고 있으므로 계산하지 않더라도 맥주 소비량이 2014년 이후 매년 꾸준하게 증가했음을 알 수 있다.

③ '갑'국 수입맥주 소비량이 2016년에는 전년대비 9.5-7.2=2.3만 kL 증가, 2017년에는 전년대비 11.7-9.5=2.2만 kL 증가했다. 따라서 '갑'국 수입맥주 소비량의 전년대비 증가율의 분모값은 2017년이 더 크나 분자값은 2016년이 더 크므로 계산하지 않아도 2017년 '갑'국 수입맥주 소비량의 전년대비 증가율이 2016년보다 더 작음을 알 수 있다.

05 자료논리   난이도 중   정답 ⑤

정답 체크

ㄴ. 객실 판매율=$\frac{판매\ 객실\ 수}{판매가능\ 객실\ 수}$×100임을 적용하여 구한다. 객실 판매율은 호텔C가 (1,000/1,250)×100=80.0%, 호텔D가 (990/1,100)×100=90.0%이므로 옳은 설명이다.

ㄹ. 객실 판매율은 호텔A가 (1,600/3,500)×100≒45.7%, 호텔B가 (2,100/3,000)×100=70.0%, 호텔C가 80.0%, 호텔D가 90.0%이다. 따라서 판매가능 객실 수가 많은 호텔일수록 객실 판매율이 낮으므로 옳은 설명이다.

오답 체크

ㄱ. 객실 수입=판매 객실 수×평균 객실 요금임을 적용하여 구한다. 객실 수입은 호텔A가 1,600×40=64,000만 원, 호텔B가 2,100×30=63,000만 원, 호텔C가 1,000×20=20,000만 원, 호텔D가 990×10=9,900만 원이다. 따라서 객실 수입이 가장 많은 호텔은 A이므로 옳지 않은 설명이다.

ㄷ. 판매가능 객실당 객실 수입은 호텔A가 64,000/3,500≒18.3만 원/개, 호텔B가 63,000/3,000=21만 원/개, 호텔C가 20,000/1,250=16만 원/개, 호텔D가 9,900/1,100=9만 원/개로 호텔D가 가장 적으므로 옳지 않은 설명이다.

06 자료이해   난이도 하   정답 ②

정답 체크

ㄱ. AI가 돼지로 식별한 동물은 408마리이고, 이 중 실제 돼지가 아닌 비율은 {(32+17+3+1+5)/408}×100≒14.2%로 10% 이상이므로 옳은 설명이다.

ㄷ. 전체 동물 중 AI가 실제와 동일하게 식별한 비율은 {(457+600+350+35+76+87)/1,766}×100≒90.9%로 85% 이상이므로 옳은 설명이다.

오답 체크

ㄴ. 실제 여우 중 AI가 여우로 식별한 비율은 (600/635)×100≒94.5%, 실제 돼지 중 AI가 돼지로 식별한 비율은 (350/399)×100≒87.7%이다. 따라서 실제 여우 중 AI가 여우로 식별한 비율이 더 높으므로 옳지 않은 설명이다.

ㄹ. 실제 염소를 AI가 고양이로 식별한 수는 2마리, 양으로 식별한 수는 1마리이다. 따라서 실제 염소를 AI가 양으로 식별한 수가 고양이로 식별한 수보다 적으므로 옳지 않은 설명이다.

ㄱ. AI가 돼지로 식별한 동물 중 실제 돼지인 비율이 (350/408)×100≒85.8%로 90% 미만이므로 실제 돼지가 아닌 비율은 10% 이상임을 알 수 있다.

07 자료변환   난이도 중   정답 ②

정답 체크

ㄱ. <보고서>의 두 번째 단락에서 전국 교통사고 사망자 수는 2015년 이후 매년 줄어들었다고 했으므로 [연도별 전국 교통사고 사망자 수]는 추가로 이용한 자료이다.

ㄷ. <보고서>의 두 번째 단락에서 전국 안전사고 사망자 수는 2015년 이후 매년 감소하다가 2018년에는 증가하였다고 했으므로 [연도별 전국 안전사고 사망자 수]는 추가로 이용한 자료이다.

오답 체크

ㄴ. <보고서>의 세 번째 단락에 2019년 분야별 지역안전지수 등급에 대한 내용이 언급되었으나, [분야별 지역안전지수 4년 연속(2015~2018년) 1등급, 5등급 지역(시·도)]에는 2019년 자료가 없으므로 추가로 이용한 자료가 아니다.

ㄹ. <보고서>의 첫 번째 단락에 2019년 규모별 안전체험관 수와 지역별 대형 안전체험관 수에 대한 내용이 언급되었으나, [2018년 지역별 안전체험관 수]에는 2019년 지역별 자료가 없으므로 추가로 이용한 자료가 아니다.

08 자료매칭   난이도 중   정답 ④

정답 체크

· 두 번째 <조건>에서 남부청과 북부청의 부동산 압류건수는 각각 2만 건 이하라고 했으므로 전체의 40%인 C는 남부청과 북부청이 아님을 알 수 있다.

· 세 번째 <조건>에 따라 지방청을 부동산 압류건수가 큰 값부터 순서대로 나열하면 C-A-B-서부청-D-동부청이고, 자동차 압류건수가 큰 값부터 순서대로 나열하면 C-B-서부청-A-D-동부청이다. 순서가 동일한 지방청은 C, D, 동부청이므로 C와 D가 각각 남부청 또는 중부청이다. 이때 두 번째 <조건>에 따라 C는 남부청과 북부청이 아니므로 C가 중부청, D가 남부청임을 알 수 있다.

· 첫 번째 <조건>에 따라 자동차 압류건수는 중부청인 C가 남동청의 2배 이상이어야 하므로 A가 남동청, B가 북부청임을 알 수 있다.
따라서 B는 북부청, D는 남부청이다.

09 자료논리 난이도 상 정답 ④

정답 체크

<표>와 <조건>에 따른 '갑'~'무' 공무원의 출장 여비는 다음과 같다.

- 갑: (145×3)+(72×4)=723.0$
- 을: (170×3×0.8)+(72×4×1.2)=753.6$
- 병: (110×3)+(60×5×1.2)=690.0$
- 정: (100×4×0.8)+(45×6)=590.0$
- 무: (75×5)+(35×6×1.2)=627.0$

따라서 출장 여비를 가장 많이 지급받는 출장자부터 순서대로 나열하면 을, 갑, 병, 무, 정이다.

10 자료논리 난이도 중 정답 ④

정답 체크

<조건>에 따라 A~E구의 1인당 소비량에 대한 식을 세우면 다음과 같다.

- A+B=30.0
- A+12.0=2E
- E=B+6.0

연립방정식을 활용하여 풀이하면 A는 20.0kg, B는 10.0kg, E는 16.0kg이다. 이에 따라 A~E구의 변동계수는 다음과 같다.

- A구: (5.0/20.0)×100=25.0%
- B구: (4.0/10.0)×100=40.0%
- C구: (6.0/30.0)×100=20.0%
- D구: (4.0/12.0)×100≒33.3%
- E구: (8.0/16.0)×100=50.0%

따라서 변동계수가 3번째로 큰 구는 D이고, 4번째로 큰 구는 A이다.

11 자료이해 난이도 중 정답 ①

정답 체크

ㄱ. 전체(주시청)시간대 시청자평가지수

$= \dfrac{\text{전체(주시청)시간대 만족도지수+전체(주시청)시간대 질평가지수}}{2}$ 임을

적용하여 구한다. A의 주시청 시간대 만족도지수는 (7.23×2)-7.20 =7.26, B의 주시청 시간대 질평가지수는 (7.12×2)-7.23=7.01, D의 주시청 시간대 만족도지수는 (7.32×2)-7.23=7.41이다. 따라서 각 지상파 방송사는 전체 시간대와 주시청 시간대 모두 만족도지수가 질평가지수보다 높으므로 옳은 설명이다.

ㄴ. F의 주시청 시간대 만족도지수는 (7.91×2)-7.88=7.94, G의 주시청 시간대 질평가지수는 (7.13×2)-7.20=7.06이다. 따라서 각 종합편성 방송사의 질평가지수는 주시청 시간대가 전체 시간대보다 높으므로 옳은 설명이다.

오답 체크

ㄷ. 각 지상파 방송사의 전체 시간대 시청자평가지수는 A가 (7.37+7.33) /2=7.35, B가 (7.22+7.05)/2≒7.14, C가 (7.14+6.97)/2≒7.06, D가 (7.32+7.16)/2=7.24이다. D의 시청자평가지수는 주시청 시간대가 전체 시간대 7.24보다 높으므로 옳지 않은 설명이다.

ㄹ. 각 종합편성 방송사의 전체 시간대 시청자평가지수는 E가 (6.94+ 6.90)/2=6.92, F가 (7.75+7.67)/2=7.71, G가 (7.14+7.04)/2=7.09, H가 (7.03+6.95)/2=6.99이다. 만족도지수는 주시청 시간대가 전체 시간대보다 높으면서 시청자평가지수는 주시청 시간대가 전체 시간대보다 낮은 방송사는 B 1개이므로 옳지 않은 설명이다.

12 자료이해 난이도 상 정답 ②

정답 체크

각주의 내용을 반영하여 <표>의 빈칸을 채우면 다음과 같다.

과목\학생	A	B	C	D	E	평균
영희	(16)	14	13	15	( )	( )
민수	12	14	(15)	10	14	13.0
수민	10	12	19	(10)	18	11.8
은경	14	14	(15)	17	( )	( )
철민	(18)	20	19	17	19	18.6
상욱	10	(13)	16	(15)	16	(14.0)
계	80	(87)	(87)	84	( )	( )
평균	(13.3)	14.5	14.5	(14.0)	( )	( )

ㄱ. 영희의 E과목 시험 점수가 17점이라면, 영희의 시험 점수 평균은 (16+14+13+15+17)/5=15.0점이다. 각주에서 '우수수준'은 시험 점수 평균이 15점 이상 18점 미만이라고 했으므로 영희의 E과목 시험 점수가 17점 이상이면 성취도수준은 '우수수준'이 될 수 있다. 따라서 옳은 설명이다.

ㄷ. 상욱의 시험 점수는 B과목이 13점, D과목이 15점이고, 시험 점수 평균은 14.0점으로 성취도수준은 '보통수준'이므로 옳은 설명이다.

오답 체크

ㄴ. 은경의 시험 점수 평균은 E과목 시험 점수에 따라 최솟값이 (14+14+15 +17+0)/5=12점이고 최댓값이 (14+14+15+17+20)/5=16점이다. 각주에서 '기초수준'은 시험 점수 평균이 12점 미만이라고 했고, 은경의 시험 점수 평균은 최솟값이 12점 이상이므로 은경의 성취도수준은 '보통수준' 또는 '우수수준'임을 알 수 있다. 따라서 옳지 않은 설명이다.

ㄹ. 민수의 C과목 시험 점수는 15점이고 철민의 A과목 시험 점수는 18점이므로 옳지 않은 설명이다.

13 자료이해 난이도 중 정답 ①

정답 체크

ㄱ. 매년 불법체류외국인 수는 체류외국인 수의 10% 이상이므로 옳은 설명이다.

ㄹ. 합법체류외국인 범죄건수가 체류외국인 범죄건수에서 차지하는 비중은 2014년이 (18,645/21,235)×100≒87.8%, 2015년이 (17,538/ 19,445)×100≒90.2%, 2016년이 (23,970/25,507)×100≒94.0%, 2017년이 (21,323/22,914)×100≒93.1%, 2018년이 (22,951/ 24,984)×100≒91.9%로 매년 80% 이상이므로 옳은 설명이다.

ㄴ. 불법체류외국인 범죄건수의 전년대비 증가율은 2017년이 {(1,591−1,537)/1,537}×100≒3.5%, 2018년이 {(2,033−1,591)/1,591}×100≒27.8%로 2018년이 가장 높다. 합법체류외국인 범죄건수의 전년대비 증가율은 2016년이 {(23,970−17,538)/17,538}×100≒36.7%, 2018년이 {(22,951−21,323)/21,323}×100≒7.6%로 2016년이 가장 높으므로 옳지 않은 설명이다.

ㄷ. 체류외국인 범죄건수가 전년에 비해 감소한 해는 2015년, 2017년이고, 2017년에 불법체류외국인 범죄건수는 전년에 비해 증가했으므로 옳지 않은 설명이다.

14 자료변환 난이도 하 정답 ④

정답 체크

2015~2018년 기술분야별 초흡수성 수지 특허출원 건수 합의 국가별 비중은 친환경 기술분야에서 A국이 27건, B국이 8건, C국이 14건, D국이 15건, 공정 친환경 기술분야에서 A국이 16건, B국이 15건, C국이 28건, D국이 9건으로 <표>를 이용하여 작성한 그래프로 옳으나, 조성물 기술분야에서 A국이 35건, B국이 11건, C국이 18건, D국이 6건이므로 <표>를 이용하여 작성한 그래프로 옳지 않다.

오답 체크

① 2015~2018년 국가별 초흡수성 수지의 특허출원 건수 비율은 2015년에 A국이 {(5+3+1)/35}×100≒25.7%, B국이 {(4+0+3)/35}×100≒20.0%, C국이 {(2+7+3)/35}×100≒34.3%, D국이 {(1+1+5)/35}×100≒20.0%, 2016년에 A국이 {(8+2+3)/47}×100≒27.7%, B국이 {(4+2+1)/47}×100≒14.9%, C국이 {(5+8+5)/47}×100≒38.3%, D국이 {(2+3+4)/47}×100≒19.1%, 2017년에 A국이 {(11+5+10)/59}×100≒44.1%, B국이 {(2+5+3)/59}×100≒16.9%, C국이 {(5+7+3)/59}×100≒25.4%, D국이 {(1+3+4)/59}×100≒13.6%, 2018년에 A국이 {(11+6+13)/61}×100≒49.2%, B국이 {(1+8+1)/61}×100≒16.4%, C국이 {(6+6+3)/61}×100≒24.6%, D국이 {(2+2+2)/61}×100≒9.8%이므로 <표>를 이용하여 작성한 그래프로 옳다.

② 공정 기술분야의 국가별, 연도별 초흡수성 수지의 특허출원 건수는 2015년에 A국이 3건, B국이 0건, C국이 7건, D국이 1건, 2016년에 A국이 2건, B국이 2건, C국이 8건, D국이 3건, 2017년에 A국이 5건, B국이 5건, C국이 7건, D국이 3건, 2018년에 A국이 6건, B국이 8건, C국이 6건, D국이 2건이므로 <표>를 이용하여 작성한 그래프로 옳다.

③ A~D국 전체의 초흡수성 수지 특허출원 건수의 연도별 구성비는 2015년이 (35/202)×100≒17.3%, 2016년이 (47/202)×100≒23.3%, 2017년이 (59/202)×100≒29.2%, 2018년이 (61/202)×100≒30.2%이므로 <표>를 이용하여 작성한 그래프로 옳다.

⑤ A~D국 전체의 초흡수성 수지 특허출원 건수의 전년대비 증가율은 2016년이 {(47−35)/35}×100≒34.3%, 2017년이 {(59−47)/47}×100≒25.5%, 2018년이 {(61−59)/59}×100≒3.4%이므로 <표>를 이용하여 작성한 그래프로 옳다.

> ⏱ **빠른 문제 풀이 Tip**
>
> 비중을 계산하지 않아도 되는 선택지인 ②, ④와 비중 계산이 비교적 적은 선택지인 ③, ⑤부터 확인하는 것이 빠르다.

15 자료이해 난이도 하 정답 ④

정답 체크

국세 징수액과 지방세 징수액의 차이는 2016년이 216−62=154조 원으로 가장 크나, 국세 감면율과 지방세 감면율의 차이는 2013년이 32.7−15.6=17.1%p로 가장 크므로 옳지 않은 설명이다.

오답 체크

① 감면액은 국세가 지방세보다 매년 많으므로 옳은 설명이다.

② 감면율은 지방세가 국세보다 매년 높으므로 옳은 설명이다.

③ 2008년 대비 2016년 징수액 증가율은 국세가 {(216−138)/138}×100≒56.5%, 지방세가 {(62−41)/41}×100≒51.2%로 국세가 지방세보다 높으므로 옳은 설명이다.

⑤ 국세 감면액과 지방세 감면액의 차이는 2014년이 33−15=18조 원, 2015년이 34−14=20조 원, 2016년이 33−11=22조 원으로 매년 증가하므로 옳은 설명이다.

> ⏱ **빠른 문제 풀이 Tip**
>
> ③ 증가율 비교는 실제 증가율을 구하기보다 분수 형태의 식에서 분수의 크기 비교로 구하는 것이 더 빠르다.
>
> ④ 국세 감면율과 지방세 감면율의 차이가 가장 큰 해는 그래프에서 높이 차이가 가장 큰 해이다.

16 자료이해 난이도 중 정답 ④

정답 체크

ㄱ. 회원요금=일반요금×{1−(회원할인율/100)}임을 적용하여 구한다. 리조트 1박 기준, 성수기 일반요금은 A, B, C, D, E 순으로 낮아지고, 성수기 무기명 회원요금은 A가 500×(1−0.3)=350천 원, B가 350×(1−0.25)=262.5천 원, C가 300×(1−0.2)=240천 원, D가 250×(1−0.15)=212.5천 원, E가 200×(1−0.1)=180천 원으로 점차 낮아지므로 옳은 설명이다.

ㄴ. 리조트 1박 기준, B 리조트의 회원요금 중 가장 높은 값은 일반요금이 높고 할인율이 낮은 성수기 무기명 회원요금 350×(1−0.25)=262.5천 원, 가장 낮은 값은 일반요금이 낮고 할인율이 높은 비수기 기명 회원요금 250×(1−0.45)=137.5천 원으로 두 값의 차이는 262.5−137.5=125천 원이므로 옳은 설명이다.

ㄹ. 리조트 1박 기준, 비수기 기명 회원요금과 비수기 무기명 회원요금 차이가 가장 작은 리조트는 5개 리조트 중 비수기 일반요금이 100천 원으로 가장 낮고 회원할인율의 차이도 5%로 가장 낮은 E리조트이다. 마찬가지로 성수기 기명 회원요금과 성수기 무기명 회원요금 차이가 가장 작은 리조트는 성수기 일반요금이 가장 낮고 회원할인율의 차이도 5%로 가장 낮은 E리조트이므로 옳은 설명이다.

오답 체크

ㄷ. 리조트 1박 기준, A리조트의 기명 회원요금은 성수기가 500×(1−0.35)=325천 원으로 비수기의 2배인 300×(1−0.5)×2=300천 원을 넘고, E리조트의 기명 회원요금은 성수기가 200×(1−0.15)=170천 원으로 비수기의 2배인 100×(1−0.2)×2=160천 원을 넘으므로 옳지 않은 설명이다.

17 자료논리 난이도 상 정답 ③

A~F 행정동의 인접 현황과 개편 전후의 자치구를 그림으로 나타내면 다음과 같다.

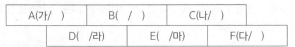

두 번째 <조건>에서 개편 전 한 자치구에는 2개의 행정동이 속한다고 했고, 세 번째 <조건>에서 동일 자치구에 속하는 행정동은 서로 인접하고 있다고 했으므로 행정동 E가 개편 전 자치구 '다'에 속함을 알 수 있다. 또한 행정동 C는 행정동 B, E, F와 인접하고 있고, 행정동 E와 F는 개편 전 자치구 '다'에 속하므로 행정동 B는 개편 전 자치구 '나'에 속하고, 이에 따라 행정동 D는 개편 전 자치구 '가'에 속함을 알 수 있다. 따라서 자치구 개편 전, 자치구 '가'의 인구 1,500+1,500=3,000명은 자치구 '나'의 인구 2,000+1,500=3,500명보다 적으므로 옳지 않은 설명이다.

오답 체크

① 자치구 개편 전, 행정동 E는 자치구 '다'에 속하므로 옳은 설명이다.

② 행정동 A는 행정동 B, D와 인접하므로 개편 후 자치구 '라'에 속함을 알 수 있다. 또한 행정동 B는 행정동 A, C, D, E와 인접하므로 개편 후 자치구 '라' 또는 '마'에 속하고, 행정동 C는 행정동 B, E, F와 인접하므로 개편 후 자치구 '마'에 속한다. 행정동 F는 행정동 C, E와 인접하므로 개편 후 자치구 '마'에 속한다. 따라서 행정동 C와 E는 개편 후 같은 자치구에 속하므로 옳은 설명이다.

④ 자치구 개편 후, 행정동 C, E, F 3개가 자치구 '마'에 속하므로 행정동 A, B는 자치구 '라'에 속함을 알 수 있다. 따라서 자치구 '라'의 인구 1,500+2,000+1,500=5,000명은 자치구 '마'의 인구 1,500+1,500=3,000명보다 많으므로 옳은 설명이다.

⑤ 행정동 B는 개편 전 자치구 '나'에 속하고, 개편 후 자치구 '라'에 속하므로 옳은 설명이다.

18 자료이해 난이도 중 정답 ④

정답 체크

ㄱ. 2016년에 공개경쟁채용을 통해 채용이 이루어진 공무원구분은 5급, 7급, 9급, 연구직 총 4개이므로 옳은 설명이다.

ㄴ. 2016년 채용 인원은 우정직이 599명, 7급이 1,148명이다. 따라서 우정직 채용 인원은 7급 채용 인원의 절반인 1,148/2=574명보다 많으므로 옳은 설명이다.

ㄹ. 2017년부터 9급 공개경쟁채용 인원만을 전년대비 10%씩 늘리고 나머지 채용 인원을 2016년과 동일하게 유지하여 채용한다면, 2018년 전체 공무원 채용 인원은 3,000×(1+0.1)×(1+0.1)+952+5,090=9,672명이다. 따라서 2018년 전체 공무원 채용 인원 중 9급 공개경쟁채용 인원의 비중은 [{3,000×(1+0.1)×(1+0.1)}/9,672]×100≒37.5%로 40% 이하이므로 옳은 설명이다.

오답 체크

ㄷ. 연구직은 공개경쟁채용 인원이 경력경쟁채용 인원보다 적으므로 옳지 않은 설명이다.

19 자료이해 난이도 상 정답 ⑤

정답 체크

ㄴ. 노령화지수=$\frac{노인인구}{유소년인구}$×100임을 적용하여 구한다. 2016년 노인인구는 8,181천 명, 2016년 유소년인구는 {(8,181/119.3)}×100≒6,858천 명으로 노인인구가 더 많으므로 옳은 설명이다.

ㄷ. 노년부양비=$\frac{노인인구}{생산가능인구}$×100, 노령화지수=$\frac{노인인구}{유소년인구}$×100임을 적용하여 구한다. 2016년 유소년인구는 6,858천 명이고, 이에 따라 2016년 생산가능인구는 51,246-6,858-8,181=36,207명이다. 따라서 2016년 노년부양비는 {(8,181/36,207)}×100≒22.6%로 20% 이상이므로 옳은 설명이다.

ㄹ. 생산가능인구는 2020년이 (9,219/25.6)×100≒36,012천 명, 2030년이 29,609천 명이다. 따라서 2020년 대비 2030년의 생산가능인구 감소폭은 36,012-29,609≒6,403천 명, 즉 640만 3천 명으로 600만 명 이상이므로 옳은 설명이다.

오답 체크

ㄱ. 노인인구는 2020년이 9,219천 명이고, 2030년이 48,941-5,628-29,609=13,704천 명이다. 따라서 2020년 대비 2030년의 노인인구 증가율은 {(13,704-9,219)/9,219}×100≒48.6%로 55% 미만이므로 옳지 않은 설명이다.

> ⏱ **빠른 문제 풀이 Tip**
>
> ㄴ. 2016년 노령화지수는 119.3으로 100 이상이다. 따라서 분자값인 노인인구가 분모값인 유소년인구보다 많음을 알 수 있다.

20 자료이해 난이도 중 정답 ①

정답 체크

ㄱ. 각주 2)에 따라 용적률=(연면적/대지면적)×100이고, 각주 3)에 따라 용적률은 최대 1,000%이다. 이에 따라 '다'의 대지면적은 (101,421/용적률)×100이고, 용적률이 클수록 대지면적이 작아지므로 용적률이 1,000%일 때 대지면적이 최소가 됨을 알 수 있다. 따라서 '다'의 대지면적은 최소 (101,421/1,000)×100=10,142.1m²로 10,000m² 이상이므로 옳지 않은 설명이다.

ㄹ. 각주 1)에 따라 연면적은 건축물의 모든 지상층 바닥면적의 합이므로 지상층의 평균 바닥면적은 모든 지상층 바닥면적의 합/지상층수임을 알 수 있다. 이에 따라 2010년 말 현재 사용중인 초고층 건축물의 지상층의 평균 바닥면적은 '가'가 166,429/60≒2,773.8m², '나'가 107,933/54≒1,998.8m², '다'가 101,421/51≒1,988.6m², '라'가 385,944/69≒5,593.4m², '마'가 195,058/66≒2,955.4m², '바'가 419,027/58≒7,224.6m², '사'가 158,655/50=3,173.1m²이다. 따라서 '바'가 가장 넓으므로 옳지 않은 설명이다.

오답 체크

ㄴ. 1990년대에 착공한 초고층 건축물의 지상층수와 연면적을 각각 높은 순서대로 나열하면 지상층수가 '라', '마', '다' 순이고, 연면적이 '라', '마', '다' 순으로 동일하므로 옳은 설명이다.

ㄷ. 1980년대에 착공한 초고층 건축물의 지상층수는 '가'가 60층이고, '나'가 54층이므로 '나'가 '가'보다 낮다. 또한 공사기간은 '가'가 1980. 2.12.~1986.9.2.이고, '나'가 1983.1.1.~1989.11.3.으로 '나'가 '가'보다 공사기간이 기므로 옳은 설명이다.

ㅁ. 2000년 이후 착공한 초고층 건축물의 평균 지상층수는 (58+50+54+72+69)/5=60.6층이고, 그 전에 착공한 초고층 건축물의 평균 지상층수는 (60+54+51+69+66)/5=60.0층이므로 옳은 설명이다.

21 자료논리 `난이도 중` 정답 ③

정답 체크
'아'의 성실성점수는 375-{80+(85×2)+(2×20)}=85점, '라'의 성실성점수는 255-{85+(50×2)+0}=70점으로 같지 않으므로 옳지 않은 설명이다.

오답 체크
① '가'의 평가점수는 80+90+(95×2)+(2×20)=400점, '자'의 평가점수는 75+90+(95×2)+(1×20)=375점으로 '가'의 평가점수가 지원자 중 가장 높으므로 옳은 설명이다.
② '라'의 성실성점수는 70점으로 '다'의 60점보다 높고 '마'의 80점보다 낮으므로 옳은 설명이다.
④ S등급인 지원자는 평가점수가 350점 이상인 '가', '사', '아', '자' 4명이므로 옳은 설명이다.
⑤ '차'의 평가점수는 290점으로, 체력점수를 원래 점수보다 5점 더 받으면 평가점수는 5×2=10점이 높아져 290+10=300점이 된다. 따라서 '차'의 평가등급은 A등급이 되므로 옳은 설명이다.

⏱ 빠른 문제 풀이 Tip
③ '라'와 '아' 두 지원자의 평가항목별 점수 차이의 합과 총점의 차이를 비교한다. '아'는 '라'보다 평가점수 총점이 120점 더 높은 반면, 창의성점수는 '아'가 '라'보다 5점이 더 낮고, 가중치가 2배인 체력점수는 '아'가 '라'보다 35점이 더 높다. 가중치가 20배인 최종학위점수는 '아'가 '라'보다 2점이 더 높다. 이에 따라 성실성점수를 제외한 평가점수 총점은 '아'가 '라'보다 (35×2)+(2×20)-5=105점이 더 높다. 이때 총점은 '아'가 '라'보다 120점이 더 높아, 총점 차이를 고려하면 '아'는 '라'보다 성실성점수가 120-105=15점 더 높으므로 옳지 않은 것을 알 수 있다.

22 자료이해 `난이도 중` 정답 ②

정답 체크
ㄴ. 2월의 '월평균 지상 10m 기온'이 영하인 도시는 A, C, D, E이고, '월평균 지표면 온도'가 영상인 도시는 B, C, E이다. 따라서 2월의 '월평균 지상 10m 기온'이 영하이면서 '월평균 지표면 온도'가 영상인 도시는 C와 E이므로 옳은 설명이다.
ㄷ. 1월의 '월평균 지표면 온도'가 A~E도시 중 가장 낮은 D의 설계적설하중은 0.8kN/m²이고, 5개 도시 평균 설계적설하중은 (0.5+0.5+0.7+0.8+2.0)/5=0.9kN/m²이므로 옳은 설명이다.

오답 체크
ㄱ. '월평균 지상 10m 기온'이 가장 높은 달은 A와 D가 7월이고, B, C, E가 8월인 반면, '월평균 지표면 온도'가 가장 높은 달은 모두 8월로, 두 기온이 가장 높은 달이 다른 도시는 A와 D이므로 옳지 않은 설명이다.
ㄹ. 설계기본풍속이 두 번째로 큰 도시는 40m/s인 E이고, E는 8월의 '월평균 지상 10m 기온'이 A~E도시 중 세 번째로 높으므로 옳지 않은 설명이다.

23 자료논리 `난이도 상` 정답 ⑤

정답 체크
제시된 <규칙>의 단계 2에서 '월평균 지상 10m 기온'이 영하인 달이 3개 이상인 도시는 A, D, E이고, 단계 3에서 설계기본풍속이 40m/s 이상인 도시는 B, E이다. <규칙>에 따라 도시별 설계적설하중을 수정하고 산출한 증가폭은 다음과 같다.

(단위: kN/m²)

구분	A	B	C	D	E
기존	0.5	0.5	0.7	0.8	2.0
단계 1	0.75	0.75	1.05	1.2	3.0
단계 2	1.05	0.75	1.05	1.68	4.2
단계 3	1.05	0.6	1.05	1.68	3.36
단계 4	1.05	1.0	1.05	1.68	3.36
증가폭	0.55	0.5	0.35	0.88	1.36

따라서 설계적설하중 증가폭이 두 번째로 큰 도시는 D, 가장 작은 도시는 C이다.

24 자료이해 `난이도 중` 정답 ⑤

정답 체크
제시된 <그림>의 각 화살표 끝에 제시된 숫자의 합이 연결된 각 조사의 응답자 수이고, 각 조사에 응답한 사람이 모두 같으며 무응답과 복수응답은 없으므로 조사 결과에 따른 응답자 수는 다음과 같다.

구분	1차 조사	2차 조사	3차 조사
찬성	30	60 =20(1차 찬성) +40(1차 반대)	48 =44(2차 찬성) +4(2차 반대)
반대	70 =40(2차 찬성) +30(2차 반대)	40 =10(1차 찬성) +30(1차 반대)	52 =16(2차 찬성) +36(2차 반대)

1~3차 조사에서 한 번도 의견을 바꾸지 않은 사람은 1~3차 모두 찬성한다고 응답한 사람과 1~3차 모두 반대한다고 응답한 사람의 합이다. 1차 조사에서 찬성한다고 응답한 30명 중 2차 조사에서도 찬성한다고 응답한 사람은 20명이고, 이 중 3차 조사에서 반대한다고 응답한 16명이 모두 존재한다면 1~3차 조사에서 모두 찬성한다고 응답한 사람은 최소 20-16=4명이다. 한편, 1차 조사에서 반대한다고 응답한 70명 중 2차 조사에서도 반대한다고 응답한 사람은 30명이고, 이 중 3차 조사에서 찬성한다고 응답한 4명이 모두 존재한다면 1~3차 조사에서 모두 반대한다고 응답한 사람은 최소 30-4=26명이다. 따라서 1~3차 조사에서 한 번도 의견을 바꾸지 않은 사람은 최소 4+26=30명이므로 옳은 설명이다.

① 1~3차 조사에 응답한 사람은 각각 100명이므로 옳지 않은 설명이다.

② 2차 조사에서 반대한다고 응답한 40명 중 3차 조사에서도 반대한다고 응답한 사람은 36명이므로 옳지 않은 설명이다.

③ 2차 조사에서 찬성한다고 응답한 60명 중 3차 조사에서 반대한다고 응답한 사람은 16명이므로 옳지 않은 설명이다.

④ 1차 조사에서 반대한다고 응답한 사람 중 3차 조사에서 찬성한다고 응답한 사람은 2차 조사에서 찬성한다고 응답한 사람과 반대한다고 응답한 사람의 합이다. 1차 조사에서 반대한다고 응답한 70명 중 2차 조사에서 찬성한다고 응답한 40명이 모두 3차 조사에서도 찬성한다고 응답하고, 2차 조사에서 반대한다고 응답한 30명 중 26이 3차 조사에서 반대한다고 응답했다면 찬성한다고 응답한 사람은 최대 4명이다. 따라서 1차 조사에서 반대한다고 응답한 사람 중 3차 조사에서 찬성한다고 응답한 사람은 최대 40+4=44명이므로 옳지 않은 설명이다.

25 자료이해　　난이도 중　　　　　　　정답 ③

부양가족수가 7명이고 청약통장 가입기간이 15년인 주택보유자 D의 청약가점은 0+35+17=52점으로, 무주택기간이 15년, 부양가족수가 2명, 청약통장 가입기간이 2년인 E의 청약가점인 32+15+4=51점보다 높으므로 옳은 설명이다.

① 무주택기간이 8년, 부양가족수가 4명, 청약통장 가입기간이 6개월인 A의 청약가점은 18+25+2=45점이므로 옳지 않은 설명이다.

② B와 C의 청약통장 가입기간이 같다면 이에 대한 점수도 동일하므로 무주택기간과 부양가족수에 대한 가점의 합을 비교한다. 무주택기간이 15년이고 부양가족수가 5명인 B의 청약통장 가입기간 항목을 제외한 청약가점은 32+30=62점으로, 무주택기간이 13년이고 부양가족수가 6명인 C의 청약통장 가입기간 항목을 제외한 청약가점인 28+35=63점보다 낮아, B가 C보다 당첨확률이 낮으므로 옳지 않은 설명이다.

④ F와 G의 무주택기간이 같으므로 무주택기간 항목을 제외한 가점의 합을 비교한다. 부양가족수가 5명이고 청약통장 가입기간이 5년인 F의 청약가점은 30+7=37점으로, 부양가족수가 4명이고 청약통장 가입기간이 8년인 G의 청약가점인 25+10=35점보다 높아 F가 G보다 당첨확률이 높으므로 옳지 않은 설명이다.

⑤ 무주택기간이 1년 미만이고 부양가족이 없는 H의 청약가점은 청약통장 가입기간이 20년 이상일 때 2+5+17=24점으로 20점을 넘으므로 옳지 않은 설명이다.

정답

p.48

01	②	자료이해	06	②	자료논리	11	④	자료논리	16	③	자료이해	21	④	자료이해
02	④	자료논리	07	①	자료이해	12	④	자료매칭	17	②	자료매칭	22	①	자료변환
03	②	자료이해	08	③	자료이해	13	①	자료이해	18	③	자료논리	23	⑤	자료이해
04	①	자료이해	09	③	자료변환	14	③	자료이해	19	④	자료논리	24	②	자료논리
05	①	자료이해	10	④	자료이해	15	④	자료이해	20	④	자료이해	25	⑤	자료이해

취약 유형 분석표

유형별로 맞힌 문제 개수와 정답률, 틀린 문제 번호와 풀지 못한 문제 번호를 적고 나서 취약한 유형이 무엇인지 파악해 보세요.

유형	맞힌 개수	정답률	틀린 문제 번호	풀지 못한 문제 번호
자료이해	/15	%		
자료매칭	/2	%		
자료논리	/6	%		
자료변환	/2	%		
TOTAL	/25	%		

해설

01 자료이해 _{난이도} 하   정답 ②

정답 체크

<표>의 빈칸을 채우면 다음과 같다.

수면제＼환자	갑	을	병	정	무	평균
A	5.0	4.0	6.0	5.0	5.0	5.0
B	4.0	4.0	5.0	5.0	6.0	4.8
C	6.0	5.0	4.0	7.0	(6.0)	5.6
D	6.0	4.0	5.0	5.0	6.0	(5.2)

ㄱ. 평균 숙면시간이 긴 수면제부터 순서대로 나열하면 C, D, A, B 순이므로 옳은 설명이다.

ㄷ. 수면제 B와 수면제 D의 숙면시간 차이는 '갑'이 6.0−4.0=2.0시간, '을'이 4.0−4.0=0.0시간, '병'이 5.0−5.0=0.0시간, '정'이 5.0−5.0=0.0시간, '무'가 6.0−6.0=0.0시간으로 '갑'이 가장 크므로 옳은 설명이다.

오답 체크

ㄴ. 환자 '을'과 환자 '무'의 숙면시간 차이는 수면제 B가 6.0−4.0=2.0시간, 수면제 C가 6.0−5.0=1.0시간으로 수면제 C가 수면제 B보다 작으므로 옳지 않은 설명이다.

ㄹ. 수면제 C의 평균 숙면시간보다 수면제 C의 숙면시간이 긴 환자는 '갑', '정', '무' 3명이므로 옳지 않은 설명이다.

02 자료논리 _{난이도} 하   정답 ④

정답 체크

제시된 <표>의 평가결과 점수와 정책별 총점은 다음과 같다.

정책＼심사위원	A	B	C	D	총점
가	1.0	1.0	0.5	0	2.5
나	1.0	1.0	0.5	1.0	3.5
다	0.5	0	1.0	0.5	2.0
라	(0)	1.0	0.5	(0)	1.5
마	1.0	(1.0)	1.0	0.5	3.5
바	0.5	0.5	0.5	1.0	2.5
사	0.5	0.5	0.5	1.0	2.5
아	0.5	0.5	1.0	(0)	2.0
자	0.5	0.5	(1.0)	1.0	3.0
차	(0)	1.0	0.5	0	1.5
평균	0.55	0.70	0.70	0.50	

따라서 폐기할 정책은 다, 라, 아, 차이다.

03 자료이해 _{난이도} 중   정답 ②

정답 체크

ㄱ. <보고서>의 첫 번째 단락에서 2002년부터 2017년까지 국세 대비 국세청세수의 비율은 매년 증가 추세를 보인다고 했으므로 추가로 필요한 자료임을 알 수 있다.

ㄷ. <보고서>의 첫 번째 단락에서 세목별로는 소득세(76.8조 원), 부가가치세(67.1조 원), 법인세(59.2조 원) 순으로 높고, 세무서별로 살펴보면 세수 1위는 남대문세무서(11.6조 원), 2위는 수영세무서(10.9조 원)라고 했으므로 추가로 필요한 자료임을 알 수 있다.

오답 체크

ㄴ. <보고서>의 첫 번째 단락에서 관세청 소관분에 관한 언급은 제시되어 있으나 관세청 소관분에 관하여 직접적으로 활용된 자료는 아니므로 추가로 필요한 자료가 아님을 알 수 있다.

ㄹ. <표>에 국세청세수와 국세청 직원수 항목이 제시되어 있으므로 추가로 필요한 자료가 아님을 알 수 있다.

04 자료이해 _{난이도} 하   정답 ①

정답 체크

ㄱ. 주택규모가 이사 후 '대형'인 가구는 5+10+15=30가구이고, 이사 후 '중형'인 가구는 100−30−30=40가구이다. 따라서 주택규모가 이사 전 '소형'에서 이사 후 '중형'으로 달라진 가구는 40−30−10=0가구이므로 옳은 설명이다.

ㄴ. 전체 100가구 중 이사 전후 주택규모가 달라진 가구는 100−15−30−15=40가구로 전체 가구 수의 50% 이하이므로 옳은 설명이다.

오답 체크

ㄷ. 주택규모가 이사 전 '대형'에서 이사 후 '소형'으로 달라진 가구는 30−15−10=5가구이다. 주택규모가 '대형'인 가구 수는 이사 전후 모두 5+10+15=30가구로 동일하므로 옳지 않은 설명이다.

ㄹ. 이사 후 주택규모가 커진 가구 수는 0+5+10=15가구이고, 이사 후 주택규모가 작아진 가구 수는 10+5+10=25가구이므로 옳지 않은 설명이다.

⏱ 빠른 문제 풀이 Tip

ㄱ. 주택규모가 이사 전 '소형'에서 이사 후 '중형'으로 달라진 가구가 없다면 이사 전 '소형'과 이사 후 '중형'에 해당하는 빈칸에 0을 넣고 합산하여 나머지 수치와 비교한다. 이때 수치 간 모순이 발생하지 않으므로 이에 해당하는 가구는 0임을 알 수 있다.

ㄴ. 전체 가구 수에서 이사 전후 주택규모가 달라진 가구 수의 비중이 50% 이하인지는 주택규모가 동일한 가구 수의 비중이 50%를 초과하는지로 확인한다. 전체 100가구 중 이사 전후 주택규모가 동일한 가구 수는 15+30+15=60가구로 비중이 60%이므로 50% 초과함을 알 수 있다.

해커스 단기합격 7급 PSAT 기출+적중 모의고사 자료해석

05 자료이해 난이도 중 정답 ①

정답 체크

ㄱ. 합격률은 해외연수 경험이 있는 지원자가 {(53+0)/(53+414+0+16)}×100≒11.0%, 해외연수 경험이 없는 지원자가 {(11+4)/(11+37+4+139)}×100≒7.9%로 해외연수 경험이 있는 지원자 합격률이 더 높으므로 옳은 설명이다.

ㄴ. 합격률은 인턴 경험이 있는 지원자가 {(53+11)/(53+414+11+37)}×100≒12.4%, 인턴 경험이 없는 지원자가 {(0+4)/(0+16+4+139)}×100≒2.5%로 인턴 경험이 있는 지원자 합격률이 더 높으므로 옳은 설명이다.

오답 체크

ㄷ. 인턴 경험과 해외연수 경험이 모두 있는 지원자 합격률은 11.3%, 인턴 경험만 있는 지원자 합격률은 22.9%이다. 따라서 인턴 경험만 있는 지원자 합격률이 인턴 경험과 해외연수 경험이 모두 있는 지원자 합격률의 2배 이상이므로 옳지 않은 설명이다.

ㄹ. 인턴 경험과 해외연수 경험이 모두 없는 지원자 합격률은 2.8%, 인턴 경험만 있는 지원자 합격률은 22.9%이다. 따라서 합격률 차이는 22.9-2.8%=20.1%p로 30%p보다 작으므로 옳지 않은 설명이다.

06 자료논리 난이도 하 정답 ②

정답 체크

ㄱ. 각 사업의 6개 평가 항목 원점수의 합은 A사업이 80+80+90+90+70+70=480점, B사업이 90+90+80+80+70+70=480점으로 같으므로 옳은 설명이다.

ㄷ. 각 사업의 최종 점수는 A사업이 80×0.2+80×0.1+90×0.3+90×0.2+70×0.1+70×0.1=83점, B사업이 90×0.2+90×0.1+80×0.3+80×0.2+70×0.1+70×0.1=81점으로, '갑'공기업은 최종 점수가 더 높은 A사업을 신규 사업으로 최종 선정하므로 옳은 설명이다.

오답 체크

ㄴ. '공적 가치'에 할당된 가중치의 합인 0.3+0.2=0.5는 '참여 여건'에 할당된 가중치의 합인 0.1+0.1=0.2보다 크고, '사업적 가치'에 할당된 가중치의 합인 0.2+0.1=0.3보다도 크므로 옳지 않은 설명이다.

ㄹ. '정부정책 지원 기여도' 가중치와 '수익창출 기여도' 가중치를 서로 바꾼 각 사업의 최종 점수는 A사업이 80×0.2+80×0.3+90×0.1+90×0.2+70×0.1+70×0.1=81점, B사업이 90×0.2+90×0.3+80×0.1+80×0.2+70×0.1+70×0.1=83점으로 최종 점수가 더 높은 B 사업을 신규 사업으로 최종 선정하므로 옳지 않은 설명이다.

> ⏱ **빠른 문제 풀이 Tip**
> A사업과 B사업의 점수 크기만 비교하면 되므로 '원점수'가 같거나 '평가 항목별 원점수×가중치' 값이 같은 항의 연산을 생략하고, 나머지 항의 크기를 확인한다.

07 자료이해 난이도 중 정답 ①

정답 체크

ㄱ. 각 집단별로 소득이 가장 작은 수치부터 서로 비교하면 집단A 각각의 소득이 집단B 각각의 소득보다 적다. 따라서 평균소득도 집단A가 집단B보다 적으므로 옳은 설명이다.

ㄴ. 각 집단별로 '가' 정당 지지도가 가장 낮은 수치부터 서로 비교하면 집단B 각각의 '가' 정당 지지도가 집단C 각각의 '가' 정당 지지도보다 높다. 따라서 '가' 정당 지지도의 평균은 집단B가 집단C보다 높으므로 옳은 설명이다.

오답 체크

ㄷ. 소득이 약 5로 가장 많은 집단C의 유권자는 '가' 정당 지지도가 약 3으로 가장 낮지 않다. 따라서 소득이 많은 유권자일수록 '가' 정당 지지도가 낮은 것은 아니므로 옳지 않은 설명이다.

ㄹ. 평균소득이 많은 집단은 C, B, A 순이고, '가' 정당 지지도의 평균이 높은 집단은 A, B, C 순이므로 옳지 않은 설명이다.

08 자료이해 난이도 중 정답 ③

정답 체크

ㄱ. 조사대상 공동주택의 실내 라돈 농도 평균값은 경기도가 서울특별시의 74.3/66.5≒1.1배이므로 옳은 설명이다.

ㄷ. 조사대상 공동주택 중 실내 라돈 농도가 실내 라돈 권고 기준치를 초과하는 공동주택의 비율이 5% 이상인 행정구역은 대전광역시가 (27/201)×100≒13.4%, 경기도가 (37/697)×100≒5.3%, 강원도가 (47/508)×100≒9.3%, 충청북도가 (32/472)×100≒6.8%, 충청남도가 (46/448)×100≒10.3%, 전라북도가 (40/576)×100≒7.0%, 전라남도가 (32/569)×100≒5.6%, 경상북도가 (34/610)×100≒5.6%, 제주특별자치도가 (11/154)×100≒7.1%이다. 따라서 총 9곳이므로 옳은 설명이다.

오답 체크

ㄴ. 서울특별시의 실내 라돈 농도의 평균값은 광주광역시보다 크지만 중앙값은 광주광역시보다 작으므로 옳지 않은 설명이다.

> ⏱ **빠른 문제 풀이 Tip**
> ㄱ. 1.1배는 기준수치의 10%를 더하는 것이므로 서울특별시 실내 라돈 농도 평균값의 10%를 더하여 비교하면 더 빠르게 계산할 수 있다. 서울특별시 실내 라돈 농도 평균값의 10%는 6.65Bq/m³이므로 1.1배는 66.5+6.65=73.15Bq/m³이다.

09 자료변환 난이도 중 정답 ③

정답 체크

<보도자료>에 따르면 2018년 기준 간접광고(PPL) 취급액은 전년 대비 14% 이상 증가하여 1,270억 원으로 나타났으며, 그 중 지상파TV와 케이블TV 간 비중의 격차는 5%p 이하로 조사되었음을 알 수 있다. 그러나 [간접광고(PPL) 취급액 현황]에서 간접광고(PPL) 취급액 중 지상파TV와 케이블TV가 차지하는 비중은 지상파TV가 (573/1,270)×100≒45.1%, 케이블TV가 (498/1,270)×100≒39.2%이고, 그 차이는 45.1-39.2≒5.9%p이므로 보도자료에 부합하지 않는 자료이다.

10 자료이해 난이도 중   정답 ④

정답 체크

ㄱ. 학과당 교원 수는 공립대학이 354/40≒9명, 사립대학이 49,770/8,353≒6명으로 공립대학이 사립대학보다 많으므로 옳은 설명이다.

ㄴ. 전체 대학 입학생 수에서 국립대학 입학생 수가 차지하는 비율은 (78,888/355,772)×100≒22.2%로 20% 이상이므로 옳은 설명이다.

ㄷ. 입학생 수 대비 졸업생 수의 비율은 국립대학이 (66,890/78,888)×100≒84.8%, 공립대학이 (1,941/1,923)×100≒100.9%로 공립대학이 국립대학보다 높으므로 옳은 설명이다.

오답 체크

ㄹ. 남성 직원 수는 국립대학이 8,987-3,254=5,733명, 공립대학이 205-115=90명, 사립대학이 17,459-5,259=12,200명이고, 공립대학은 여성 직원 수가 115명으로 남자 직원 수보다 더 많으므로 옳지 않은 설명이다.

> ⏱ **빠른 문제 풀이 Tip**
>
> ㄱ. 교원 수가 학과 수의 몇 배인지 확인하여 문제를 빠르게 풀이할 수 있다. 공립대학은 교원 수가 학과 수의 8배 이상이고, 사립대학은 교원 수가 학과 수의 8배 미만이므로 계산하지 않아도 학과당 교원 수는 공립대학이 사립대학보다 많음을 알 수 있다.
>
> ㄷ. 공립대학은 졸업생 수가 입학생 수보다 많고, 국립대학은 졸업생 수가 입학생 수보다 적으므로 계산하지 않아도 입학생 수 대비 졸업생 수의 비율은 공립대학이 국립대학보다 높음을 알 수 있다.

11 자료논리 난이도 하   정답 ④

정답 체크

· 첫 번째 <정보>에 따르면 B지역에서 타워크레인 작업제한 조치가 한 번도 시행되지 않은 '월'은 3개라고 했으므로 작업제한 조치가 시행되지 않은 '월'은 최대 순간 풍속이 15m/s 미만인 1월, 2월과 '가'에 해당하는 12월이고, 이에 따라 '가'는 15m/s 미만임을 알 수 있다.

· 두 번째 <정보>에 따르면 매월 C지역의 최대 순간 풍속은 A지역보다 높고 D지역보다 낮다고 했으므로 '나'는 21.5m/s 초과 32.7m/s 미만임을 알 수 있다.

· 세 번째 <정보>에 따르면 E지역에서 '설치' 작업제한 조치는 매월 시행되었으므로 월별 최대 순간 풍속은 모두 15m/s 이상임을 알 수 있다. 이때, '운전' 작업제한 조치는 2개 '월'을 제외한 모든 '월'에 시행되었다고 했으며 2월과 11월을 제외한 모든 '월'의 최대 순간 풍속이 20m/s이상이므로 2월과 11월에는 '설치' 작업제한 조치만 시행되었음을 알 수 있다. 이에 따라 '다'는 15m/s 이상 20m/s 미만임을 알 수 있다.

따라서 '가'~'다'를 큰 것부터 순서대로 나열하면 '나', '다', '가'이다.

12 자료매칭 난이도 하   정답 ④

정답 체크

· 재정자립도가 E보다 높은 지역은 A, C, F이고, 이 중 C의 재정자립도가 65.7%로 가장 낮으며, A, C, E, F를 제외한 나머지 지역 중 B의 재정자립도가 58.5%로 가장 높다. 이에 따라 58.5≤(가)<65.7이다.

· 시가화 면적 비율이 가장 낮은 지역은 주택노후화율이 가장 높은 지역이고, 주택노후화율이 가장 높은 지역은 I이므로 시가화 면적 비율이 가장 낮은 지역도 I이다. 이에 따라 (나)는 시가화 면적 비율이 두 번째로 낮은 지역인 E의 20.7%보다 낮아야 하므로 (나)<20.7이다.

· 10만 명당 문화시설수가 가장 적은 지역인 B는 10만 명당 체육시설수가 네 번째로 많은 지역이므로, 10만 명당 체육시설수가 세 번째로 많은 지역인 I의 119.2개보다 적고, 다섯 번째로 많은 지역인 F의 114.0개보다 많아야 한다. 이에 따라 114.0<(다)<119.2임을 알 수 있다.

· 주택보급률이 도로포장률보다 낮은 지역은 B, C, D, F이므로 H의 주택보급률은 도로포장률의 92.5%보다 낮지 않아야 한다. 이에 따라 (라)≥92.5임을 알 수 있다.

따라서 (가)는 65.2, (나)는 20.3, (다)는 117.1, (라)는 92.6이다.

13 자료이해 난이도 중   정답 ①

정답 체크

ㄱ. 신소재 산업분야에서 중요도 상위 2개 직무역량은 4.58점인 '문제해결능력'과 4.46점인 '수리능력'이므로 옳은 설명이다.

ㄴ. 직무역량 중요도의 최댓값과 최솟값 차이는 신소재 산업분야가 4.58-3.97=0.61점, 게임 산업분야가 4.66-3.78=0.88점, 미디어 산업분야가 4.59-3.68=0.91점, 식품 산업분야가 4.50-3.88=0.62점이다. 따라서 차이가 가장 큰 것은 '미디어'이므로 옳은 설명이다.

오답 체크

ㄷ. 중요도가 가장 낮은 직무역량은 신소재, 게임, 식품 산업분야에서는 '조직이해능력'이나 미디어 산업분야에서는 '기술능력'이므로 옳지 않은 설명이다.

ㄹ. 4개 산업분야 직무역량 중요도의 평균값은 '직업윤리'가 (4.44+4.66+4.59+4.39)/4=4.52점으로 가장 높으므로 옳지 않은 설명이다.

> ⏱ **빠른 문제 풀이 Tip**
>
> ㄹ. 평균값의 크기는 평균 대신 합계로도 비교가 가능하므로 각 직무역량의 산업분야별 점수의 합으로 평균값 크기를 비교한다.

14 자료이해 [난이도 상] 정답 ③

정답 체크

ㄴ. 경제적 중요도가 A인 메뚜기목, 총채벌레목, 풀잠자리목 중 '을'국에서 종의 수가 두 번째로 많은 분류군은 176종인 총채벌레목이므로 옳은 설명이다.

ㄷ. 해당 국가의 분류군별 종 다양성= $\dfrac{\text{해당 국가의 분류군별 종의 수}}{\text{분류군별 전체 종의 수}} \times 100$ 임을 적용하여 구한다. 경제적 중요도가 C인 무시류, 고시류, 강도래목, 털이목, 이목, 부채벌레목, 밑들이목, 벼룩목, 날도래목 중 '갑'국의 분류군별 종 다양성이 가장 낮은 분류군은 $(4/2,800) \times 100 ≒ 0.1\%$인 털이목이므로 옳은 설명이다.

오답 체크

ㄱ. 경제적 중요도가 S인 노린재목, 딱정벌레목, 벌목, 파리목, 나비목 중 '갑'국에서 종의 수가 세 번째로 많은 분류군은 2,791종인 벌목이므로 옳지 않은 설명이다.

ㄹ. 경제적 중요도가 S인 노린재목, 딱정벌레목, 벌목, 파리목, 나비목 중 '병'국의 분류군별 종 다양성이 10% 이상인 분류군은 노린재목, 벌목, 파리목으로 3개이므로 옳지 않은 설명이다.

15 자료이해 [난이도 중] 정답 ④

정답 체크

ㄴ. 대체에너지 설비투자 비율은 '가' 지역이 5.98%, '나' 지역이 $(678/12,851) \times 100 ≒ 5.28\%$, '다' 지역이 $(525/10,127) \times 100 ≒ 5.18\%$, '라' 지역이 5.45%, '마' 지역이 $(1,080/20,100) \times 100 ≒ 5.37\%$로 각각 5% 이상이므로 옳은 설명이다.

ㄹ. 대체에너지 설비투자액 중 태양광 설비투자액 비율은 '가' 지역이 $(140/503) \times 100 ≒ 27.8\%$, '나' 지역이 $(265/678) \times 100 ≒ 39.1\%$, '다' 지역이 $(300/525) \times 100 ≒ 57.1\%$, '라' 지역이 $(300/600) \times 100 = 50.0\%$, '마' 지역이 $(600/1,080) \times 100 ≒ 55.6\%$로 '다' 지역이 가장 높고, '다' 지역의 대체에너지 설비투자 비율이 5.18%로 가장 낮으므로 옳은 설명이다.

오답 체크

ㄱ. 건축 건수 1건당 건축공사비는 '가' 지역이 8,409/12≒701.0억 원, '나' 지역이 12,851/14≒918.0억 원, '다' 지역이 10,127/15≒675.1억 원, '라' 지역이 11,000/17≒647.1억 원, '마' 지역이 20,100/21≒957.1억 원으로 '마' 지역이 가장 많으므로 옳지 않은 설명이다.

ㄷ. '라' 지역에서 태양광 설비투자액이 210억 원으로 줄면 대체에너지 설비투자액의 합은 20+210+280=510억 원이고, 이에 따라 대체에너지 설비투자 비율은 $(510/11,000) \times 100 ≒ 4.6\%$로 5% 미만이므로 옳지 않은 설명이다.

⏱ 빠른 문제 풀이 Tip

ㄷ. '라' 지역의 건축공사비가 11,000억 원이므로 대체에너지 설비투자 비율이 5% 이상이려면 대체에너지 설비투자액의 합이 적어도 550억 원 이상이어야 한다. 따라서 태양광 설비투자액이 210억 원으로 줄면 대체에너지 설비투자액의 합이 510억 원이므로 계산하지 않아도 5% 미만임을 알 수 있다.

16 자료이해 [난이도 중] 정답 ③

정답 체크

ㄴ. '학생비만율'은 학생 중 비만학생(경도 비만+중등도 비만+고도 비만)의 구성비임을 적용하여 구한다. 초·중·고 전체의 '학생비만율'은 2013년이 7.6+5.7+1.4=14.7%, 2014년이 7.5+5.8+1.5=14.8%, 2015년이 7.6+6.0+1.4=15.0%, 2016년이 7.9+6.1+1.6=15.6%, 2017년이 8.1+6.5+1.9=16.5%로 연도별 초·중·고 전체의 '학생비만율'은 매년 증가했으므로 옳은 설명이다.

ㄹ. 2017년 '학생비만율'은 초등학교 남학생이 17.4%, 초등학교 여학생이 11.7%, 중학교 남학생이 18.5%, 중학교 여학생이 13.8%이다. 따라서 2017년 '학생비만율'의 남녀 학생 간 차이는 초등학생이 17.4-11.7=5.7%p, 중학생이 18.5-13.8=4.7%p로 중학생이 초등학생보다 작으므로 옳은 설명이다.

오답 체크

ㄱ. 중학교 여학생의 평균 키는 2014년에 전년대비 감소했고, 2015~2017년 동안 동일하므로 옳지 않은 설명이다.

ㄷ. <표 1>, <표 2>와 <그림>에서 2013년 고등학교 남학생의 '학생비만율'은 알 수 없다.

⏱ 빠른 문제 풀이 Tip

ㄴ. 초·중·고 전체의 '학생비만율'은 <그림>의 연도별 100%에서 '비만 아님'의 비율을 각각 빼서 구할 수 있다. 또한 <그림>에서 '비만 아님'의 비율이 매년 감소했으므로 초·중·고 전체의 '학생비만율'은 매년 증가했음을 알 수 있다.

17 자료매칭 [난이도 상] 정답 ②

정답 체크

· 세 번째와 네 번째 <보기>를 통해 2018년 상반기 대비 2020년 상반기 '여성 위원 비율'의 증감률은 기준경비율심의회, 국세심사위원회가 18% 미만이고, 증감률은 재산평가심의위원회가 가장 크고, 기준경비율심의회는 가장 작음을 알 수 있다. 이때 여성 위원 비율= $\dfrac{\text{여성 위원}}{\text{전체 위원}} \times 100$으로 위원회별 전체 위원수가 같을 때 '여성 위원 비율'의 증감률은 여성 위원의 증감률과 동일하므로 증감률은 A가 $\{(20-17)/17\} \times 100 ≒ 17.6\%$, B가 $\{(6-5)/6\} \times 100 ≒ 16.7\%$, C가 $\{(6-5)/5\} \times 100 = 20\%$, E가 $\{(5-4)/4\} \times 100 = 25\%$이고, D는 2018년 상반기와 2020년 상반기의 '여성 위원 비율'이 각각 약 58%, 약 69%이므로 증감률은 $\{(69-58)/58\} \times 10 ≒ 19.0\%$이다. 이에 따라 A가 국세심사위원회, B가 기준경비율심의회, E가 재산평가심의위원회임을 알 수 있다.

· 두 번째 <보기>에 따르면 직전 반기 대비 '여성 위원 비율'이 10%p 이상 증가한 시점이 존재하는 위원회는 세무사자격심의위원회, 재산평가심의위원회이고, E는 재산평가심의위원회이므로 C와 D 중 이에 해당하는 위원회가 세무사자격심의위원회이다. C의 증가폭은 $\dfrac{6}{15} - \dfrac{5}{15} = \dfrac{1}{15}$로 10%p인 $\dfrac{1}{10}$보다 작고, D의 증가폭인 $\dfrac{11}{16} - \dfrac{11}{19} = \dfrac{33}{304}$은 10%p인 $\dfrac{33}{330}$보다 크므로 D가 세무사자격심의위원회, C가 납세자보호위원회임을 알 수 있다.

따라서 A가 국세심사위원회, D가 세무사자격심의위원회이다.

18 자료논리   난이도 상   정답 ③

정답 체크

2016년 수강생 만족도가 4.0점 이상 4.5점 미만인 강사 A, B, D의 시급은 전년대비 5% 인상, 4.5점 이상인 강사 C의 시급은 전년대비 10% 인상, 3.0점 이상 4.0점 미만인 강사 E의 시급은 동결이다. 이때 2015년 E의 수강생 만족도가 3.2점이므로 2016년 인상률은 동결로 48,000원이다. 이에 따라 2017년 강사 A~E의 시급은 다음과 같다.

강사	시급
A	55,000×(1+0.05)=57,750원
B	45,000×(1+0.05)=47,250원
C	54,600×(1+0.10)=60,060원
D	59,400×(1+0.05)=62,370원
E	48,000원

그러나 강사가 받을 수 있는 시급은 최대 60,000원이므로 2017년 강사 C와 D의 시급은 60,000원이다. 따라서 2016년과 2017년 시급 차이는 강사 C가 60,000-54,600=5,400원으로 가장 크므로 옳은 설명이다.

오답 체크

① 강사 E의 2016년 시급은 48,000원이므로 옳지 않은 설명이다.

② 2017년 강사 C와 D의 시급은 60,000원이므로 옳지 않은 설명이다.

④ 2016년 강사 C의 시급은 2015년 대비 {(54,600-52,000)/52,000}×100=5% 인상되었다. 따라서 강사 C의 2015년 수강생 만족도는 4.0점 이상 4.5점 미만이므로 옳지 않은 설명이다.

⑤ 2017년 강사 A와 B의 시급 차이는 57,750-47,250=10,500원이므로 옳지 않은 설명이다.

19 자료논리   난이도 중   정답 ④

정답 체크

<규칙>에 따라 각 회차별 A~D의 위치는 다음과 같다.

참가자	1회차	2회차	3회차	4회차	5회차	게임 종료 후 위치
A	왼쪽 3m	왼쪽 2m	오른쪽 3m	?	?	오른쪽 3m
B	왼쪽 3m	(가)	?	?	?	왼쪽 2m
C	출발점	출발점	출발점	(나)	?	출발점
D	출발점	출발점	출발점	?	(다)	왼쪽 3m

A의 게임 종료 후 위치는 오른쪽 3m이므로 4회차와 5회차에서 지거나 비겼음을 알 수 있다. 이때 4회차에서 A가 바위, B가 가위를 냈기 때문에 질 수 없으므로 C가 보를 내고 비겼음을 알 수 있다. 이를 정리하면 다음과 같다.

참가자	1회차	2회차	3회차	4회차	5회차	게임 종료 후 위치
A	왼쪽 3m	왼쪽 2m	오른쪽 3m	오른쪽 3m	?	오른쪽 3m
B	왼쪽 3m	(가)	?	?	?	왼쪽 2m
C	출발점	출발점	출발점	출발점	?	출발점
D	출발점	출발점	출발점	출발점	(다)	왼쪽 3m

4회차 게임 종료 후 D의 위치는 출발점이나 게임 종료 후 위치는 왼쪽 3m이므로 5회차에서 D는 가위로 이기고, 보를 낸 A~C는 모두 졌음을 알 수 있다. 이때 3, 4, 5회차에서 B는 지거나 비겨 이동을 하지 않았으나, 게임 종료 후 위치가 왼쪽 2m이므로 2회차에서 바위를 내고 이겼음을 알 수 있다.

따라서 (가)는 바위, (나)는 보, (다)는 가위이다.

20 자료이해   난이도 중   정답 ④

정답 체크

ㄱ. 2015년 와인 생산량 상위 8개국 중 호주와 남아프리카공화국의 와인 소비량은 와인 소비량 8위인 스페인의 와인 소비량인 1,000천 L보다 적으므로 두 국가의 와인 소비량은 생산량보다 적다. 따라서 와인 소비량이 생산량보다 많은 국가는 와인 소비량이 3,320천 L, 와인 생산량이 2,975천 L인 미국뿐이므로 옳은 설명이다.

ㄴ. 2015년 와인 생산량 상위 8개국의 와인 생산량의 합은 21,335천 L이고, 구성비는 74.9%이므로 2015년 세계 와인 생산량은 21,335/0.749 ≒28,485천 L이다. 이때 2015년 와인 생산량 상위 8개국만 와인 생산량이 각각 10%씩 증가했다면, 와인 생산량의 증가량은 21,335×0.1 =2,133.5천 L로, 세계 와인 생산량은 28,485+2,133.5≒30,618.5천 L이 되므로 옳은 설명이다.

ㄷ. 2015년 세계 와인 생산량은 28,485천 L로, 이 중 6%는 28,485×0.06 ≒1,709천 L이다. 따라서 2015년 와인 소비량이 1,600천 L인 중국의 와인 소비량은 2015년 세계 와인 생산량의 6% 미만이므로 옳은 설명이다.

오답 체크

ㄹ. 2013년 스페인 와인 생산량은 3,720/(1-0.18)=4,537천 L이고, 2013년 영국 와인 소비량은 1,290/(1+0.016)≒1,270천 L이다. 따라서 2013년 스페인 와인 생산량은 2013년 영국 와인 소비량의 3배인 1,270×3≒3,810천 L 이상이므로 옳지 않은 설명이다.

⏱ 빠른 문제 풀이 Tip

ㄴ. ㄷ. 2015년 와인 생산량 상위 8개국의 구성비는 74.9%이므로 약 75%, 즉 $\frac{3}{4}$을 이용해서 대략적으로 세계 와인 생산량을 계산한다. 2015년 와인 생산량 상위 8개국의 와인 생산량의 합은 약 21,000천 L이므로 세계 와인 생산량은 21,000×$\frac{4}{3}$≒28,000천 L 이상임을 알 수 있다.

ㄹ. 와인 생산량과 소비량 값을 도출하지 않고 크기를 비교한다. 2013년 스페인 와인 생산량은 $\frac{3,720}{0.82}$이고, 2013년 영국 와인 소비량의 3배는 $\frac{1,290×3}{1,016}=\frac{3,870}{1,016}$으로 스페인을 기준으로 한 영국의 분모 증가율은 약 $\frac{1}{5}$인 반면 분자의 증가율은 약 $\frac{1}{24}$로 분자의 증가율이 월등히 작다. 따라서 스페인 와인 생산량이 영국 와인 소비량의 3배보다 큰 것을 알 수 있다.

21 자료이해 　난이도 중 　　　정답 ④

정답 체크

ㄴ. A국의 전체 수출액은 매년 변동이 없으며, 이 중 백색가전이 차지하는 비중은 2016년이 13.0%, 2017년이 12.0%, 2018년이 11.0%로 감소한다. 이때 2016~2018년 동안 A국 백색가전 중 드럼세탁기의 수출액 비중은 18.0%로 매년 같아 2017년과 2018년 A국의 전체 수출액에서 드럼세탁기가 차지하는 비중은 전년대비 매년 감소하므로 옳은 설명이다.

ㄹ. A국의 전체 수출액을 x라고 하면 이 중 항공기가 차지하는 비중은 3.0%이므로, 항공기의 수출액은 0.03x이다. 이때 항공기는 품목별 세계수출시장에서 A국의 점유율이 0.1%이므로 2018년 항공기 세계수출시장 규모를 y라고 하면 0.03x:y=0.1:100이 성립한다. 따라서 2018년 항공기 세계수출시장 규모는 30x로, A국 전체 수출액의 30배이므로 옳은 설명이다.

오답 체크

ㄱ. A국의 전체 수출액은 매년 변동이 없으며, 이 중 선박이 차지하는 비중은 2016년이 5.0%, 2018년이 3.0%로 2018년이 더 낮다. 이때 2016년과 2018년 선박은 품목별 세계수출시장에서 A국의 점유율이 1.0%로 같아 선박의 세계수출시장 규모는 두 연도 중 2018년이 더 낮으므로 옳지 않은 설명이다.

ㄷ. A국의 10대 수출품목 중 휴대폰, 전자부품은 품목별 세계수출시장에서 A국의 점유율이 전년대비 매년 감소하고, 2,000cc 이하 승용차, 2,000cc 초과 승용차, 선박, 항공기는 품목별 세계수출시장에서 A국의 점유율이 전년대비 감소하거나 변동이 없으므로 옳지 않은 설명이다.

22 자료변환 　난이도 중 　　　정답 ①

정답 체크

TV의 세계수출시장 규모 대비 A국 전체 수출액의 비율은 (TV 세계수출시장에서 A국의 점유율/TV가 A국의 전체 수출액에서 차지하는 비중)×100임을 적용하여 구한다. 이에 따라 연도별 TV의 세계수출시장 규모 대비 A국 전체 수출액의 비율은 2016년이 (10.0/14.0)×100≒71%, 2017년이 (20.0/14.0)×100≒143%, 2018년이 (25.0/13.0)×100≒192%이므로 <표>를 이용하여 작성한 그래프로 옳지 않다.

오답 체크

② <표 1>의 'A국의 전체 수출액에서 차지하는 비중' 중 '2016년' 항목에 따라 옳게 작성되었으므로 <표>를 이용하여 작성한 그래프로 옳다.

③ <표 2>의 'A국 백색가전 세부 품목별 수출액 비중'에 따라 옳게 작성되었으므로 <표>를 이용하여 작성한 그래프로 옳다.

④ <표 1>의 '품목별 세계수출시장에서 A국의 점유율' 항목에 따라 옳게 작성되었으므로 <표>를 이용하여 작성한 그래프로 옳다.

⑤ 각주에 따라 A국 전체 수출액은 매년 변동이 없으므로 A국 품목별 수출액의 증가율은 A국의 전체 수출액에서 각 품목이 차지하는 비중의 증가율과 동일하다. 2017~2018년 A국 반도체 수출액의 전년대비 증가율은 2017년이 0.0%, 2018년이 {(15.0-10.0)/10.0}×100=50.0%, A국 휴대폰 수출액의 전년대비 증가율은 2017년이 {(15.0-16.0)/16.0}×100≒-6.3%, 2018년이 {(13.0-15.0)/15.0}×100≒-13.3%, A국 선박 수출액의 전년대비 증가율은 2017년이 {(4.0-5.0)/5.0}×100=-20.0%, 2018년이 {(3.0-4.0)/4.0}×100=-25.0%이므로 <표>를 이용하여 작성한 그래프로 옳다.

23 자료이해 　난이도 중 　　　정답 ⑤

정답 체크

ㄱ. 2020년 임직원당 관리운영비는 309/305≒1억 원 이상이므로 옳은 설명이다.

ㄷ. 중앙회는 상임위원회와 분과실행위원회로만 구성되고, 중앙회 상임위원회의 여성 위원은 18×0.28≒5명, 중앙회 분과실행위원회의 여성 위원은 85×0.38≒32명이다. 중앙회 상임위원회의 모든 여성 위원이 동시에 중앙회 분과실행위원회 위원이라면, 중앙회 여성 위원 수는 총 32명이므로 옳은 설명이다.

ㄹ. 지회 분과실행위원회의 학계 위원 수는 391×0.73≒285명, 현장 위원 수는 391×0.27≒106명이다. 지회 분과실행위원회의 50대 위원 수가 391×0.51≒199명이므로 모든 현장 위원이 50대라면 50대 중 학계 위원은 최소 199-106≒93명으로 80명 이상이므로 옳은 설명이다.

오답 체크

ㄴ. 분과실행위원회의 현장 위원 수는 중앙회가 85×0.71≒60명으로, 지회의 106명보다 적으므로 옳지 않은 설명이다.

> ⏱ **빠른 문제 풀이 Tip**
>
> ㄴ. 분과실행위원회의 현장 위원 수는 중앙회가 85×0.71, 지회가 391×0.27로 지회의 391이 중앙회의 85 대비 4배 이상이고 중앙회의 0.71은 지회의 0.27 대비 3배 미만이므로 위원 수는 지회가 많음을 알 수 있다.

24 자료논리 　난이도 중 　　　정답 ②

정답 체크

<근무지 이동 지침>에 따라 별관으로 이동할 수 있는 경우는 다음 두 가지이다.

· 본관 1층(지원팀/기획1팀)+본관 2층(기획2팀): 이동한 후 별관 인원수 =16+21=37명
· 본관 1층(지원팀/기획1팀)+본관 3층(영업3팀): 이동한 후 별관 인원수 =16+23=39명

지원팀 또는 기획1팀과, 기획2팀이 별관으로 이동한 후 별관 인원수가 37명일 때, 본관 1층의 인원수는 10+16=26명, 본관 2층의 인원수는 27명, 본관 3층의 인원수는 30+23=53명이므로 가능하다.

오답 체크

①, ④, ⑤ 이동한 후 별관 인원수가 37명 또는 39명이 아니므로 가능하지 않다.

③ 본관 2층(영업2팀) 27명이 이동하고, 본관 3층(영업3팀) 23명 중 10명이 이동했을 때의 그래프이나 <근무지 이동 지침>에 따라 이동은 팀별로 전원이 이동해야 하므로 가능하지 않다.

⏱ 빠른 문제 풀이 Tip

별관으로 이동할 수 있는 경우에 따른 인원수를 빠르게 파악하여 가능하지 않은 선택지를 소거하고, 나머지 선택지 중 가능한 경우를 찾는다.

25 자료이해 [난이도 상]   정답 ⑤

정답 체크

ㄱ. 2011~2020년 산불 건수의 합은 277+197+296+492+623+391+692+496+653+620=4,737건으로, 연평균 산불 건수는 4,737/10≒474건이므로 옳은 설명이다.

ㄴ. 산불 건수가 692건으로 가장 많은 2017년의 검거율 (305/692)×100≒44.1%는 산불 건수가 197건으로 가장 적은 2012년의 검거율 (73/197)×100≒37.1%보다 높으므로 옳은 설명이다.

ㄹ. 입산자 실화가 원인인 산불 건수는 620-(49+65+75+9+1+54+150)=217건으로 2020년 전체 산불 건수 중 입산자 실화가 원인인 산불 건수의 비율은 (217/620)×100≒35%이므로 옳은 설명이다.

오답 체크

ㄷ. 2020년에 기타를 제외한 산불 원인별 산불 건수는 49건의 논밭두렁 소각이 9건의 성묘객 실화보다 많지만, 검거율은 논밭두렁 소각이 (45/49)×100≒91.8%, 성묘객 실화가 (6/9)×100≒66.7%이다. 따라서 산불 건수가 적은 산불 원인일수록 검거율이 높지 않으므로 옳지 않은 설명이다.

⏱ 빠른 문제 풀이 Tip

ㄱ. 2011~2020년 연평균 산불 건수는 제시된 500건을 기준으로 연도별 산불 건수 크기를 비교해서 확인한다. 500에 인접한 해가 2번 있고, 600~700 사이의 해가 4번 있는 반면, 300~400 사이의 해가 1번, 300 이하의 해가 3번 있다. 이에 따라 500을 기준으로 이보다 큰 해의 차이의 합보다 500보다 작은 해의 차이의 합이 더 크므로 연평균 산불 건수는 500건 이하임을 알 수 있다.

ㄹ. 2020년 전체 산불 건수 중 입산자 실화가 원인인 산불 건수의 비율이 35%라면 입산자 실화가 원인인 산불 건수는 620×0.35=217건이므로 이를 포함하여 합한 산불 원인별 산불 건수가 전체 산불 건수인 620건과 같음을 알 수 있다.

정답

p.64

01	⑤	자료이해	06	②	자료변환	11	③	자료이해	16	①	자료이해	21	①	자료이해
02	③	자료이해	07	③	자료매칭	12	④	자료이해	17	③	자료이해	22	④	자료논리
03	②	자료논리	08	⑤	자료이해	13	①	자료매칭	18	⑤	자료이해	23	④	자료변환
04	②	자료이해	09	③	자료이해	14	④	자료변환	19	①	자료논리	24	⑤	자료이해
05	①	자료이해	10	③	자료이해	15	④	자료이해	20	①	자료논리	25	⑤	자료이해

취약 유형 분석표

유형별로 맞힌 문제 개수와 정답률, 틀린 문제 번호와 풀지 못한 문제 번호를 적고 나서 취약한 유형이 무엇인지 파악해 보세요.

유형	맞힌 개수	정답률	틀린 문제 번호	풀지 못한 문제 번호
자료이해	/16	%		
자료매칭	/2	%		
자료논리	/4	%		
자료변환	/3	%		
TOTAL	/25	%		

해설

01 자료이해 _{난이도} 하 ｜ 정답 ⑤

정답 체크

<보고서>의 세 번째 자료에서 연령대별 자원봉사자 등록 현황을 알 수 있고, 다섯 번째 자료에서 자원봉사 누적시간대별 자원봉사 참여자수 현황을 알 수 있다. 그러나 연령별, 1일 시간대별 자원봉사 참여자수 현황은 알 수 없으므로 <보고서>의 내용을 작성하는 데 직접적인 근거로 활용되지 않은 자료이다.

오답 체크

① <보고서>의 두 번째 자료에서 자원봉사단체 등록 현황을 알 수 있으므로 <보고서>의 내용을 작성하는 데 직접적인 근거로 활용된 자료이다.

② <보고서>의 첫 번째 자료에서 인구수 대비 자원봉사자 등록률을 통해 인구 현황을 알 수 있으므로 <보고서>의 내용을 작성하는 데 직접적인 근거로 활용된 자료이다.

③ <보고서>의 첫 번째 자료에서 성별 자원봉사자 등록 현황을 알 수 있고, 세 번째 자료에서 연령대별 자원봉사자 등록 현황을 알 수 있으므로 <보고서>의 내용을 작성하는 데 직접적인 근거로 활용된 자료이다.

④ <보고서>의 네 번째 자료에서 자원봉사자 활동 현황을 알 수 있으므로 <보고서>의 내용을 작성하는 데 직접적인 근거로 활용된 자료이다.

02 자료이해 _{난이도} 하 ｜ 정답 ③

정답 체크

ㄱ. A국은 인간개발지수가 0.75보다 낮으므로 도미니카공화국이고, 도미니카공화국의 인터넷 사용률은 52%이므로 옳은 설명이다.

ㄹ. 1인당 GDP가 가장 높은 국가는 노르웨이이고, 노르웨이의 시민지식 평균점수는 약 560점으로 가장 높으므로 옳은 설명이다.

오답 체크

ㄴ. B국은 인간개발지수가 0.762인 멕시코이고, C국은 인간개발지수가 0.794인 불가리아이다. GDP 대비 공교육비 비율은 멕시코가 5.2%로 불가리아의 3.5%보다 높으므로 옳지 않은 설명이다.

ㄷ. D국은 인간개발지수가 0.901인 대한민국이고, 최근 국회의원 선거 투표율 하위 3개국은 멕시코, 칠레, 불가리아이므로 옳지 않은 설명이다.

03 자료논리 _{난이도} 중 ｜ 정답 ②

정답 체크

<정보>에 따라 각 팀에 해당하는 빈도는 다음과 같다.

구분	1	2	3	4	5	6	7	8	9	10	11	12
가	H	H	C	C	M	C	C	C	C	H	F	C
나	H	H	F	C	H	F	C	C	F	H	F	C
다	H	H	C	C	M	C	C	C	F	M	C	C
라	H	M	C	C	M	C	C	C	C	M	C	C

이에 따라 각 팀의 정확도와 임계성공지수는 다음과 같다.

구분	정확도	임계성공지수
가	(3+7)/(3+1+1+7)≒0.83	3/(3+1+1)=0.6
나	(4+4)/(4+4+0+4)≒0.67	4/(4+4+0)=0.5
다	(2+7)/(2+1+2+7)=0.75	2/(2+1+2)=0.4
라	(1+8)/(1+0+3+8)=0.75	1/(1+0+3)=0.25

따라서 '정확도가 가장 높은 팀'은 '가'이고, '임계성공지수가 가장 낮은 팀'은 '라'이다.

04 자료이해 _{난이도} 중 ｜ 정답 ②

정답 체크

ㄱ. 성과 점수는 '비용부담완화'가 5.12점으로 가장 높고, '보육인력 전문성 제고'가 3.84점으로 가장 낮다. 따라서 두 점수의 차이는 5.12-3.84=1.28점으로 1.00점보다 크므로 옳은 설명이다.

ㄴ. '보육인력 전문성 제고' 과제의 성과 점수는 3.84점, 추진 필요성 점수는 3.70점이다. 두 점수의 차이가 3.84-3.70=0.14점으로 가장 작으므로 옳은 설명이다.

오답 체크

ㄷ. 6대 과제의 추진 필요성 점수의 평균은 (4.15+3.36+3.64+3.70+3.42+3.49)/6≒3.63점이다. 따라서 3.70점 미만이므로 옳지 않은 설명이다.

> ⏱ **빠른 문제 풀이 Tip**
>
> ㄷ. 추진 필요성 점수가 3.70점 이상인 과제는 2개이고, 나머지 4개의 과제는 모두 3.70점 미만이므로 계산하지 않아도 쉽게 판단할 수 있다.

05 자료이해 _{난이도} 중 ｜ 정답 ①

정답 체크

ㄱ. 2011~2014년 육군의 A소총 신규 배치량이 매년 600정 더 많다면, 육·해·공군 전체의 A소총 신규 배치량은 2011년이 3,600+600=4,200정, 2012년이 3,000+600=3,600정, 2013년이 2,800+600=3,400정, 2014년이 600+600=1,200정이다. 따라서 해당 기간 육·해·공군 전체의 A소총 연평균 신규 배치량은 (4,200+3,600+3,400+1,200)/4=3,100정이므로 옳은 설명이다.

오답 체크

ㄴ. 육·해·공군 전체의 A소총 신규 배치량 중 해군의 A소총 신규 배치량이 차지하는 비중은 2011년이 (600/3,600)×100≒16.7%, 2012년이 (520/3,000)×100≒17.3%, 2013년이 (450/2,800)×100≒16.1%, 2014년이 (450/600)×100=75.0%로 2013년이 가장 작으므로 옳지 않은 설명이다.

ㄷ. A소총 1정당 육군은 590만 원, 해군은 560만 원, 공군은 640만 원으로 매입하여 배치했다면, 육·해·공군 전체의 A소총 1정당 매입가격은 2011년이 {(590×3,000)+(560×600)+(640×0)}/(3,000+600)=585만 원, 2014년이 {(590×0)+(560×450)+(640×150)}/(450+150)=580만 원이다. 따라서 2011년이 2014년보다 높으므로 옳지 않은 설명이다.

해커스 단기합격 7급 PSAT 기출+적중 모의고사 자료해석

06 자료변환 난이도 중 정답 ②

정답 체크

<표>에 제시된 유상거래 최저 가격은 2009년이 60원/kg, 2010년이 50원/kg, 2011년이 10원/kg, 2012년이 30원/kg, 2013년이 60원/kg이지만, '2009~ 2013년 유상거래 최고 가격과 최저 가격'에서는 2011년이 10원/kg이 아닌 40원/kg이므로 <표>를 이용하여 작성한 그래프로 옳지 않다.

오답 체크

① 2010~2013년 연도별 전체 거래의 건당 거래량은 2010년이 1,712,694/32≒53,521.7kg, 2011년이 1,568,065/25≒62,722.6kg, 2012년이 1,401,374/32≒43,792.9kg, 2013년이 2,901,457/59≒49,177.2kg이므로 <표>를 이용하여 작성한 그래프로 옳다.

③ 2013~2017년 유상거래 평균 가격은 2013년이 180원/kg, 2014년이 269원/kg, 2015년이 140원/kg, 2016년이 197원/kg, 2017년이 124원/kg이므로 <표>를 이용하여 작성한 그래프로 옳다.

④ 2008년 전체 거래량 구성비는 무상거래가 (42,500/115,894)×100 ≒36.7%, 유상거래가 (73,394/115,894)×100≒63.3%이므로 <표>를 이용하여 작성한 그래프로 옳다.

⑤ 2010년~2013년 무상거래 건수는 2010년이 9건, 2011년이 6건, 2012년이 7건, 2013년이 5건이고, 유상거래 건수는 2010년이 23건, 2011년이 19건, 2012년이 25건, 2013년이 54건이므로 <표>를 이용하여 작성한 그래프로 옳다.

07 자료매칭 난이도 중 정답 ③

정답 체크

· 두 번째 <조건>에 따라 '연강수량'이 세계평균보다 많은 국가 A, B, D, G, 영국, H, 이탈리아 중 '1인당 이용가능한 연수자원총량'이 가장 적은 A가 대한민국이다.

· 세 번째 <조건>에 따라 '1인당 연강수총량'이 세계평균의 5배인 16,427×5=82,135m³/인 이상인 국가 E, F, G를 '연강수량'이 많은 국가부터 나열하면 G, E, F 순이므로 G는 뉴질랜드, E는 캐나다, F는 호주이다.

· 첫 번째 <조건>에 따라 '연강수량'이 세계평균의 2배인 807×2=1,614mm 이상인 B와 G가 각각 일본 또는 뉴질랜드이며, G가 뉴질랜드이므로 B가 일본이다.

· 네 번째 <조건>에 따라 '1인당 이용가능한 연수자원총량'이 영국보다 적은 국가 A, C, D 중 '1인당 연강수총량'이 세계평균의 25%인 16,427×0.25=4,107m³/인 이상인 국가가 중국이므로 C가 중국이다.

· 다섯 번째 <조건>에 따라 '1인당 이용가능한 연수자원총량'이 6번째로 많은 H가 프랑스이다.

따라서 A는 대한민국, B는 일본, C는 중국, E는 캐나다, F는 호주, G는 뉴질랜드, H가 프랑스이므로 국가명을 알 수 없는 것은 D이다.

08 자료이해 난이도 중 정답 ⑤

정답 체크

ㄱ. 도착 화물보다 출발 화물이 많은 지역은 출발 화물이 977개이고 도착 화물이 390개인 A, 출발 화물이 944개이고 도착 화물이 797개인 B, 출발 화물이 472개이고 도착 화물이 355개인 D로 총 3개이므로 옳은 설명이다.

ㄷ. 지역 내 이동 화물을 제외할 때, 출발 화물과 도착 화물의 합이 가장 작은 지역은 (366-30)+(381-30)=687개인 C이고, C지역의 출발 화물과 도착 화물의 차이는 381-366=15개로 가장 작으므로 옳은 설명이다.

ㄹ. 도착 화물이 가장 많은 지역은 1,465개인 G이고, G지역은 출발 화물 중 지역 내 이동 화물의 비중이 (359/1,294)×100≒27.7%로 가장 크므로 옳은 설명이다.

오답 체크

ㄴ. 지역 내 이동 화물이 가장 적은 지역은 30개인 C이지만, 도착 화물이 가장 적은 지역은 355개인 D이므로 옳지 않은 설명이다.

09 자료이해 | 난이도 중 | 정답 ③

정답 체크
2009년 여성과 남성의 기대수명이 모두 상위 5위 이내인 OECD국가는 일본과 스위스 총 2개이므로 옳은 설명이다.

오답 체크
① 2003년 대비 2009년 한국 남성의 기대수명은 {(76.8−73.9)/73.9}×100≒3.9% 증가했으므로 옳지 않은 설명이다.
② 2009년 일본 남성의 기대수명 79.6세는 일본 여성의 기대수명의 90%인 86.4×0.9≒77.8세를 초과하므로 옳지 않은 설명이다.
④ 2006년과 2009년 한국 남성의 기대수명 차이는 76.8−75.7=1.1세이고, 한국 여성의 기대수명 차이는 83.8−82.4=1.4세이므로 옳지 않은 설명이다.
⑤ 2009년 스위스 여성과 스웨덴 여성의 기대수명 차이는 84.6−83.4=1.2세이고, 두 나라 남성의 기대수명 차이는 79.9−79.4=0.5세이므로 옳지 않은 설명이다.

> #### ⏱ 빠른 문제 풀이 Tip
> ② 90% 값을 구하는 것보다 전체에서 10% 값을 빼서 빠르게 푼다. 예를 들어 2009년 일본 여성의 기대수명의 10%는 8.64이므로 90%는 86.4−8.64=77.76세임을 알 수 있다.

10 자료이해 | 난이도 중 | 정답 ③

정답 체크
시청률이 20% 미만인 코너는 7월 마지막 주가 '예술성', '어색한 친구', '좋지 아니한가', '합기도'이고, 10월 첫째 주가 '세가지', '아이들', '합기도'이다. 따라서 7월 마지막 주와 10월 첫째 주 시청률이 모두 20% 미만인 코너는 '합기도'뿐이므로 옳은 설명이다.

오답 체크
① 7월 마지막 주에는 '체포왕자'와 '어색한 친구', 10월 첫째 주에는 '험담자'가 신설되었고, 10월 첫째 주 이전에 '돼지의 품격'이 신설되었으므로 옳지 않은 설명이다.
② 10월 첫째 주에는 전주보다 시청률이 낮은 '세가지'가 있으므로 옳지 않은 설명이다.
④ 7월 마지막 주의 전주 대비 시청률 상승폭이 가장 큰 코너는 '세가지'이고, 10월 첫째 주의 전주 대비 시청률 상승폭이 가장 큰 코너는 '생활의 문제'로 동일하지 않으므로 옳지 않은 설명이다.
⑤ 시청률 순위 상위 5개 코너의 시청률 산술평균은 7월 마지막 주가 (27.6+27.5+27.2+26.9+26.5)/5≒27.1%이고, 10월 첫째 주가 (27.4+27.0+24.9+24.5+23.4)/5≒25.4%로 7월 마지막 주가 더 높으므로 옳지 않은 설명이다.

> #### ⏱ 빠른 문제 풀이 Tip
> ⑤ 7월 마지막 주 시청률 순위가 1~5위인 코너의 시청률이 10월 첫째 주 시청률 순위가 1~5위인 코너의 시청률보다 각각 더 높으므로 평균을 구하지 않아도 7월 마지막 주가 더 높음을 알 수 있다.

11 자료이해 | 난이도 중 | 정답 ③

정답 체크
ㄴ. C 사업 예산은 135×0.42×0.19≒10.8억 원이고, D 사업 예산은 135×0.19×0.51≒13.1억 원이므로 옳은 설명이다.
ㄷ. '경제복지' 분야 예산은 135×0.30=40.5억 원이고, B 사업과 C 사업 예산의 합은 135×0.42×(0.19+0.34)≒30.1억 원이므로 옳은 설명이다.

오답 체크
ㄱ. '교육' 분야 예산은 135×0.09≒12.2억 원이므로 옳지 않은 설명이다.
ㄹ. '도시안전' 분야 예산은 135×0.19≒25.7억 원이고, A-2 사업 예산은 135×0.42×0.47×0.48≒12.8억 원이다. 따라서 '도시안전' 분야 예산은 A-2 사업 예산의 3배 미만이므로 옳지 않은 설명이다.

12 자료이해 | 난이도 중 | 정답 ④

정답 체크
ㄴ. 2020년 PC, 태블릿, 콘솔의 게임시장 규모의 합이 A국 게임시장 전체 규모에서 차지하는 비중은 2020년 A국의 PC, 태블릿, 콘솔 게임시장 점유율의 합과 같은 27.5+9.1+12.0=48.6%로, 50% 미만이므로 옳은 설명이다.
ㄹ. 기타를 제외하고 2017년 대비 2018년 플랫폼별 게임시장 규모 증가율은 PC가 {(165−149)/149}×100≒10.7%, 모바일이 {(244−221)/221}×100≒10.4%, 태블릿이 {(63−56)/56}×100≒12.5%, 콘솔이 {(95−86)/86}×100≒10.5%로 증가율이 가장 높은 플랫폼은 태블릿이므로 옳은 설명이다.

오답 체크
ㄱ. 2019년 A국 게임시장 전체 규모인 173+256+66+78+40=613억 원은 2018년의 165+244+63+95+55=622억 원 대비 감소했으므로 옳지 않은 설명이다.
ㄷ. 2019년 PC의 게임시장 점유율은 (173/613)×100≒28.2%로 2020년의 27.5%보다 높으므로 옳지 않은 설명이다.

13 자료매칭 | 난이도 중 | 정답 ①

정답 체크
· 첫 번째 <조건>에 따르면 자동차 한 대당 도로연장이 가장 짧은 지역은 인천이라고 했으므로 도로연장이 자동차 대수의 약 2배로 가장 작은 A가 인천임을 알 수 있다.
· 두 번째 <조건>에 따르면 대전의 면적당 도로연장은 인천보다 길고 서울보다 짧다고 했으며, 지역별 면적당 도로연장은 서울이 8,273/605≒13.7/km, 인천이 3,271/1,063≒3.1/km이므로 면적당 도로연장이 2,140/540≒4.0/km인 B가 대전임을 알 수 있다.
· 세 번째 <조건>에 따르면 충남의 개통도로는 서울의 개통도로보다 짧다고 했고 남은 C~E의 개통도로를 구하면 C가 7,753/0.884≒8,770km, D가 9,943/0.91≒10,926km, E가 6,249/0.925≒6,756km이므로 E가 충남임을 알 수 있다.

- 네 번째 <조건>에 따르면 강원 인구 1인당 도로연장은 경남 인구 1인당 도로연장보다 길다고 했고, 인구 1인당 도로연장은 C가 9,953/1,543 ≒6.5m, D가 12,650/3,374≒3.7m이므로 C가 강원, D가 경남임을 알 수 있다.

따라서 A가 인천, B가 대전, C가 강원, D가 경남, E가 충남이다.

> ⏱ **빠른 문제 풀이 Tip**
>
> 확정된 항목과 매칭된 선택지를 제외한 나머지 오답을 소거한다. 첫 번째와 두 번째 <조건>에서 각각 A가 인천, B가 대전으로 확정되므로 이처럼 매칭되지 않은 ③, ④, ⑤를 소거하면, ①, ②에 공통으로 나타난 E가 충남임을 알 수 있다. 이에 따라 연산이 많은 세 번째 조건의 풀이를 생략하고 네 번째 조건만 확인한다.

14 자료변환 [난이도 중] 정답 ④

정답 체크

ㄱ. <보고서>의 세 번째 단락에서 국회 국민청원건수는 16대 이후로 감소하고 있고, 13대에 503건에서 지속적으로 증가해 16대에 765건으로 정점을 찍은 후 급감하여 19대 들어 227건에 그쳐 13대 이후 최저 수준을 기록하였다고 했으므로 추가로 필요한 자료임을 알 수 있다.

ㄷ. 법안 반영률=$\frac{처리\ 법안수}{발의\ 법안수}$×100임을 적용하여 구한다. <보고서>의 두 번째 단락에서 상임위원회당 처리 법안수가 13대 352/17≒20.7건에서 19대 6,626/16≒414.1건으로 20배 이상이 되었다고 했으므로 추가로 필요한 자료임을 알 수 있다.

ㄹ. <보고서>의 첫 번째 단락에서 19대 국회의 의원입법안은 16,728건이 발의되었고, 이는 국회의원 1인당 16,728/300≒55.8건으로 50건 이상의 법안이 제출된 셈이라고 했으므로 추가로 필요한 자료임을 알 수 있다.

오답 체크

ㄴ. <보고서>에 제시되지 않은 내용이므로 추가로 필요한 자료가 아님을 알 수 있다.

15 자료이해 [난이도 중] 정답 ④

정답 체크

ㄱ. 방류수의 생물학적 산소요구량 기준이 '5mg/L 이하'인 하수처리장은 1일 하수처리용량 500m³ 이상인 L 하수처리장 중에서 I등급과 II등급 지역에 있는 하수처리장으로 5개이므로 옳은 설명이다.

ㄷ. II등급 지역에서 방류수의 총인 기준이 '0.3mg/L 이하'인 하수처리장은 1일 하수처리용량 500m³ 이상인 L 하수처리장 2개뿐으로, 1일 하수처리용량 합은 최소 500×2=1,000m³이므로 옳은 설명이다.

ㄹ. 방류수의 총질소 기준이 '20mg/L 이하'인 하수처리장 수는 1일 하수처리용량 500m³ 이상인 L 하수처리장 수와 50m³ 이상 500m³ 미만인 M 하수처리장 수의 합에 해당하므로 전체 36개 하수처리장에서 1일 하수처리용량 50m³ 미만인 S 하수처리장의 수를 뺀 값과 같다. 36-10=26개는 방류수의 화학적 산소요구량 기준이 '20mg/L 이하'인 하수처리장 수의 5배인 5×5=25개보다 많으므로 옳은 설명이다.

오답 체크

ㄴ. 1일 하수처리용량 500m³ 이상인 L 하수처리장 수는 14개로, 1일 하수처리용량 50m³ 미만인 S 하수처리장 수의 1.5배인 10×1.5=15개보다 적으므로 옳지 않은 설명이다.

16 자료이해 [난이도 중] 정답 ①

정답 체크

ㄱ. 2018년 대비 2024년 매출액 순위변화를 통해 기업별 2018년 매출액 순위는 Pfizer가 1위, Novartis가 3위, Roche가 2위, J&J가 4위, Merck가 5위, Sanofi가 6위, GSK는 12위, AbbVie는 10위, Takeda는 16위, AstraZeneca가 14위임을 알 수 있고, 7~9위 기업은 파악할 수 없다. 2018년 매출액 순위 7~9위에 해당하는 기업의 매출액은 각각 10위인 AbbVie의 321억 달러보다 많고, 6위인 Sanofi의 351억 달러보다 적다. 이에 따라 7~9위의 매출액을 10위의 매출액인 321억 달러보다 많다고 가정할 때, 상위 10개 제약사의 매출액은 3,455-(306+174+207)+(321×3)=3,731억 달러보다 많아야 한다. 따라서 2018년 매출액 상위 10개 제약사의 2018년 매출액 합은 3,700억 달러 이상이므로 옳은 설명이다.

ㄴ. 2024년 매출액 상위 10개 제약사 중, 2018년 대비 2024년 매출액이 가장 많이 증가한 기업은 323-174=149억 달러 증가한 Takeda이고, 가장 적게 증가한 기업은 467-446=21억 달러 증가한 Roche이므로 옳은 설명이다.

오답 체크

ㄷ. 2024년 매출액 상위 10개 제약사의 매출액 합이 전체 제약사 총매출액에서 차지하는 비중은 2024년이 (4,149/11,809)×100≒35.1%로, 2018년의 비중인 (3,455/8,277)×100≒41.7%보다 작으므로 옳지 않은 설명이다.

ㄹ. 2024년 매출액 상위 10개 제약사 중, 2018년 대비 2024년 매출액 증가율이 50%를 넘는 Takeda와 AstraZeneca의 증가율을 확인하면 Takeda는 {(323-174)/174}×100≒85.6%, AstraZeneca는 {(322-207)/207}×100≒55.6%이다. 따라서 증가율이 60% 이상인 기업은 1개이므로 옳지 않은 설명이다.

17 자료이해 [난이도 중] 정답 ③

정답 체크

ㄴ. 부동산 압류건수는 2015년이 146,919-27,783=119,136건, 2016년이 158,754-34,011=124,743건, 2017년이 163,666-34,037=129,629건, 2018년이 151,211-29814=121,397건이다. 전체 압류건수가 가장 많은 해는 2017년이고, 부동산 압류건수가 가장 많은 해도 2017년이므로 옳은 설명이다.

ㄷ. 2019년 부동산 압류건수가 전년대비 30% 감소하면 121,397×(1-0.3)≒84,978건이고, 기타 재산 압류건수가 29,814건으로 동일하다면, 전체 압류건수의 전년대비 감소율은 {(151,211-84,978-29,814)/151,211}×100≒24.1%이므로 옳은 설명이다.

오답 체크

ㄱ. 2016년과 2017년 각각 부동산 압류건수는 기타 재산 압류건수의 4배 미만이므로 옳지 않은 설명이다.

ㄹ. 2016년 부동산 압류건수는 2014년 대비 {(124,743−122,148)/122,148}×100≒2.1% 증가했으므로 옳지 않은 설명이다.

18 자료이해 난이도 하   정답 ⑤

정답 체크

ㄴ. '직위불안' 항목에서 '낮음'으로 응답한 근로자는 생산직이 133×0.2406≒32명이고, 사무직이 87×0.2759≒24명이므로 옳은 설명이다.

ㄹ. '보상부적절' 항목에서 '높음'으로 응답한 근로자는 생산직이 133×0.6015≒80명이고, 사무직이 87×0.6437≒56명이므로 옳은 설명이다.

오답 체크

ㄱ. 직무스트레스 수준이 '상위'에 해당하는 근로자의 비율은 '직위불안' 항목에서 생산직이 10.53+64.66=75.19%로 사무직의 12.64+58.62=71.26%보다 높고, '관계갈등' 항목에서 생산직이 10.53+67.67=78.20%로 사무직의 10.34+64.37=74.71%보다 높으므로 옳지 않은 설명이다.

ㄷ. '관계갈등' 항목에서 '매우 높음'으로 응답한 생산직 근로자는 133×0.1053≒14명이고, '매우 낮음'으로 응답한 생산직 근로자는 133×0.015≒2명이다. 따라서 그 차이는 14−2≒12명이므로 옳지 않은 설명이다.

19 자료논리 난이도 상   정답 ①

정답 체크

각 선거구별로 정당지지율이 가장 큰 정당은 '가', '나', '바' 지역이 90+80+60=230%인 A 정당, '다', '라', '아' 지역이 20+50+60=130%인 B 정당, '마', '자', '차' 지역이 20+60+40=120%인 B 정당, '사', '카', '타' 지역이 30+20+80=130%인 B 정당이다. 따라서 B 정당에서 총 3명의 국회의원이 선출되므로 B 정당의 국회의원이 가장 많이 선출되는 선거구 획정방법이다.

오답 체크

② 각 선거구별로 정당지지율이 가장 큰 정당은 '가', '마', '자' 지역이 90+60+30=180%인 A 정당, '나', '바', '차' 지역이 80+60+20=160%인 A 정당, '다', '사', '카' 지역이 70+30+20=120%인 A 정당, '라', '아', '타' 지역이 50+60+80=190%인 B 정당이다. 따라서 B 정당에서 총 1명의 국회의원이 선출된다.

③ 각 선거구별로 정당지지율이 가장 큰 정당은 '가', '나', '바' 지역이 90+80+60=230%인 A 정당, '다', '라', '사' 지역이 70+40+30=140%인 A 정당, '마', '자', '차' 지역이 20+60+40=120%인 B 정당, '아', '카', '타' 지역이 60+20+80=160%인 B 정당이다. 따라서 B 정당에서 총 2명의 국회의원이 선출된다.

④ 각 선거구별로 정당지지율이 가장 큰 정당은 '가', '나', '다' 지역이 90+80+70=240%인 A 정당, '라', '아', '타' 지역이 50+60+80=190%인 B 정당, '마', '바', '자' 지역이 60+60+30=150%인 A 정당, '사', '카', '차' 지역이 40+60+40=140%인 C 정당이다. 따라서 B 정당에서 총 1명의 국회의원이 선출된다.

⑤ 각 선거구별로 정당지지율이 가장 큰 정당은 '가', '마', '자' 지역이 90+60+30=180%인 A 정당, '다', '나', '바' 지역이 80+70+60=210%인 A 정당, '라', '아', '사' 지역이 50+60+30=140%인 B 정당, '차', '카', '타' 지역이 40+20+80=140%인 B 정당이다. 따라서 B 정당에서 총 2명의 국회의원이 선출된다.

20 자료논리 난이도 상   정답 ①

정답 체크

제품 A~E의 <정보>에 따른 측정 및 가공 작업에 소요되는 비용을 정리하면 다음과 같다.

· A: 측정 및 가공 작업은 오염도 측정 1회이다. 이에 따라 소요되는 비용은 5천 원이다.

· B: 측정 및 가공 작업은 오염도 측정 2회, 세척 1회, 강도 측정 3회, 열가공 2회, 치수 측정 3회, 기계가공(치수 확대) 2회이다. 이에 따라 소요되는 비용은 (5×2)+5+(10×3)+(50×2)+(2×3)+(20×2)=191천 원이다.

· C: 측정 및 가공 작업은 오염도 측정 1회, 강도 측정 1회, 치수 측정 4회, 기계가공(치수 확대) 3회이다. 이에 따라 소요되는 비용은 5+10+(2×4)+(20×3)=83천 원이다.

· D: 측정 및 가공 작업은 오염도 측정 1회, 강도 측정 1회이다. 이에 따라 소요되는 비용은 5+10=15천 원이다.

· E: 측정 및 가공 작업은 오염도 측정 6회, 세척 5회, 강도 측정 2회, 열가공 1회, 치수 측정 3회, 기계가공(치수 축소) 2회이다. 이에 따라 소요되는 비용은 (5×6)+(5×5)+(10×2)+50+(2×3)+(10×2)=151천 원이다.

따라서 제품 A~E 중 소요되는 비용이 가장 적은 제품은 A이고, 가장 많은 제품은 B이다.

> ⏱ 빠른 문제 풀이 Tip
>
> 선택지를 먼저 확인하면 '비용이 가장 적은 제품'은 A, C, D 중에 있음을 알 수 있다. 이때 <정보>의 '제품 품질 측정 및 가공 작업 공정'에 따르면 오염도가 10을 초과하거나 강도가 4 미만인 경우에 폐기되므로 공정 단계가 짧고 폐기된 제품의 비용이 가장 적을 가능성이 있다. 제품 A의 경우 오염도가 12로 오염도 측정 1회 후 폐기되므로 소요되는 비용은 5천 원으로 가장 적다. 따라서 ①, ②를 제외한 나머지 선택지가 소거되므로 B, C의 소요되는 비용만 추가로 확인한다. 이때 제품 B, C에 공통으로 적용되는 공정을 제외하고 비용을 산출하면 계산이 간단하다.

21 자료이해 난이도 중   정답 ①

정답 체크

재해율=재해자 수/근로자 수×100임을 적용하여 구한다. 2016년 건설업 재해자 수는 (2,586,832×0.91)/100≒23,540명, 2018년 건설업 재해자 수는 (3,358,813×0.75)/100≒25,191명이다. 따라서 건설업 재해자 수는 매년 증가하므로 옳은 설명이다.

ㄱ. 재배농가당 재배면적은 2016년이 53/53=1천 ha/천 호, 2017년이 106/135≒0.79천 ha/천 호, 2018년이 174/195≒0.89천 ha/천 호, 2019년이 205/221≒0.93천 ha/천 호이므로 옳지 않은 설명이다.

ㄴ. 친환경 농작물 재배면적 중 '무농약'의 비중은 2016년이 (14/53)×100≒26.4%, 2017년이 (37/106)×100≒34.9%, 2018년이 (42/174)×100≒24.1%, 2019년이 (69/205)×100≒33.7%이므로 옳지 않은 설명이다.

25 자료이해 난이도 **상**   정답 ⑤

ㄴ. 전체 상담건수 중 진로상담 건수는 5,340×0.45=2,403건이다. 이때 '진로컨설턴트'의 상담건수 641건이 모두 진로상담이고 '상담직원'의 상담건수 414건이 모두 생활상담 또는 학업상담이라면, '교수'가 상담한 유형 중 진로상담이 차지하는 비중은 {(2,403-641)/4,285}×100≒41.1%이므로 옳은 설명이다.

ㄷ. 상담건수가 많은 학년부터 순서대로 나열하면 4학년, 1학년, 2학년, 3학년 순이므로 옳은 설명이다.

ㄹ. 최소 한 번이라도 상담을 받은 학생 수는 3,826+496+174=4,496명으로 4,600명 이하이므로 옳은 설명이다.

ㄱ. 학년별 전체 상담건수 중 '상담직원'의 상담건수가 차지하는 비중은 1학년이 (154/1,306)×100≒11.8%, 2학년이 (97/1,229)×100≒7.9%, 3학년이 (107/1,082)×100≒9.9%, 4학년이 (56/1,723)×100≒3.3%이다. 따라서 비중이 큰 학년부터 순서대로 나열하면 1학년, 3학년, 2학년, 4학년 순이므로 옳지 않은 설명이다.

> ⏱ **빠른 문제 풀이 Tip**
>
> ㄱ. 분모값이 작고 분자값이 클수록 분수값은 크다는 점을 이용하여 구체적인 수치를 계산하지 않고 보다 간단히 대소를 비교한다. <표>에서 분모값에 해당하는 전체 상담건수는 3학년이 2학년보다 작고, 분자값에 해당하는 '상담직원'의 상담건수는 3학년이 2학년보다 크다. 따라서 비중은 3학년이 2학년보다 큼을 알 수 있다.

정답

p.80

01	⑤	자료이해	06	⑤	자료이해	11	③	자료이해	16	①	자료이해	21	⑤	자료논리
02	⑤	자료논리	07	①	자료매칭	12	④	자료변환	17	②	자료논리	22	③	자료매칭
03	④	자료변환	08	②	자료이해	13	④	자료논리	18	①	자료이해	23	①	자료이해
04	④	자료이해	09	②	자료이해	14	⑤	자료이해	19	⑤	자료이해	24	④	자료논리
05	①	자료이해	10	⑤	자료이해	15	②	자료이해	20	④	자료이해	25	⑤	자료변환

취약 유형 분석표

유형별로 맞힌 문제 개수와 정답률, 틀린 문제 번호와 풀지 못한 문제 번호를 적고 나서 취약한 유형이 무엇인지 파악해 보세요.

유형	맞힌 개수	정답률	틀린 문제 번호	풀지 못한 문제 번호
자료이해	/15	%		
자료매칭	/2	%		
자료논리	/5	%		
자료변환	/3	%		
TOTAL	/25	%		

해설

01 자료이해 난이도 중   정답 ⑤

정답 체크

미수납액=징수결정액-수납액-불납결손액임을 적용하여 구한다. 2018년 교통·에너지·환경세 미수납액은 14,110-14,054-10=46십억 원, 교육세 미수납액은 4,922-4,819-3=100십억 원으로 교통·에너지·환경세 미수납액이 교육세 미수납액보다 작으므로 옳지 않은 설명이다.

오답 체크

① 미수납액은 2014년이 198,902-180,153-7,270=11,479십억 원, 2015년이 311,095-192,092-8,200=110,803십억 원, 2016년이 208,745-190,245-8=18,492십억 원, 2017년이 221,054-195,754-2,970=22,330십억 원, 2018년이 237,000-208,113-2,321=26,566 십억 원으로 2018년이 가장 크므로 옳은 설명이다.

② 수납비율=$\frac{수납액}{예산액}$×100임을 적용하여 구한다. 수납비율은 2014년이 (180,153/175,088)×100≒102.9%, 2015년이 (192,092/192,620)×100≒99.7%, 2016년이 (190,245/199,045)×100≒95.6%, 2017년이 (195,754/204,926)×100≒95.5%, 2018년이 (208,113/205,964)×100≒101.0%로 2014년이 가장 높으므로 옳은 설명이다.

③ 2018년 내국세 미수납액은 213,585-185,240-2,301=26,044십억 원이고, 총 세수 미수납액은 237,000-208,113-2,321=26,566십억 원이다. 따라서 2018년 내국세 미수납액은 총 세수 미수납액의 (26,044/26,566)×100≒98.0%로 95% 이상을 차지하므로 옳은 설명이다.

④ 2018년 세수항목의 수납비율은 내국세가 (185,240/183,093)×100≒101.2%, 교통·에너지·환경세가 (14,054/13,920)×100≒101.0%, 교육세가 (4,819/5,184)×100≒93.0%, 농어촌특별세가 (2,600/2,486)×100≒104.6%, 종합부동산세가 (1,400/1,281)×100≒109.3%로 종합부동산세가 가장 높으므로 옳은 설명이다

02 자료논리 난이도 중   정답 ⑤

정답 체크

A~C는 사격게임 1, 3라운드에는 각각 5발을 발사하고, 2, 4, 5라운드에는 각각 8발을 발사했으므로 각 참가자의 라운드별 적중 횟수는 다음과 같다.

구분	1	2	3	4	5
A	5×0.2 =1발	( )	5×0.6 =3발	8×0.375 =3발	( )
B	5×0.4 =2발	8×0.625 =5발	5×1 =5발	8×0.125 =1발	8×0.125 =1발
C	( )	8×0.625 =5발	5×0.8 =4발	( )	8×0.625 =5발

이때 각 참가자의 라운드별 적중 횟수는 최소 1발부터 최대 5발까지이고, 참가자별로 1발만 적중시킨 라운드 횟수는 2회 이하이므로 A의 총적중 횟수는 2, 5라운드에서 각각 1발 또는 2발이어야 최소이고, C의 총적중 횟수는 1, 4라운드에서 모두 5발이어야 최대이다. 이에 따라 A의 총적중 횟수의 최솟값은 1+1+3+3+2=10발, C의 총적중 횟수의 최댓값은 5+5+4+5+5=24발이다.

따라서 두 값의 차이는 24-10=14이다.

03 자료변환 난이도 하   정답 ④

정답 체크

<보고서>에서 기혼여성의 취업여부별 경력단절 경험 비율은 제시되지 않았으므로 <보고서>를 작성하기 위해 사용한 자료가 아니다.

오답 체크

① <보고서>의 세 번째 단락에 따라 2018년 육아휴직자 수는 82,179+7,616=89,795명이고, 남성 육아휴직자 수는 전년 대비 증가, 여성 육아휴직자 수는 전년 대비 감소했다. 또한 2018년 육아기 근로시간 단축 제도 이용자 수는 2017년보다 {(2,383+378-1,891-170)/(1,891+170)}×100≒34.0% 증가한 2,383+378=2,761명이므로 <보고서>를 작성하기 위해 사용한 자료이다.

② <보고서>의 두 번째 단락에 따라 2018년 기혼남성과 기혼여성의 고용률 차이는 82.0-52.8=29.2%p이므로 <보고서>를 작성하기 위해 사용한 자료이다.

③ <보고서>의 첫 번째 단락에 따라 2018년 가족친화 인증을 받은 기업 및 기관수는 1,828개로 2017년보다 {(1,828-1,363)/1,363}×100≒34.1% 증가했고, 전년 대비 증가율은 중소기업 및 공공기관이 각각 40.0%, 39.0%로 대기업 10.5%보다 높게 나타났으므로 <보고서>를 작성하기 위해 사용한 자료이다.

⑤ <보고서>의 두 번째 단락에 따라 2018년 유배우자 가구 중 맞벌이 가구의 비율은 2017년보다 44.9-43.9=1.0%p 증가하였다고 했으므로 <보고서>를 작성하기 위해 사용한 자료이다.

04 자료이해 난이도 하   정답 ④

정답 체크

ㄱ. 논 가뭄 피해면적이 가장 큰 지역은 전남이고, 전남의 밭 가뭄 피해면적이 가장 크므로 옳은 설명이다.

ㄷ. 전체 논 재배면적 대비 전체 논 가뭄 피해면적 비율은 (147,890/1,145,095)×100≒12.9%로 15% 이하이므로 옳은 설명이다.

ㄹ. 밭 재배면적 대비 밭 가뭄 피해면적 비율은 경북이 (16,702/152,137)×100≒11.0%, 경남이 (6,756/72,686)×100≒9.3%로 경북이 경남보다 크므로 옳은 설명이다.

오답 체크

ㄴ. 논 가뭄 피해 발생기간이 가장 긴 지역은 전남이고, 밭 가뭄 피해 발생기간이 가장 긴 지역은 경남이므로 옳지 않은 설명이다.

> ⏱ **빠른 문제 풀이 Tip**
>
> ㄷ. 전체 논 재배면적의 10%는 약 114,000ha, 5%는 약 57,000ha로 전체 논 재배면적의 15%는 114,000+57,000≒171,000ha이다. 따라서 전체 논 가뭄 피해면적은 전체 논 재배면적의 15% 이하임을 알 수 있다.

05 자료이해　난이도 ⑧　　　　정답 ①

정답 체크

ㄱ. 총질소 농도는 샘플 A가 46.24mg/L, 샘플 I가 5.27+1.12+35.19=41.58mg/L로 샘플 A가 더 높으므로 옳은 설명이다.

ㄴ. 샘플 B의 TKN 농도는 6.46+25.01=31.47mg/L로 30mg/L 이상이므로 옳은 설명이다.

오답 체크

ㄷ. 질산성 질소 농도는 샘플 B가 37.38-6.46-25.01=5.91mg/L, 샘플 D가 54.38-49.39=4.99mg/L로 샘플 B가 더 높으므로 옳지 않은 설명이다.

ㄹ. 샘플 F는 암모니아성 질소 농도와 유기성 질소 농도의 합인 TKN 농도는 알 수 있으나, 암모니아성 질소 농도와 유기성 질소 농도 각각의 수치는 알 수 없다.

⏱ 빠른 문제 풀이 Tip

ㄹ. 제시된 자료만으로는 알 수 없는 내용이므로 ㄹ이 포함된 ④, ⑤를 소거한 후 ㄱ~ㄷ을 판단한다.

06 자료이해　난이도 ⑧　　　　정답 ⑤

정답 체크

학원 '을'과 '병'이 12월 수강료를 10% 할인한다면, 12월 총 수강료는 A가구가 (80,000×2)+{60,000×(1-0.1)×2}+{90,000×(1-0.1)×1}=349,000원, B가구가 (80,000×1)+{60,000×(1-0.1)×2}+{90,000×(1-0.1)×2}=350,000원이다. 따라서 A가구보다 B가구가 1,000원 더 많으므로 옳지 않은 설명이다.

오답 체크

① 11월 가구별 총 수강료는 A가구가 (80,000×2)+(60,000×2)+(90,000×1)=370,000원, B가구가 (80,000×1)+(60,000×2)+(90,000×2)=380,000원으로 B가구가 A가구보다 1만 원 더 많으므로 옳은 설명이다.

② 11월 총 수강료가 가장 많은 아동은 학원 '갑', '을', '병'에 모두 등록한 민준이고, 총 수강료가 가장 적은 아동은 학원 '을'만 등록한 재경이다. 따라서 민준이의 11월 수강료는 80,000+60,000+90,000=230,000원으로 재경이의 11월 수강료 3배인 60,000×3=180,000원보다 많으므로 옳은 설명이다.

③ 학원 '을'이 12월 수강료를 10% 인상한다면, A가구의 총 수강료는 11월이 370,000원, 12월이 (80,000×2)+{60,000×(1+0.1)×2}+(90,000×1)=382,000원으로 12월이 11월에 비해 382,000-370,000=12,000원 증가하므로 옳은 설명이다.

④ 학원 '갑', '을', '병'이 한 가구에서 아동 2명 이상 등록 시 12월 수강료를 20% 할인한다면, A가구의 11월 총 수강료는 370,000원, 12월 총 수강료는 {80,000×(1-0.2)×2}+{60,000×(1-0.2)×2}+(90,000×1)=314,000원이고, B가구의 11월 총 수강료는 380,000원, 12월 총 수강료는 (80,000×1)+{60,000×(1-0.2)×2}+{90,000×(1-0.2)×2}=320,000원이다. 따라서 11월과 12월 총 수강료 차이는 A가구가 370,000-314,000=56,000원, B가구가 380,000-320,000=60,000원으로 B가구가 A가구보다 크므로 옳은 설명이다.

⏱ 빠른 문제 풀이 Tip

두 가구 또는 한 가구의 월별 수강료를 비교할 때, 차이가 나는 부분만 비교한다. 예를 들어 ①에서 A가구는 학원 '갑'에 한 아동을, B가구는 학원 '병'에 한 아동을 더 등록하였고, 1개월 수강료는 학원 '갑'이 80,000원, 학원 '병'이 90,000원이므로 11월 가구별 총 수강료는 B가구가 A가구보다 10,000원 더 많음을 알 수 있다.

07 자료매칭　난이도 ⑧　　　　정답 ①

정답 체크

· 네 번째 <조건>에 따라 A~D에 대한 한국의 점유율은 A가 (1,880/27,252)×100≒6.9%, B가 (7,518/170,855)×100≒4.4%, C가 (4,295/20,849)×100≒20.6%, D가 (7,127/26,495)×100≒26.9%이므로 D가 '환경생물공학기술'임을 알 수 있다.

· 첫 번째 <조건>에 따라 미국의 점유율은 A가 47.6%, B가 45.6%, C가 8.1%이고, 한국의 점유율은 A가 6.9%, B가 4.4%, C가 20.6%이므로 C가 '발효식품개발기술'임을 알 수 있다.

· 세 번째 <조건>에 따라 한국 점유율과 미국 점유율의 차이는 A가 47.6-6.9=40.7%p, B가 45.6-4.4=41.2%p이므로 B가 '유전체기술'이고, A가 '동식물세포배양기술'임을 알 수 있다.

따라서 A는 '동식물세포배양기술', B는 '유전체기술', C는 '발효식품개발기술', D는 '환경생물공학기술'이다.

08 자료이해　난이도 ⑥　　　　정답 ②

정답 체크

ㄱ. 2020년 전체 대학의 전임교원 담당학점 비율인 66.7%는 비전임교원 담당학점 비율의 2배인 33.3×2=66.6% 이상이므로 옳은 설명이다.

ㄹ. 2019년 대비 2020년에 증가한 비전임교원 담당학점은 비수도권 대학이 132,991-124,091=8,900학점이고, 수도권 대학이 106,403-101,864=4,539학점으로, 비수도권 대학의 담당학점은 수도권 대학의 2배인 4,539×2=9,078학점보다 적으므로 옳은 설명이다.

오답 체크

ㄴ. 2020년 전체 대학의 전임교원 담당학점은 전년대비 증가했고, 2020년 전체 대학의 전임교원 담당학점 비율이 전년대비 67.8-66.7=1.1%p 감소했으므로 옳지 않은 설명이다.

ㄷ. 사립대학의 경우, 비전임교원 담당학점 중 강사 담당학점의 비중은 2019년이 (14.7/31.0)×100≒47.4%, 2020년이 (19.2/32.2)×100≒59.6%로, 그 차이는 59.6-47.4≒12.2%p이므로 옳지 않은 설명이다.

09 자료이해 난이도 하 정답 ②

정답 체크

ㄴ. 2017년 대비 2018년 평균정산단가 증가율은 '원자력'이 {(62.10-60.68)/60.68}×100≒2.3%, '유연탄'이 {(81.81-78.79)/78.79}×100≒3.8%, 'LNG'가 {(121.03-111.60)/111.60}×100≒8.4%, '유류'가 {(179.43-165.45)/165.45}×100≒8.4%, '양수'가 {(125.37-107.60)/107.60}×100≒16.5%이다. 따라서 '양수'가 가장 높으므로 옳은 설명이다.

ㄷ. 전력단가 평균의 연도별 증감방향은 감소, 감소, 증가, 증가이고, '유류' 평균정산단가의 연도별 증감방향은 감소, 감소, 증가, 증가로 같으므로 옳은 설명이다.

오답 체크

ㄱ. 2014~2018년 여름과 가을의 전력단가 평균을 정리하면 다음과 같다.

계절 연도	여름	가을
2014	(136.35+142.72+128.60)/3 ≒135.9원/kWh	(131.44+132.22+133.78)/3 ≒132.5원/kWh
2015	(84.54+81.99+88.59)/3 ≒85.0원/kWh	(90.98+98.34+94.93)/3 ≒94.8원/kWh
2016	(65.31+67.06+71.73)/3 ≒68.0원/kWh	(71.55+73.48+75.04)/3 ≒73.4원/kWh
2017	(82.71+76.79+76.40)/3 ≒78.6원/kWh	(73.21+72.84+81.48)/3 ≒75.8원/kWh
2018	(89.79+87.27+91.02)/3 ≒89.4원/kWh	(92.87+102.36+105.11)/3 ≒100.1원/kWh

따라서 2015년, 2016년, 2018년에는 여름이 가을보다 전력단가의 평균이 낮으므로 옳지 않은 설명이다.

ㄹ. 에너지원별 평균정산단가 순위는 2014년, 2015년, 2016년, 2018년이 '유류', '양수', 'LNG', '유연탄', '원자력' 순이고, 2017년이 '유류', 'LNG', '양수', '유연탄', '원자력' 순이므로 옳지 않은 설명이다.

> ⏱ **빠른 문제 풀이 Tip**
>
> ㄱ. 2014~2018년 여름과 가을의 전력단가 평균을 직접 구하지 않고 각각의 수치를 비교한다. 예를 들어 2018년 여름의 전력단가인 6월, 7월, 8월 수치는 모두 2018년 가을의 전력단가인 9월, 10월, 11월 수치보다 작으므로 2018년 가을의 전력단가 평균이 여름보다 높음을 알 수 있다.

10 자료이해 난이도 중 정답 ⑤

정답 체크

창업교육을 미이수한 폐업 자영업자 중 생존기간이 10개월 이상인 폐업 자영업자의 생존비율은 약 68%이다. 이에 따라 창업교육을 미이수한 폐업 자영업자 중 생존기간이 10개월 미만인 자영업자의 비율은 약 100-68=32%로 20% 이상이므로 옳은 설명이다.

오답 체크

① <그림>에서 창업교육을 이수한 폐업 자영업자와 창업교육을 미이수한 폐업 자영업자의 생존비율은 알 수 있으나, 창업교육을 이수한 폐업 자영업자 수와 창업교육을 미이수한 폐업 자영업자 수는 알 수 없다.

② 창업교육을 미이수한 폐업 자영업자의 생존기간은 창업 후 5개월 이상 48개월 이하에서 창업교육을 이수한 폐업 자영업자의 생존기간보다 짧으므로 옳지 않은 설명이다.

③ 창업교육을 이수한 폐업 자영업자와 창업교육을 미이수한 폐업 자영업자의 생존비율 차이는 창업 후 45개월 이상 48개월 이하에서 가장 크므로 옳지 않은 설명이다.

④ 창업교육을 이수한 폐업 자영업자 중 생존기간이 32개월 이상인 자영업자의 비율은 50% 미만이므로 옳지 않은 설명이다.

11 자료이해 난이도 상 정답 ③

정답 체크

· 각주 1)에서 2017년에는 A 기업만 '갑' 자동차회사에 엔진과 변속기를 납품했다고 했으므로 2017년 '갑' 자동차회사가 납품받은 엔진과 변속기 개수는 각각 10,000×0.5=5,000개이다.

· 각주 3)에서 매년 '갑' 자동차회사가 납품받는 엔진 개수는 변속기 개수와 같다고 했으므로 2018년 '갑' 자동차회사가 납품받은 엔진과 변속기 개수는 각각 15,000/2=7,500개이다.

'갑' 자동차회사가 납품받은 엔진과 변속기 납품액 합은 2017년이 (100+80)×5,000=900,000만 원, 2018년이 (90+75)×7,500=1,237,500만 원이다. 따라서 2018년이 2017년에 비해 {(1,237,500-900,000)/900,000}×100=37.5% 증가했으므로 옳은 설명이다.

오답 체크

① 2018년 A 기업이 납품한 엔진과 변속기 개수는 각각 10,000×0.3=3,000개, 10,000×0.7=7,000개이다. A 기업의 엔진 납품 개수는 2018년이 3,000개로 2017년의 80%인 5,000×0.8=4,000개 미만이므로 옳지 않은 설명이다.

② 2018년 B 기업이 납품한 엔진과 변속기 개수는 각각 7,500-3,000=4,500개, 7,500-7,000=500개이다. 따라서 변속기 납품 개수가 엔진 납품 개수의 (500/4,500)×100≒11.1%이므로 옳지 않은 설명이다.

④ '갑' 자동차회사가 납품받은 변속기 납품 개수는 2018년이 2017년의 7,500/5,000=1.5배로 2배 미만이므로 옳지 않은 설명이다.

⑤ 2018년 A, B 기업의 엔진 납품액 합은 90×7,500=675,000만 원이고, 변속기 납품액 합은 75×7,500=562,500만 원이므로 옳지 않은 설명이다.

> ⏱ **빠른 문제 풀이 Tip**
>
> ⑤ 납품하는 엔진 개수와 변속기 개수는 서로 동일하고, 납품 단가는 엔진이 변속기보다 크므로 구체적인 수치를 계산하지 않아도 납품액의 합도 엔진이 더 클 것임을 알 수 있다.

12 자료변환 난이도 중 정답 ④

정답 체크

<보고서>의 네 번째 단락에서 월평균 방송프로그램 시청시간은 '오락'이 전체의 45% 이상이라고 했으나 전체 방송프로그램 장르별 월평균 시청시간 중 '오락'이 차지하는 비중은 {29.39/(21.66+29.39+9.78+2.55+0.03+0.26+10.42+0.46)}×100≒39.4%이므로 <보고서>의 내용과 부합하지 않는다.

오답 체크

① <보고서>의 첫 번째 단락에 따라 스마트폰 사용자 중 월 1회 이상 동영상 시청자 비율은 (3,246/3,427)×100≒94.7%이고, 방송프로그램 시청자 비율은 (2,075/3,427)×100≒60.5%이므로 <보고서>의 내용과 부합한다.

② <보고서>의 첫 번째 단락에 따라 월평균 동영상 시청시간은 월평균 스마트폰 이용시간의 (827.63/7,112.51)×100≒11.6%이고, 월평균 방송프로그램 시청시간은 월평균 동영상 시청시간의 (74.55/827.63)×100≒9.0%이므로 <보고서>의 내용과 부합한다.

③ <보고서>의 두 번째 단락에 따라 스마트폰 사용자 중 동영상 시청자가 차지하는 비중은 모든 연령대에서 90% 이상이고, 스마트폰 사용자 중 방송프로그램 시청자의 비중은 '20대'~'40대'는 60% 이상, '60대 이상'은 44.5%로 50% 미만이므로 <보고서>의 내용과 부합한다.

⑤ <보고서>의 세 번째 단락에 따라 월평균 동영상 시청시간은 남성이 여성보다 길고, 연령대별로는 '10대 이하'의 시청시간이 가장 길었다. 또한 월평균 방송프로그램 시청시간은 여성이 남성보다 79.6-70.0=9.6분 길고, 연령대별로는 '20대'의 시청시간이 120.5분으로 가장 길어 '60대 이상'의 월평균 방송프로그램 시청시간의 3배인 38.6×3=115.8분보다 길었으므로 <보고서>의 내용과 부합한다.

13 자료논리 난이도 상 정답 ④

정답 체크

코치의 분야별 투입능력=(코치의 분야별 잠재능력)/(코치가 맡은 분야의 수)이고, 각 분야별로 그 분야를 맡은 모든 코치의 분야별 투입능력 합은 24 이상이어야 한다. 이 경우 코치 A는 2개 분야를, B는 2개 분야를, C는 1개 분야를, D는 2개 분야를, E는 3개 분야를, F는 2개 분야를 맡으므로, 분야별 투입능력의 합은 다음과 같다.
· 체력 분야: 10+6.6+8≒24.6
· 전술 분야: 10+8+7=25
· 수비 분야: 9+20+5.3≒34.3
· 공격 분야: 10+9+5=24
따라서 4개 분야 모두 투입능력 합이 24 이상이므로 가능하다.

오답 체크

① 전술 분야의 투입능력 합은 6.6+8+8=22.6, 공격 분야의 투입능력 합은 5+7.5+10=22.5로, 두 분야 각각의 합이 24 미만이므로 가능하지 않다.

② 공격 분야의 투입능력 합이 6.6+6+7.5≒20.1으로 24 미만이므로 가능하지 않다.

③ 체력 분야의 투입능력 합이 5.3+10+8≒23.3으로 24 미만이므로 가능하지 않다.

⑤ 전술 분야의 투입능력 합이 6+5.3+7≒18.3, 수비 분야의 투입능력 합이 6.6+5+10.6≒21.6으로, 두 분야 각각의 합이 24 미만이므로 가능하지 않다.

14 자료이해 난이도 상 정답 ⑤

정답 체크

2015년 근로장려금을 신청한 가구의 가구당 근로장려금 신청 금액은 부산이 (88+35)/(126+37)≒123/163≒0.75백만 원, 전국이 (1,155+599)/(1,695+608)≒1,753/2,303≒0.76백만 원으로 부산이 전국보다 작으므로 옳지 않은 설명이다.

오답 체크

① 장려금을 신청한 가구의 수는 2011년이 930+1,210+752=2,892천 가구, 2012년이 1,020+1,384+692=3,096천 가구, 2013년이 1,060+1,302+769=3,131천 가구, 2014년이 1,658+1,403+750=3,811천 가구로, 2011~2014년 동안 매년 증가했으므로 옳은 설명이다.

② 근로장려금과 자녀장려금을 모두 신청한 가구의 장려금 신청 금액 소계가 가구수의 2배를 넘는 연도는 2012년뿐이다. 따라서 가구당 장려금 총 신청 금액이 가장 큰 연도는 2012년임을 알 수 있으므로 옳은 설명이다.

③ 2015년 자녀장려금만 신청한 가구 중 경기 지역 가구가 차지하는 비중은 (282/1,114)×100≒25.3%로 20% 이상이므로 옳은 설명이다.

④ 2015년 각 지역에서 근로장려금만 신청한 가구의 가구당 근로장려금 신청 금액은 모든 지역에서 0.9 이상인 반면, 근로장려금과 자녀장려금을 모두 신청한 가구의 가구당 근로장려금 신청 금액은 모든 지역에서 0.9 미만이므로 옳은 설명이다.

15 자료이해 난이도 중 정답 ②

정답 체크

ㄴ. 2018년 옥외광고 시장 규모는 '교통' 분야가 약 2,500억 원, '빌보드' 분야가 약 1,900억 원, '엔터·기타' 분야가 약 1,400억 원으로 '교통' 분야가 가장 큰 비중을 차지하므로 옳은 설명이다.

ㄷ. 2018년 옥외광고 세부분야별 시장 규모는 '옥상'이 1,900×0.637≒1,210.3억 원으로 가장 크고, 2,500×0.402≒1,005억 원인 '버스·택시', 1,400×0.643≒900.2억 원인 '극장', 2,500×0.345≒862.5억 원인 '지하철' 순이므로 옳은 설명이다.

오답 체크

ㄱ. 2018년 옥외광고 시장 규모는 2016년에 비해 {(7,737-5,762)/7,737}×100≒25.5% 감소했으므로 옳지 않은 설명이다.

ㄹ. 2018년 '엔터·기타' 분야의 시장 규모 중 '기타'의 시장 규모는 1,400×0.081≒113.4억 원으로 120억 원 미만이므로 옳지 않은 설명이다.

16 자료이해 _{난이도 중}　　　　정답 ①

정답 체크
ㄱ. 월별 교통사고 사상자가 가장 적은 달은 492명인 1월이고, 가장 많은 달은 841명인 8월이다. 1월의 교통사고 사상자는 8월의 $(492/841)$ $\times100≒58.5\%$로 60% 이하이므로 옳은 설명이다.

ㄴ. 2020년 교통사고 사상자는 492+536+589+640+734+612+665+ 841+670+592+594+507=7,472명이고, 2020년 교통사고 건수는 240+211+263+269+307+277+260+311+302+273+256+249= 3,218건이다. 따라서 2020년 교통사고 건당 사상자는 7,472/3,218 ≒2.3명으로 1.9명 이상이므로 옳은 설명이다.

오답 체크
ㄷ. 2020년 교통사고 건수의 사고원인별 구성비는 '안전거리 미확보'가 100-(65.3+3.4+1.5+6.9)=22.9%, '중앙선 침범'의 7배가 3.4×7= 23.8%이다. 교통사고 건수는 구성비에 비례하여 '안전거리 미확보'가 사고원인인 교통사고 건수는 '중앙선 침범'이 사고원인인 교통사고 건수의 7배 미만이므로 옳지 않은 설명이다.

ㄹ. 사고원인이 '안전운전의무 불이행'인 교통사고 건수는 3,218×0.653 ≒2,101건으로 2,000건을 초과하므로 옳지 않은 설명이다.

> ⏱ **빠른 문제 풀이 Tip**
> ㄴ. 2020년 교통사고 사상자와 교통사고 건수는 각각 제시된 그림의 눈금선을 기준으로 그래프의 높이를 가감하여 대략적으로 파악한다. <그림 1>에서 2020년 교통사고 사상자는 600명보다 많음을 알 수 있고, <그림 2>에서 2020년 교통사고 건수는 300건보다 적음을 알 수 있다. 따라서 2020년 교통사고 건당 사상자는 600/300≒2명 이상임을 알 수 있다.

---

17 자료논리 _{난이도 상}　　　　정답 ②

정답 체크
· 법정 필요 교원수는 A 대학이 900/22≒41명, B 대학이 30,000/19≒ 1,579명, C 대학이 13,300/20=665명, D 대학이 4,200/21=200명, E 대학이 18,000/20=900명이다.

· 법정 필요 교원수를 충족시키기 위해 충원해야 할 교원수는 A 대학이 0명, B 대학이 1,579-1,260≒319명, C 대학이 665-450=215명, D 대학이 200-130=70명, E 대학이 900-860=40명이다.

따라서 충원해야 할 교원수가 많은 대학부터 순서대로 나열하면 B, C, D, E, A이다.

---

18 자료이해 _{난이도 중}　　　　정답 ①

정답 체크
ㄱ. '팽이' 3kg의 도매가는 1분기가 1,886×3=5,658원, 2분기가 1,727×3=5,181원, 3분기가 1,798×3=5,394원, 4분기가 2,116×3 =6,348원이다. 따라서 2016년 매분기 '느타리' 1kg의 도매가가 '팽이' 3kg의 도매가보다 높으므로 옳은 설명이다.

ㄴ. 2015년 '팽이'의 소매가는 1분기가 3,136+373=3,509원/kg, 2분기가 3,080-42=3,038원/kg, 3분기가 3,080-60=3,020원/kg, 4분기가 3,516-389=3,127원/kg으로 매분기 3,000원/kg 이상이므로 옳은 설명이다.

오답 체크
ㄷ. 2015년 4분기 '새송이'의 소매가는 5,363-45=5,318원/kg이고, 2016년 1분기 '새송이'의 소매가는 5,233원/kg이다. 따라서 2016년 1분기 '새송이'의 소매가는 2015년 4분기에 비해 하락했으므로 옳지 않은 설명이다.

ㄹ. 2016년 1분기 '느타리'의 도매가는 5,779원/kg, 소매가는 9,393원/ kg이다. 따라서 2016년 1분기 느타리의 소매가는 도매가의 1.5배인 5,779×1.5=8,668.5원/kg보다 크므로 옳지 않은 설명이다.

> ⏱ **빠른 문제 풀이 Tip**
> ㄹ. 1.5배는 기준이 되는 수에 그 절반을 더하는 것과 같으므로 2016년 1 분기 '느타리'의 소매가가 도매가 약 5,800원/kg에 그 절반인 2,900 원/kg을 더한 5,800+2,900≒8,700원/kg보다 큰지 작은지 판단한 다.

---

19 자료이해 _{난이도 중}　　　　정답 ⑤

정답 체크
ㄷ. 연도별 전체 수출액에서 대기업이 차지하는 비중은 2018년이 (4,020/6,052)×100≒66.4%, 2019년이 (3,478/5,412)×100≒ 64.3%로, 2019년에는 65% 미만이므로 옳지 않은 설명이다.

ㄹ. 2019년 전체 수출 기업 수는 857+2,032+94,529=97,418개로, 2018년 전체 수출 기업 수인 806+1,941+93,490=96,237개 대비 {(97,418-96,237)/96,237}×100≒1.2% 증가했으므로 옳지 않은 설명이다.

오답 체크
ㄱ. 기업규모별 2019년 수출액의 전년대비 감소율은 중견기업이 {(982- 935)/982}×100≒4.8%, 중소기업이 {(1,050-999)/1,050}×100≒ 4.9%로 모두 5% 이하이므로 옳은 설명이다.

ㄴ. 2019년 전체 수입액은 3,010+776+1,169=4,955억 달러로 전년대비 감소율은 {(4,980-4,955)/4,980}×100≒0.5%이므로 옳은 설명이다.

> ⏱ **빠른 문제 풀이 Tip**
> ㄴ. 2019년 전체 수입액은 3,010+776+1,169=4,955억 달러로 전년대 비 감소액은 25억 달러로, 2018년 전체 수입액을 약 5,000억 달러로 간주하면 감소율은 0.5%이므로 실제는 이보다 큰 것을 알 수 있다.

20 자료이해 난이도 중 정답 ④

정답 체크

ㄴ. 인식률= $\dfrac{\text{추정 결함원인과 실제 결함원인이 동일한 베어링의 개수}}{\text{추정 결함원인에 해당되는 베어링의 개수}}$, 오류율=1-인식률임을 적용하여 구한다. '내륜결함' 인식률은 90/116≒0.78, '외륜결함' 인식률은 92/133≒0.69이고, 이에 따라 '내륜결함' 오류율은 1-0.78≒0.22, '외륜결함' 오류율은 1-0.69≒0.31이다. 따라서 '내륜결함' 오류율이 더 낮으므로 옳은 설명이다.

ㄹ. 실제 결함원인이 '정렬불량결함'인 베어링 중에서, 추정 결함원인이 '불균형결함'인 베어링은 5개, '볼결함'인 베어링은 16개이다. 따라서 추정 결함원인이 '불균형결함'인 베어링이 '볼결함'인 베어링보다 적으므로 옳은 설명이다.

오답 체크

ㄱ. 전체인식률= $\dfrac{\text{추정 결함원인과 실제 결함원인이 동일한 베어링의 개수}}{\text{결함이 있는 베어링의 개수}}$ 임을 적용하여 구한다. 전체인식률은 (87+90+92+75+78)/610≒0.7로 0.8 미만이므로 옳지 않은 설명이다.

ㄷ. '불균형결함' 인식률은 87/115≒0.76, '외륜결함' 인식률은 약 0.69로 '불균형결함' 인식률이 '외륜결함' 인식률보다 높으므로 옳지 않은 설명이다.

> ⏱ **빠른 문제 풀이 Tip**
> ㄱ. 추정 결함원인과 실제 결함원인이 동일한 베어링의 개수 합이 전체 결함이 있는 베어링의 개수의 80%인 610×0.8=488개보다 큰지 확인한다.
> ㄴ. 오류율=1-인식률이므로 '내륜결함' 인식률이 '외륜결함' 인식률보다 높은지 확인한다.

21 자료논리 난이도 상 정답 ⑤

정답 체크

청주 공장의 '최대공급량'이 500개, 부산 물류센터의 '최소요구량'이 400개이므로 청주 공장에서 부산 물류센터까지의 수송량은 400-200=500-300=200개이다. 이때 총 수송비용을 최소화하는 경우는 공장에서 물류센터까지의 수송량을 최소화하는 경우이고, 최소 수송량은 각 물류센터의 '최소요구량'과 동일하다. 이에 따라 구미 공장에서 대구 물류센터까지의 수송량은 200개, 구미 공장에서 광주 물류센터까지의 수송량은 150개임을 알 수 있다. 따라서 구미 공장의 '최대공급량'이 600개에서 550개로 줄어들어도 '최소요구량'이 동일하다면 각 공장에서 해당 물류센터까지의 수송량은 변동이 없고, 총 수송비용의 최소 금액도 변동이 없으므로 옳지 않은 설명이다.

오답 체크

① 청주 공장에서 부산 물류센터까지의 수송량은 200개이므로 옳은 설명이다.

② 총 수송비용을 최소화할 때, 구미 공장에서 광주 물류센터까지의 수송량은 150개이므로 옳은 설명이다.

③ 총 수송비용의 최소 금액은 구미 공장에서 대구와 광주 물류센터까지의 수송량이 각각 200개, 150개인 경우의 비용으로 (200×5)+(200×2)+(150×3)+(300×4)+(200×2)+(300×2)=4,050천 원이다. 따라서 총 수송비용의 최소 금액은 405만 원이므로 옳은 설명이다.

④ 구미 공장에서 서울 물류센터까지의 수송량은 0개이다. 따라서 구미 공장에서 서울 물류센터까지의 개당 수송비용이 7천 원에서 8천 원으로 증가해도 총 수송비용에 영향을 미치지 않으므로 옳은 설명이다.

22 자료매칭 난이도 중 정답 ③

정답 체크

부문별 점수는 각 부문에 속한 세부지표별 (세부지표별 점수×세부지표별 가중치)/(부문별 가중치) 값의 합임을 적용하여 구한다.

각 대학의 부문별 점수를 비교하면, C 대학과 E 대학의 연구 부문 점수가 동일하므로 교육 부문 또는 국제화 부문 점수를 확인해야 한다. 이 중 국제화 부문 점수는 {(24.7×2.5)+(26.9×2.5)+(16.6×2.5)}/7.5≒22.7이다. 이에 따라 ○○대학은 E 대학임을 알 수 있다.

따라서 '가'는 40.5, '나'는 11.6이다.

> ⏱ **빠른 문제 풀이 Tip**
> 점수를 산출할 때 계산 단계를 단축할 수 있는 항목이 있는지 확인한다. 교육 부문과 국제화 부문은 세부지표의 개수가 3개로 동일하지만, 국제화 부문 세부지표별 가중치가 2.5로 모두 동일하고 부문별 가중치 7.5도 2.5의 배수이므로 {(24.7×2.5)+(26.9×2.5)+(16.6×2.5)}/7.5=(24.7+26.9+16.6)/3처럼 약분해서 계산을 단순화할 수 있다.

23 자료이해 난이도 하 정답 ①

정답 체크

ㄱ. <보고서>의 두 번째 단락에서 2018년 세계대학평가 결과에 따른 국가별 순위에 대해 언급하고 있으므로 '2017~2018년 세계대학평가 순위'는 <보고서>를 작성하기 위해 추가로 필요한 자료이다.

ㄴ. <보고서>의 세 번째 단락에서 C대학은 연구와 산학협력 부문에서 2017년 대비 점수가 대폭 하락하여 순위 또한 낮아졌다고 했고 <표 2>는 E대학의 세부지표별 점수이므로 '2017~2018년 세계대학평가 C대학 세부지표별 점수'는 <보고서>를 작성하기 위해 추가로 필요한 자료이다.

ㄷ. <보고서>의 첫 번째 단락에서 세계대학평가는 교육, 연구, 산학협력, 국제화, 논문인용도 등 총 5개 부문, 13개 세부지표를 활용하여 수행된다는 내용은 <표 2>에서 확인할 수 있으므로 추가로 필요한 자료가 아니다.

ㄹ. <보고서>의 세 번째 단락에서 2018년 A대학의 국내 순위, 세계 순위, 부문별 점수에 대한 내용은 <표 1>에서 확인할 수 있으므로 추가로 필요한 자료가 아니다.

24 자료논리 | 난이도 중 | 정답 ④

정답 체크

제시된 <표>와 <조건>에 따라 2017~2019년 메뉴별 제공횟수와 만족도를 정리하면 다음과 같다.

연도 구분 메뉴	2017 제공횟수	2017 만족도	2018 제공횟수	2018 만족도	2019 제공횟수
A	40	87	40×(1+0.1)=44	75	44
B	34	71	34	72	34
C	45	53	45×(1-0.2)=36	35	36×(1-1)=0
D	31	79	31	79	31
E	40	62	40×(1-0.1)=36	77	36
F	60	74	60	68	60×(1-0.1)=54
G	–	–	250-(44+34+36+31+36+60)=9	73	9
H	–	–	–	–	250-(44+34+31+36+54+9)=42
전체	250	–	250	–	250

따라서 2019년 메뉴 E의 제공횟수는 36회로 메뉴 A의 44회보다 적으므로 옳지 않은 설명이다.

오답 체크

① 메뉴 A~F 중 2017년 대비 2019년 제공횟수가 증가한 메뉴는 A 1개이므로 옳은 설명이다.

② 2018년 메뉴 G의 제공횟수는 9회이므로 옳은 설명이다.

③ 2019년 메뉴 H의 제공횟수는 42회이므로 옳은 설명이다.

⑤ 메뉴 A~G 중 2018년과 2019년 제공횟수의 차이는 메뉴 C가 36-0=36회로 가장 크고, 메뉴 F가 60-54=6회로 두 번째로 크므로 옳은 설명이다.

25 자료변환 | 난이도 중 | 정답 ⑤

정답 체크

2017년 대비 2018년 1인 1일당 식물성 단백질 섭취량의 증감률은 A지역이 0%, B지역이 {(30-10)/10}×100=200%, C지역이 0%, D지역이 {(5-10)/10}×100=-50%이므로 <표>를 이용하여 작성한 그래프로 옳지 않다.

오답 체크

① 단백질은 동물성 단백질과 식물성 단백질로만 구성되므로, 지역별 1인 1일당 동물성 단백질 섭취량은 단백질 섭취량에서 식물성 단백질 섭취량을 뺀 값이다. B지역의 1인 1일당 동물성 단백질 섭취량은 2017년이 100-10=90g, 2018년이 100-30=70g, 2019년이 110-50=60g이고, D지역은 2017년이 50-10=40g, 2018년과 2019년이 50-5=45g이므로 <표>를 이용하여 작성한 그래프이다.

② 지역별 1일 단백질 총섭취량은 1인 1일당 단백질 섭취량에 전체 인구를 곱한 값이다. 2019년 1일 단백질 총섭취량은 A지역이 75×1,100=82,500g, B지역이 110×1,000=110,000g, C지역이 80×600=48,000g, D지역이 50×100=5,000g이므로 <표>를 이용하여 작성한 그래프이다.

③ 2017년 1인 1일당 단백질 섭취량 중 식물성 단백질이 차지하는 비중은 A지역이 (25/50)×100=50%, B지역이 (10/100)×100=10%, C지역이 (20/100)×100=20%, D지역이 (10/50)×100=20%이므로 <표>를 이용하여 작성한 그래프이다.

④ 지역별 1인 1일당 동물성 단백질 섭취량과 식물성 단백질 섭취량의 차이는 지역별 1인 1일당 단백질 섭취량에서 식물성 단백질 섭취량의 2배를 뺀 값이다. A지역의 지역별 1인 1일당 동물성 단백질 섭취량과 식물성 단백질 섭취량의 차이는 2017년이 50-25×2=0g, 2018년이 60-25×2=10g, 2019년이 75-25×2=25g이고, C지역은 2017년이 100-20×2=60g, 2018년이 90-20×2=50g, 2019년이 80-20×2=40g이므로 <표>를 이용하여 작성한 그래프이다.

정답

p.96

01	①	자료이해	06	⑤	자료변환	11	③	자료이해	16	②	자료논리	21	⑤	자료이해
02	④	자료이해	07	④	자료이해	12	①	자료이해	17	④	자료이해	22	②	자료논리
03	②	자료매칭	08	⑤	자료이해	13	②	자료이해	18	③	자료논리	23	③	자료이해
04	①	자료이해	09	①	자료논리	14	①	자료이해	19	③	자료변환	24	⑤	자료이해
05	④	자료이해	10	③	자료이해	15	①	자료이해	20	②	자료이해	25	③	자료논리

취약 유형 분석표

유형별로 맞힌 문제 개수와 정답률, 틀린 문제 번호와 풀지 못한 문제 번호를 적고 나서 취약한 유형이 무엇인지 파악해 보세요.

유형	맞힌 개수	정답률	틀린 문제 번호	풀지 못한 문제 번호
자료이해	/17	%		
자료매칭	/1	%		
자료논리	/5	%		
자료변환	/2	%		
TOTAL	/25	%		

01 자료이해 난이도 중 정답 ①

정답 체크

경기의 5톤 미만 어선 수는 2018년이 946+330+175+135+117=1,703척이고, 2019년이 910+283+158+114+118=1,583척이다. 2019년 경기의 5톤 미만 어선 수는 전년 대비 {(1,703-1,583)/1,703}×100≒7.0% 줄어 10% 미만이므로 옳은 설명이다.

오답 체크

② 2019년에 세종은 '1톤 미만' 어선 수가 전년보다 증가했으므로 옳지 않은 설명이다.

③ 2018년에 인천, 전북, 전남, 경북, 경남, 제주는 '1톤 이상 2톤 미만'부터 '4톤 이상 5톤 미만'까지 톤급이 증가할수록 어선 수가 감소하는 지역에 해당되지 않으므로 옳지 않은 설명이다.

④ '1톤 이상 2톤 미만' 어선 수가 많은 순서대로 세 번째까지 나열하면 2018년은 전남, 경남, 충남이고, 2019년은 전남, 경남, 부산이므로 옳지 않은 설명이다.

⑤ 2018년 '1톤 미만' 어선 수 대비 '3톤 이상 4톤 미만' 어선 수의 비는 인천이 191/147≒1.3이고, 제주가 335/142≒2.4이다. 2019년 '1톤 미만' 어선 수 대비 '3톤 이상 4톤 미만' 어선 수의 비는 인천이 174/98≒1.8이고, 제주가 349/123≒2.8이다. 따라서 2018년과 2019년 모두 '1톤 미만' 어선 수 대비 '3톤 이상 4톤 미만' 어선 수의 비가 가장 높은 지역은 제주이므로 옳지 않은 설명이다.

02 자료이해 난이도 하 정답 ④

정답 체크

ㄱ. A 안건과 C 안건이 상정되면 갑은 선호순위가 더 높은 C 안건에, 을은 A 안건에, 병은 C 안건에 투표하여 다수결 원칙에 따라 C 안건이 채택되므로 옳은 설명이다.

ㄴ. B 안건과 A 안건이 상정되면 갑은 B 안건에, 을은 A 안건에, 병은 B 안건에 투표하므로 B 안건이 채택된다. B 안건과 C 안건이 상정되면 갑은 C 안건에, 을은 B 안건에, 병은 B 안건에 투표하므로 B 안건이 채택된다. 또한 B 안건과 D 안건이 상정되면 갑, 을, 병 모두 B 안건에 투표하므로 B 안건이 채택된다. 따라서 B 안건은 어떠한 다른 안건과 함께 상정되어도 항상 채택되므로 옳은 설명이다.

ㄹ. D 안건이 각각 A, B, C 안건과 상정되는 모든 경우에도 D 안건은 채택되지 못하므로 옳은 설명이다.

오답 체크

ㄷ. C 안건과 A 안건이 상정되면 C 안건이 채택되고, C 안건과 B 안건이 상정되면 B 안건이 채택된다. 또한 C 안건과 D 안건이 상정되면 갑, 을, 병 모두 C 안건에 투표하므로 C 안건이 채택된다. 따라서 C 안건이 상정되어 채택되는 경우는 모두 2가지이므로 옳지 않은 설명이다.

03 자료매칭 난이도 하 정답 ②

정답 체크

· 첫 번째 <조건>에서 2010년 대비 2020년 자동차 온실가스 배출량 기준 감소율은 한국이 일본, 미국, 벨기에보다 높다고 했고, 2010년 대비 2020년 자동차 온실가스 배출량 기준 감소율은 A가 {(172.0-113.0)/172.0}×100≒34.3%, B가 {(157.4-97.0)/157.4}×100≒38.4%, C가{(144.0-93.0)/144.0}×100≒35.4%, D가{(118.2-100.0)/118.2}×100≒15.4%이므로 감소율이 가장 높은 B가 한국임을 알 수 있다.

· 두 번째 <조건>에서 2015년 한국과 일본의 자동차 온실가스 배출량 기준 차이는 30g/km 이상이라고 했고, D는 2015년 한국과의 자동차 온실가스 배출량 기준 차이가 135.6-102.1=33.5g/km이므로 D가 일본임을 알 수 있다.

· 세 번째 <조건>에서 2020년 자동차 온실가스 배출량 기준은 미국이 한국과 벨기에보다 높다고 했고, A가 미국, B가 한국, D가 일본이므로 C가 벨기에임을 알 수 있다.

따라서 A는 미국, B는 한국, C는 벨기에, D는 일본이다.

04 자료이해 난이도 하 정답 ①

정답 체크

ㄱ. 지연율=$\frac{총\ 지연\ 대수}{총\ 운항\ 대수}$×100임을 적용하여 구한다. 지연율은 BK항공이 (110/2,818)×100≒3.9%로 가장 낮으므로 옳은 설명이다.

ㄴ. 항공사별 총 지연 대수 중 항공기 정비, 기상 악화, 기타로 인한 지연 대수의 합이 차지하는 비중이 가장 높은 항공사는 항공사별 총 지연 대수 중 연결편 접속이 차지하는 비중이 가장 낮은 항공사이다. 따라서 총 지연 대수 중 연결편 접속이 차지하는 비중은 ZH항공이 (135/417)×100≒32.4%로 가장 낮으므로 옳은 설명이다.

오답 체크

ㄷ. 기상 악화로 인한 전체 지연 대수 중 EK항공과 JL항공의 기상 악화로 인한 지연 대수합이 차지하는 비중은 {(214+147)/605}×100≒59.7%로 50% 이상이므로 옳지 않은 설명이다.

ㄹ. 항공기 정비로 인한 지연 대수 대비 기상 악화로 인한 지연 대수 비율은 8L항공이 36/4=9배로 가장 높으므로 옳지 않은 설명이다.

⏱ 빠른 문제 풀이 Tip

ㄱ. 항공사별 총 운항대수의 5%, 10% 등을 기준으로 항공사별 지연율을 판단한다.

해커스 단기합격 7급 PSAT 기출+적중 모의고사 자료해석

05 자료이해 _{난이도} 하   정답 ④

정답 체크

ㄴ. 최종학력이 석사 또는 박사인 B 기업 지원자는 21+42=63명이고, 관련 업무 경력이 20년 미만인 B 기업 지원자는 18+12+17+9=56명이다. 따라서 최종학력이 석사 또는 박사인 B 기업 지원자 중 관련 업무 경력이 20년 이상인 지원자는 63-56=7명 이상이므로 옳은 설명이다.

ㄹ. A, B 기업 전체 지원자 중 40대 지원자의 비율은 {(25+26)/(26+25+23+27+26+28)}×100≒32.9%로 35% 미만이므로 옳은 설명이다.

오답 체크

ㄱ. A 기업 지원자 중, 남성 지원자의 비율은 {53/(53+21)}×100≒71.6%, 관련 업무 경력이 10년 이상인 지원자의 비율은 {(18+16+19)/(12+9+18+16+19)}×100≒71.6%로 동일하므로 옳지 않은 설명이다.

ㄷ. 기업별 여성 지원자의 비율은 A 기업이 {21/(53+21)}×100≒28.4%, B 기업이 {24/(57+24)}×100≒29.6%로 A 기업이 B 기업보다 낮으므로 옳지 않은 설명이다.

> ⏱ **빠른 문제 풀이 Tip**
> ㄱ. A 기업 지원자 수는 동일하므로 비율을 계산하지 않고 관련 업무 경력이 10년 이상인 지원자 수가 남성 지원자 수인 53명보다 작은지 판단한다.

06 자료변환 _{난이도} 중   정답 ⑤

정답 체크

<보고서>에 따르면 50대 이상은 현수막을 통해 정보를 획득한 관람객 수가 가장 많지만 [관람객의 연령대별 5대 축제 관련 정보 획득 매체]는 50대 이상에서 TV를 통해 정보를 획득한 관람객 비중이 가장 높으므로 <보고서>에 부합하지 않는 자료이다.

07 자료이해 _{난이도} 상   정답 ④

정답 체크

<표>의 빈칸을 채우면 다음과 같다.

교과목\학생	인공지능	빅데이터	사물인터넷	평균
A	(61.0)	85.0	77.0	74.3
B	(88.0)	90.0	92.0	90.0
C	71.0	71.0	(71.0)	71.0
D	28.0	(57.0)	65.0	50.0
E	39.0	63.0	82.0	61.3
F	(45.0)	73.0	74.0	(64.0)
G	35.0	(50.0)	50.0	45.0
H	40.0	(50.0)	70.0	53.3
I	65.0	61.0	(85.0)	70.3
평균	52.4	66.7	74.0	(-)
중앙값	45.0	63.0	74.0	64.0

ㄱ. 인공지능 교과목에서 평균 이하의 점수를 받은 학생은 D, E, F, G, H 총 5명, 빅데이터 교과목에서 평균 이하의 점수를 받은 학생은 D, E, G, H, I 총 5명, 사물인터넷 교과목에서 평균 이하의 점수를 받은 학생은 C, D, F, G, H 총 5명이므로 옳은 설명이다.

ㄴ. 교과목별 점수 상위 2명은 인공지능 교과목이 학생 B, C, 빅데이터 교과목이 학생 B, A, 사물인터넷 교과목이 학생 B, I이다. 따라서 1등급을 받은 교과목 수가 1개 이상인 학생은 A, B, C, I로 총 4명이므로 옳은 설명이다.

ㄷ. 학생 D의 빅데이터 교과목과 사물인터넷 교과목의 점수가 서로 바뀐다면, 빅데이터 교과목은 65.0점, 사물인터넷 교과목은 57.0점이다. 이에 따라 빅데이터 교과목 평균은 (66.7×9-57.0+65.0)/9=67.6점이므로 옳은 설명이다.

오답 체크

ㄹ. 최고점수와 최저점수 차이는 인공지능 교과목이 88.0-28.0=60.0점, 빅데이터 교과목이 90.0-50.0=40.0점, 사물인터넷 교과목이 92.0-50.0=42.0점이므로 옳지 않은 설명이다.

08 자료이해 _{난이도} 중   정답 ⑤

정답 체크

인도네시아인 방문객 수는 2002년에 67천 명 미만이고, 2012년에 124천 명이다. 따라서 124-67=57천 명, 즉 57,000명 이상 증가했으므로 옳은 설명이다.

오답 체크

① 미국인, 중국인, 일본인 방문객 수의 합은 2002년이 459+539+2,321=3,319천 명이고, 2012년이 662+2,220+3,289=6,171천 명이다. 2002년의 2배는 3,319×2=6,638천 명으로 2012년이 2002년의 2배 미만이므로 옳지 않은 설명이다.

② 2002년 대비 2012년 미국인 방문객 수의 증가율은 {(662-459)/459}×100≒44.2%이고, 말레이시아인 방문객 수의 증가율은 {(156-83)/83}×100≒88.0%이므로 옳지 않은 설명이다.

③ 전체 외국인 방문객 중 중국인 방문객 비중은 2002년이 (539,000/5,347,468)×100≒10.1%이고, 2012년이 (2,220,000/9,794,796)×100≒22.7%이므로 옳지 않은 설명이다.

④ 2002년 외국인 방문객 수 상위 10개국 중 2012년 외국인 방문객 수 상위 10개국에 포함되지 않은 국가는 캐나다 1개이므로 옳지 않은 설명이다.

> ⏱ **빠른 문제 풀이 Tip**
> ② 말레이시아 방문객 수는 83천 명에서 156천 명으로 2배가량 증가했고, 미국 방문객 수는 459천 명에서 662천 명으로 2배에 훨씬 못 미치게 증가했으므로 2002년 대비 2012년 증가율은 말레이시아가 더 큼을 알 수 있다.

09 자료논리 _{난이도} 상   정답 ①

정답 체크

- A신용카드
  - 버스·지하철, KTX 요금 20% 할인액은 (8+10)×0.2=3.6만 원이나, 할인액의 한도는 월 2만 원이므로 총 교통비는 8+2+10-2=18만 원이다.
  - 외식비는 주말 결제액 5% 할인 받아 총 식비는 30-5×0.05=29.75만 원이다.
  - 의류구입비는 할인 받을 수 있는 항목이 없으므로 총 30만 원이다.
  - 학원 수강료는 15%를 할인 받아 총 여가 및 자기계발비는 30-(20×0.15)=27만 원이다.

  이에 따라 예상청구액은 연회비를 포함하여 18+29.75+30+27+1.5=106.25만 원이다.

- B신용카드
  - 버스·지하철, KTX 요금 10% 할인액은 (8+10)×0.1=1.8만 원이나, 할인액의 한도는 월 1만 원이므로 총 교통비는 8+2+10-1=19만 원이다.
  - 식비는 할인 받을 수 있는 항목이 없으므로 총 30만 원이다.
  - 온라인 의류구입비는 10% 할인 받아 총 의류구입비는 30-(15×0.1)=28.5만 원이다.
  - 권당 가격이 1만 2천 원 이상인 도서의 도서구입비는 권당 3천 원 할인 받아 총 여가 및 자기계발비는 30-(3×0.3)=29.1만 원이다.

  이때 총 할인액은 1+1.5+0.9=3.4만 원이나, 최대 총 할인한도액이 3만 원이므로 예상청구액은 20+30+30+30-3=107만 원이다.

- C신용카드
  - 버스·지하철, 택시 요금은 10% 할인 받아 총 교통비는 20-{(8+2)×0.1}=19만 원이다.
  - 카페 지출액과 재래시장 식료품 구입비는 각각 10% 할인 받아 총 식비는 30-(5×0.1)-(5×0.1)=29만 원이다.
  - 의류구입비는 할인 받을 수 있는 항목이 없으므로 30만 원이다.
  - 영화관람료는 회당 2천 원 할인 받아 총 여가 및 자기계발비는 30-(2×0.2)=29.6만 원이다.

  이에 따라 예상청구액은 19+29+30+29.6=107.6만 원이다.

따라서 예상청구액이 가장 적은 카드부터 순서대로 나열하면 A-B-C이다.

10 자료이해 _{난이도} 중   정답 ③

정답 체크

- ㄴ. 2010년 산업부문의 최종에너지 소비량은 115,155천 TOE, 전체 최종에너지 소비량은 193,832천 TOE이다. 따라서 산업부문의 최종에너지 소비량은 전체 최종에너지 소비량의 (115,155/193,832)×100≒59.4%로 50% 이상이므로 옳은 설명이다.
- ㄷ. 석유제품 소비량 대비 전력 소비량의 비율은 2008년이 (18.2/53.3)×100≒34.1%, 2009년이 (18.6/54.0)×100≒34.4%, 2010년이 (19.1/51.9)×100≒36.8%로 매년 증가하므로 옳은 설명이다.

오답 체크

- ㄱ. 2010년 전력 소비량은 알 수 있으나, 2008~2009년 전력 소비량을 알 수 없으므로 2008~2010년 동안 전력 소비량이 매년 증가하는지 알 수 없다.
- ㄹ. 2010년 유연탄 소비량 대비 무연탄 소비량의 비율은 산업부문이 (4,750/15,317)×100≒31.0%, 가정·상업부문이 (901/4,636)×100≒19.4%로 산업부문은 25% 이상이므로 옳지 않은 설명이다.

11 자료이해 _{난이도} 상   정답 ③

정답 체크

주거비가 40만 원 이하인 가구는 A, B, C이고 각각 주거비와 식비의 합은 120만 원, 90만 원, 110만 원이다. 필수생활비에서 주거비와 식비의 합을 빼면 의복비는 A가 30만 원 이상, B가 10만 원, C가 30만 원이므로 옳은 설명이다.

오답 체크

① A는 식비가 90만 원, 주거비가 30만 원이고, <그림 1>에서 식비가 90만 원인 가구는 A와 E이므로, A와 E의 필수생활비는 각각 150만 원 또는 160만 원이 된다. 따라서 A의 의복비는 30만 원 이상으로 의복비가 10만 원인 B보다 크므로 옳지 않은 설명이다.

② 의복비가 0원이면 필수생활비=식비+주거비이고, I와 J는 식비와 주거비의 합이 필수생활비와 동일하다. 따라서 의복비가 0원인 가구는 최소 2곳이므로 옳지 않은 설명이다.

④ 식비 하위 3개 가구는 B, G, L이고, 세 곳의 식비는 각각 60만 원, 주거비는 각각 30만 원, 50만 원, 70만 원이다. 필수생활비는 각각 100만 원, 120만원, 160만 원이고, 식비의 합과 주거비의 합은 각각 180만 원, 150만 원으로 의복비의 합은 380-330=50만 원이므로 옳지 않은 설명이다.

⑤ 식비가 80만 원인 가구 F, H, K 각각의 주거비는 50만 원, 60만 원, 70만 원이므로 F, H, K의 최소 필수생활비는 각각 130만 원, 140만 원, 150만 원이다. 이때 <그림 2>에서 F, H, K의 필수생활비는 130만 원, 150만 원, 160만 원이 가능하고, 이중 F의 필수생활비가 130만 원이어야 하므로 옳지 않은 설명이다.

12 자료이해 _{난이도} 중   정답 ①

정답 체크

- ㄱ. 해당국가의 기술력지수=해당국가의 특허등록건수×해당국가의 영향력지수임을 적용하여 구한다. 미국의 영향력지수는 600.0/500=1.2이고, 캐나다의 영향력지수는 30.8/22=1.4이므로 옳은 설명이다.
- ㄴ. 4개의 각주를 모두 적용하여 구한다. 3D기술 분야의 전세계 피인용비는 10점이라고 했고, 해당국가의 기술력지수를 A, 해당국가의 특허등록건수를 B, 해당국가의 영향력지수를 C, 해당국가의 피인용비를 D, 해당국가의 특허피인용건수를 E라고 가정한다. 각주에 따라 A=B×C, C=D/10, D=E/B이고, 이를 정리하면 E=B×D=10×A이다. 따라서 프랑스와 태국의 특허피인용건수의 차이는 10×3.9-10×1.4=25이고, 프랑스와 핀란드의 특허피인용건수의 차이는 10×6.3-10×3.9=24이므로 옳은 설명이다.

13 자료이해 난이도 중   정답 ②

정답 체크

ㄱ. 출발 후 6km 지점을 통과하는 시간은 0~6km 구간별 기록의 합이므로 시간이 짧을수록 특정 지점을 먼저 통과한다. A가 30분 40초, B가 35분 51초, C가 33분 7초, D가 35분 30초로, 먼저 통과한 선수부터 나열하면 A, C, D, B 순이므로 옳은 설명이다.

ㄷ. 3km 지점을 통과하는 시간은 B가 17분 16초, C가 17분 25초이고, 4km 지점을 통과하는 시간은 B가 23분 34초, C가 22분 40초이다. 따라서 3~4km 구간에서 B는 C에게 추월당하므로 옳은 설명이다.

오답 체크

ㄴ. B의 10km 완주기록은 57분 54초이므로 옳지 않은 설명이다.

ㄹ. A가 10km 지점을 통과한 시간은 51분 52초이다. D가 7~8km 구간을 통과한 시간은 46분 57초, 8~9km 구간을 통과하는 시간은 52분 8초이므로 A가 10km 지점을 통과한 순간, D는 8~9km 구간을 달리고 있으므로 옳지 않은 설명이다.

14 자료이해 난이도 중   정답 ①

정답 체크

ㄱ. 2018년 가 제조사와 나 제조사의 자동차의 판매량 합은 721,078+531,700=1,252,778대로 그 해 국내 제조사 전체 자동차 판매량의 (1,252,778/1,545,604)×100≒81.1%이고, 2019년 가 제조사와 나 제조사의 자동차의 판매량 합은 741,842+520,205=1,262,047대로 그 해 국내 제조사 전체 자동차 판매량에서의 비중은 (1,262,047/1,533,166)×100≒82.3%이므로 옳은 설명이다.

오답 체크

ㄴ. 2019년 판매량 순위 1~6위인 국내 제조사 자동차 모델별 판매량의 합은 98,401+86,198+73,641+63,706+62,104+59,017=443,067대로, 2019년 국내 제조사 전체 자동차 판매량의 (443,067/1,533,166)×100≒28.9%이므로 옳지 않은 설명이다.

ㄷ. 2019년 판매량 순위 10위 안에 드는 국내 제조사 자동차 모델별 판매량의 합을 제조사별로 비교했을 때, 가 제조사는 98,401+86,198+73,641+62,104+58,806+52,299=431,449대로, 나 제조사 63,706+59,017+52,325+50,364=225,412대의 2배인 450,824대보다 적으므로 옳지 않은 설명이다.

15 자료이해 난이도 중   정답 ①

정답 체크

장기저축급여 가입 회원 수는 전체 회원의 (744,733/852,000)×100≒87.4%이므로 옳지 않은 설명이다.

오답 체크

② 공제제도별 자산 규모 구성비에서 장기저축급여가 차지하는 비중은 64.5%, 금액은 27.3조 원으로, 공제제도의 총자산 규모는 (27.3/64.5)×100≒42.3조 원이므로 옳은 설명이다.

③ 자산 규모 상위 4개 공제제도의 가입 회원 수 합은 744,733+40,344+55,090+32,411=872,578명이고, 2020년 공제회 회원 수는 85.2만 명이다. 따라서 자산 규모 상위 4개 공제제도 중 2개의 공제제도에 가입한 회원은 872,578-852,000=20,578명이므로 옳은 설명이다.

④ 충청의 장기저축급여 가입 회원 수 61,850명은 15개 지역 평균 장기저축급여 가입 회원 수인 744,733/15≒49,649명보다 많으므로 옳은 설명이다.

⑤ 장기저축급여 1인당 구좌 수는 449,579,295/744,733≒604구좌로, 분할급여 1인당 구좌 수의 5배인 (2,829,332/32,411)×5≒436구좌보다 많으므로 옳은 설명이다.

16 자료논리 난이도 중   정답 ②

정답 체크

· A, C는 기준강도가 35MPa 이하이고 각 시험체 강도가 모두 기준강도에서 3.5MPa을 뺀 값 이상이다. 또한 시험체 강도의 평균은 A가 (22.8+29.0+20.8)/3=24.2MPa, C가 (36.9+36.8+31.6)/3=35.1MPa로 A, C 모두 기준강도 이상이므로 (가)와 (나)는 합격임을 알 수 있다.

· E는 시험체 강도가 35MPa 초과이고, 시험체 1의 강도가 기준 강도의 90%인 45×0.9=40.5MPa 미만이므로 (다)는 불합격임을 알 수 있다. 따라서 (가)는 합격, (나)는 합격, (다)는 불합격이다.

> ⏱ **빠른 문제 풀이 Tip**
>
> (가), (나), (다) 모두 시험체 강도의 평균이 빈칸으로 주어져 있으므로 이를 직접 도출하기보다는 <판정기준>의 두 번째 또는 세 번째 조건을 먼저 적용해서 문제를 풀이한다.

17 자료이해 난이도 중   정답 ④

정답 체크

일병이 한 달 월급만을 사용하여 군내매점에서 해당 연도 가격으로 140개의 단팥빵을 구매하고 남은 금액은 2012년이 88,300-(600×140)=4,300원이고, 2016년이 161,000-(1,000×140)=21,000원이다. 따라서 2016년이 2012년보다 21,000-4,300=16,700원 더 많으므로 옳은 설명이다.

오답 체크

① 2012년 대비 2020년 이병 월급의 증가율은 {(408,100-81,700)/81,700}×100≒399.5%이므로 옳지 않은 설명이다.

② 2012년 대비 2016년 상병 월급의 증가율은 {(178,000−97,800) /97,800}×100≒82.0%이고, 2016년 대비 2020년 상병 월급의 증가율은 {(488,200−178,000)/178,000}×100≒174.3%이므로 옳지 않은 설명이다.

③ 단팥빵의 2012년 대비 2016년 가격인상률은 {(1,000−600)/600} ×100≒66.7%이고, 2016년 대비 2020년 가격인상률은 {(1,400− 1,000)/1,000}×100=40.0%이므로 옳지 않은 설명이다.

⑤ 병장이 한 달 월급만을 사용하여 군내매점에서 해당 연도 가격으로 구매할 수 있는 햄버거의 최대 개수는 2020년이 540,900/3,500≒154 개이고, 2012년이 108,300/2,400≒45개로 2020년이 2012년의 154/45≒3.4배이므로 옳지 않은 설명이다.

🕐 빠른 문제 풀이 Tip

② 제시된 <그림>에서 2016년 상병 월급의 그래프 높이는 2012년의 2배에 못 미치지만, 2020년 상병 월급의 그래프 높이는 2016년의 2배보다 더 높으므로 2012년 대비 2016년 상병 월급 증가율은 2016년 대비 2020년 상병 월급 증가율보다 더 작음을 알 수 있다.

③ 단팥빵의 2012년 대비 2016년 가격인상폭과 2016년 대비 2020년 가격인상폭이 400원으로 같은 반면, 2012년 가격은 2016년 가격보다 작아 2016년 가격인상률이 2020년 가격인상률보다 높음을 알 수 있다.

18 자료논리 난이도 상 정답 ③

정답 체크

제시된 <조건>에 따르면 매년 각 직원의 기본 연봉은 변동 없고, 성과급= 기본 연봉×지급비율이며, 성과등급별 지급비율은 S등급 20%, A등급 10%, B등급 5%로 S등급은 A등급의 2배, A등급은 B등급의 2배, S등급은 B등급의 4배이다. 따라서 각 직원의 연도별 성과급의 크기를 비교하여 성과등급을 판별한다.

· 갑: 성과급은 2018년 12.0백만 원, 2019년 6.0백만 원, 2020년 3.0백만 원이므로 평가등급은 2018년이 S등급, 2019년이 A등급, 2020년이 B등급이다.

· 을: 성과급은 2018년과 2020년이 5.0백만 원으로 같고 2019년이 20.0백만 원이므로 평가등급은 2018년과 2020년이 B등급, 2019년이 S등급이다.

· 병: 성과급은 2018년과 2020년이 6.0백만 원으로 같고 2019년이 3.0백만 원이다. 이때 연도별 S등급은 1명이며 2018년의 S등급은 갑이므로 병의 평가등급은 2018년과 2020년이 A등급, 2019년이 B등급이다. 이에 따라 2020년 정, 무, 기의 평가등급은 S등급, A등급, B등급 중 하나씩이다.

· 정과 기: 성과급은 2018년과 2019년이 6.0백만 원, 2020년이 12.0백만 원이므로 성과등급은 각각 2018년과 2019년이 A등급, 2020년이 S등급이거나 2018년과 2019년이 B등급, 2020년이 A등급이다.

· 무: 성과급은 2018~2020년 매년 4.5백만 원으로 같고 남은 등급은 B등급뿐이므로 성과등급은 2018~2020년 모두 B등급이다.

따라서 2020년 직원별 평가등급은 갑이 B, 을이 B, 병이 A, 정이 S 또는 A, 무가 B, 기가 S 또는 A이므로, '가'부서 전체 기본 연봉의 합은 12/0.2 +(6+12)/0.1+(3+5+4.5)/0.05=490백만 원이다.

19 자료변환 난이도 중 정답 ③

정답 체크

기혼 취업여성은 (기혼여성−기혼 비취업여성)이므로 25~29세가 570− 306=264천 명, 30~34세가 1,403−763=640천 명, 35~39세가 1,818− 862=956천 명, 40~44세가 1,989−687=1,302천 명, 45~49세가 2,010−673=1,337천 명, 50~54세가 1,983−727=1,256천 명이고, 전체 기혼 취업여성은 9,773−4,018=5,755천 명이다. 따라서 25~54세 기혼 취업여성의 연령대 구성비는 25~29세가 (264/5,755)×100≒4.6%, 30~34세가 (640/5,755)×100≒11.1%, 35~39세가 (956/5,755) ×100≒16.6%, 40~44세가 (1,302/5,755)×100≒22.6%, 45~49세가 (1,337/5,755)×100≒23.2%, 50~54세가 (1,256/5,755)×100≒ 21.8%이므로 <표>를 이용하여 작성한 그래프로 옳지 않다.

오답 체크

① 경제활동인구=취업자+실업자임을 적용하여 구한다. 기혼여성 중 경제활동인구는 25~29세가 264+11=275천 명, 30~34세가 640+20= 660천 명, 35~39세가 956+23=979천 명, 40~44세가 1,302+28= 1,330천 명, 45~49세가 1,337+25=1,362천 명, 50~54세가 1,256+ 20=1,276천 명이므로 <표>를 이용하여 작성한 그래프로 옳다.

② 연령대별 기혼여성 중 비취업여성과 경력단절여성은 <표>를 이용하여 작성한 그래프로 옳다.

④ 30~39세 기혼 경력단절여성의 경력단절 사유 분포는 개인·가족 관련 이유 중 결혼이 220+224=444천 명, 임신·출산이 137+107=244천 명, 자녀교육이 10+29=39천 명, 기타가 63+97=160천 명으로 총 444+244+39+160=887천 명이고, 육아가 189+168=357천 명, 가사가 21+55=76천 명이므로 <표>를 이용하여 작성한 그래프로 옳다.

⑤ 25~54세 기혼 경력단절여성의 연령대 구성비는 25~29세가 (246/ 2,905)×100≒8.5%, 30~34세가 (640/2,905)×100≒22.0%, 35~ 39세가 (680/2,905)×100≒23.4%, 40~44세가 (484/2,905) ×100≒16.7%, 45~49세가 (434/2,905)×100≒14.9%, 50~54세가 (421/2,905)×100≒14.5%이므로 <표>를 이용하여 작성한 그래프로 옳다.

20 자료이해 난이도 중 정답 ②

정답 체크

ㄱ. 2010년 3월, 9월, 10월에 발생한 등산사고건수의 합은 147+326+ 359 =832건이고, 전체 등산사고건수는 3,114건이다. 따라서 2010년 3월, 9월, 10월에 발생한 등산사고건수의 합은 전체 등산사고건수의 (832/ 3,114)×100≒26.7%로 30% 미만이므로 옳지 않은 설명이다.

ㄴ. 2010년 서울에서 발생한 등산사고건수는 2월이 135건으로 가장 많고, 3월이 72건으로 가장 적으므로 옳지 않은 설명이다.

ㅁ. 2010년 매월 등산사고가 발생한 지역의 수는 서울, 대구, 인천, 광주, 대전, 울산, 경기, 강원, 충북, 전북, 전남, 경남 총 12개이므로 옳지 않은 설명이다.

오답 체크

ㄷ. 2010년 등산사고 발생원인 중 조난이 해당 지역 전체 등산사고건수의 25% 이상인 지역은 대구가 (18/53)×100≒34.0%, 강원이 (91/358) ×100≒25.4%, 경북이 (2/7)×100≒28.6%로 총 3개이므로 옳은 설명이다.

ㄹ. 기타를 제외하고, 2010년 발생원인별 전체 등산사고건수가 많은 순서대로 나열하면 실족·추락, 조난, 개인질환, 안전수칙불이행 순으로 실족·추락이 가장 많고 안전수칙불이행이 가장 적으므로 옳은 설명이다.

21 자료이해 난이도 중 정답 ⑤

정답 체크

ㄴ. 2014~2017년 동안 A국의 건강보험 진료비 중 약국의 직접조제 진료비가 차지하는 비중은 매년 감소하므로 옳은 설명이다.

ㄷ. A국의 의료기관의 입원 진료비 중 공단부담 금액은 본인부담 금액이 최대일 때 가장 적으므로 입원 진료비 중 본인부담 금액이 최대일 때 공단부담 금액은 2013년이 158,365-116,727=41,638억 원, 2014년이 160,791-121,246=39,545억 원, 2015년이 178,911-128,308=50,603억 원, 2016년이 190,426-136,350=54,076억 원, 2017년이 207,214-146,145=61,069억 원이다. 따라서 A국의 의료기관의 입원 진료비 중 공단부담 금액은 매년 3조 8천억 원 이상이므로 옳은 설명이다.

ㄹ. B국의 2012년 건강보험 진료비를 b라고 하면, 2013년 건강보험 진료비는 b×(1+0.163)=b×1.163이고, 2014년 건강보험 진료비는 b×1.163×(1+0.036)=b×1.163×1.036이다. 따라서 B국의 2012년 대비 2014년 건강보험 진료비의 비율은 (b×1.163×1.036)/b≒1.2이므로 옳은 설명이다.

오답 체크

ㄱ. 2016년 건강보험 진료비의 전년대비 증가율은 A국이 {(544,250-509,552)/509,552}×100≒6.8%이고, C국이 12.1%이므로 옳지 않은 설명이다.

22 자료논리 난이도 상 정답 ②

정답 체크

재무팀이 남은 경기 중 2종목에서 이기더라도 기획팀이 종합 우승을 할 수 있으려면 기획팀의 종목별 승점합계가 가장 높아야 한다. <그림>과 <표>에 따라 기획팀의 종목별 승점합계가 가장 높은 경우는 재무팀이 남은 경기 중 단체줄넘기 종목보다 승점이 낮은 족구와 피구 종목에서 이기고, 기획팀이 단체줄넘기와 제기차기 종목에서 이기는 경우이므로 이를 정리하면 다음과 같다.

구분	인사팀	기획팀	재무팀	법무팀
단체줄넘기	40	120	80	40
족구	30	60	90	30
피구	60	30	90	30
제기차기	40	60	20	20
승점합계	170	270	280	120

따라서 재무팀이 남은 경기 중 2종목에서 이기더라도 기획팀이 종합 우승을 할 수 있는 경우는 없으므로 옳지 않은 설명이다.

오답 체크

① 인사팀, 기획팀, 재무팀의 경기결과와 상관없이 법무팀은 모든 종목에서 3·4위를 하여 종목별 승점합계가 가장 낮아 종합 우승을 할 수 없으므로 옳은 설명이다.

③ 기획팀이 남은 경기에서 모두 지는 경우 종목별 승점합계는 다음과 같다.

구분	인사팀	기획팀	재무팀	법무팀
단체줄넘기	40	80	120	40
족구	30	60	90	30
피구	90 or 60	30	90 or 60	30
제기차기	60	40	20	20
승점합계	130+(90 or 60)	210	230+(90 or 60)	120

피구 종목에서 인사팀이 재무팀을 이겨도 종목별 승점합계는 인사팀이 130+90=220, 재무팀이 230+60=290이다. 따라서 피구 종목 경기결과와 상관없이 최종 대회성적이 가장 높은 재무팀이 종합 우승을 하게 되므로 옳은 설명이다.

④ 재무팀이 남은 경기에서 모두 지는 경우 종목별 승점합계는 다음과 같다.

구분	인사팀	기획팀	재무팀	법무팀
단체줄넘기	40	120	80	40
족구	30	90	60	30
피구	90	30	60	30
제기차기	60 or 40	60 or 40	20	20
승점합계	160+(60 or 40)	240+(60 or 40)	220	120

제기차기 종목에서 인사팀이 기획팀을 이기면 종목별 승점합계는 인사팀이 160+60=220, 기획팀이 240+40=280으로 기획팀이 종합 우승을 하고, 인사팀과 재무팀은 승점합계가 동일해진다. 이때 각주 2)에 따라 단체줄넘기 종목의 순위가 더 높은 재무팀이 종합 준우승을 하게 되므로 옳은 설명이다.

⑤ 인사팀이 남은 경기에서 모두 이기는 경우 종목별 승점합계는 다음과 같다.

구분	인사팀	기획팀	재무팀	법무팀
단체줄넘기	40	120 or 80	120 or 80	40
족구	30	90 or 60	90 or 60	30
피구	90	30	60	30
제기차기	60	40	20	20
승점합계	220	70+(120 or 80)+(90 or 60)	80+(120 or 80)+(90 or 60)	120

단체줄넘기와 족구 종목의 경기결과와 상관없이 인사팀의 종목별 승점합계는 기획팀 또는 재무팀보다 낮아 종합 우승을 할 수 없으므로 옳은 설명이다.

23 자료이해 난이도 상   정답 ③

정답 체크

ㄴ. 충족률=$\dfrac{\text{기 종사자수}}{\text{기 종사자수+필요 인력수}}$×100임을 적용하여 구하면, 2019년 영상 제작자의 충족률은 {1,129/(1,229+76)}×100=86.5%이다. 2018~2020년 동안 컨텐츠 개발자의 충족률은 90.4%, 95.6%, 96.1%로 매년 증가하지만, 영상 제작자의 충족률은 93.8%, 86.5%, 87.2%로 2019년에 전년 대비 감소하고, 2020년에 전년 대비 증가하므로 옳지 않은 설명이다.

ㄹ. 평균 충족률=$\dfrac{\text{컨텐츠 개발자와 영상 제작자의 기 종사자수 합}}{\text{컨텐츠 개발자와 영상 제작자의 기 종사자수와 필요 인력수의 합}}$ ×100임을 적용하여 구한다. 2020년 컨텐츠 개발 기 종사자 중 중급 경력자는 5,850-(1,312+2,059)=2,479명이므로 중급 경력자의 기 종사자수 합은 2,479+573=3,052명, 필요 인력수의 합은 150+80=230명이다. 따라서 2020년 중급 경력자의 평균 충족률은 {3,052/(3,052+230)}×100≒93.0%로 2019년의 93.2%보다 감소했으므로 옳지 않은 설명이다.

오답 체크

ㄱ. 2019년 컨텐츠 개발 기 종사자의 경우 30대가 5,756-(1,129+1,703+344)=2,580명으로, 20대보다 2,580-1,129=1,451명 많으므로 옳은 설명이다.

ㄷ. 2018년 컨텐츠 개발 필요 인력수 중 고급 경력자는 360-(112+183)=65명이므로 고급 경력자의 필요 인력수의 합은 65+3=68명, 기 종사자수 합은 1,492+570=2,062명이다. 따라서 2018년 고급 경력자의 평균 충족률은 {2,062/(2,062+68)}×100≒96.8%로 97% 이하이므로 옳은 설명이다.

ㅁ. 2020년 영상 제작 기 종사자수 중 초급 경력자는 1,248-(573+282)=393명이므로 초급 경력자의 기 종사자수 합은 1,312+393=1,705명, 필요 인력수의 합은 74+100=174명이다. 따라서 2020년 초급 경력자의 평균 충족률은 {1,705/(1,705+174)}×100≒90.7%로 초급, 중급, 고급 경력자 중 가장 낮으므로 옳은 설명이다.

24 자료이해 난이도 중   정답 ⑤

정답 체크

ㄷ. 2011~2014년 동안 초등학교 학생 1인당 월평균 사교육비의 전년대비 증감률은 2011년이 1.6%, 2012년 9.1%, 2013년이 5.9%, 2014년이 0%로 2012년이 가장 크고, 중학교 학생 1인당 월평균 사교육비의 전년대비 증감률은 2011년이 2.7%, 2012년 5.3%, 2013년 3.3%, 2014년이 1.1%로 2012년이 가장 크므로 옳은 설명이다.

ㄹ. 2011~2014년 동안 초등학교 사교육 참여율은 2013년에 전년대비 증가하고, 고등학교 사교육 참여율은 2014년에 전년대비 증가한다. 이에 따라 사교육 참여율이 전년대비 매년 감소한 학교급은 중학교뿐이므로 옳은 설명이다.

오답 체크

ㄱ. 2011~2014년 동안 연간 사교육비와 전체 학생수는 매년 전년대비 감소하므로 연간 사교육비의 전년대비 감소율이 전체 학생수의 전년대비 감소율보다 큰 해가 학생 1인당 연간 사교육비가 전년대비 감소한 해이다. 연간 사교육비가 전년대비 20.1-19.0=1.1조 원 감소한 2012년의 감소율은 (1.1/20.1)×100≒5.5%로, 2012년의 전체 학생수의 전년대비 감소율인 {(699-672)/699}×100≒3.9%보다 크다. 따라서 2012년 학생 1인당 연간 사교육비가 전년대비 감소했으므로 옳지 않은 설명이다.

ㄴ. 2011~2014년 동안 초등학교 연간 사교육비의 전년대비 증감률과 고등학교 연간 사교육비의 전년대비 증감률은 각각 2011년에 6.8%, 0.9%, 2012년에 14.3%, 1.7%, 2013년에 0.2%, 1.8%, 2014년에 1.8%, 0.2%로 2013년에는 초등학교가 고등학교보다 작으므로 옳지 않은 설명이다.

⏱ 빠른 문제 풀이 Tip

<보기> 중 계산이 필요하지 않은 ㄹ의 옳고 그름을 먼저 파악한 뒤, 정오 판별이 추가로 필요한 보기만 확인한다.

25 자료논리 난이도 중   정답 ③

정답 체크

학생 1인당 월평균 사교육비=((학교급별)연간 사교육비)/((학교급별)전체 학생수)÷12이고, 사교육 참여율=((학교급별)사교육 참여 학생수)/((학교급별)전체 학생수)×100이므로, 사교육 참여 학생 1인당 월평균 사교육비=학생 1인당 월평균 사교육비÷(사교육 참여율/100)임을 적용하여 구한다. 2014년 학교급별 사교육 참여 학생 1인당 월평균 사교육비는 초등학교가 23.2/0.811≒28.6만 원, 중학교가 27.0/0.691≒39.1만 원, 고등학교가 23.0/0.495≒46.5만 원이다. 이때 학교급별, 과목별 사교육비 비중을 적용하면 과목별 사교육 참여 학생 1인당 월평균 사교육비는 다음과 같다.

(단위: 만 원)

학교급＼과목	A	B	C
초등학교	7.2	8.6	11.4
중학교	5.9	15.6	15.6
고등학교	7.0	18.6	16.3

따라서 A과목은 초등학교, B과목은 고등학교, C과목은 고등학교이다.

⏱ 빠른 문제 풀이 Tip

학교급별 사교육 참여 학생 1인당 월평균 사교육비를 구한 뒤, 사교육 참여 학생 1인당 월평균 사교육비와 과목별 사교육비 비중의 크기를 비교해서 과목별 크기가 가장 큰 학교급을 찾는다. 사교육비는 학교급이 높을수록 많아 A과목의 경우 비중이 15%로 동일한 중학교와 고등학교 중 고등학교의 크기가 더 크고, 이로 인해 초등학교 또는 고등학교의 크기가 가장 크므로 선택지 중 ②, ④가 소거된다. B과목의 경우 비중이 40%로 동일한 중학교와 고등학교의 비중이 가장 높아 결과적으로 고등학교의 크기가 가장 크므로 남은 선택지 중 ③만 가능하다.

PART 2 적중 예상 모의고사

정답

p.114

01	⑤	자료이해	06	④	자료이해	11	⑤	자료이해	16	③	자료이해	21	⑤	자료이해
02	④	자료이해	07	②	자료이해	12	⑤	자료이해	17	②	자료논리	22	④	자료논리
03	①	자료매칭	08	③	자료변환	13	②	자료이해	18	③	자료이해	23	②	자료이해
04	④	자료이해	09	②	자료매칭	14	⑤	자료논리	19	⑤	자료논리	24	⑤	자료이해
05	④	자료이해	10	①	자료이해	15	①	자료이해	20	②	자료변환	25	③	자료이해

취약 유형 분석표

유형별로 맞힌 문제 개수와 정답률, 틀린 문제 번호와 풀지 못한 문제 번호를 적고 나서 취약한 유형이 무엇인지 파악해 보세요.

유형	맞힌 개수	정답률	틀린 문제 번호	풀지 못한 문제 번호
자료이해	/17	%		
자료매칭	/2	%		
자료논리	/4	%		
자료변환	/2	%		
TOTAL	/25	%		

해설

01 자료이해 난이도 하 정답 ⑤

정답 체크

ㄴ. 2021년 징계 처분을 받은 기관사 중 인원이 많은 처분종류를 순서대로 나열하면 업무정지, 견책, 집행유예 순이다. 하지만 2021년 집행유예를 받은 항해사는 총 1+14+16=31명으로, 항해사 중 징계 처분을 받은 인원이 많은 순서는 업무정지, 집행유예, 견책 순이므로 옳지 않은 설명이다.

ㄷ. 징계 처분을 받은 전체 항해사 수는 2020년이 103+42+(1+7+27)=180명, 2021년이 74+30+31=135명이다. 따라서 2021년에 징계 처분을 받은 전체 항해사 수의 전년대비 감소율은 {(180-135)/180}×100=25%로 30% 미만이므로 옳지 않은 설명이다.

ㄹ. 2020년에 견책 처분을 받은 6급 항해사는 42-(4+6+6+11+4)=11명으로 징계 처분을 받은 항해사 중에서의 비중은 (11/180)×100≒6.1%이고, 징계 처분을 받은 기관사 중 견책 처분을 받은 6급 기관사의 비중은 {4/(10+14+3)}×100≒14.8%이다. 따라서 항해사 비중의 2배인 6.1×2≒12.2%는 기관사의 비중인 14.8%보다 작으므로 옳지 않은 설명이다.

오답 체크

ㄱ. 업무정지 처분을 받은 5급 항해사의 수는 2020년이 103-(6+7+16+11+49)=14명, 2021년 74-(7+6+8+8+29)=16명으로 2021년에 전년대비 증가했으므로 옳은 설명이다.

⏱ 빠른 문제 풀이 Tip

ㄹ. 2020년 면허종류별 징계 처분을 받은 자 중 견책 처분을 받은 6급의 비중의 경우, 항해사의 2배가 $\frac{11 \times 2}{180} = \frac{11}{90}$, 기관사가 $\frac{4}{27} = \frac{12}{81}$이므로 이 중 분모가 작고 분자가 큰 기관사의 비중이 더 큼을 알 수 있다.

02 자료이해 난이도 중 정답 ④

정답 체크

로봇 산업 설비 투자액=생산 설비 투자액+연구개발 설비 투자액+기타 설비 투자액임을 적용하여 구한다. 로봇 산업 설비 투자액에서 연구개발 설비 투자액이 차지하는 비율은 2012년이 {150/(341+150+72)}×100≒26.6%, 2016년이 {270/(740+270+154)}×100≒23.2%로 30% 미만이므로 옳지 않은 설명이다.

오답 체크

① 생산 설비 투자액의 전년대비 증감률은 2015년이 {(768-430)/430}×100≒78.6%로 가장 크므로 옳은 설명이다.

② 로봇 산업 설비 투자액은 2016년이 740+270+154=1,164억 원, 2017년이 909+1,109+376=2,394억 원이다. 2016년 로봇 산업 설비 투자액의 2배는 1,164×2=2,328억 원이므로 옳은 설명이다.

③ 생산 설비 투자액은 2017년이 909억 원, 2015년이 768억 원으로 2015년이 두 번째로 크고, 연구개발 설비 투자액 역시 2017년이 1,109억 원, 2015년이 545억 원으로 2015년이 두 번째로 크므로 옳은 설명이다.

⑤ 연구개발 설비 투자액 대비 생산 설비 투자액의 비율은 2016년이 740/270≒2.7로 가장 크므로 옳은 설명이다.

⏱ 빠른 문제 풀이 Tip

① <그림>에서 전년대비 생산 설비 투자액 그래프의 높이 차이가 눈에 띄게 큰 연도는 2012년과 2015년이고, 기준 연도인 전년도 생산 설비 투자액은 두 연도 중 2015년이 더 적으므로 계산하지 않아도 생산 설비 투자액의 전년대비 증감률은 2015년이 가장 큼을 알 수 있다.

03 자료매칭 난이도 중 정답 ①

정답 체크

· 두 번째 <정보>에 따라 기업 '기'의 보험료지원금이 8천 원이므로 보험료지원금이 9천 원인 A와 17천 원인 D가 각각 '병', '정'임을 알 수 있다.

· 네 번째 <정보>에 따라 기업 '정'의 채용 및 교육비용은 63천 원으로, A와 기업 '기'를 제외하고 B와 E보다 각각 63/23≒2.7배, 63/15≒4.2배 많으므로 B 또는 E가 '갑'임을 알 수 있다.

· 세 번째 <정보>에 따라 식사비용이 법정 외 복지비용에서 차지하는 비중은 A, D, '기'를 제외하고 B가 (56/169)×100≒33.1%, C가 (56/212)×100≒26.4%, E가 (67/159)×100≒42.1%이므로 E가 '을'이고, B가 '갑', 나머지 C가 '무'임을 알 수 있다.

따라서 B는 '갑', E는 '을'이다.

04 자료이해 난이도 하 정답 ④

정답 체크

ㄴ. 무역수지=수출액-수입액임을 적용하여 구한다. 11월 ICT 품목별 수입액은 컴퓨터 및 주변기기가 996-(-111)=1,107백만 달러, 영상 및 음향기기가 317-5=312백만 달러이다. 따라서 11월 컴퓨터 및 주변기기 수입액은 11월 영상 및 음향기기 수입액의 3배 이상이므로 옳은 설명이다.

ㄹ. 11월 ICT 전체 무역수지 전월대비 증감폭은 품목별 무역수지 전월대비 증감폭의 합인 -662+(-110)+(-97)+47+(-85)=-907백만 달러이므로 10월 ICT 전체 무역수지는 5,224-(-907)=6,131백만 달러이다. 따라서 11월 ICT 전체 무역수지는 전월대비 (907/6,131)×100≒14.8%로 10% 이상 감소했으므로 옳은 설명이다.

오답 체크

ㄱ. 11월 ICT 품목별 무역수지는 통신 및 방송기기가 1,234-1,541=-307백만 달러, 정보통신응용기반기기가 1,779-1,541=238백만 달러이다. 10월 ICT 품목별 무역수지는 전자부품이 5,399-(-662)=6,061백만 달러, 컴퓨터 및 주변기기가 -111-(-110)=-1백만 달러, 통신 및 방송기기가 -307-(-97)=-210백만 달러, 영상 및 음향기기가 5-47=-42백만 달러, 정보통신응용기반기기가 238-(-85)=323백만 달러이다. 따라서 10월 무역수지가 적자였던 품목 중 11월 무역수지가 흑자로 전환된 품목은 영상 및 음향기기 1개이므로 옳지 않은 설명이다.

ㄷ. 11월 전자부품 수출액은 5,399+4,584=9,983백만 달러이고, 11월 ICT 전체 수출액은 5,224+9,085=14,309백만 달러이다. 따라서 11월 ICT 전체 수출액에서 전자부품 수출액이 차지하는 비중은 (9,983/14,309)×100≒69.8%이므로 옳지 않은 설명이다.

ㄱ. 11월 무역수지가 흑자인 품목을 먼저 찾고 해당하는 품목의 10월 무역수지가 적자인지 확인하면 빠르게 풀이할 수 있다.

---

05 자료이해 난이도 상 정답 ④

정답 체크

면접자의 평균점수 및 종합점수는 다음과 같다.

분야 면접자	전문성	논리성	성실성	창의성	책임성	평균 점수	종합 점수
A	3	2	5	1	3	2.8	82
B	5	5	1	1	4	3.2	89
C	3	3	4	2	5	3.4	96
D	4	4	3	3	1	3.0	91
E	1	5	4	5	3	3.6	110

ㄴ. 평균점수 순위는 면접자 E-C-B-D-A이고, 종합점수 순위는 면접자 E-C-D-B-A이다. 따라서 순위가 동일한 면접자는 E, C, A로 3명이므로 옳은 설명이다.

ㄹ. 면접자 A의 '논리성' 분야의 점수와 '책임성' 분야의 점수가 서로 바뀌는 경우 면접자 A의 종합점수는 3×5+3×7+5×7+1×6+2×4=85점이다. 따라서 면접자 A~E의 종합점수 순위에 변동이 없으므로 옳은 설명이다.

오답 체크

ㄱ. 평가 분야별 점수기여도 = $\frac{평가 분야별 점수 × 평가 분야별 가중치}{종합점수}$ ×100 임을 적용하여 구한다. '전문성' 분야의 점수기여도는 면접자 A가 {(3×5)/82}×100≒18.3%, 면접자 B가 {(5×5)/89}×100≒28.1%, 면접자 C가 {(3×5)/96}×100≒15.6%, 면접자 D가 {(4×5)/91}×100≒22.0%, 면접자 E가 {(1×5)/110}×100≒4.5%이다. '전문성' 분야의 점수기여도는 면접자 B가 가장 높으나 B의 종합점수는 89점으로 90점 미만이므로 옳지 않은 설명이다.

ㄷ. 면접자 C의 점수기여도는 '전문성' 분야가 {(3×5)/96}×100≒15.6%, '논리성' 분야가 {(3×7)/96}×100≒21.9%, '성실성' 분야가 {(4×7)/96}×100≒29.2%, '창의성' 분야가 {(2×6)/96}×100=12.5%, '책임성' 분야가 {(5×4)/96}×100≒20.8%이다. 점수기여도가 가장 높은 '성실성' 분야의 점수가 1점 하락하면 면접자 C의 종합점수는 96-(1×7)=89점이고, 면접자 C의 종합점수 순위는 2위에서 공동 3위로 변하므로 옳지 않은 설명이다.

⏱ **빠른 문제 풀이 Tip**

ㄷ. 면접자 C의 평가 분야별 점수기여도에서 종합점수인 분모값과 ×100은 동일한 값이므로 분자값만 구하여 점수를 비교한다.

ㄹ. 면접자 A의 종합점수 82점에서 변동되는 점수만큼만 더하거나 빼준다. '논리성' 분야의 점수와 '책임성' 분야의 점수가 서로 바뀔 경우 '논리성' 분야의 점수가 7점 많아지고 '책임성' 분야의 점수가 4점 적어지므로 면접자 A의 종합점수는 82+7-4=85점이 된다.

---

06 자료이해 난이도 중 정답 ④

정답 체크

ㄱ. 2022년 '컴퓨터비전'의 시장 규모 전망치는 61.9×1.333≒82.5억 달러이므로 옳은 설명이다.

ㄷ. 2024년 '자연어처리'의 시장 규모 전망치는 65.2×1.373×1.403×1.435≒180.2억 달러이고, 같은 해 '상황인지컴퓨팅'의 시장 규모 전망치는 32.5×1.345×1.403×1.421≒87.1억 달러이다. 따라서 2024년 시장 규모 전망치는 '자연어처리'가 '상황인지컴퓨팅'의 180.2/87.1≒2.1배이므로 옳은 설명이다.

ㄹ. 2024년 인공지능 전체 시장 규모 전망치는 262.0×1.340×1.384×1.410≒685.1억 달러이고, 같은 해 '상황인지컴퓨팅'의 시장 규모 전망치는 87.1억 달러이다. 따라서 2024년 '상황인지컴퓨팅'이 인공지능 전체 시장 규모 전망치에서 차지하는 비중은 (87.1/685.1)×100≒12.7%이므로 옳은 설명이다.

오답 체크

ㄴ. 2023년 '머신러닝'의 시장 규모 전망치는 102.4×1.322×1.384≒187.4억 달러이다. 2021년 대비 2023년 '머신러닝' 시장 규모 전망치의 증가율은 {(187.4-102.4)/102.4}×100≒83.0%이므로 옳지 않은 설명이다.

⏱ **빠른 문제 풀이 Tip**

ㄷ. 2021년의 시장 규모는 '자연어처리'가 '상황인지컴퓨팅'의 2배 이상이고, 2022~2024년 시장 규모의 전년대비 성장률 전망은 매년 '자연어처리'가 '상황인지컴퓨팅'보다 크거나 같기 때문에 2024년 시장 규모 전망치 또한 '자연어처리'가 '상황인지컴퓨팅'의 2배 이상을 유지함을 알 수 있다.

ㄹ. 2021년의 인공지능 전체 시장 규모에서 '상황인지컴퓨팅'이 차지하는 비중은 10% 이상이고, 2022~2024년 시장 규모의 전년대비 성장률 전망은 매년 '상황인지컴퓨팅'이 '인공지능 전체'보다 크므로 비중도 10% 이상을 유지함을 알 수 있다.

---

07 자료이해 난이도 중 정답 ②

정답 체크

2017년 자연훼손 위반행위 단속 건수 중 '식물채취' 단속 건수의 전년대비 감소율이 {(27-10)/27}×100≒63.0%로 가장 크므로 옳은 설명이다.

오답 체크

① 기타를 제외하고 2016~2019년 동안 단속 건수가 꾸준히 증가한 위반행위 유형은 '산불통제위반' 1개이므로 옳지 않은 설명이다.

③ 2018년 행락질서 위반행위 단속 건수 중 '취사행위' 단속 건수가 차지하는 비중은 {586/(586+191+41+9+408+3+10)}×100≒47.0%로 50% 미만이므로 옳지 않은 설명이다.

④ 2017년 행락질서 위반행위 중 전년대비 단속 건수의 변동폭은 '야영행위'가 187-103=84건, '무단주차'가 296-215=81건으로 '야영행위'가 가장 크므로 옳지 않은 설명이다.

⑤ 전체 단속 건수에서 '비법정탐방로 출입' 단속 건수가 차지하는 비중은 2016년이 (939/2,517)×100≒37.3%, 2017년이 (1,163/2,856)×100≒40.7%, 2018년이 (814/2,776)×100≒29.3%, 2019년이 (744/2,111)×100≒35.2%로 2017년이 가장 크므로 옳지 않은 설명이다.

빠른 문제 풀이 Tip

③ 행락질서 위반행위 중 '취사행위'를 제외한 나머지 단속 건수의 합이 '취사행위' 단속 건수보다 큰지 작은지 확인한다. 또한 2018년의 경우에는 '취사행위'를 제외한 나머지 행락질서 위반행위 중 수치가 큰 '야영행위'와 '무단주차'의 합만 계산하더라도 191+408=599건이므로 행락질서 위반행위 중 '취사행위' 단속 건수가 차지하는 비중이 50% 미만임을 알 수 있다.

08 자료변환　난이도 중　　　　　정답 ③

정답 체크

대졸 종사자 수의 전년대비 증감폭은 남자와 여자 순서대로 각각 2018년이 4,335-2,419=1,916명, 2,067-1,208=859명, 2019년이 4,335-1,933=2,402명, 2,067-817=1,250명, 2020년이 2,517-1,933=584명, 2,483-817=1,666명, 2021년이 2,517-1,299=1,218명, 2,483-457=2,026명이다. 하지만 [2018~2021년 대졸 종사자 수의 전년대비 증감폭]에서 2020년 남자와 여자의 증감폭이 반대로 나타나므로 <표>를 이용하여 작성한 그래프로 옳지 않다.

09 자료매칭　난이도 중　　　　　정답 ②

정답 체크

· 두 번째 <조건>에 따라 2014년 대비 2016년 양식어류량의 변화율이 {(206,163-109,995)/109,995}×100≒87.4%로 가장 큰 A가 조피볼락임을 알 수 있다.
· 세 번째 <조건>에 따라 2016~2018년 동안 양식어류량의 전년대비 증감 방향이 증가, 감소, 감소로 농어와 동일한 어류는 B와 D이므로 B 또는 D가 넙치류 또는 감성돔이고, 이에 따라 C 또는 E가 숭어 또는 참돔임을 알 수 있다.
· 네 번째 <조건>에 따라 2013~2018년 동안 순위가 각각 4, 5, 3위로 동일한 C, D, E가 숭어 또는 감성돔 또는 참돔임을 알 수 있다. 이때 C 또는 E가 숭어 또는 참돔이므로 D가 감성돔, B가 넙치류임을 알 수 있다.
· 첫 번째 <조건>에 따라 C와 E 중 2017년 양식어류량이 더 큰 E가 숭어이고, C가 참돔임을 알 수 있다.
따라서 A는 조피볼락, C는 참돔, E는 숭어이다.

10 자료이해　난이도 중　　　　　정답 ①

정답 체크

ㄱ. 농가소득이 많은 업종부터 순서대로 나열하면 축산, 과수, 화훼, 논벼, 채소, 일반 밭작물, 특용작물이고, 가계지출이 많은 업종부터 순서대로 나열하면 축산, 화훼, 과수, 채소, 논벼, 일반 밭작물, 특용작물이다. 따라서 순위가 동일한 업종은 축산, 일반 밭작물, 특용작물 3개이므로 옳은 설명이다.
ㄴ. 가계지출=소비지출+비소비지출임을 적용하여 구한다. 가계지출 중 소비지출의 비중은 논벼가 {22,020/(22,020+4,834)}×100≒82.0%, 과수가 {23,745/(23,745+6,288)}×100≒79.1%, 채소가 {22,734/(22,734+5,530)}×100≒80.4%, 특용작물이 {19,732/(19,732+5,032)}×100≒79.7%, 화훼가 {24,651/(24,651+6,292)}×100≒79.7%, 일반 밭작물이 {20,287/(20,287+5,152)}×100≒

79.7%, 축산이 {30,339/(30,339+10,160)}×100≒74.9%로 축산이 가장 낮으므로 옳은 설명이다.

오답 체크

ㄷ. 농가처분가능소득=농가소득-비소비지출임을 적용하여 구한다. 농가처분가능소득은 논벼가 32,788-4,834=27,954천 원, 과수가 38,016-6,288=31,728천 원, 채소가 30,773-5,530=25,243천 원, 특용작물이 26,462-5,032=21,430천 원, 화훼가 33,643-6,292=27,351천 원, 일반 밭작물이 28,944-5,152=23,792천 원, 축산이 78,244-10,160=68,084천 원이다. 따라서 농가처분가능소득이 2,500만 원 미만인 업종은 특용작물, 일반 밭작물 2개이므로 옳지 않은 설명이다.
ㄹ. 경상소득에서 농가순소득이 차지하는 비중은 특용작물이 {(8,012+4,965)/23,841}×100≒54.4%로 가장 낮으므로 옳지 않은 설명이다.

빠른 문제 풀이 Tip

ㄴ. 구체적인 비중을 계산하지 않아도 소비지출과 비소비지출을 비교하면 쉽게 알 수 있다. 축산의 소비지출은 비소비지출의 약 3배이나 다른 업종들은 소비지출이 비소비지출의 약 4~5배이므로 축산이 가계지출 중 소비지출 비중이 가장 낮은 업종이다.
ㄹ. 경상소득에서 농가순소득 비중이 가장 낮은 업종은 경상소득에서 이전소득 비중이 가장 높은 업종이므로 정확한 계산을 하지 않아도 특용작물임을 알 수 있다.

11 자료이해　난이도 상　　　　　정답 ⑤

정답 체크

ㄱ. 전체 조사 대상자 2,000명 중 남성의 비율을 x, 여성의 비율을 y라고 하면 $x+y$=1이고, 2017년 패턴암호를 사용한다고 응답한 전체 조사 대상자의 비율은 28.8%이므로 $30x+26y$=28.8이다. 이에 따라 x=0.7, y=0.3이므로 조사 대상자 중 남성은 2,000×0.7=1,400명, 여성은 2,000×0.3=600명이다. 따라서 남성이 여성의 2배 이상이므로 옳은 설명이다.
ㄴ. 비밀번호를 사용한다고 응답한 여성 조사 대상자의 비율은 78-(-1)=79%이고, 이에 따라 2016년 비밀번호를 사용한다고 응답한 전체 조사 대상자의 비율은 {74-(가)}×0.7+79×0.3=81.8%이므로 (가)는 -9이다. 또한 패턴암호를 사용한다고 응답한 남성 조사 대상자의 비율은 30-(-6)=36%이고, 이에 따라 2016년 패턴암호를 사용한다고 응답한 전체 조사 대상자의 비율은 36×0.7+{26-(다)}×0.3=35.7%이므로 (다)는 -9이다. 따라서 (가)와 (다)에 들어갈 수치는 -9로 동일하므로 옳은 설명이다.
ㄷ. 바이오 정보를 사용한다고 응답한 여성 조사 대상자의 비율은 17%이고, 이에 따라 2017년 바이오 정보를 사용한다고 응답한 전체 조사 대상자의 비율은 (나)×0.7+17×0.3=21.2%이므로 (나)는 23이다. 패턴암호 또는 바이오 정보를 사용한다고 응답한 남성 조사 대상자의 비율 30%와 23%가 모두 비밀번호도 사용한다고 복수 응답을 했다면, 비밀번호만을 사용하는 남성은 적어도 1,400×{(74-30-23)/100}= 294명이므로 옳은 설명이다.

빠른 문제 풀이 Tip

ㄴ. (가)와 (다) 중 하나의 값을 구한 뒤, 구한 값을 다른 하나에 대입하여 일치하는지 확인한다.

12 자료이해 난이도 하 정답 ⑤

정답 체크

ㄱ. 2018년 생산량 상위 6개 품목의 수출액의 전년대비 증감률은 탄산음료가 $\{(23,068-21,311)/21,311\}\times100\fallingdotseq8.2\%$, 맥주가 $\{(164,192-133,017)/133,017\}\times100\fallingdotseq23.4\%$, 밀가루가 $\{(14,422-9,666)/9,666\}\times100\fallingdotseq49.2\%$, 설탕이 $\{(116,794-191,324)/191,324\}\times100\fallingdotseq-39.0\%$, 소주가 $\{(123,612-97,130)/97,130\}\times100\fallingdotseq27.3\%$, 혼합음료가 $\{(215,687-194,701)/194,701\}\times100\fallingdotseq10.8\%$로 밀가루가 가장 크므로 옳지 않은 설명이다.

ㄷ. 2018년 생산량 상위 6개 품목 중 순위가 전년대비 하락한 품목은 밀가루와 소주이다. 밀가루의 국내 판매액과 수출액은 전년대비 각각 증가했으나, 소주의 국내 판매액은 전년대비 감소했으므로 옳지 않은 설명이다.

ㄹ. 생산량 상위 6개 품목을 수출액이 많은 순서대로 나열하면 2017년이 혼합음료, 설탕, 맥주, 소주, 탄산음료, 밀가루 순이고, 2018년이 혼합음료, 맥주, 소주, 설탕, 탄산음료, 밀가루 순이다. 따라서 하위 3개 품목은 2017년과 2018년이 동일하지 않으므로 옳지 않은 설명이다.

오답 체크

ㄴ. 생산량 상위 5개 품목의 국내 판매액 합은 2017년이 $922,482+2,232,287+1,789,788+1,758,149+772,500=7,475,206$백만 원이고, 2018년이 $1,878,311+1,825,956+1,046,073+820,782+1,720,884=7,292,006$백만 원이므로 옳은 설명이다.

⏱ 빠른 문제 풀이 Tip

ㄴ. 국내 판매액의 수치가 큰 편이므로 일의 자릿수부터 천 또는 만의 자릿수까지는 제외하고 나머지 자릿수만 빠르게 계산한다.

13 자료이해 난이도 중 정답 ②

정답 체크

ㄱ. 고령인구비율$=\dfrac{65세\ 이상\ 인구}{전체인구}\times100$임을 적용하여 구한다. 2019년 65세 이상 인구는 B지역이 $2,438,031\times0.156\fallingdotseq380,333$명, C 지역이 $2,957,026\times0.13\fallingdotseq384,413$명으로 B지역이 C 지역보다 적으므로 옳지 않은 설명이다.

ㄷ. 고령인구비율 상위 3개 지역은 2018년이 A, B, D 지역이고, 2019년이 A, B, E 지역이므로 옳지 않은 설명이다.

오답 체크

ㄴ. A 지역의 65세 이상 인구는 2018년이 $3,441,453\times0.171\fallingdotseq588,488$명, 2019년이 $3,413,841\times0.182\fallingdotseq621,319$명으로 2019년에 전년대비 증가했으므로 옳은 설명이다.

ㄹ. 2019년 A 지역과 D 지역의 고령인구비율 차이는 $18.2-13.4=4.8\%p$이고, 2018년 C 지역과 F 지역의 고령인구비율 차이는 $12.3-10.7=1.6\%p$이다. 따라서 2019년 A 지역과 D 지역의 고령인구비율 차이는 2018년 C 지역과 F 지역의 고령인구비율 차이의 3배이므로 옳은 설명이다.

⏱ 빠른 문제 풀이 Tip

ㄹ. X축과 Y축 눈금선 사이의 간격이 동일하므로, 비율 간의 차이를 눈금선 간의 거리를 통해 파악한다. 2019년 A지역과 D지역의 차이인 눈금선 간의 거리는 2칸 이내인 반면, 2018년 C지역과 F지역의 차이인 눈금선 간의 거리는 4칸 이상이므로 2배 이상임을 알 수 있다.

14 자료논리 난이도 중 정답 ⑤

정답 체크

ㄱ. 수학여행 경비=학생 수×(숙박비+교통비+활동비)임을 적용하여 구한다. 수학여행 기간이 2박 3일이고, 경주로 수학여행을 가는 경우 수학여행 경비는 A반이 $28\times(2\times4+1\times12+3\times4)=896$만 원, B반이 $32\times(2\times4+1\times12+3\times4)=1,024$만 원이다. 따라서 B반이 예산 한도를 초과하므로 옳지 않은 설명이다.

ㄷ. 수학여행 기간이 3박 4일이고, 속초로 수학여행을 가는 경우 수학여행 경비는 A반이 $28\times(3\times3+1\times10+4\times3)=868$만 원, B반이 $32\times(3\times3+1\times10+4\times3)=992$만 원이다. 따라서 속초로 수행여행을 갈 수 있으므로 옳지 않은 설명이다.

ㄹ. 제주로 수학여행을 가고, 수학여행 기간이 2박 3일인 경우 수학여행 경비는 A반이 $28\times(2\times3+1\times15+3\times3)=840$만 원이고, B반은 학생 수가 30명 이상이므로 $32\times\{2\times3+1\times15\times(1-0.2)+3\times3\}=864$만 원이다. 따라서 B반이 A반보다 수학여행 경비가 더 많으므로 옳지 않은 설명이다.

오답 체크

ㄴ. 제주로 수학여행을 가고, 수학여행 기간이 1박 2일인 경우 학생 1인당 수학여행 경비는 $1\times3+1\times15+2\times3=24$만 원이므로 옳은 설명이다.

⏱ 빠른 문제 풀이 Tip

ㄱ. 학생 1인당 2박 3일 수학여행 경비는 경주가 $2\times4+1\times12+3\times4=32$만 원으로 가장 많다. 따라서 세 지역 중 수학여행 경비가 가장 큰 경주로 수학여행을 갈 수 있는지를 먼저 확인하면 빠르게 풀이할 수 있다.

15 자료이해 난이도 상 정답 ①

정답 체크

ㄱ. 2020년 농기계 사고 건수는 $163+224+566+666+973+658+681+774+722+791+512+202=6,932$건으로, 월평균 농기계 사고 건수는 $6,932/12\fallingdotseq578$건이므로 옳은 설명이다.

ㄷ. 사고 발생 농기계별 사고 건수 구성비와 사고 발생 연령대별 사고 건수 구성비는 2020년 농기계 사고 6,932건을 기준으로 한 비중이므로, 각각의 구성비의 크기로 비교한다. '관리기'로 인한 사고 건수 구성비는 7.5%로 '50대' 농기계 사고 건수 구성비인 6.7%보다 커서 사고 건수도 많으므로 옳은 설명이다.

오답 체크

ㄴ. 농기계 사고가 가장 많이 발생한 5월의 사고 건수는 973건으로 2020년 농기계 사고 건수의 20%인 $6,932\times0.2\fallingdotseq1,386$건 미만이므로 옳지 않은 설명이다.

ㄹ. 농기계 사고 중 '50대 미만', '50대', '60대'에게 발생한 2.1+6.7 +27.9=36.7%의 사고가 모두 '경운기'로 인한 농기계 사고라 하더라도, 53.3-36.7=16.6%는 반드시 '70대 이상'에게 발생한 사고이다. 따라서 '70대 이상'에게 '경운기'로 인해 발생한 농기계 사고 건수는 최소 6,932×0.166≒1,151건이므로 옳지 않은 설명이다.

16 자료이해 난이도 중 정답 ③

정답 체크

영훈은 A과목의 수행평가 원점수를 알 수 없어 A~E과목 수행평가 원점수의 합과 평균을 알 수 없으므로 영훈의 빈칸을 제외하고, 제시된 두 <표>의 빈칸을 채우면 다음과 같다.

· A~E과목 수행평가 원점수

구분		A	B	C	D	E	합	평균
'가'조	미연	70	60	85	90	60	(365)	(73)
	영훈	( )	55	70	85	55	( )	( )
	은우	80	70	80	60	(90)	380	76
'나'조	소연	85	50	80	55	70	(340)	(68)
	수진	75	100	40	75	70	360	72
	혁진	100	65	(55)	45	85	350	70

· A~E과목 수행평가 환산점수

구분		A	B	C	D	E	합
'가'조	미연	2	1	3	(3)	1	(10)
	영훈	3	0	2	3	0	8
	은우	3	2	3	1	(3)	(12)
'나'조	소연	3	0	3	0	2	8
	수진	2	3	0	(2)	(2)	(9)
	혁진	3	1	(0)	0	3	(7)

소연의 수행평가 원점수 평균은 68점으로 70점인 혁진보다 낮지만, 환산점수 합은 8점으로 7점인 혁진보다 높으므로 옳은 설명이다.

오답 체크

① 영훈의 A과목 수행평가 환산점수는 3점이므로 수행평가 원점수는 80점 이상이다. 따라서 영훈의 수행평가 원점수 합은 적어도 80+55+70 +85+55=345점 이상이고, 소연의 수행평가 원점수 합은 340점이므로 옳지 않은 설명이다.

② '나'조에서 수행평가 환산점수 합이 두 번째로 큰 학생은 소연이므로 옳지 않은 설명이다.

④ 미연의 수행평가 원점수 평균은 73점으로 영훈의 수행평가 원점수 평균이 73점이려면 영훈의 A과목 수행평가 원점수는 365-(55+70+ 85+55)=100점이어야 하므로 옳지 않은 설명이다.

⑤ 은우는 수행평가 환산점수가 0점인 과목이 없으므로 옳지 않은 설명이다.

⏱ 빠른 문제 풀이 Tip

<표>에 제시된 평균값을 토대로 편차의 합은 0임을 이용하여 비교적 계산이 쉬운 빈칸을 모두 채운 후 선택지를 풀이한다.

17 자료논리 난이도 중 정답 ②

정답 체크

· 최초에 지출한 광고비는 A가 15×10,000×50=7,500,000원, B가 100,000×60=6,000,000원, C가 1,500,000×5=7,500,000원, D가 300×30,000=9,000,000원이다. 이에 따라 광고비 총액은 7,500,000 +6,000,000+7,500,000+9,000,000=30,000,000원이다.

· A가 최종적으로 내야 하는 광고비는 30,000,000×0.4=12,000,000 원으로 최초에 지출한 광고비보다 많으므로 12,000,000-7,500,000 =4,500,000원을 추가로 낸다.

· D가 최종적으로 내야 하는 광고비는 30,000,000×0.1=3,000,000원으로 최초에 지출한 광고비가 더 많으므로 9,000,000-3,000,000= 6,000,000원을 돌려받는다.

따라서 A가 추가로 내는 광고비 지출액은 4,500,000원, D가 돌려받는 광고비 지출액은 6,000,000원이다.

18 자료이해 난이도 중 정답 ③

정답 체크

ㄴ. 2016년 대비 2018년 측정소 수의 증가율은 평가등급 C가 {(2,020- 1,498)/1,498}×100≒34.8%, 평가등급 D가 {(1,057-920)/920}× 100≒14.9%, 평가등급 E가 {(377-325)/325}×100=16.0%로 평가등급 C가 가장 크므로 옳지 않은 설명이다.

ㄹ. 2018년 한강의 전체 측정소 수는 190+359+528+279+115=1,471개소이므로 2016년 한강의 측정소 수는 1,471개소이다. 2016년에 평가등급을 C 미만으로 평가한 전체 측정소 수는 920+325=1,245개소이므로 1,245개소가 모두 한강의 평가등급을 C 미만으로 평가했다고 가정하면, 적어도 1,471-1,245=226개소 이상은 한강의 평가등급을 C 이상으로 평가한 측정소이다. 따라서 한강의 평가등급을 C 이상으로 평가한 측정소의 수는 300개 미만일 수 있으므로 옳지 않은 설명이다.

오답 체크

ㄱ. 2018년 하천별 전체 측정소 수에서 평가등급 A와 B로 평가한 측정소 수가 차지하는 비중은 금강이 {(99+265)/(99+265+408+236+122)} ×100≒32.2%로 가장 작으므로 옳은 설명이다.

ㄷ. 2018년 낙동강의 평가등급을 B로 평가한 측정소 수가 472개이므로 평가등급 B로 평가한 측정소 수에서 낙동강이 차지하는 비중은 2016년이 (472/1,497)×100≒31.5%, 2017년이 (472/1,332)×100≒ 35.4%, 2018년이 (472/1,485)×100≒31.8%이다. 따라서 매년 30% 이상이므로 옳은 설명이다.

⏱ 빠른 문제 풀이 Tip

ㄱ. {(A+B)/(A+B+C+D+E)}×100으로 계산하여 판단하기보다 (A+B)와 (C+D+E)로 나누어 살펴보는 것이 더 간단하다. 금강의 경우 A+B는 99+265=364, C+D+E는 408+236+122=766으로 C+D+E가 A+B의 2배 이상이나 나머지 강의 경우 C+D+E가 A+B의 2배 미만이다. 따라서 평가등급 A와 B의 비중은 금강이 가장 낮음을 알 수 있다.

ㄷ. 평가등급 B로 평가한 측정소 수의 30%를 어림 계산하여 낙동강의 평가등급을 B로 평가한 측정소 수를 비교한다. 평가등급 B로 평가한 측정소 수의 30%는 2016년이 150×3=450, 2017년이 133×3=399, 2018년이 149×3=447이고, 낙동강의 평가등급을 B로 평가한 측정소 수는 472이므로 비중은 매년 30% 이상임을 알 수 있다.

정답 체크

· 두 번째 <결승전 진출 방식>에 따라 B는 1라운드에서 2명의 심사위원에게 와일드카드를 받았으므로 총점과 상관없이 결승전에 자동으로 진출한다.

· 세 번째 <결승전 진출 방식>에 따라 B를 제외한 A~G의 총점은 다음과 같다.

A: (450×1.2)+440+480+460=1,920점

C: 350+400+300+350+500=1,900점

D: 300+480+480+400=1,660점

E: 400+(460×1.2)+460+500+200=2,112점

F: 480+(480×1.2)+500+480+100=2,136점

G: 420+(460×1.2)+400+380=1,752점

총점이 높은 순서대로 나열하면 F, E, A, C, G, D이고, 첫 번째 <결승전 진출 방식>에 따라 결승전 진출자는 A, B, E, F, 탈락한 출연자는 C, D, G임을 알 수 있다.

따라서 탈락한 출연자끼리 짝지은 것은 C, G이다.

정답 체크

<보고서>의 두 번째 내용에서 2014~2018년 동안 일반승진이 전체에서 차지하는 비중은 매년 전년대비 증가하였다고 했으나 전체에서 일반승진의 비중은 2016년이 (28,870/34,381)×100≒84.0%, 2017년이 (28,870/35,403)×100≒81.5%로 2017년에 전년대비 감소했으므로 <보고서>의 내용과 부합하지 않는 자료이다.

오답 체크

① <보고서>의 첫 번째 내용에 따라 2018년 전국 국가유공자 채용 인원은 60명이므로 <보고서>의 내용과 부합하는 자료이다.

③ <보고서>의 세 번째 내용에 따라 2018년 직위해제를 통한 인사이동 중 사유가 '불성실'인 경우의 전년대비 감소율이 {17/(4+17)}×100≒81.0%로 가장 크므로 <보고서>의 내용과 부합하는 자료이다.

④ <보고서>의 세 번째 내용에 따라 2013~2018년 동안 휴직을 통한 인사이동은 2013년 이후 매년 전년대비 증가하고, 직위해제를 통한 인사이동은 2014년과 2017년을 제외하고는 꾸준히 감소하는 추세이며, 복직을 통한 인사이동은 꾸준히 증가하고 있으므로 <보고서>의 내용과 부합하는 자료이다.

⑤ <보고서>의 첫 번째 내용에 따라 경기도의 공개경쟁채용 인원은 17,928×0.229≒4,106명이고, 경력경쟁임용의 인원은 1,813×0.255≒462명으로 가장 많은 인원을 선발했으므로 <보고서>의 내용과 부합하는 자료이다.

> ⏱ **빠른 문제 풀이 Tip**
> ② 2016년과 2017년 일반승진 인원이 28,870명으로 동일하나 분모에 해당하는 '계'의 인원은 2017년에 늘어났으므로 계산하지 않아도 2016년 대비 2017년의 비중은 감소했음을 알 수 있다.

정답 체크

2017년 전체 투자액 중 환경 부문 투자액의 비중이 가장 높은 업종은 자원관리 관련 제조업이나, 2017년 환경 부문 투자액은 오염관리 관련 제조업이 2,376×0.491≒1,166.6십억 원, 오염관리 관련 서비스업이 6,945×0.154≒1,070.0십억 원, 자원관리 관련 제조업이 1,938×0.516≒1,000.0십억 원 순으로 오염관리 관련 제조업이 가장 많으므로 옳지 않은 설명이다.

오답 체크

① 2017년 오염관리 산업의 전체 투자액은 6,945+3,886+2,376=13,207십억 원이고, 자원관리 산업의 전체 투자액은 200+11,023+946+1,938=14,107십억 원이므로 옳은 설명이다.

② 환경 부문 투자액 중 자원관리 관련 유통업의 환경 부문 투자액은 2016년이 184×0.249≒45.8십억 원, 2017년이 200×0.249=49.8십억 원으로 2016년과 2017년에 모두 가장 적으므로 옳은 설명이다.

③ 청정기술 관련 제조업의 환경 부문 투자액은 2016년이 2,210×0.086≒190.1십억 원으로 약 1,901억 원이고, 2017년이 2,210×0.087≒192.3십억 원으로 약 1,923억 원이므로 옳은 설명이다.

④ 전체 투자액 중 환경 부문 투자액의 비중이 높은 업종부터 순서대로 나열하면 2016년이 오염관리 관련 제조업, 자원관리 관련 제조업, 자원관리 관련 유통업, 자원관리 관련 건설업, 오염관리 관련 서비스업, 자원관리 관련 서비스업, 청정기술 관련 제조업, 오염관리 관련 건설업이고, 2017년이 자원관리 관련 제조업, 오염관리 관련 제조업, 자원관리 관련 유통업, 자원관리 관련 건설업, 오염관리 관련 서비스업, 청정기술 관련 제조업, 자원관리 관련 서비스업, 오염관리 관련 건설업이다. 따라서 오염관리 관련 제조업, 자원관리 관련 제조업, 자원관리 관련 서비스업, 청정기술 관련 제조업 4개 업종의 순위가 바뀌었으므로 옳은 설명이다.

정답 체크

· 첫 번째 <규칙>에 따라 '가' 선거구에서 630천 표를 득표한 후보자 A와 '나' 선거구에서 400천 표를 득표한 후보자 D가 당선된다.

· 기권이나 무효인 표는 없으므로 선거구의 총 투표 수는 '가' 선거구가 630+70+140=840천 표, '나' 선거구가 400+50=450천 표이다. 이에 따라 득표율은 후보자 A가 (630/840)×100=75.0%, 후보자 B가 (70/840)×100≒8.3%, 후보자 C가 (140/840)×100≒16.7%, 후보자 D가 (400/450)×100≒88.9%, 후보자 E가 (50/450)×100≒11.1%이고, 세 번째와 네 번째 <규칙>에 따라 후보자의 득표 수가 해당 선거구 총 투표 수의 100분의 15 이상인 A, C, D는 보전대상 선거비용 전액을 보존받고, 100분의 10 이상 100분의 15 미만인 E는 100분의 50에 해당하는 금액을 보전받고, 100분의 10 미만인 B는 선거비용을 보전받지 못함을 알 수 있다.

· 보전비용은 후보자 A가 3,000+4,500+500+5,000+600+700+ 2,500=16,800만 원, 후보자 D가 3,000+4,300+300+4,000+700+ 800+3,200=16,300만 원, 후보자 E가 (4,500+6,300+1,000+ 5,500+900+1,000+5,000)×0.5=12,100만 원이고, <표 1>의 각 주에 따르면 후보자 C는 선거벽보 및 현수막 제작비용 중 20%를 제작 이후 그 내용을 정정하는데 사용하였으므로 두 번째 <규칙>에 따라 4,000×(1-0.2)+3,000+800+5,500×(1-0.2)+900+500+ 2,800=15,600만 원임을 알 수 있다.
따라서 보전비용이 두 번째로 많은 후보자는 D이다.

23 자료이해　난이도 중　　　　　　　정답 ②

정답 체크

ㄱ. 음주운전 교통사고율= $\dfrac{\text{음주운전 교통사고 발생건수}}{\text{교통사고 발생건수}}$ ×100임을 적용하여 구한다. 2017년과 2018년 음주운전 교통사고율이 전라북도보다 높다면 그래프 상에서 전라북도의 우상방에 위치해야 한다. 전라북도의 음주운전 교통사고율은 2017년이 (772/7,748)×100≒10.0%, 2018년이 (683/6,929)×100≒9.9%이다. 따라서 그래프 상에 전라북도에 해당하는 점을 기준으로 우상방에 위치하는 지역은 1개뿐이므로 옳은 설명이다.

ㄷ. 음주운전 교통사고 발생건수 상위 5개 지역을 순서대로 나열하면 2017년이 경기도, 경상북도, 경상남도, 전라남도, 충청북도 순이고, 2018년도 경기도, 경상북도, 경상남도, 전라남도, 충청북도 순이므로 옳은 설명이다.

오답 체크

ㄴ. 2018년 음주운전 교통사고 발생건수의 전년대비 증감폭은 경기도가 5,090-5,020=70건이나, 강원도가 777-679=98건으로 증감폭이 가장 크므로 옳지 않은 설명이다.

ㄹ. 2017년 음주운전 교통사고율은 약 9.7%인 지역이 네 번째로 높으나, 해당 지역은 2018년 음주운전 교통사고율이 다섯 번째로 높으므로 옳지 않은 설명이다.

24 자료이해　난이도 중　　　　　　　정답 ⑤

정답 체크

ㄴ. <보고서>의 첫 번째 단락에서 2017년 수도권의 위반율은 약 6.4%로 전년대비 약 1.5%p 감소하였다고 했으므로 추가로 필요한 자료이다.

ㄷ. <보고서>의 첫 번째 단락에서 경기가 전국 지도점검대상의 약 25%를 차지하고 있다고 했으므로 추가로 필요한 자료이다.

ㄹ. <보고서>의 두 번째 단락에서 2017년 수도권의 행정조치 내용으로 '사용중지' 항목이 '폐쇄명령' 항목보다 많았고, '폐쇄명령' 항목을 받은 사업장이 전년대비 더 큰 폭으로 증가하였다고 했으므로 추가로 필요한 자료이다.

오답 체크

ㄱ. 위반율= $\dfrac{\text{위반사업장 수}}{\text{점검사업장 수}}$ ×100임을 <표 1>과 <표 2>를 통해 도출할 수 있으므로 추가로 필요한 자료가 아니다.

25 자료이해　난이도 상　　　　　　　정답 ③

정답 체크

ㄱ. 연도별 수도권 지도점검대상 수는 2017년이 1,422+2,264+10,306= 13,992개소, 2018년 1,403+2,595+7,405=11,403개소이다. 따라서 2017년 대비 2018년 수도권 지도점검대상 수의 감소율은 {(13,992- 11,403)/13,992}×100≒18.5%이므로 옳은 설명이다.

ㄹ. 2018년 위반사업장 행정조치 내용 중 경기의 '병과' 항목은 271- (13+35)=223개소이므로 지역별 '조업정지' 항목 대비 '병과' 항목의 비율은 서울이 13/3≒4.3, 인천이 35/11≒3.2, 경기가 223/81≒2.8 이다. 따라서 서울의 비율이 가장 크므로 옳은 설명이다.

오답 체크

ㄴ. 2017년 수도권 지역의 지도점검대상 수 대비 점검사업장 수 비율은 지도점검대상 수가 점검사업장 보다 많은 서울을 제외하고 확인하면, 인천이 2,919/2,264≒1.3, 경기가 12,295/10,306≒1.2로 인천이 더 크므로 옳지 않은 설명이다.

ㄷ. 사업장당 최대 2개의 행정조치만 받았다면, 2개의 행정조치를 받은 사업장 수는 행정조치 내용에 따른 사업장 수의 합에서 위반사업장 수를 뺀 값과 같다. 따라서 인천에서 2개의 행정조치를 받은 사업장 수는 (103+11+13+11+118+0+35)-255=291-255=36개소이므로 옳지 않은 설명이다.

정답

p.130

01	③	자료매칭	06	⑤	자료이해	11	②	자료이해	16	④	자료논리	21	③	자료이해
02	①	자료이해	07	③	자료이해	12	④	자료이해	17	⑤	자료변환	22	②	자료매칭
03	④	자료변환	08	③	자료논리	13	②	자료이해	18	④	자료이해	23	④	자료이해
04	⑤	자료이해	09	①	자료이해	14	⑤	자료매칭	19	⑤	자료이해	24	②	자료논리
05	①	자료논리	10	①	자료이해	15	⑤	자료이해	20	③	자료이해	25	⑤	자료이해

취약 유형 분석표

유형별로 맞힌 문제 개수와 정답률, 틀린 문제 번호와 풀지 못한 문제 번호를 적고 나서 취약한 유형이 무엇인지 파악해 보세요.

유형	맞힌 개수	정답률	틀린 문제 번호	풀지 못한 문제 번호
자료이해	/16	%		
자료매칭	/3	%		
자료논리	/4	%		
자료변환	/2	%		
TOTAL	/25	%		

해설

01 자료매칭　난이도 하　　　정답 ③

정답 체크

- 세 번째 <조건>에 따라 E의 1일 평균 테이크아웃 수는 712-(176+91+ 144+92+94)=115인분이다. 이에 따라 1일 평균 테이크아웃 수가 두 번째로 많은 C가 경기점임을 알 수 있다.
- 첫 번째 <조건>에 따라 B의 1일 평균 방문고객 수는 3,448-(686+693 +401+606+565)=497명이므로 B 또는 E가 충청점 또는 경남점임을 알 수 있다.
- 두 번째 <조건>에 따라 1일 영업시간이 11.4시간인 경기점과 0.3시간 차이 나는 A 또는 D가 호남점임을 알 수 있다. 이때 남은 서울점이 A, D 중 하나임을 알 수 있다.
- 네 번째 <조건>에 따라 충청점의 한 달 영업일 수는 서울점보다 적어야 하므로 E가 충청점이고, B가 경남점임을 알 수 있다. 또한 서울점은 한 달 영업일 수가 27.2시간보다 많아야 하므로 A가 서울점이고, D가 호남점임을 알 수 있다.

따라서 A는 서울점, B는 경남점, C는 경기점, D는 호남점, E는 충청점이다.

빠른 문제 풀이 Tip

첫 번째 <조건>에서 1일 평균 방문고객 수가 600명 이상인 A, C, D를 제외하면 B, 경북점, E 3개가 남으므로 계산하지 않아도 B의 빈칸에 들어갈 숫자는 600 미만임을 알 수 있다.

02 자료이해　난이도 하　　　정답 ①

정답 체크

- ㄱ. 1인당 주류 소비량이 10L 이상인 국가는 독일, 헝가리, 체코 3개이고, 1인당 주류 소비량이 8L 이하인 국가는 이스라엘, 노르웨이, 그리스 3개이므로 옳은 설명이다.
- ㄴ. 1인당 담배 소비량이 세 번째로 많은 국가는 한국이고, 다섯 번째로 적은 국가는 미국이다. 두 국가 모두 주류 소비량은 8L 이상 10L 이하로 차이가 2L 이하이므로 옳은 설명이다.

오답 체크

- ㄷ. 1인당 주류 소비량은 이스라엘이 가장 낮고, 1인당 담배 소비량은 영국이 가장 낮으므로 옳지 않은 설명이다.
- ㄹ. 1인당 담배 소비량이 1,000g 이상 2,000g 이하인 국가는 한국, 스페인, 독일, 헝가리, 스위스, 미국이고, 1인당 담배 소비량은 한국이 약 1,700g, 스페인, 독일, 헝가리가 약 1,500g, 스위스와 미국이 약 1,400g, 약 1,200g이다. 따라서 해당 국가의 1인당 담배 소비량 합을 대략적으로 계산하면 1,700+1,500+1,500+1,500+1,400+1,200 ≒8,800g이므로 옳지 않은 설명이다.

빠른 문제 풀이 Tip

ㄹ. 1인당 담배 소비량이 1,000g 이상 2,000g 이하인 국가는 6개이고, 6개 국가의 1인당 담배 소비량의 합이 10,000g 이상이려면 1개 국가당 최소한 1,600g 이상이어야 한다. 그러나 그래프에서 1인당 담배 소비량이 1,600g 이상인 국가는 한국 1개뿐이고 나머지 5개 국가는 모두 1,500g 이하이므로 구체적인 수치를 계산하지 않아도 합은 10,000g 이하임을 알 수 있다.

03 자료변환　난이도 상　　　정답 ④

정답 체크

공연시설 전체 수입액의 전년대비 증감량은 2013년이 1,119.7-1,036.3= 83.4십억 원, 2014년이 1,031.8-1,119.7=-87.9십억 원, 2015년이 1,051.5-1,031.8=19.7십억 원, 2016년이 1,037.4-1,051.5=-14.1십억 원, 2017년이 1,217.7-1,037.4=180.3십억 원으로 2016년 공연시설 전체 수입액의 전년대비 증감량은 -14.1십억 원이므로 <표>를 이용하여 작성한 그래프로 옳지 않다.

오답 체크

① 공공지원금 수입액 대비 자체수입 수입액의 비율은 2012년이 (318.2 /585.0)×100≒54.4%, 2013년이 (361.7/643.0)×100≒56.3%, 2014년이 (299.7/603.3)×100≒49.7%, 2015년이 (352.0/582.8) ×100≒60.4%, 2016년이 (315.5/605.4)×100≒52.1%, 2017년이 (299.1/778.6)×100≒38.4%이므로 <표>를 이용하여 작성한 그래프로 옳다.

② 기부·후원금 수입액은 2013년이 37.6십억 원, 2014년이 14.9십억 원, 2015년이 16.9십억 원, 2016년이 44.8십억 원, 2017년이 59.8십억 원이고, 기부·후원금 수입액의 전년대비 증감률은 2013년이 {(37.6 -17.0)/17.0}×100≒121.2%, 2014년이 {(14.9-37.6)/37.6}×100 ≒-60.4%, 2015년이 {(16.9-14.9)/14.9}×100≒13.4%, 2016년이 {(44.8-16.9)/16.9}×100≒165.1%, 2017년이 {(59.8-44.8)/44.8} ×100≒33.5%이므로 <표>를 이용하여 작성한 그래프로 옳다.

③ 2017년 공연시설 전체 수입액의 수입원별 구성비는 자체수입이 (299.1/1,217.7)×100≒24.6%, 공공지원금이 (778.6/1,217.7)×100≒ 63.9%, 기타수입액이 (50.9/1,217.7)×100≒4.2%, 기부·후원금이 (59.8/1,217.7)×100≒4.9%, 전년도 이월금이 (29.3/1,217.7)×100 ≒2.4%이므로 <표>를 이용하여 작성한 그래프로 옳다.

⑤ 2012~2017년의 '전년도 이월금' 항목에 따라 옳게 작성되었으므로 <표>를 이용하여 작성한 그래프로 옳다.

04 자료이해　난이도 중　　　정답 ⑤

정답 체크

- ㄱ. 재량지출=총지출-의무지출임을 적용하여 구한다. 재량지출은 2017년에 400.4-196.9=203.5조 원, 2018년에 428.8-216.9=211.9조 원, 2020년에 512.4-255.7=256.7조 원으로, 재량지출은 매년 증가했으므로 옳은 설명이다.
- ㄷ. 각 연도별 의무지출에서 법정지출이 차지하는 비중은 2017년이 (180.8/196.9)×100≒91.8%, 2018년이 (200.9/216.9)×100≒ 92.6%, 2019년이 (223.4/239.3)×100≒93.4%, 2020년이 (238.7/ 255.7)×100≒93.4%, 2021년이 (247.8/266.1)×100≒93.1%이므로 옳은 설명이다.
- ㄹ. 2021년 이후 법정지출이 매년 전년대비 10%씩 증가하고 법정지출에서 '복지'의 비중이 2021년과 동일하다면 '복지'도 매년 전년대비 10%씩 증가한다는 것을 의미한다. 이에 따라 법정지출 중 '복지'는 2022년에 131.3×1.1≒144.4조 원, 2023년에 144.4×1.1≒158.8조 원이므로 옳은 설명이다.

오답 체크

ㄴ. 의무지출 비중은 총지출 대비 의무지출의 비율이고, 2018년은 총지출 428.8조 원이 의무지출의 2배인 216.9×2=433.8조 원보다 작고, 2019년은 총지출 469.6조 원이 의무지출의 2배인 239.3×2=478.6 조 원보다 작다. 따라서 의무지출 비중이 50% 이상인 해는 2개이므로 옳지 않은 설명이다.

⏱ **빠른 문제 풀이 Tip**

ㄷ. 의무지출=법정지출+이자지출이므로 의무지출에서 법정지출이 차지 하는 비중이 90% 이상인지는 이자지출이 10% 미만인지로 확인한다. 2017~2021년 동안 매년 이자지출의 10배가 의무지출보다 작으므로 옳은 것을 알 수 있다.

05 자료논리 난이도 중 ·············· 정답 ①

정답 체크

총 당첨금은 총 판매액의 50%이므로 회차별 총 당첨금은 다음과 같다.

회차	1	2	3	4	5	6	7
총 당첨금 (억 원)	280	275	300	225	300	350	275

이때 각 등위의 당첨자 1명이 받는 금액은 다음과 같다.
· 1등 당첨자 1명이 받는 당첨금=[{총 당첨금-(3등 당첨자 수×0.05)}× 0.75]/1등 당첨자 수
· 2등 당첨자 1명이 받는 당첨금=[{총 당첨금-(3등 당첨자 수×0.05)}× 0.25]/2등 당첨자 수
· 3등 당첨자 1명이 받는 당첨금=5백만 원

ㄱ. 1등 당첨자 1명이 받는 당첨금은 3회차가 [{300-(1,200×0.05)}× 0.75]/11≒16.4억 원으로 가장 크다.
ㄴ. 3회차 2등 당첨자 1명이 받는 당첨금은 [{300-(1,200×0.05)}× 0.25]/50=1.2억 원, 즉 1억 2천만 원이다.
ㄷ. 총 당첨금 중 3등 당첨금이 차지하는 비중은 1회차가 {(1,500×0.05)/ 280}×100≒26.8%로 가장 크다.

따라서 ㄱ은 3회, ㄴ은 1억 2천만 원, ㄷ은 1회이다.

⏱ **빠른 문제 풀이 Tip**

<보기> 중 여러 회차를 비교하지 않는 ㄴ을 먼저 풀이한다. ㄴ이 1억 2 천만 원이므로 ①, ③을 제외한 나머지 선택지가 소거된다. ①, ③은 모 두 ㄷ이 1회로 동일하므로 ㄱ의 3회차와 6회차만 비교하면 문제를 빠르 게 풀이할 수 있다.

06 자료이해 난이도 중 ·············· 정답 ⑤

정답 체크

ㄱ. 계획 인원보다 40% 많은 인원은 서울이 25,176×(1+0.4)≒35,246 명, 강원이 1,721×(1+0.4)≒2,409명, 제주가 1,091×(1+0.4)≒ 1,527명, 인천이 6,597×(1+0.4)≒9,236명, 강원·영동이 1,246× (1+0.4)≒1,744명으로 이 5개 지역은 통지 인원이 계획 인원보다 40% 이상 더 많으므로 옳은 설명이다.
ㄷ. 계획 인원의 1%는 광주·전남이 7,443×0.01≒74명, 충북이 3,083× 0.01≒31명, 전북이 3,997×0.01≒40명, 제주가 1,091×0.01≒11명 으로 이 4개 지역은 계획 인원의 1%보다 미입영 인원이 더 많다. 이 중 입영 인원이 계획 인원보다 많은 지역은 제주 1개이므로 옳은 설명 이다.
ㄹ. 인도=귀가+입영, 통지=연기+인도+미입영임을 적용하여 구한다. 부 산의 입영 인원은 10,370-559=9,811명이고, 전북의 연기 인원의 9배 는 (5,225-4,109-53)×9=9,567명으로 부산의 입영 인원이 전북의 연기 인원의 9배 이상이므로 옳은 설명이다.

오답 체크

ㄴ. 인도 인원 중 귀가 인원이 차지하는 비중은 경인이 (1,124/21,472)× 100≒5.2%, 경남이 (501/6,976)×100≒7.2%로 경인이 경남보다 작으므로 옳지 않은 설명이다.

07 자료이해 난이도 중 ·············· 정답 ③

정답 체크

ㄴ. 시간당 산출량=$\frac{산출량}{작업시간}$과 N일차 전체 작업능률=

$\frac{N일차\ '갑',\ '을',\ '병'\ 기계의\ 시간당\ 산출량\ 총합}{1일차\ '갑',\ '을',\ '병'\ 기계의\ 시간당\ 산출량\ 총합}$ ×100임을 적용하여 구 한다. 1일차 '갑', '을', '병' 기계의 시간당 산출량 총합은 (55/10)+ (45/9)+(60/12)=15.5개이고, 4일차 전체 작업능률은 103.2%이므 로 4일차 '갑', '을', '병' 기계의 시간당 산출량 총합은 (103.2×15.5) /100≒16개이다. 따라서 4일차 '갑' 기계의 시간당 산출량은 16- (49/7)-(35/7)≒4개이고, 산출량은 약 36개이므로 옳은 설명이다.
ㄹ. 1일차 '병' 기계의 산출량이 20% 감소한다면 '병' 기계의 산출량은 60×0.8=48개이고, 1일차 '갑', '을', '병' 기계의 시간당 산출량 총 합은 (55/10)+(45/9)+(48/12)=14.5개이다. 이에 따라 전체 작업능 률은 1일차가 (14.5/14.5)×100≒100.0%, 2일차가 [{(52/10)+(50/ 10)+(66/11)}/14.5]×100≒111.7%, 3일차가 [{(42/10)+(54/9)+ (40/8)}/14.5]×100≒104.8%, 4일차가 (16/14.5)×100≒110.3%, 5일차가 [{(45/10)+(44/11)+(45/10)}/14.5]×100≒89.7%이다. 따 라서 1일차~5일차 동안 전체 작업능률이 110% 이상인 날은 2일차와 4일차 총 2일이므로 옳은 설명이다.

ㄱ. '을' 기계의 시간당 산출량은 3일차가 54/9=6개, 4일차가 49/7=7개, 5일차가 44/11=4개이고, '병' 기계의 시간당 산출량은 3일차가 40/8=5개, 4일차가 35/7=5개, 5일차가 45/10=4.5개이다. 따라서 5일차 '을' 기계의 시간당 산출량이 '병' 기계의 시간당 산출량보다 적으므로 옳지 않은 설명이다.

ㄷ. '갑', '을', '병' 기계의 시간당 산출량 총합은 1일차가 15.5개, 2일차가 (52/10)+(50/10)+(66/11)=16.2개, 3일차가 (42/10)+(54/9)+(40/8)=15.2개, 4일차가 약 16개, 5일차가 (45/10)+(44/11)+(45/10)=13개이다. 이는 N일차 전체 작업능률과 비례하므로 2~5일차 동안 전체 작업능률이 전일대비 상승한 날은 2일차와 4일차임을 알 수 있다. 이때 '병' 기계의 시간당 산출량은 2일차에 66/11=6개로 1일차의 60/12=5개에 비해 전일대비 상승했으나, 4일차에 35/7=5개는 3일차의 40/8=5개와 동일하므로 옳지 않은 설명이다.

> ⏱ **빠른 문제 풀이 Tip**
> <보기>를 순서대로 판별하며 오답 선택지를 소거하면, ③, ⑤ 중 정답이 존재하므로 추가 조건이 제시되는 ㄹ을 확인하지 않아도 된다.

08 자료논리 | 난이도 ◉ | 정답 ③

정답 체크

ㄱ. 정보화 점수는 갑 팀이 5+1+3+5+5+4+2=25점, 을 팀이 2+3+5+3+4+5+3=25점으로 동일하므로 옳은 설명이다.

ㄹ. OO회사의 정보화 점수= $\frac{각 팀의 (정보화 점수×직원 수)의 합}{OO회사 전체 직원 수}$ 임을 적용하여 구한다. 정보화 점수는 갑 팀과 을 팀이 각각 25점, 병 팀이 5+2+3+1+1+5+2=19점, 정 팀이 1+2+4+2+3+5+5=22점이다. 따라서 OO회사의 정보화 점수는 {(25×30)+(25×25)+(19×30)+(22×15)}/(30+25+30+15)=22.75점으로 정보화 등급은 B등급이므로 옳은 설명이다.

오답 체크

ㄴ. 정보화 점수는 갑 팀과 을 팀이 각각 25점, 병 팀이 19점, 정 팀이 22점이므로 정보화 등급은 갑 팀과 을 팀이 A등급, 병 팀이 C등급, 정 팀이 B등급이다. 따라서 정보화 점수를 기준으로 산정한 정보화 등급이 C등급인 팀은 1개이므로 옳지 않은 설명이다.

ㄷ. 을 팀이 '보통'을 받은 항목의 평가가 모두 '매우 낮음'으로 바뀐다면 을 팀의 정보화 점수는 2+1+5+1+4+5+1=19점으로 병 팀의 정보화 점수와 같으므로 옳지 않은 설명이다.

> ⏱ **빠른 문제 풀이 Tip**
> ㄷ. 을 팀의 '보통' 평가 항목은 총 3개이고, '보통'이 '매우 낮음'으로 모두 바뀌는 경우 각 2점씩 총 6점이 낮아지므로 기존 25점에서 19점이 됨을 알 수 있다.

09 자료이해 | 난이도 ◉ | 정답 ①

정답 체크

ㄱ. 1월 대비 3월 매출액의 변화율은 C점포가 {(2,953-2,395)/2,953}×100≒18.9%, A점포가 {(1,860-1,608)/1,608}×100≒15.7%로 C점포가 A점포보다 더 크므로 옳은 설명이다.

ㄴ. 1월 대비 3월 E점포 매출액의 증가율이 20%라면, 1월 E점포 매출액은 1,550/1.2≒1,292만 원이고, 이에 따라 1~3월 E점포 매출액의 합은 1,292+1,205+1,550≒4,047만 원이다. 한편, 2월 D점포 매출액은 E점포 매출액보다 적으므로 1,205만 원 미만이고, 이에 따라 1~3월 D점포 매출액의 합은 1,435+1,205+1,372=4,012만 원 미만이다. 따라서 E점포 매출액의 합이 D점포 매출액의 합보다 많으므로 옳은 설명이다.

오답 체크

ㄷ. 1~3월 매출액의 합은 A점포가 1,608+1,950+1,860=5,418만 원, B점포가 1,772+1,963+2,432=6,167만 원, C점포가 2,953+2,515+2,395=7,863만 원, D점포가 4,012만 원 미만이다. 또한 1월 E점포 매출액이 1,435만 원 미만이므로 E점포의 1~3월 매출액의 합은 1,435+1,205+1,550=4,190만 원 미만이고, 3월 F점포 매출액이 1,372만 원 미만이므로 F점포의 1~3월 매출액의 합은 2,080+1,411+1,372=4,863만 원 미만이다. 따라서 1~3월 매출액의 합은 C점포가 가장 많으므로 옳지 않은 설명이다.

ㄹ. 2월 대비 3월 매출액의 차이는 A점포가 1,950-1,860=90만 원, B점포가 2,432-1,963=469만 원, C점포가 2,515-2,395=120만 원, E점포가 1,550-1,205=345만 원이다. 또한 2월 D점포 매출액이 1,205만 원 미만이므로 D점포의 매출액 차이는 1,372-1,205=167만 원 초과, 1,372-0=1,372만 원 이하이다. 이에 따라 4월 점포별 매출액은 A점포가 1,860+90=1,950만 원, B점포가 2,432+469=2,901만 원, C점포가 2,395+120=2,515만 원, D점포가 1,372+167=1,539만 원 초과, 1,372+1,372=2,744만 원 이하, E점포가 1,550+345=1,895만 원이다. 따라서 4월 A점포 매출액의 순위가 3위인지는 알 수 없으므로 옳지 않은 설명이다.

10 자료이해 | 난이도 ◉ | 정답 ①

정답 체크

ㄱ. 2013년 대비 2018년 법정노동비용 세부 항목별 증가율은 건강보험료가 {(133.3-111.3)/111.3}×100≒19.8%, 산재보험료가 {(48.5-42.6)/42.6}×100≒13.8%, 국민연금이 {(122.8-109.9)/109.9}×100≒11.7%, 고용보험료가 {(47.5-39.9)/39.9}×100≒19.0%, 장애인고용부담금이 {(5.5-3.5)/3.5}×100≒57.1%, 재해보상비가 {(1.4-1.3)/1.3}×100≒7.7%로 장애인고용부담금이 가장 높으므로 옳은 설명이다.

ㄴ. 건강보험료의 전년대비 증가폭은 2014년이 113.8-111.3=2.5천 원, 2015년이 116.2-113.8=2.4천 원, 2016년이 121.2-116.2=5.0천 원, 2017년이 126.5-121.2=5.3천 원, 2018년이 133.3-126.5=6.8천 원으로 매년 다른 4대보험료의 전년대비 증가폭보다 크므로 옳은 설명이다.

ㄷ. 건강보험료와 국민연금의 합이 4대보험료에서 차지하는 비중은 2014년이 {(113.8+112.0)/(113.8+41.9+112.0+40.7)}×100≒73.2%, 2015년이 {(116.2+114.1)/(116.2+42.0+114.1+41.6)}×100≒73.4%, 2016년이 {(121.2+116.7)/(121.2+42.9+116.7+44.2)}×100≒73.2%, 2017년이 {(126.5+118.9)/(126.5+43.2+118.9+45.9)}×100≒73.4%, 2018년이 {(133.3+122.8)/(133.3+48.5+122.8+47.5)}×100≒72.7% 이므로 옳지 않은 설명이다.

ㄹ. 장애인고용부담금과 재해보상비의 합은 2016년이 4.1+1.6=5.7천 원, 2017년이 4.7+1.0=5.7천 원으로 2017년에 전년대비 증가하지 않았으므로 옳지 않은 설명이다.

⏱ **빠른 문제 풀이 Tip**
ㄷ. 4대보험료의 합은 계-(장애인고용부담금+재해보상비)로 구하는 것이 더 더 빠르다. 또한 75%:25%=3:1의 비례식을 활용하여 풀이할 수도 있다. (건강보험료+국민연금):(산재보험료+고용보험료)를 3:1의 비례식과 비교해보면, 2013년은 (111.3+109.9):(42.6+39.9)=221.2:82.5이고, 221.2가 82.5의 3배 미만이므로 비중은 75% 미만임을 알 수 있다.

11 자료이해 | 난이도 중 | 정답 ②

ㄱ. 산업대학 졸업자 수는 4,917+1,725=6,642명이고, 일반대학원 졸업자 수는 24,547+20,455=45,002명이므로 졸업자 수가 많은 순서대로 나열하면 대학-전문대학-일반대학원-기능대학 순이다. 또한 취업률이 높은 순서대로 나열하면 기능대학-일반대학원-전문대학-산업대학 순이므로 옳은 설명이다.

ㄷ. 취업률=$\frac{취업자}{취업대상자}$×100임을 적용하여 구한다. 전체 취업자 수는 491,762×0.677≒332,923명으로 약 33만 명이고, 전체 취업자 수 중 교외취업자의 비중은 (292,897/332,923)×100≒88.0%이므로 옳은 설명이다.

ㄴ. 전체 졸업자 수 대비 여자 졸업자 수의 비율은 교육대학이 2,626/3,792≒0.69로 가장 높고, 기능대학이 766/7,363≒0.10으로 가장 낮으므로 옳지 않은 설명이다.

ㄹ. 교내취업, 1인창업, 개인창작, 해외취업, 농림어업의 합은 8,285+6,290+3,058+2,895+740=21,268명이다. 해당 인원이 전체 취업자 수에서 차지하는 비중은 (21,268/332,923)×100≒6.4%로 프리랜서의 비중인 (18,758/332,923)×100≒5.6%보다 크므로 옳지 않은 설명이다.

⏱ **빠른 문제 풀이 Tip**
ㄹ. 분모에 해당하는 전체 취업자 수의 수치가 동일하므로 분자에 해당하는 취업자 수만 비교한다.

12 자료이해 | 난이도 중 | 정답 ④

출신국적이 미국인 다문화 재혼 외국인 남편 수는 2015년이 10,943×0.082≒897명, 2016년이 10,640×0.075=798명으로 897-798≒99명 감소했으므로 옳지 않은 설명이다.

① 2015~2018년 동안 다문화 재혼 외국인 아내 수는 매년 다문화 재혼 외국인 남편 수의 3배 이상이므로 옳은 설명이다.

② 다문화 재혼 외국인 아내의 출신국적 중 상위 3개국이 차지하는 비중은 2015년이 54.9+25.7+6.1=86.7%, 2016년이 52.2+28.0+5.8=86.0%, 2017년이 48.8+30.7+5.3=84.8%, 2018년이 44.6+33.3+4.7=82.6%로 2016~2018년 동안 꾸준히 감소했으므로 옳은 설명이다.

③ 2018년 출신국적이 중국인 다문화 재혼 외국인 아내 수는 33,072×0.446≒14,750명, 2018년 출신국적이 중국인 다문화 재혼 외국인 남편 수는 10,586×0.514≒5,441명이다. 따라서 2018년 출신국적이 중국인 다문화 재혼 외국인 남편 수의 2.5배는 5,441×2.5=13,603명이므로 옳은 설명이다.

⑤ 출신국적이 베트남인 다문화 재혼 외국인 남편 수는 2015년이 10,943×0.095≒1,040명, 2016년이 10,640×0.135≒1,436명, 2017년이 10,431×0.169≒1,763명, 2018년이 10,586×0.197≒2,085명으로 2016~2018년 동안 꾸준히 증가했으므로 옳은 설명이다.

⏱ **빠른 문제 풀이 Tip**
① 다문화 재혼 외국인 남편 수는 2015~2018년 동안 매년 11,000명 미만이고, 다문화 재혼 외국인 아내 수는 2015~2018년 동안 매년 11,000의 3배인 33,000명 이상이므로 계산하지 않아도 2015~2018년 동안 다문화 재혼 외국인 아내 수가 매년 3배 이상임을 알 수 있다.

13 자료이해 | 난이도 상 | 정답 ②

현금영수증 평균 발급액=$\frac{현금영수증\ 발급금액}{현금영수증\ 발급건수}$임을 적용하여 구한다. 2018년 하반기 현금영수증 평균 발급액은 숙박업이 (60,000×0.021)/(2,300×0.004)≒137.0천 원, 학원이 (60,000×0.026)/(2,300×0.002)≒339.1천 원, 전문직이 (60,000×0.034)/(2,300×0.001)≒887.0천 원, 서비스업이 (60,000×0.096)/(2,300×0.018)≒139.1천 원으로 10만 원 이상인 업종은 총 4개이므로 옳은 설명이다.

① <표 2>에서 2018년 상반기 현금영수증 발급건수가 2,200백만 건, 발급금액이 58,000십억 원으로 동일하므로 <표 1>의 상반기 현금영수증 발급건수 비중과 금액 비중만으로도 순위를 파악할 수 있다. 기타를

제외하고 2018년 상반기 현금영수증 발급건수 비중이 높은 업종 순서대로 나열하면 소매업-음식업-병의원-서비스업-숙박업-학원-전문직이고, 2018년 상반기 현금영수증 발급금액 비중이 높은 업종 순서대로 나열하면 소매업-서비스업-병의원-음식업-전문직-학원-숙박업이므로 옳지 않은 설명이다.

③ 2018년 하반기 서비스업의 현금영수증 발급금액은 60,000×0.096=5,760십억 원이고, 2018년 상반기 음식업의 현금영수증 발급금액은 58,000×0.057=3,306십억 원이다. 따라서 2배 미만이므로 옳지 않은 설명이다.

④ 2018년 상반기 소매업의 현금영수증 발급건수는 2,200×0.614=1,350.8백만 건이고, 기타를 제외한 나머지 업종의 현금영수증 발급건수의 합의 6배는 2,200×(1-0.614-0.279)×6=1,412.4백만 건이므로 옳지 않은 설명이다.

⑤ 2018년 상반기 대비 하반기 현금영수증 발급건수가 감소한 업종은 2,200×0.063=138.6백만 건에서 2,300×0.06=138.0백만 건으로 감소한 음식업과 2,200×0.02=44.0백만 건에서 2,300×0.018=41.4백만 건으로 감소한 병의원 총 2개이므로 옳지 않은 설명이다.

⏱ **빠른 문제 풀이 Tip**
② 현금영수증 평균 발급액은 (60,000/2,300)×(발급금액 비중/발급건수 비중)≒26.0×(발급금액 비중/발급건수 비중)이다. 선택지에서 평균 발급액이 10만 원 이상인지 묻고 있으므로 (발급금액 비중/발급건수 비중)이 100/26.0≒3.85 이상인지를 기준으로 판단한다.
④ 발급건수가 2,200백만 건으로 동일하므로 비중만으로 6배 이상인지 판단할 수 있다. 상반기 소매업의 현금영수증 발급건수의 비중은 61.4%이고, 기타를 제외한 나머지 업종의 비중은 100-61.4-27.9=10.7%이므로 6배 미만임을 알 수 있다.

14 자료매칭 [난이도 중] 정답 ⑤

정답 체크
· 세 번째 <조건>에 따라 2016~2018년 동안 사회복지 예산액 비중이 꾸준히 증가한 A, B, F가 '갑' 또는 '기'임을 알 수 있다.
· 두 번째 <조건>에 따라 2014~2018년 동안 일반공공행정 예산액 비중의 증감 방향이 같은 C 또는 E가 '병' 또는 '무'임을 알 수 있다.
· 네 번째 <조건>에 따라 2014년 대비 2018년 사회복지 예산액의 증가폭은 A가 660-463=197백억 원, B가 452-322=130백억 원, C가 500-345=155백억 원, D가 298-220=78백억 원, E가 272-202=70백억 원, F가 182-123=59백억 원이다. 이에 따라 하위 2개 지역인 E와 F가 '정' 또는 '무'이고, '무'는 C 또는 E이므로 E가 '무', F가 '정', C가 '병'임을 알 수 있다. 또한 A 또는 B가 '갑' 또는 '기'이므로 D는 '을'임을 알 수 있다.
· 첫 번째 <조건>에 따라 2018년 전체 예산액이 가장 많은 상위 2개 지역은 전체 예산액이 (660/44.5)×100≒1,483백억 원인 A, 전체 예산액이 (500/42.4)×100≒1,179백억 원인 C이므로 A가 '기'임을 알 수 있다.
따라서 A는 '기', E는 '무'이다.

⏱ **빠른 문제 풀이 Tip**
계산을 하지 않아도 풀이가 가능한 두 번째 <조건>과 세 번째 <조건>을 가장 먼저 확인한다.

15 자료이해 [난이도 중] 정답 ⑤

정답 체크
ㄱ. 분담률= $\frac{해당\ 국가의\ 분담금\ 규모}{회원국\ 전체\ 분담금\ 규모}$ ×100임을 적용하여 구한다. 미국의 분담률이 22%라면, 회원국 전체 분담금 규모는 (674.2/22)×100≒3,064.5백만 달러≒30.645억 달러이므로 옳은 설명이다.
ㄴ. 국가별 인구 1인당 국민총소득 대비 분담금 규모 비율은 독일이 186,600,000/48,550≒3,843이고, 영국이 139,900,000/42,130≒3,321로 독일이 영국보다 크므로 옳은 설명이다.
ㄷ. 국가별 인구수는 (국민총소득/인구 1인당 국민총소득)이므로 일본의 국민총소득이 5조 달러라면 일본의 인구수는 50,000억/41,580≒1.2억 명이다. 따라서 일본의 인구는 1억 2천만 명 이상이므로 옳은 설명이다.

⏱ **빠른 문제 풀이 Tip**
ㄱ. 회원국 전체 분담금 규모를 <보기>에 제시된 30억 달러로 가정하고 다음의 식이 성립하는지 확인한다.
(674.2/22)×100≥3,000 → 674.2×100≥3,000×22
→ 674.2≥660
식이 성립하므로 옳은 것을 알 수 있다.

16 자료논리 [난이도 중] 정답 ④

정답 체크
ㄱ. 정답률= $\frac{맞힌\ 문항\ 수}{전체\ 문항\ 수}$ ×100임을 적용하여 구한다. 과목별로 맞힌 문항 수는 과목 A가 (300×75)/100=225개, 과목 B가 (300×80)/100=240개, 과목 C가 (300×90)/100=270개, 과목 D가 (300×50)/100=150개로 맞힌 문항 수가 가장 많은 과목은 과목 C이고, 과목 A~D 중 과목 C의 'O' 정확도가 90%로 가장 높으므로 옳은 설명이다.
ㄴ. 'O' 정확도= $\frac{'O'로\ 답을\ 한\ 문항\ 중\ 정답이\ 'O'인\ 문항\ 수}{'O'로\ 답을\ 한\ 문항\ 수}$ ×100임을 적용하여 구한다. 'O'로 답한 문항 중 정답이 'O'인 문항 수는 과목 A가 (180×80)/100=144개, 과목 C가 (210×90)/100=189개이다. 또한 'X'로 답한 문항 수는 과목 A가 300-180=120개, 과목 C가 300-210=90개이고, 이 중 정답이 'X'인 문항 수는 과목 A가 225-144=81개, 과목 C가 270-189=81개이다. 이에 따라 'X'로 답한 문항 중 정답이 'O'인 문항 수는 과목 A가 120-81=39개, 과목 C가 90-81=9개이므로 정답이 'O'인 문항 수는 과목 A가 144+39=183개, 과목 C가 189+9=198개이다. 따라서 과목 A가 C보다 적으므로 옳은 설명이다.

오답 체크
ㄷ. 과목 B의 정답률과 'O' 정확도가 서로 바뀐다면, 정답률은 70%, 'O' 정확도는 80%이다. 이에 따라 맞힌 문항 수는 (300×70)/100=210개, 'O'로 답한 문항 중 정답이 'O'인 문항 수는 (200×80)/100=160개이다. 과목 B의 O, X문제 300개 중 'X'로 답한 문항 수는 300-200=100개이고, 'O'로 답한 문항 중 정답이 'O'인 문항 수가 160개이므로 나머지 210-160=50개는 'X'로 답한 100개 중 정답이 'X'인 문항이다. 따라서 'X'로 답한 문항 중 정답이 'X'인 문항 수는 50개이므로 옳지 않은 설명이다.

17 자료변환 _{난이도} 중 　　　정답 ⑤

정답 체크

<보고서>의 네 번째 내용에서 지역별 근로여건 만족도에서 '매우 만족'과 '약간 만족'이라고 응답한 비율의 합은 제시되었으나, 지역별 '약간 불만족'의 비율은 제시되지 않았으므로 직접적인 근거로 활용되지 않은 자료이다.

오답 체크

① <보고서>의 첫 번째 내용에 따르면 2019년 인천의 고용률이 62.5%로 가장 높았고, 부산의 고용률이 56.6%로 가장 낮았으며, 서울의 고용률은 60.0%로 조사 지역 중 다섯 번째로 높았다. 또한 <보고서>의 두 번째 내용에 따르면 2019년 인천과 서울의 실업이 4.4%로 가장 높았고, 전북의 실업률이 2.7%로 가장 낮았으므로 직접적인 근거로 활용된 자료이다.

② <보고서>의 첫 번째 내용에 따르면 2013~2019년 동안 전국의 고용률은 2019년이 60.9%로 가장 높았다. 또한 <보고서>의 두 번째 내용에 따르면 전국의 실업은 2013년 대비 2014년에 3.5-3.1=0.4%p 증가했고, 2018년과 2019년에는 3.8%로 2013~2019년 중 가장 높았으므로 직접적인 근거로 활용된 자료이다.

③ <보고서>의 세 번째 내용에 따르면 2019년 월평균 임금상승률은 전국이 전년대비 4.5%로 2015~2019년 동안 가장 높았고, 지역별로는 경기가 4.6%, 경남이 4.4%, 강원이 4.0%로 4% 이상인 지역은 총 3개이므로 직접적인 근거로 활용된 자료이다.

④ <보고서>의 네 번째 내용에 따라 2019년 '매우 만족'과 '약간 만족'의 응답 비율 합은 6.6+25.7=32.3%이므로 직접적인 근거로 활용된 자료이다.

18 자료이해 _{난이도} 중 　　　정답 ④

정답 체크

ㄱ. 지역별 전체 등록 자동차 중 승용차의 비중은 H 지역이 (494/595)×100≒83.0%로 가장 높으나, 지역별 일반형 등록 승용차 수가 가장 많은 지역은 일반형 등록 승용차 수가 979천 대인 G 지역이므로 옳지 않은 설명이다.

ㄴ. 지역별 전체 등록 자동차 수에서 화물차가 차지하는 비중은 A 지역이 (156/783)×100≒19.9%, B 지역이 (158/837)×100≒18.9%, C 지역이 (222/1,119)×100≒19.8%, D 지역이 (186/929)×100≒20.0%, E 지역이 (242/1,056)×100≒22.9%, F 지역이 (317/1,447)×100≒21.9%, G 지역이 (292/1,722)×100≒17.0%, H 지역이 (80/595)×100≒13.4%로 A, B, C, G, H 지역은 20% 미만이므로 옳지 않은 설명이다.

ㄷ. 기타형 등록 승용차 수의 4배는 E 지역이 51×4=204천 대, H 지역이 40×4=160천 대로 E, H 지역은 4배 미만이므로 옳지 않은 설명이다.

오답 체크

ㄹ. 전체 다목적형 등록 승용차 수의 10%는 1,618×0.1=161.8천 대이다. 따라서 전체 다목적형 등록 승용차 수 대비 각 지역의 다목적형 등록 승용차 수가 차지하는 비중이 10% 이상인 지역은 B, C, D, E, F, G 총 6개 지역이므로 옳은 설명이다.

⏱ 빠른 문제 풀이 Tip

ㄴ. 각 지역의 전체 등록 자동차 수에 0.2를 곱하여 화물차 수와 비교한다. H 지역의 전체 등록 자동차 수의 20%는 595×0.2=119천 대이고, H 지역의 화물차 수는 80천 대이므로 H 지역의 전체 등록 자동차 수에서 화물차가 차지하는 비중은 20% 미만임을 알 수 있다.

19 자료이해 _{난이도} 중 　　　정답 ⑤

정답 체크

ㄷ. 2016~2018년 동안 A국에서 소비량이 꾸준히 감소한 1차 에너지원은 원자력이고, 2018년 A국의 원자력 소비량은 30.1백만 TOE이다. 이때 2018년 B국의 원자력 소비량은 421.9×0.026≒11.0백만 TOE로 A국의 원자력 소비량이 B국의 원자력 소비량의 2배 이상이므로 옳은 설명이다.

ㄹ. 2016년 대비 2018년 A국의 소비량이 가장 큰 폭으로 증가한 1차 에너지원은 48.3-41.0=7.3백만 TOE 증가한 천연가스이고, 2016년 대비 2018년 A국의 천연가스 소비량 증가율은 {(48.3-41.0)/41.0}×100≒17.8%로 15% 이상이므로 옳은 설명이다.

오답 체크

ㄱ. 2018년 석탄 소비량은 A국이 88.3백만 TOE, B국이 421.9×0.279≒117.7백만 TOE, C국이 329.3×0.044≒14.5백만 TOE로 B국이 가장 많으므로 옳지 않은 설명이다.

ㄴ. 2018년 수력 소비량은 A국이 0.6백만 TOE, B국이 421.9×0.043≒18.1백만 TOE로 A국과 B국의 수력 소비량의 합은 0.6+18.1≒18.7백만 TOE이고, A국과 B국의 수력 소비량의 합의 5배는 18.7×5≒93.5백만 TOE이다. 이는 2018년 C국의 수력 소비량인 329.3×0.266≒87.6백만 TOE보다 크므로 옳지 않은 설명이다.

20 자료이해 _{난이도} 중 　　　정답 ③

정답 체크

ㄴ. 프로그램 이수 전·후의 모의고사 등급이 동일한 학생 수는 프로그램 A가 8+9+17+25+31+9+3+2=104명, 프로그램 B가 4+7+15+20+15+11+17+11+8=108명, 프로그램 C가 7+10+10+20+24+19+3+5+7=105명이다. 따라서 프로그램 이수 전·후의 모의고사 등급이 동일한 전체 학생 수는 104+108+105=317명으로 310명 이상이므로 옳은 설명이다.

ㄷ. 프로그램 이수 후 6등급인 학생 중 이수 전에 비해 등급이 하락한 학생의 비중은 {(1+3+20+3+10)/(25+37+40)}×100≒36.3%이고, 프로그램 이수 후 4등급인 학생 중 이수 전에 비해 등급이 상승한 학생의 비중은 {(5+8+3+2+3+1+1)/(44+30+28)}×100≒22.5%이므로 옳은 설명이다.

오답 체크

ㄱ. 중급반은 모의고사 4등급~5등급이고, 프로그램 이수 후 중급반의 비중은 프로그램 A가 {(44+55)/200}×100=49.5%, 프로그램 B가 {(30+29)/200}×100=29.5%, 프로그램 C가 {(28+36)/200}×100=32.0%로 비중이 가장 높은 프로그램은 A이므로 옳지 않은 설명이다.

ㄹ. 프로그램 이수를 통해 하급반에서 중급반으로 상승한 학생 수는 프로그램 A가 8+3+2+9+7+5=34명, 프로그램 B가 2명, 프로그램 C가 1+1+2+1=5명으로 프로그램 B가 가장 적으므로 옳지 않은 설명이다.

21 자료이해　난이도 상　　　　　정답 ③

정답 체크

2019년 10세 이상 국민이 1일 평균 '필수활동'에 사용하는 시간은 11시간 34분으로 694분이다. 이에 따라 하루 24시간, 1,440분 중에서의 비중은 (694/1,440)×100≒48.2%로 45% 이상이므로 옳은 설명이다.

오답 체크

① 1일 평균 '필수활동' 사용 시간 중 10세 이상 남자와 여자의 차이가 가장 작은 활동은 2014년에는 시간 차이가 없는 '수면'이고, 2019년에는 2분 차이 나는 '식사 및 간식'이므로 옳지 않은 설명이다.

② 2014년에 비해 2019년 10세 이상 남자가 1일 평균 '일'에 사용하는 시간은 줄었지만, 이를 통해서 국민 중 '일'을 하는 남자의 수가 감소하였는지는 파악할 수 없으므로 옳지 않은 설명이다.

④ 2019년 10세 이상 남자의 1일 평균 '여가활동' 사용 시간 295분 중 '교제 및 참여' 사용 시간은 48분으로 비중은 (48/295)×100≒16.3%이다. 또한 2019년 10세 이상 여자의 1일 평균 '의무활동' 사용 시간 460분 중 '이동' 사용 시간은 88분으로 비중은 (88/460)×100≒19.1%이다. 따라서 남자의 비중이 더 작으므로 옳지 않은 설명이다.

⑤ 10세 이상 국민이 1일 평균 '학습'에 사용하는 시간은 2014년이 67분이고, 2019년이 54분으로, 2014년 대비 2019년 {(67-54)/67}×100≒19.4% 감소했으므로 옳지 않은 설명이다.

22 자료매칭　난이도 상　　　　　정답 ②

정답 체크

· 첫 번째 <조건>에서 전동비행기 종목 전체 참여인원 중 지역별 전동비행기 종목 참여인원이 차지하는 비중이 20% 미만인 지역은 '갑'과 '정' 지역이라고 했으므로 5개 지역 중 '갑'과 '정' 두 지역보다 전동비행기 종목 참여인원이 적은 지역은 없고, 전동비행기 종목 참여인원 하위 2개 지역인 B 지역과 C 지역이 각각 '갑' 또는 '정'임을 알 수 있다. 또한, 전동비행기 종목 전체 참여인원은 184명으로, 이 중 20%인 184×0.2=36.8명보다 지역별 전동비행기 종목 참여인원이 적은 B 지역과 C 지역이 각각 '갑' 또는 '정'임을 확인할 수도 있다.

· 두 번째 <조건>에서 전체 참여인원이 많은 지역별 순위와 본선진출자가 많은 지역별 순위가 일치하는 곳은 '병'과 '무' 지역이라고 했고, 전체 참여인원이 많은 지역별 순위는 A-E-D-B-C, 본선진출자가 많은 지역별 순위는 A-E-B-C-D이므로 순위가 같은 지역은 A와 E이다. 이에 따라 A 지역과 E 지역이 각각 '병' 또는 '무'이고, D 지역이 '을'임을 알 수 있다.

· 네 번째 <조건>에서 지역별 물로켓 종목 참여인원은 '병' 지역이 '무' 지역보다 많다고 했고, A와 E 지역 중 물로켓 종목 참여인원은 70명인 A가 57명인 E보다 많으므로 A 지역이 '병', E 지역이 '무'임을 알 수 있다.

· 세 번째 <조건>에서 '갑' 지역의 전체 참여인원에서 드론 종목 참여인원이 차지하는 비중은 5개 지역 전체 참여인원에서 드론 종목 전체 참여인원이 차지하는 비중보다 5%p 이상 크다고 했으므로 B와 C 지역의 비중을 확인한다. 5개 지역 전체 참여인원에서 드론 종목 참여인원의 비중은 (265/1,111)×100≒23.9%이고, 지역별 전체 참여인원에서 드론 종목 참여인원 비중은 B가 (40/173)×100≒23.1%, C가 (55/170)×100≒32.4%이므로 C 지역이 '갑'이고, B 지역이 '정'임을 알 수 있다.

따라서 A가 '병', B가 '정', C가 '갑', D가 '을', E가 '무'이다.

23 자료이해　난이도 중　　　　　정답 ④

정답 체크

ㄱ. A 지역에서 우주과학축제에 참여한 인원은 288명이고, 5개 지역 중 A 지역의 참여인원이 가장 많으므로 옳은 설명이다.

ㄴ. 지역별 전체 참여인원에서 물로켓 종목 참여인원이 차지하는 비중은 A 지역이 (70/288)×100≒24.3%, B 지역이 (50/173)×100≒28.9%이므로 옳은 설명이다.

ㄹ. 본선진출률= $\frac{본선진출자}{참여인원}$ ×100임을 적용하여 구한다. B 지역의 본선진출자는 약 25명이고, D 지역의 본선진출자는 5명 이상 8명 미만이므로 본선진출률은 B 지역이 대략 (25/173)×100≒14.5%, D 지역이 (5/207)×100≒2.4% 이상 (8/207)×100≒3.9% 미만이다. 따라서 두 지역의 본선진출률 격차는 최소 14.5-3.9≒10.6%p이므로 옳은 설명이다.

오답 체크

ㄷ. 지역별 전체 참여인원이 두 번째로 많은 곳은 E 지역이며, B 지역은 두 번째로 적다. 이때 본선진출률의 크기는 원점에서 각 지역에 해당하는 점을 연결했을 때의 기울기와 같으므로 본선진출률은 B 지역이 가장 높다. 따라서 B 지역은 전체 참여인원이 두 번째로 적은 곳이므로 옳지 않은 설명이다.

24 자료논리　난이도 상　　　　　정답 ②

정답 체크

· 연령대별 최소 생활비와 노후 준비 금액의 차이는 49세 이하가 248-138=110만 원, 50세~59세가 244-186=58만 원, 60세~64세가 223-174=49만 원, 65세~74세가 179-134=45만 원, 75세 이상이 134-94=40만 원이다. 이에 따라 50세~59세와 75세 이상의 최소 생활비와 노후 준비 금액 차이의 순위는 50세~59세가 2순위, 75세 이상이 5순위이다. 따라서 77세 참전유공자 甲은 최소 생활비의 10%인 134×0.1=13.4만 원, 56세 제대군인 乙은 적정 생활비의 10%인 326×0.1=32.6만 원의 생활비 보조금을 받게 됨을 알 수 있다.

· 대상별 적정 생활비와 노후 준비 금액의 차이는 독립유공자가 244-134=110만 원, 국가유공자(본인)가 322-183=139만 원, 국가유공자(유족)가 213-104=109만 원, 5·18민주유공자가 271-102=169만 원, 참전유공자가 223-109=114만 원, 고엽제피해자가 277-152=125만 원, 특수임무유공자가 284-101=183만 원, 제대군인이 350-212=138만 원, 보훈보상대상자가 298-122=176만 원이다. 이에 따

라 적정 생활비와 준비한 금액의 차이는 77세 참전유공자 甲이 7순위로 10만 원, 56세 제대군인 乙은 5순위로 20만 원의 생활비 보조금을 추가로 받게 됨을 알 수 있다.

따라서 77세 참전유공자 甲과 56세 제대군인 乙이 받을 총 생활비 보조금의 합은 13.4+10.0+32.6+20.0=76.0만 원이다.

25 자료이해 난이도 상 정답 ⑤

정답 체크

ㄴ. 독서장소가 이동수단인 남자의 수는 1,832×0.109≒200명이고, 여자의 수는 1,908×0.093≒177명이므로 옳은 설명이다.

ㄷ. 학력별 전체 성인 수에서 본인의 독서량을 '충분' 이상이라고 평가한 성인이 차지하는 비중은 중졸 이하가 {(73+112)/445}×100≒41.6%, 고졸이 {(138+241)/1,075}×100≒35.3%, 대학 재학 이상이 {(302+582)/2,220}×100≒39.8%이므로 옳은 설명이다.

ㄹ. 본인의 독서량을 '보통' 이상이라고 평가한 여자의 수는 257+466+736=1,459명이고, 학력이 중졸 이하이고, 본인의 독서량을 '보통' 이상이라고 평가한 73+112+162=347명이 모두 여자라면 본인의 독서량을 '보통' 이상이라고 평가한 여자 중 학력이 고졸 이상인 여자의 수는 최소 1,459-347=1,112명이므로 옳은 설명이다.

오답 체크

ㄱ. 독서장소가 집이 아닌 남자의 수는 1,832-(1,832×0.568)≒791명이고, 본인의 독서량을 '보통'이라고 평가한 남자의 수는 689명이다. 따라서 791명 중 689명이 모두 본인의 독서량을 '보통'이라고 평가했다면 독서장소가 집인 남자 중 본인의 독서량을 '보통'이라고 평가한 남자는 없을 수 있으므로 옳지 않은 설명이다.

> ⏱ **빠른 문제 풀이 Tip**
>
> ㄷ. 30%를 기준으로 계산한다. 예를 들어 학력이 고졸인 인원의 30%는 1,075×0.3≒323명이고, 고졸의 '충분' 이상 사례 수는 323명을 초과하므로 옳은 설명임을 알 수 있다.